강과 그 비밀

KB192730

La rivière et son secret by Xiao-Mei Zhu

© Éditions Robert Laffont, Paris, 2007

Originally published in 2007 by Éditions Robert Laffont

This Korean edition published 2024 by Marco Polo Press, Sejong City by arrangement with Éditions Robert Laffont, Paris

이 책의 한국어판 저작권은 Robert Laffont사와의 독점계약으로 마르코폴로 출판사에 있습니다. 저작권에 따라 한국 내에서 보호를 받는 저작물이므로 무단 전재와 복제를 금합니다.

마오에서 바흐까지

강과 그 비밀

주샤오메이 지음 ♪ 배성옥 옮김

마르코폴로

La Rivière et son secret, des camps de Mao à Jean-Sébastien Bach

목차

| 일러두기 |

1. 이 책의 원어는 프랑스어로 제목은 「La rivière et son secret」이다.
2. 책 제목은 겹 꺾쇠괄호, 음악작품의 명칭은 홑 꺾쇠괄호 안에 넣었다.
   [보기: 『마오주석어록』, 「열정 소나타」 등등]
3. 음악용어는 대부분 홑 따옴표 안에 넣었으며, 원문에서 대문자로 시작된 고유명사 및 고유화된 말도
   홑 따옴표로 표시했다. [보기: '푸가', '알레그로', '문화대혁명', '중앙음악학교' 등등]
4. [지은이註], [엮은이註]라고 별도로 표시되어 있지 않은 각주는 모두 옮긴이가 붙인 것이다.

추천사

지금 세계적으로 활발하게 활약하는 피아니스트들의 명단 맨 앞줄에는 중국인 이름들이 포진한다. 유자 왕, 랑랑 등 젊은 피아니스트의 공연은 아주 인기가 높고 음반은 최고의 판매량을 올린다. 그러나 그런 젊은이들과는 차원이 다른 경지에서 최고로 인정받는 중국 피아니스트가 있다.

프랑스의 유명 피아니스트 알렉상드르 타로가 바흐의 「골드베르크 변주곡」 공연을 제의받자 이렇게 말했다. "그 곡을 저렇게 잘 치는 사람이 같은 파리에 있는데, 내가 어떻게 칠 수 있겠어요? 그녀에게 가세요."

주샤오메이(Zhu Xiao-Mei·朱曉玫, 1949~)는 상하이에서 태어났다. 그녀의 어머니는 초등학교 음악교사였다. 의사였던 외할아버지의 영향으로 집에는 귀한 피아노가 있었다. 그녀는 어머니가 연주하는 피아노를 들으며 자랐다. 어머니에게 배운 그녀는 어려서부터 피아노에 재능을 보였다. 영어를 모르는 어머니는 딸을 뒷바라지하기 위해 알파벳을 일일이 그려서 '음악용어사전'을 노트에 다 베끼기도 했다. 그녀는 11살에 중국 최고의 음악학교인 베이징중앙음악학교에 입학했다.

하지만 학교를 다니던 1966년에 문화대혁명이 일어났다. 중국 정부는 많은 예술가들을 숙청했다. 음악 예술은 사라지고, 자살을 택한 음악가도 많았다. 그녀는 "집에 피아노가 있는 부르주아"로 투옥되어 노동 교화 수용소로 끌려갔다. 수용소 네 군데를 거쳐 서역 변방의 가장 악명 높은 수용소까지 갔다. 하지만 간수의 배려로 빈 건물에 있던 낡은 피아노로 밤마다 몰래 연습할 수 있었다. 5년의 수용 기간, 난방도 없는 건물에서 뼈를 에는 추위 속에서 연습했다. 그동안 부모는 딸이 돌아오기를 기다리며 피아노를 벽 속에 밀봉해 숨겼다.

석방 뒤 그녀는 베이징무용학교의 연습 반주가가 되었다. 샤오메이의 의지는 강인했다. 그녀는 매일 새벽에 수영을 하고, 매일 영어 단어 20개씩을 외웠다. 낡은 전축을 사고, 레코드를 구할 수 있는 대로 구하여 음악을 듣고, 책도 읽었다. 그녀는 "나는 평생 아이들의 반주자로서 살고 싶지 않았다"라고 회상했다. 그러다 미국의 바이올리니스트 아이작 스턴이 베이징을 방문했을 때, 그의 눈에 띄어 미국으로 가게 되었다. 항상 큰 사랑으로 대해주셨던 아버지는 떠나는 딸에게 말했다.

"돌아올 생각은 마라. 여기는 정의가 없는 땅이다."

미국에 도착한 그녀는 홍등가에서 아가씨들의 밥을 해주며 살았다. 주방일과 청소부도 했다. 그때마다 "나의 바흐 악보에 간장 냄새가 배어든다"며 울었다. 그 일을 그만둔 뒤엔 보스턴으로 갔다. 보스턴 심포니 오케스트라의 좌석 안내원으로 일하다가 악단의 플루트 주자를 알게 되었다. 그녀는 그의 집을 청소해주는 대가로 그 집의 피아노를 칠 수 있게 해달라고 했다. 그렇게 하여 다시 피아노 앞에 앉았다.

주샤오메이는 보통의 피아니스트들과는 비교할 수도 없는 늦은 나이인 46세에 유럽에서 데뷔했다. 첫 독주회는 바르샤바의 쇼팽 생가에서였다. 그런데 받은 개런티를 폴란드 밖으로 반출할 수가 없다는 규정에 묶였다. 그녀는 바르샤바 시내의 악보가게를 찾았다. 그리고 수익금 전부로 악보를 구입하여, 그것들을 베이징의 중앙음악학교로 보내달라고 했다. 그녀가 미국에 있는 동안 중국의 아버지는 딱 한 번 편지를 썼다.

"기러기를 봐라. 먼 거리를 가면서 땅에 한 발도 내려놓지 않고, 쉬지도 않고, 발자국도 남기지 않는 기러기를 본받아라. 땅에서 깡충거리는 참새가 어찌 기러기의 꿈을 헤아릴까?"

파리에서 주샤오메이의 연주를 처음 들은 젊은 날의 타로는 충격을 받았고, 그녀의 CD 10장을 사서 주변에 나눠주었다. 그리고 스스로 그녀의 공연기획자가 되었다. 점점 주샤오메이는 대중의 인기가 아닌, 전문가들 사이에서 최고의 평가를 받게 되었다. 지금 그녀는 파리음악원의 교수로 있다. 그녀의 집은 센강의 퐁네프 다리가 내려다보이는 좋은 위치에 있다. 그런데도 그녀는 조금도 사치하지 않고, 그녀의 얼굴은 도도하지 않다. 생활은 소박하지만, 마음은 꽉 찬 듯이 풍족해 보인다. 갖은 고생을 해서일까?

그녀가 바흐를 듣고 연주하기 때문이다. 그녀는 파란만장한 일생을 '강과 그 비밀'이라는 책으로 써냈는데, 부제가 '마오에서 바흐까지'였다. 그녀의 영혼을 붙든 것은 바흐의 음악이었다. 최고의 바흐 연주가가 된 그녀는 아마 어떤 전문가보다도 늦게 라이프치히의 성 토마스 교회에 왔을 것이다. 생전에 바흐가 연주했고, 바흐가 묻혀있는 장소다. 그녀는 거기서 「골드베르크 변주곡」의 명연을 녹음과 녹화로 남겼다.

「골드베르크 변주곡」처럼 우리 인생도 변주다. 비 오면 피하고, 바람 불면 멈추고, 추우면 쪼그리고, 더우면 옷을 벗으며 그렇게 살아가는 것이다. 그녀는 바흐에 노자의 사상이 다 들어있다고 말한다. 그렇게 정신을 구현하는 그녀의 깊이 넘치는 연주는 아름답다. 그러나 모든 영광을 바흐에게 돌리는 겸손한 그녀는 더욱 아름답다. 어떤 젊은 피아니스트들의 화려한 기교도, 현란한 옷차림도, 눈부신 외모도 그녀의 인생을 담은 연주를 따라가지 못한다.

풍월당, 박종호

시작 '아리아'

어릴 적 외할머니께서 자주 들려주셨던 얘기가 있다.

"네가 세상에 나오던 날 저녁이었지. 하늘을 바라보니 지는 해가 구름을 뚫고 상하이 온 누리를 붉게 물들이고 있더구나. 세상에 그처럼 아름다운 저녁노을은 한 번도 본 적이 없었어! 그 순간 나 혼자 말했지. 네 인생은 찬란하게 수놓인 한 폭의 그림, 저 실비단 하늘에 울긋불긋 수놓인 저녁노을처럼 아름다운 그림이 될 거라고 말이야. 난 정말이지 믿어 의심치 않았단다."

때는 마오쩌둥이 '중화인민공화국'을 선포하기 몇 주일 전이었다. "앞으로 다시는 우리 중국 백성이 남의 나라 아래 노예가 되는 일은 일어나지 않을 것이다"라는 예언이 천안문 광장에서 선포되었다. 그처럼 진실이었던 예언, 동시에 그처럼 거짓이 되어버린 예언은 정녕 드문 일이었다.

나의 삶을 이야기로 쓴다는 것, 나는 이를 오랫동안 망설였다. 지나간 시절을 얘기하다니, 그 얼마나 덧없는 일이냐고 아버지는 자주 말씀하셨다.

"얘야, 그건 쓸데없는 짓 아니냐? 사람은 죽을 때 아무 흔적을 남기지 말아야 한다. 뭔가 남기려고 애써봤자 네 생각대로 되지 않을 것이야. 네가 남긴 발자취는 해와 달이, 바람과 구름이 언젠가는 말끔히 지워버리고 마는 법이다."

아버지는 또 기러기를 자주 들먹이기 좋아하셨다.

"기러기 생각을 해 봐라. 엄청나게 먼 거리를 오가면서도 땅에 한 발 내려놓고 쉬지도 않을뿐더러 발자국 하나 남기지도 거든. 하늘 높이 훨훨 나는 기러기를 본받아야지 땅에서 깡충거리는 참새는 상대하지 마라. 참새가 어찌 기러기의 높은 꿈을 헤아릴 수 있으랴!"

아버지 말씀이 옳았다. 나 또한 오랫동안 음악으로 나를 표현하면 될 일이지 글을 써야 할 이유가 없다고 생각했다. 같은 세대의 중국인 가운데 나와는 비교도 할 수 없이 격심한 고통을 겪었던 이들이 헤아릴 수 없이 많다는 사실을 두고 생각하면 내가 고생한 이야기를 꼭 글로 써야 옳을까 하는 의구심마저 들기도 했다. 하지만 인생이란 늘 그렇듯 한 사람, 한 사람이 저마다 펼치는 이야기에는 밖으로 드러나지 않은 또 다른 이야기가 숨어 있게 마련이다.

그리고 또, 나는 글을 쓰고 싶었다. 무엇보다도 먼저 '문화대혁명'이라는 이름 아래 희생된 이들을 위하여 쓰고 싶었다. 40년 세월이 지난 오늘날 '문화대혁명'에 관해 얘기하는 사람도 드물지만, 특히 서양에서는 '문화대혁명'이란 사건이 무엇이었던가를 제대로 알고 있는 사람이 거의 없다는 사실 때문이었다. 나는 중국, 미국, 프랑스, 이렇게 동양과 서양 세 나라에서 살아온 경험을 바탕으로 삶의 교훈을 얻게 되었다. 동양 문화와 서양 문화는 서로 대화를 나누며 교류해야 한다는 교훈이었다. 이렇듯 내게 가장 소중했다고 생각하는 이 경험에 관해서 이야기하고 싶었다.

이 책은 모두 30장으로 엮어져 있다. 바흐의 걸작 「골드베르크 변주곡」이 30개 변주곡으로 펼쳐지듯, 30장 앞뒤로 '아리아(aria)'가 이 책을 시작하고 마감한다. 돌고 도는 삶의 수레바퀴처럼, 굽이굽이 흐르는 시간의 고리처럼 시작과 끝이 동일한 아리아로 이어진다.

중국 사람이, 그처럼 동떨어진 문화적 배경에서 자란 여성이 어떻게 바흐의 음악을 연주할 수 있는가 하는 질문을 자주 받는다. 이 책을 끝까지 읽고 난 독자라면 알게 되리라는 것이 나의 바람이다. 아니 그보다도 독자들이 이 책을 읽고 나서 바흐의 음악을 듣고 또 듣고 싶은 마음이 생긴다면 참 좋을 것 같다. 나아가 중국이 낳은 위대한 사상가 노자를 읽고 또 읽고 싶은 마음도 함께 생긴다면 더 바랄 것이 없겠다.

바흐와 노자, 두 성현은 상통하며 중국 문화와 서양 문화는
이 두 성현을 통하여 서로가 서로를 감싸 안고 있으므로.

제1부

중국에서

밤에
소리 없이
우는 남자들이 보이는데

― 탕치, 「엄숙한 시간」

1   탕치(唐祈), 1920년생 중국의 시인

1
엄숙한 시간

피아노가 있다! 엄마 아빠 방에 피아노가 들어와 좁은 방을 온통 다 차지했다. 이삿짐 운반회사 일꾼들은 땀을 뻘뻘 흘리며 좁은 문을 통과하느라 몇 번이나 쉬었다가 다시 움직여야 했다. 호기심이 발동한 이웃 사람들이 마당에 몰려와서 무슨 일이 벌어지고 있는지 들여다보느라고 창문을 기웃거리고 있었다. 마침내 피아노는 제 자리를 잡게 되었다. 운반으로 더럽혀진 헝겊 싸개를 벗고 의젓한 모습을 드러내었다.

나는 왠지 겁이 나서 의자 뒤에 숨었다. 어머니가 피아노 가까이 다가가 한 바퀴 돌아보고는 하나하나 자세히 들여다보기 시작했다. 건반 뚜껑을 여니 '로빈슨'(Robinson)이란 이름이 나타났다. 상아색 건반이 번득이는 빛깔로 방안의 어슴푸레한 빛에 활기를 뿜어주는 듯했다. 겨우 몇 초 동안 작고 누리끼리한 건반 아래위로 어머니의 손이 왔다 갔다 하더니, 그 어떤 멜로디가 흘러나오며 방안으로 울려 퍼졌다. 가구처럼 생긴 물건이 소리를 내다니! 하지만 내가 방긋 미소를 짓기도 전에 어머니의 손은 이미 건반에서 떨어져 나와 뚜껑을 닫았다. 신기한 소리가 멈추었다.

어머니는 우리 쪽으로 돌아앉더니 숨을 크게 내쉬며 말했다.

"너무 좋구나!"

나는 피아노가 무엇인지 알지 못했다. 겨우 세 살 나이에 피아노 비슷한 물건이라고는 한 번도 구경해 본 적이 없었다. 호기심이 이만저만이 아니었다. 건드리면 소리를 내는 이 물건은 도대체 어디서 온 것일까? 그런데 어머니는 이상하게도 피아노를 전혀 치시지 않았다. 매일 아침 피아노의 먼지를 털었다. 집 청소는 피아노 닦는 일에서부터 시작되었다.

"이 먼지 좀 봐! 상하이는 이 정도로 먼지투성이 동네는 아니었는데." 그리고는 아버지에게로 눈길을 돌리며 "도대체 왜 여기로 이사 오자고 그랬어요?"라고 덧붙여 말했다.

어머니는 기회 있을 때마다 베이징에 대해 불평을 늘어놓았다. 날씨도 나쁘고 매연이 심한 데다가 음식 맛도 없는 곳이라고 투덜거렸다. 아침에 일어나 어머니 얼굴을 보면 가끔씩 울고 있었던 것 같았다. 그래서 무슨 일이 있었냐고 물어보면, "아니, 아무 일도 없어. 굴뚝 연기 때문에 눈이 아파서 그래"라고 대답할 뿐이었다.

나는 어머니가 마치 조상제사를 지내는 '제대(祭臺)'를 장식하듯 종이로 만든 꽃으로 피아노를 장식하는 것을 지켜보곤 했다. 우리 집엔 '제대'는 없었지만 피아노가 있었다.

저기 저 피아노는 나를 위해 저 자리에 있는 것 같았다.

나는 뚜껑을 열고 상아색 건반을 되는 대로 아무렇게나 건드려보았다. 방안으로 울려 퍼지는 소리가 듣기에 좋았다. 옆으로 조금 옮겨서 건반을 두드렸더니 피아노는 용트림 같은 소리를 내었다. 반대쪽으로 옮겨 가 건반을 두드렸더니 새가 지저귀는 듯한 소리가 들렸다. 하지만 더 이상은 계속할 수 없다 싶어 나는 이내 손을 멈추었다. 그런 소리는 도무지 음악이라고 할 수 없는 것이었다.

가끔씩 아이들이 우리 집에 몰려오면 나는 건반이란 이렇게 두드리는 거라고 보여주었고, 온통 불협화음일지언정 모두들 한동안 재미있어했다. 우리들, 아이들에겐 재미있었지만 어머니에겐 그렇지 않았다. 어느 날 어머니는 다시 피아노 뚜껑을 굳게 닫고야 말았다.

"이젠 끝, 더 이상은 안 된다. 이러다간 피아노가 망가지겠네. 모두 모두 밖으로 나가!"

피아노는 다시 침묵하게 되었다. 어머니도, 나도, 아무도 건드리는 사람이 없었다. 그래도 피아노는 우리 집에 들어와 우리와 함께 사는 새 식구가 되었다.

우리 일곱 식구가 사는 방 두 개짜리 집은 면적이 통틀어 50 평방미터밖에 되지 않았다. 우리 집은 '사합원(四合院)'이라고 하는 주택단지 안에 있었다. 나지막한 집들이 가운데 안마당을 네모꼴로 둘러싼 일종의 연립주택이었다. 열한 가구가 다닥다닥 붙어사는 곳에 수도꼭지 하나, 변소 하나뿐이었다. 안마당에 면한 창문 여기저기에 제대로 씻지 못한 기저귀들이 널려 있었다. 새까만 마루는 언제나 습기로 축축했고 천정을 갉아먹는 쥐 소리에 나는 밤마다 무섭기 그지없었다. 그래도 우리 집이 제일 가난한 축은 아니었다. 주택단지 안에는 우리보다 못 사는 이웃들이 수두룩했다. 남편을 잃고 혼자된 한 아주머니는 자식이 열 명이었기에 큰 침대 하나에 열한 식구가 오골오골 붙어 잘 수밖에 없었다.

나의 부모님은 원래 상하이에 살고 있었는데, 베이징에서 남편과 함께 작은 가게를 운영하시던 고모님(우리가 상하이 사투리로 "모모"라고 불렀던 아버지의 누이)의 제안에 따라 베이징으로 옮기기로 결정하셨다. 그 당시 상하이에서는 부모님이 더 이상 발붙일 곳이 없어져 버렸기 때문에 베이징으로 이사와 고모님 가게에서 함께 일하는 것이 어떠하겠느냐는 의견을 두말없이 받아들일 수밖에 없었다.

고생살이는 1949년 겨울에 시작되었다. 지독하게 추웠던 그해 겨울, 얼어 죽고 굶어 죽은 사람들이 상하이에서만 수백 명에 달했다. 아침마다 뼈만 앙상하게 남아 얼어붙은 시체들이 길가에 수없이 쌓이곤 했다. 공산당과 국민당 사이의 전쟁은 끝났지만, 난리통에 나라는 완전히 엉망진창이 되어버렸다. 행정조직은 완전히 허물어져 버렸다. 교통 체제는 마비되거나 징발되기 일쑤였다. 기업들은 파산했거나, 운영되더라도 겨우 느릿느릿 돌아가고 있었다. 친조부님의 재산은 봄볕 아래 눈 녹듯 하루아침에 없어져 버렸다.

당시 중국에서 막 세력을 펼치기 시작한 정치체제, 즉 공산정권의 눈에 나의 조부모님은 하나에서 열까지 거의 모두가 결함투성이 집안이었다. 친할아버지는 서양 문물에 매혹된 분이셨다. 할아버지는 가구제조업, 농업, 양복점, 레스토랑 영업, 주택건축업, 무용학교 경영, 영화관 경영 등등 갖가지 일에 손을 대었고, 위험을 무릅쓰고라도 새로운 일을 시도하기 좋아하셨다. 그리고 다양한 서양 풍습을 중국에 소개하기도 좋아하셨다. 일례를 들면 1920년대 중국에서 남녀가 어울려 춤추는 무도회를 열었던 일, 당시 이보다 더 엉뚱한 짓을 누가 상상이나 할 수 있었을까?

할아버지의 서양에 대한 매혹은 어디서 기인한 것이었을까? 신기할 뿐, 도무지 알 수 없었다. 할아버지가 돌아가셨을 때 아버지는 겨우 열세 살의 어린 소년이었고, 한 번도 나에게 이에 대하여 설명해주지 못하셨다.

외갓집 조부모님은 성이 성(盛)씨였고, 외할아버지는 수출입 무역업으로 한 재산을 모았던 분이셨다. 외할아버지는 학교에서 영어를 배운 적이 없었지만 수출입 비즈니스를 하시면서 유창한 영어를 구사하게 되었다. 외갓집 사람들은 그즈음 중국에 들어와 중국문화와 섞이게 된 외래문화에 흠뻑 배어들어 있었다. 덕분에 어머니는 아주 어렸을 적부터 유럽의 미술품과 친숙해졌고, '루브르' 미술관에 있는 최상품 그림들을 마치 직접 가서 본 것처럼 훤히 알고 계셨다.

나의 부모님은 결혼 후 외갓집의 도움을 받아 옛 프랑스 조계에 위치한, 우아한 외관을 갖춘 건물 안 복층 아파트에 살림을 차리게 되었다. 아파트는 푸싱 공원 바로 앞에 위치했기에 창문을 열면 플라타너스가 즐비하게 심어져 있는 대로가 보였다. 부모님의 아파트는 자단 나무로 만든 가구에다 자기 항아리와 병으로 장식되어 있었다. 녹나무 궤 안에 넣어 둔 어머니의 옷에서는 녹나무의 향기가 은은하게 풍기었다. 당시의 상하이는 전쟁 때문에 빚어진 이런저런 피해에도 불구하고 아직은 세련되고 활기찬 도시, 작은 파리 같은 곳이었다.

지독히도 추웠던 그해 겨울, 만사가 허물어지기 시작했다. 아버지가 일하고 있었던 의원이 환자, 적어도 진찰비를 낼 수 있는 환자가 없어져 문을 닫아야 했다. 가족을 부양해야 할 의무만 없었더라면 아버지는 얼마든지 한 푼도 받지 않고 의원 생활을 계속해 나갔을 것이다. 이는 의심의 여지가 없는데, 그때나 지금이나 아버지는 언제나 꿈 많은 이상주의자이셨다. 이러한 생활 태도는 그가 오랜 세월에 걸쳐 모시면서 배웠던 중국 의술의 대가에게서 물려 받은 것이었다. 환자를 방문할 때나, 희귀한 약초를 찾아 산을 오를 때나, 아버지는 스승을 꾸준히 따라다니며 도움을 아끼지 않았다. 아버지는 또한 어릴 적부터 그런 사람이었다. 아버지가 태어난 지 얼마 되지 않아서 할머니가 돌아가셨기 때문에 아버지는 누나들 손에서 자랐다.

아버지의 이름은 '치시엔'이었다. 누나들에게 그는 이상한 아이로 보였다. 한 번도 배고프다며 밥 달라고 한 적도 없었고, 춥다거나 덥다는 기색도 없었다고 한다. 생전 어떠한 느낌도 밖으로 나타내는 법이 없었기 때문에 혹시 바보가 아닌가 하고 걱정할 정도였다. 그저 아무것에도 반응이 없었다. 아마도 어머니가 돌아가시자 자기를 에워싸고 침범하려는 불행에 대하여 더 이상 아무것도 알고 싶지 않았던 것이었던지, 그리하여 자기 자신 속으로 웅크리고 들어가 버린 것이 아니었을까. 그런데 할아버지는 아들을 보는 눈이 달랐다. 오히려 어린 나이에 얼마나 생각 깊은 태도냐고 감탄하셨다. 위대한 철학자라 해도 인생에 대해 저 정도로 초연해지기까지는 한평생이 걸렸는데. 우리 아들은 저 어린 나이에 벌써…! 그리하여 할아버지는 아들에게 특별히 마음을 쓰셨다. 이렇듯 아버지에게서 아낌없이 받았던 사랑을 아들 또한 평생 동안 있는 마음 없는 마음을 다 바쳐 아버지에게 돌려드렸다. 훗날 나에게 들려주셨던 얘기에 의하면, 아버지는 인생에서 최악의 순간이 닥쳤을 때 할아버지를 생각하니까 비로소 고난을 헤쳐 나갈 힘이 솟아나더라는 것이었다.

아버지는 그러므로 얼마든지 돈 받지 않고 치료해 주는 의원으로서 살 분이셨지만, 아내와 딸 셋을 거느린 가장이다보니 그렇게 살 수 있는 처지가 아니었다. 내 위로 언니가 둘(샤오루와 샤오쥔)이고 나는 셋째 딸이었다. 아버지는 의원 생활을 더 이상 계속할 수 없게 되자 가족을 먹여 살리기 위하여 회계원, 출장판매원 등 무슨 일거리든 손에 잡히는 대로 할 수밖에 없었다. 그러자 베이징에 사시는 고모님으로부터 자기네 가게에서 함께 일하는 것이 어떠하겠느냐고 연락이 왔다. 부모님은 고모의 뜻을 받아들였다. 그리하여 우리 가족은 1950년 여름에 베이징으로 이사 왔던 것이다.

우리 가족의 운명이 아주 딴 길로 갈 수도 있을 법했던 일이 없진 않았다. 내가 태어난 지 몇 주 후, 그 당시 대만으로 건너가 살던 삼촌(아버지의 동생)으로부터 여러 통의 편지가 왔다. 아버지가 할 만한 일이 생겼으니 대만으로 와서 같이 살자는 내용이었다. 아버지 어머니는 한동안 망설였다. 삼촌의 초청은 그럴 듯했지만 과연 받아들일 만한 것인가? 중국 본토는 이제 막 새 정부가 수립되었고, 위정자들은 백성에게 너그러운 아량을 보이며 정직하고 진지한 태도로 나라를 건설하려는 참이 아닌가? 무정부 상태는 곧 수습될 것 같고 나라의 앞날은 희망으로 가득하지 않나? 또 한편으로는 알 수 없는 이 미래의 땅에 우리 가족이 살 만한 곳이 있으려나?

아버지 어머니는 드디어 용단을 내렸다. 대만행 표를 호주머니에 넣고서 배를 타기 위하여 한참 준비하던 막판에 아무도 중국 땅을 떠날 수 없다는 출국 금지령이 날벼락처럼 떨어지고 말았다. 부모님의 인생은 그 순간부터 낭떠러지로 치닫기 시작했다. 우리는 결국 대만으로 떠나지 못했을 뿐 아니라, 아버지는 대만으로 건너간 동생을 두었다는 그 이유로 30년이 넘도록 정부 당국으로부터 의심과 혐의의 눈길을 피할 수 없게 되고 말았다.

우리 가족이 베이징에 도착한 지 불과 몇 달 후 고모와 고모부가 재산을 몰수당했다. 때는 이른바 '인민해방군'이 중국에 새로운 시대를 열었던 즈음이었다. "나라의 경제, 즉 인민의 생활"과 직접 관련된 회사들의 경영은 정부 당국의 손에 맡긴다는 것이 그들이 단행했던 첫 조처였다. 그 결과, 나의 부모님은 딸 셋을 데리고 이사 온 지 얼마 되지도 않는 낯선 도시에서 졸지에 빈털터리 신세가 되어버렸다.

불행 중 다행으로 어머니가 어느 초등학교의 음악 교사로 직장을 얻게 되었다. 아버지가 일자리를 구하지 못하고 있었기에 다섯 식구의 생활을 어머니 혼자서 짊어질 수밖에 없었다. 어머니는 그토록 힘들게 살리라고 예전엔 상상도 해본 적이 없었지만, 식구들 밥벌이며 집안 청소며 자식들 교육 어느 하나도 소홀히 하지 않고 그 모든 시련을 견디어 낼 만큼 단단한 사람이었다.

어머니의 이름은 '루인'이었고 1918년에 태어나셨다. 때는 아직 중국 여성이란 집 안에만 머물며 '현모양처'가 되어야 하고 '현모양처'로서 살아야 한다고 생각하던 시대였다. "여자가 아는 것이 너무 많으면 위험하다"라고들 했다. 집집마다 딸들은 장차 살림살이에 필요한 일만 배울 뿐이었다. 결혼은 거의 다 중매로 이루어졌고 대개 남자 쪽이 나이가 더 많았다. 공맹 사상에 충실한 중국 사람들은 신데렐라 이야기 따위나 서양에서 온 꿈같은 이상보다는 중매결혼의 전통적 가치를 훨씬 더 존중하고 있었다.

어머니는 그러한 전통을 확 쓸어버렸다. 학교에 다니며 신교육을 받았을 뿐 아니라 항상 수석을 차지할 정도로 공부를 잘했기에, 어머니가 성년에 이르자 외할아버지는 자기와 함께 사업에 대해 상담하는 고문 역할을 딸에게 정기적으로 맡아보게 하셨다.

외할아버지는 홍콩의 부유한 집에서 이미 사윗감을 골라 놓았지만 딸이 순순히 응하지 않으리라는 것을 눈치채셨던 것 같았다. 어머니는 고집이 보통 세지 않았다. 절대로 뒤로 물러서는 법이 없었다. 무슨 일이 있어도 아버지와 결혼하겠다고 했다. 하지만 아버지는 어머니의 결혼상대자로서 결격 사항이 많았다.

어머니에 비해 덜 부유한 집안인 데다가 어머니보다 다섯 살이나 아래였고, 무엇보다도 서로의 집안이 먼 친척 사이였기 때문이었다. 외할아버지는 반대했지만 어머니는 완강히 버티었다. 결국 어머니는 어느 날 갑자기 집을 떠나버렸다. 딸이 보이지 않게 되자 외할아버지는 딸을 찾기 위한 전단지를 만들어 뿌려야 했다. 몇 주간이 지난 후 외할아버지가 양보하셨다. 어머니는 사랑으로 맺어진 결혼을 원했고 그 결혼에 성공했던 것이었다.

마오쩌둥이 대대적인 혁신 정책을 단행하기 시작했던 그즈음, 우리 가족은 초라한 연립주택단지에 살고 있었으며 내 아래로 두 여동생, '샤오루'와 '샤오준'이 차례로 태어났다. 내 위로 언니가 둘이니 우리는 이제 딸 다섯을 둔 딸부잣집이 되었다. 당시 중국에서는 딸이 하나만 있어도 부모에겐 짐이라고 생각했다. 딸이 두셋이면 걱정거리라고들 했다. 그런데 아들은 하나도 없고 딸만 다섯이니 우리는 아주아주 무거운 짐이었다.

동생을 낳고 산부인과 병원에서 돌아온 어머니의 모습은 초췌하기 이를 데 없었다. 중국 전통 복장에 따라 얇은 스카프로 이마는 가렸지만 지칠 대로 지친 창백한 얼굴에 거무스레하게 무리진 눈가까지 흡사 유령을 보는 듯했다. 넷째 딸의 출산을 축하하기 위하여 부모님의 친구들과 동료들이 줄이어 찾아왔다. 나는 손님들 틈을 비집고 아버지 어머니의 방으로 살짝 들어가 어머니가 누워있는 침대로 다가갔다. 그러나 너무도 지친 모습이었기에 나는 말 한 마디도 걸지 못했다. 갑자기 엄마가 나를 두고 저 세상으로 가버릴 것 같다는 생각이 들었다.

"얘야, 왜 우니?" 하고 아버지가 물었다.

"엄마가 죽을까 봐 걱정이 돼서"

"언젠가는 누구나 다 죽는다는 거 너, 알지. 또, 엄마가 지금 당장 죽진 않는다는 것도 너, 알지!"

"언젠가 죽어야 된다면 난 엄마랑 같이 죽을래."아버지는 걱정스러운 눈으로 나를 지켜보셨다. 저 어린 나이에 어찌 그런 생각을 할 수 있을까 하고 스스로 되물으시는 것 같았다.

다행히 우리 가족에겐 외할머니가 계셨다. 외할머니는 외할아버지가 돌아가신 후 우리와 함께 살게 되었다. 지성인 집안에서 태어난 외할머니는 얼굴 모습이 매우 아름다우셨다. 당시의 중국 전통으로는 아가씨가 마땅한 신랑감을 구하려면 발이 아주 작아야 했다. 그러므로 여자 아이가 태어나면 아주 어린 나이에 전족(纏足)을 해서 발이 더 이상 자라지 못하게 했다. 하지만 우리 외가 쪽 증조부모님은 전족 때문에 아파하는 아이들의 모습을 차마 보고만 있지 않기로 결정을 내렸다. 그러므로 우리 외가는 어린 여식에게 전족의 고통을 면하게 해준 첫 세대의 개화 가정이었다. 외할머니는 그래서 큰 발로 자유로이 걸어 다녔던 첫 세대 중국 여성이었을 뿐 아니라 그러한 자신의 모습을 또한 자랑스럽게 생각하셨다.

"그럼 할머니, 신랑감은 어떻게 구했어요?"라고 물었더니 할머니는 그저 깔깔 웃기만 하셨다. 확실히 우리 외할아버지는 아내가 발이 크든 작든 별로 상관하지 않는 분이셨던 것 같다.

외할머니는 그 시대 여자로서는 드물게 조금이나마 글을 읽고 쓸 줄도 알았다. 판단력이 확실했고 고집도 대단하셨다. 남방이나 동방 문화권에서 흔히 볼 수 있는, 머리가 좋은 여성으로서 언제나 우리 가족에겐 믿고 의지할 만한 큰 기둥이었다. 명랑하고 솔직하면서 아량이 넓으셨다. 외손녀들을 데리고 나들이 할 때마다 돈에 얽매이지 않고 선물도 듬뿍 안겨주시곤 했다.

나는 외할머니와 한 침대에서 잤던 만큼 우리 사이는 더욱더 가까워졌다. 할머니는 밤마다 이야기를 하나씩 해주셨다.

"이야기, 딱 하나만이다. 응!"

할머니의 이야기는 하나하나가 반짝이는 즐거움의 순간이었다. 그리고 또, 할머니의 딸, 즉 우리 엄마가 젊었던 시절의 이런저런 이야기도 들려주셨다.

"네 엄마는 운전면허증 따기를 원했고, 끝내 면허증을 땄지. 그런데 위험하게도 운전이란 걸 대수롭지 않게 생각했거든. 그러다 어느 날 나무에다 차를 들이박고 말았지 뭐야."

"저런, 그래서 다쳤어요?"

"다치진 않았는데 그 후론 너의 외할아버지가 차엔 손도 못 대도록 금지령을 내렸지."

외할머니는 웃으셨고 나도 덩달아 웃었다. 우리는 이렇듯 함께 웃으면서 우리에게 새로이 닥친 가난뱅이 생활, 서글픈 느낌으로 찌든 벽, 너무 작고 비좁은 집, 모자라는 돈에 대해 잊어버릴 수 있었다.

∫

무엇 때문에, 무슨 일이 일어났기에 우리 가족은 생활이 이렇게나 곤궁해져 버렸던 것인가? 마오쩌둥이라는 사람이 그 대답이었다.

나는 아주 어린 시절부터 그가 누군지 알게 되었다. 그의 초상화가 걸려 있지 않은 곳이 없었다. 그분 덕택으로 우리 중국은 자유가 무엇인지를 알게 되었다고들 했다. 그가 자본주의 세력과 제국주의 세력을 쳐부순 후부터 중국 사람들의 생활은 탈바꿈했다고, 공산당의 승리 덕분에 우리 중국인은 압박과 비참에서 헤어나게 되었다고, 이제 부자도 가난뱅이도 없는, 고급 관리도 하급 노동자도 없는 찬란한 미래가 우리를 기다린다고, 곳곳에 보이는 그림에서처럼 오직 노동자, 농민만이 잘 먹고 잘 사는 미래가 우리를 기다린다고, 우리가 먹고살 수 있게 된 이 모두가 그분 덕분이라고 했다. 그래서 어린 아이들은 마오 수령을 존경하고 숭배해야 하고, 친부모보다 더 사랑해야 한다고 했다. 이렇

게 얘기해준 사람은 바로 우리 아버지, 어머니였다. 부모님은 이
를 믿어 의심치 않았던 것이다.

읽고 쓸 줄 몰랐던 내겐
우리 엄마가 내 배움터

난 엄마를 읽고 또 읽던 아이
어느 날
세상이 잠잠해지고
사람도 새처럼 날 수 있게 되고
눈이 펄펄 내려도 곡식은 쑥쑥 자라고
돈이 아무 쓸모없게 되는 날.
[…]
하지만 그날이 올 떠까지 기다리는 동안엔
많이 많이 공부해야 한다고
일러주시던 엄마

– 리위안,[2] 「동화」

2 리위안(綠原), 1922년 출생 중국의 시인.

2
나의 배움터는 우리 엄마

베이징에 굉장한 비바람이 휘몰아치던 어느 날이었다. 시커먼 하늘 아래 빗물이 유리창마다 줄줄 흘러내렸다. 어머니가 창밖을 내다보셨다. 마당은 온통 진흙투성이였다. 여느 때 저녁이면 빨래를 바깥마당에 널어야 하지만 내일을 기다릴 수밖에. 저녁 식사 준비랑 학교 숙제도 끝냈다. 방 안이 하도 어두워 어머니의 모습은 대충 윤곽밖에 보이지 않았다. 어머니는 작은 등잔불을 켜 놓고 내 손을 잡으며 말했다.

"이리 와, 너한테 한 곡 쳐줄게."

우리 둘은 피아노가 있는 방으로 들어갔다. 어머니는 피아노 뚜껑을 열고 치기 시작했다. 피아노 소리가 울려 퍼졌다. 말할 수 없이 부드러운 음악이었다. 어머니가 내게 이렇듯 처음으로 쳐주신 피아노곡은 슈만의 「트로이메라이」[3]였다. 나는 어머

---

3 로베르트 슈만(Robert Schumann)의 피아노 작품. '어린이 전경' 가운데 제7곡으로서 우리말로는 '작은 꿈'이라고 번역할 수 있다.

니 곁에 앉아 멍하니 입을 벌린 채 피아노 소리에 빨려들었다.

완전히 새로운 세계가 내 앞에 펼쳐지고 있었다. 그 즉시 이 음악이야말로 나의 것, 나의 세계라는 느낌이 들었다. 서양 문화 애호가셨던 외할아버지와 할머니의 혼이 그 순간 내 마음속에 다시 태어난 것이었던가? 아니면, 이 피아노곡이 우리에게 주는 메시지가 너무도 깊고 무척이나 인간적 진실에 넘쳐 있기에 세계 만방, 만인의 가슴에 올려오는 음악이라서 그랬던가? 지금도 잘 모르겠다.

어머니는 「트로이메라이」를 끝내고 나를 향해 돌아앉았다. 우리는 서로가 서로를 지켜보았다. 그 순간 어머니는 내 머릿속에 든 생각이 무엇인지 알아보신 것 같았다. 내겐 오직 하나의 꿈뿐이었다. 우리와 한 가족이 된 피아노, 둘도 없는 친구가 된 피아노, 이 피아노를 칠 꿈이었다.

그날부터 나는 유치원에서 돌아온 저녁마다 피아노 뚜껑을 열고 건반을 더듬으며 이리저리 탐색하기 시작했다. 손가락 하나만으로 낮에 학교에서 배운 노래들을 기억하며 건반 위에 되살려보려고 애를 썼다.

"허구한 날 똑같은 소리뿐이니 그게 소음이지 음악이냐? 도저히 못 들어 주겠네!"라고 불평하던 어머니, 그러다가 어느 날 유치원 퇴교 시간이 되어 나를 데리러 왔을 때 그제야 내가 뚱땅거리던 소리가 바로 학교에서 배운 노래 가락임을 알게 되셨다.

그런 연후엔 내가 쉬지 않고 뚱땅거리는 소리를 내든 말든 가만 내버려 두시더니 그 똑같은 소리를 더 이상 들어낼 수 없게 된 때가 이르렀던지, 마침내 내가 몇 주 전부터 듣기를 기다려 왔던 말, 바로 그 말을 하셨던 것이다.

"내가 피아노 치는 법을 가르쳐주마."

매일 매일 어머니는 악보 읽기를 가르쳐주셨다. 하지만 여느 음악 선생과는 달랐다. 어머니한테 배우니 화음이 무엇인지, 화음을 어떻게 연결하며 이동하는지, 이 모두가 마치 마술인양 술술 내 머릿속에 선명하게 들어와 자리 잡히는 것이었다. 한 음계의 일곱 음 하나하나에 우리 일곱 식구의 이름을 붙여 불렀다. 이를테면 '도do'에서 '솔sol'까지를 "아빠에서부터 큰언니까지"라고 하니 훨씬 재미있었다. 다음으로 체르니 교본 가운데 제일 쉬운 연습곡들, 그리고 '스케일' 연습과 '아르페지오' 연습으로 나아가게 되었다. 또한 어머니는 중국의 피아노 학도라면 모르는 이가 없는 『피아노 명곡집』 중에서 몇몇 소품을 골라 가르쳐 주셨다. 『피아노 명곡집』에는 유명한 클래식 음악가들의 작품 가운데 특별히 쉽고 또 잘 알려진 곡들이 들어있었다. 그 중에서도 최고로 인기 있는 곡은 「소녀의 기도」[4]. 서양에는 별로 알려지지 않았지만 중국에서는 피아노 학도라면 「소녀의 기도」를 모르는 사람이 없었다. 먼 훗날 중국을 떠나 수십 년 세월이 흐른

---

4 19세기 폴란드의 봉다제프스카-바라노프스카(Tekla Bądarzewska-Baranowska)의 작품

다음 고향에 돌아가게 되는 그날도, 나에게 한 곡 쳐달라고 부탁해 올 애청곡은 역시 「소녀의 기도」이리라!

∫

어머니는 우리 집 피아노에 관련된 이런저런 이야기를 들려주셨다. 아주 어린 소녀 시절, 그러니까 1930년대 상하이에서 어머니가 음악을 배우고 싶어 하자 외할아버지가 피아노 레슨을 받도록 해주셨다. 그 후 어머니는 예술학교에 입학하여 일반 그림 및 중국 예술화 그리기를 공부하는 한편 음악 공부도 꾸준히 계속했다. 어머니가 결혼하게 되자 외조부모님은 결혼선물로 피아노를 사주셨다고 한다. 어머니는 그리하여 "나에게 세상에서 제일 소중한 존재는 핏줄인 너희들, 그리고 이 피아노란다. 이 피아노는 나와 동고동락해 온 내 인생의 동반자"라고 하셨다.

어머니가 베이징에서 일자리를 얻을 수 있었던 것도 피아노 덕분이었다. 초등학교 음악 교사가 되신 어머니는 이 피아노를 학교로 운반시켰다. 훗날 어머니가 내게 조용히 털어놓으신 이야기에 의하면 우리 가족이 그 피아노 덕분에 먹고 살 수 있었던 것도 사실이긴 했지만, 피아노를 소유하고 있는 우리 부모님의 부르주아 집안 배경이 그대로 드러나게 된 것 역시 바로 그 피아노 때문이었다.

"도대체 어떻게 집에 피아노가 다 있어요?" 하고 동료 교사들이 종종 묻곤 했다. 어머니는 이런 질문의 속뜻을 알아차렸다. 피아노 같은 자본주의 물건이요 사치품은 오직 부르주아 출신들, 즉 출신성분이 나쁜 사람들만이 누릴 수 있었기 때문이었다. 그런 어머니의 출신성분을 눈치챈 동료들이 차츰차츰 늘어가긴 했지만 어머니는 아동들의 음악 교사로서 아직은 필요한 존재였다. 그러던 어느 날 학교에서 자체적으로 피아노를 구입하게 되어 어머니는 다시 피아노를 집에 갖다놓을 수 있게 되었다. 이렇게 하여 내 나이 세 살 때, 우리 집에 피아노가 들어온 것이었다.

어머니의 이야기를 듣고 보니 우리 집 피아노는 집 안에 있는 물건이기보다는 그 이상의 존재라는 생각이 들었다. 더군다나 어머니에게 피아노는 마음을 털어놓을 수 있는 벗이요 친구였다. 어머니는 또한 청나라 강희제의 이야기도 들려주셨다.

"지금부터 200년 전, 강희제는 중국에서 처음으로 피아노를 소유하게 되자, 황궁의 조례 때 신하들로 하여금 피아노를 향하여 마치 벼슬이 높은 어른에게 하듯 머리 숙여 절하게 했단다.[5]"

나도 피아노를 마치 사람을 대하듯 했다. 내 손가락 아래로 음악 소리가 날 때면 피아노가 마치 노래를 부르듯, 내게 뭐라고 말하는 것 같았다. 내 손가락이 닿을 적마다 내게 응답해 주었다. 어머니에게서 피아노를 배우니 너무너무 좋았다. 한 번도 야

---

5 실제로 강희제(1654-1722)에게 바쳐진 악기는 예수회 선교사들이 이탈리아에서 들여온 건반악기로서 클라비코드 또는 하프시코드였다. [지은이 註]

단치는 법이 없었다. 더 앞으로 더 높이 나아가려는 마음이 생기게끔 언제나 부추겨주셨다. 엄마랑 나랑 우리 둘은 그렇게 한 걸음, 두 걸음 앞으로 나아갔다. 한 번에 너무 오래 연습하는 것도 밥을 너무 많이 먹으면 좋지 않은 것과 다름없이 생각하셨다. 그러면서도 좀 힘들다 싶은 쪽에 도전해 볼 마음이 스르르 생기게끔 이끌어주기도 하셨다.

"이 곡은 있잖아, 우리 학교에서 네 또래 아이들이 벌써 치고들 있단다."

어머니는 나로 하여금 음악으로 이야기를 풀어나가게끔, 나의 상상력이 나래를 펼치도록 해주셨다. 내 작은 머리에 어떤 멜로디가 떠오르는 즉시로 어머니는 내가 짚어내는 멜로디에 맞추어 즉흥 반주를 곁들였다. 이처럼 엄마랑 둘이서 하는 네 손 연주는 더없이 행복한 순간이었다. 낮고 낮은 목소리로 노래하던 피아노가 갑자기 높고 높은 목소리랑 짝을 맞추다니! 세상이 온통 내 발밑에 있는 것 같았다. 이대로 쉬지 않고 언제까지라도 손가락을 놀리고만 싶었다. 이렇듯 어머니에게 배웠던 피아노 공부 이야기를 제외하면 나의 어린 시절은 온통 어두침침하기만 했다.

아버지 이야기부터 시작하자면 우리 아버지는 적어도 그 시절엔 잘 이해가 가지 않는 분이셨다. 우리에게 늘 엄격했고 때로는 난폭하기까지 했다. "두말 말고 하라는 대로 해!"라고 냅다 고함지르기 일쑤였다. 아버지는 우리 여식들더러 "부모에 대한 효성, 어른에 대한 공경이야말로 인성의 뿌리"라고 하신 공자님의 가르침을 그대로•따라야 한다고 이르시곤 했다. 아버지가 집에 들어오시자마자 부드럽던 집안 분위기는 긴장으로 팽팽해졌다. 아무것도 아닌 일로 버럭 소리를 질렀고 우리는 꼼짝없이 기가 죽어 지내기 일쑤였다.

언젠가는 우리 딸들에게 서커스 표를 석 장 사주신 적이 있었다. 서커스 구경이 끝난 후 두 언니와 나는 버스 값을 아끼고자 집까지 걸어오기로 결심했고 결국 예상보다 늦게 집에 도착했다. 있는 걱정 없는 걱정을 다하며 초조하게 우리를 기다리던 아버지는 우리가 돌아오자 안심의 말 한 마디 건네주지 않고 그저 노발대발하여 신발짝을 벗어들고 우리를 때렸다. 그때 그 기억을 나는 지금도 잊을 수가 없다.

아버지는 사실 자기의 불운한 처지 때문에 괴로워하고 있었다. 직장이 생기긴 했지만 아버지의 능력과 교육 수준에 비하면 형편없이 낮은 밥벌이였다. 아내와 여식들에게 자기가 바라는 만큼 넉넉한 살림살이를 꾸려주지 못한 무능한 가장이었다. 마음 밑바닥에서는 우리를 사랑했지만, 결코 그 마음을 밖으로 드러내지 않았다. 우리는 그런 아버지가 무섭기만 했다.

내가 피아노를 치고 있을 때만큼은 아버지의 신경질에 발동이 걸리지 않는 유일한 시간이었다. 아마도 피아노 소리를 들으

면 아버지는 자신의 부모님 세대가 누렸던 안락한 삶, 그런 꿈의
세계로 젖어들 수 있었기 때문이었을까?

아버지는 대쪽 같이 곧은 성격이셨다. 병적이라고 할 만큼
곧이곧대로 나가는 분이셨다. 나에게 글을 가르쳐주겠다고 작정
하고서 제일 먼저 알려주신 글자는 다름 아닌 '곧을 직(直)'자였
다. 아버지는 종이에다 '直'이라고 쓰신 다음 글자를 설명해주셨
다. "이걸 봐, 맨 위에 '열 십(十)'자가 있고, 그 밑에 '눈 목(目)'
자, 왼쪽에 '사람 인(人)'자로 이루어진 글자가 바로 '곧을 直'이
다. 즉, '열 사람의 눈이 지켜보고 있으니 똑바로 곧게 나아가다'
는 뜻이다."

아버지는 평생 시시각각 '곧고 바른 삶'을 실천하셨다. 아버
지가 시장에 다녀오시면 장바구니에는 제일 덜 싱싱한 생선, 가
장 덜 익은 과일 뿐이었다. 그 이유란 품질이 좋은 물건을 딴 분
들이 사도록 남겨두어야지 자기가 사버리면 남들에게서 좋은 물
건을 빼앗는 격이 아니냐는 것이었다. 내 어린 시절의 기억으로
는 가장 아득한 것이긴 하지만 어머니가 고향 사투리로 "세상에!
이 천치바보 좀 보소…!"라며 아버지를 나무라던 소리가 지금도
귀에 생생하다. 그 뒤 아버지가 또 한 차례 시장보고 오셨을 때
이번에는 내 입으로 "세상에! 이 천치바보 좀 보소…!"라고 똑같
이 뇌까렸더니 모두들 까르르하고 웃었다. 이후로 다시는 아버
지의 손에 장바구니가 맡겨지지 않았다.

외할머니 역시 당신이 좋이 여기시는 바를 내게 물려주고 싶어 하셨다. 그래서 사랑하는 외손녀가 '경극(京劇)'을 알게 해주어야겠다고 단단히 마음을 잡수셨다. 외할머니는 나에게 음악의 세계를 깊고 폭넓게 배워야 한다고 일러주셨는데, 한편으로는 당신 또한 매일매일 고된 살림살이로부터 휴식을 취하고 싶기도 했다.

'경극'은 중국 극예술의 절정이라 할 만하다. 전설의 세계 같은 무대장치를 배경으로 배우들이 노래하고 춤추고 연기하고 곡예를 부린다. 배우들은 혼신의 힘을 바쳐 무대 활동에 전념하는 바, 그들이 부리는 재주는 당나라 시대로 거슬러 올라갈 만큼 천 년이 넘는 전통에 뿌리박고 있다.

외할머니는 윗도리 단추 구멍에 백합꽃을 꽂고서 극장으로 향했다. 할머니 옆에 앉은 나는 온갖 기대감에 꽉 차 있었다. 드디어 불이 꺼졌다. 무대 옆에 자리 잡은 악대로부터 북소리가 둥둥거리며 퍼져 나왔고 뒤이어 징 소리가 우르르 꾕음을 내며 뒤따랐다. 배우들이 형형색색 번쩍거리는 의상에 굉장한 분장을 하고 나타났다. 노래를 부르기 시작하더니 뒤이어 무슨 이야기를 중얼대다가 춤도 추었다. 몇 분이 지났지만 나는 전혀 이해할 수 없었다. 무엇 때문에 저렇게 야단들인지, 왜 남자배우들이 여자 역할을 하는지 혼자 의아해하고 있었다. 앞뒤 좌석을 둘러보

---

6 베이징(北京)의 연극이란 뜻으로 청나라 때 시작된 중국의 가무극. 노래, 창, 문무가 두루 섞이어 서양의 오페라와 비슷한 점이 많아서인지 서양에서는 '베이징 오페라(Beijing Opera)'로 알려져 있다.

니 모두 너무나 재미있어들 하고 있었다. 관중은 먹고 마시는 가운데 연신 박수를 쳤다. 땅콩 껍질이 바닥에 온통 널려 있었다. "백성에겐 양식이 곧 하늘"이라는 중국 속담이 말해주는 그대로였다.

지금의 나는 이 모든 것을 이해하고도 남는다. 전통예술을 즐기는 대중의 소박한 모습, 그렇듯 자연스레 살아가는 삶의 태도에 나는 깊이 감동한다. 하지만 '경극'을 처음 보던 그날 저녁엔 아무것도 모르는 어린애였다. 나는 할머니를 돌아보며 말했다.

"할머니, 나 무서워, 집에 갈래."

"이런, 세상에! 여기 앉아 이런 걸 구경하는 일이 보통 행운이 아니라는 거, 너 알기나 하고 그런 소리를 해?"

나는 할 수 없이 입을 다물고 무대를 향하여 눈을 이리저리 굴려 보았지만 아무런 재미도 흥도 나지 않았다. 그리하여 눈을 감아버렸더니 나도 모르는 사이에 잠에 빠져들었고, 이야기의 결정적인 순간에 관중이 와르르 쳐대는 박수 소리에 깨었다가는 다시 잠들기를 되풀이했을 뿐이었다. 슈만의 음악은 마음에 울려오는데 중국의 전통연극을 보고 잠들어버리는 나는 중국인 치고는 별종이라고 해야 할까….

외할머니는 나를 이해하지 못하는 경우가 있었지만 어머니는 달랐다. 나랑 둘이서 피아노 치는 동안에는 습기와 먼지에 찌든 주위 환경이나 피로감을 잊을 수 있었다. 하지만 얼마 못 가서 어머니는 피아노를 그만둘 수밖에 없었다. 빨래하고 청소하고 떨어진 옷을 꿰매고 갈수록 모자라는 돈을 어디에 먼저 써야 하나 궁리하고 또 궁리해야 했다. 언제부터인가 어머니는 가계 지출에 한계선을 그어놓고 식구 한 사람 한 사람의 양식을 저울에 달아 나누어주어야 했다. 우리 가족은 한 달에 한 번씩 베이징 공예가들의 큰 장마당인 둥안 시장에 구경 가곤 했다. 장에 가는 날은 우리에게 진짜 나들이 날, 진짜 신나는 날이었다. 갖가지 천, 옷, 장난감에 눈이 휘둥그레져 어디로 고개를 돌려야 할지 몰랐다. 온갖 사탕 과자 앞에서 눈알만 굴리며 달디단 냄새를 코로 들이킬 수밖에 없었다. 부모님이 시장에 놀러가자기에 그런 줄로만 알았는데 사실은 딸들 몰래 어머니의 보석을 팔기 위해서였다는 것을 우리는 알지 못했다. 게다가 어머니의 보석은 날이 갈수록 값이 떨어지고 있었다. 보석을 몸에 지니고 다니면 자연히 출신성분이 부르주아였다는 의심을 살 수밖에 없기 때문이었다.

끝내 어머니가 지녔던 값나가는 물건을 다 팔아버린 날이 오고야 말았다. 어느 날 저녁 아버지 어머니가 주고받는 이야기가 귀에 들렸다.

"갖고 있던 물건이란 물건은 몽땅 치워버렸는데, 이젠 어떻게 하지?"

"피아노가 있잖아."

어머니가 대답하셨다. 아버지 어머니의 눈길이 서로 부딪치는 것 같더니, 어머니가 다시 덧붙여 말했다.

"하지만 피아노는 팔 수 없어. 샤오메이가 치고 있는걸."

"샤오메이가 치고 있다"는 이 말은 1955년에 이르러 좀 다른 뜻, 전보다는 재미가 덜한 뜻을 지니게 되었다. 그때까지는 '도레미파솔라시'를 오르락내리락 하는 음계 연습이나 기껏해야 동요 몇 편, 아니면 엄마랑 깔깔거리며 네 손으로 치는 이런저런 가락이 레퍼토리의 전부였다. 내 나이가 여섯 살이 되자 어머니는 자신의 능력을 과소평가하여 더 이상 자기 혼자만이 딸의 피아노 교사여서는 안 된다고 판단했다. 그리하여 장차 음악을 전공하고자 '국립예술학교'를 바라보는 아이들이 거쳐 가는 '어린이 음악학교'에 입학시험을 보게 했다. 나는 입학시험에 통과하여 '어린이 음악학교'라는 또 다른 세계에 접하게 되었다.

'어린이 음악학교'는 군인들처럼 피아노 훈련을 쌓는 곳이었다. 선생들은 무섭도록 엄격했다. 내겐 정말 지나치다고 생각되었다. 나는 하루 빨리 진짜 음악, 새로운 곡이 배우고 싶어 죽겠는데 선생들은 그저 몇몇 연습곡만을 쉴새 없이 두드리게 할뿐이었다. 엄격한 피아노 지도법이 틀렸다고는 할 수 없었지만 그런 지독한 훈련에는 얼마 가지 않아 나쁜 결과가 뒤따르기 마련이었다. 한 주에 한 번씩 받는 피아노 레슨이 갈수록 재미없는 시간이 되어버렸고 나는 결국 피아노 연습에 손을 놓아버렸다.

그랬더니 피아노 선생님이 우리 집까지 찾아오셔서 꾸지람을 하셨다. 호기심이 발동한 이웃사람들은 학교 선생님이 가정방문 온 일을 갖고 동네방네 외우고 다니며 속닥거리기 시작했다. "샤오메이네 학교에서 선생님이 가정방문 온 것 봤지? 얼마나 공부를 못하면 선생님이 다 찾아왔을까!" 아버지 어머니도 몹시 언짢아하셨다.

"피아노 공부가 하기 싫다면 피아노 뚜껑을 닫아버리면 그만이다. 하지만 너, 후회하는 일은 없어야 한다. 알겠니?"라고 어머니가 부드럽게 말했다. 내 쪽에서 아무런 대꾸가 없자 어머니는 정말 피아노 뚜껑을 닫아버렸다. 그 후 3주 동안 나는 아무 일도 없었던 것처럼 행동했다. 그러나 더는 가만히 있을 수가 없었다. 어머니는 다시 피아노 뚜껑을 열었고 나는 놓았던 손을 다시 건반 위에 얹게 되었다.

어머니는 눈치 채지 못했지만 나는 어린이 음악학교에서 피아노 공부 이외에 다른 여러 가지 사실을 배웠던 것이다. 우선 꼬마 학생들 모두가 똑같지 않다는 것을 알게 되었다. 나처럼 헤지고 꿰맨 옷을 입은 아이들도 있었고, 새 옷을 단정히 입은 아이들도 있었다. 비행기 타고 바닷가로 바캉스 떠나는 아이들이 있나 하면, 우리네 연립주택을 네모로 둘러싼 울타리 밖으로는 아무것도 모르는 아이들도 있었다. 붉은 스카프를 보란 듯 당당히 목에 두른 '중국소년선봉대(中國少年先鋒隊)'에 속한 아이들도 있었고, 알 수 없는 이유로 붉은 스카프족에 끼지 못하는 아이들도 있었다.

새 옷을 차려입고 바캉스 떠나는 아이들은 대개 '젊은 개척자들'과 한통속이었고, 그들의 부모는 새로이 탄생한 중화인민공화국 정부나 군대에서 높은 자리를 차지하고 있다는 사실도 차츰차츰 알게 되었다. 나머지 아이들은 나처럼 출신성분이 부끄러운 부모 때문에 기가 죽어 지내고 있었다.

때는 마오쩌둥이 주창하고 나선 '대약진(大躍進)'의 시대였다. 뒤처진 나라 경제를 하루라도 빨리 영국의 경제 수준으로 끌어 올리자는 목적이었다. 이를 성공시키기 위해서는 온 나라 백성이 모두 한마음이 되어 부르주아식 개인주의는 잊어버리고 인민을 위하여 일해야 한다고들 외쳐대었다. 학교에서 수업을 받다가 갑자기 중단하고 우리는 거리로 내몰렸다. 집집마다 돌면서 쇠붙이로 된 물건은 솥이니 수저니 할 것 없이 있는 대로 다 거두어 제철소로 넘기라는 명령이 떨어졌다. 우리는 그리하여 열 살밖에 안 된 아이들이었지만 나라의 산업 발전을 위한 공동의 노력에 단단히 한몫을 하라고 내몰렸다. 일상생활은 온통 집단이라는 말을 중심으로 뱅글뱅글 돌고 있었다. 우리는 매일매일 반복해서 배웠다. 세상에서 무엇보다도 중요한 것은 개인이 아니라 집단이라고, 내 가족보다 중요한 것이 인민집단이라고.

개인주의를 뒤로 물리고 공동주의, 집단주의로 나아가기 위하여, 작은 머릿속에 공산주의 정신을 단단히 뿌리박기 위하여 우리는 토요일 아침마다 자기비판 및 고발 시간에 참석해야 했다. 자기비판의 원리는 간단했다. 우리가 하는 생각은 우리 머리에만 있는 것이 아니라 당에 소속된 것이다. 그러므로 생각이란 생각은 모두 당에 알려야 한다. 아무리 마음속 깊은 데 있는 생각일지라도 당의 판단에 맡겨야 한다. 공산당 공동체만이 좋고 나쁨과 옳고 그름을 알고 있기 때문이다. 그러므로 '인민 사이의 상반된 논리'는 당에서 해결해 줄 것이라고들 했다.

우리들 작은 머리에 자기비판이니 고발이니 하는 말은 한 주일 동안 누가 옳은 행동을 했으며 누가 그릇된 행동을 했느냐는 것을 집어낸다는 뜻이었다. 일례로 어떤 한 동무의 이름이 불린다 하자. 이 동무는 집단을 위하여 옳은 행동을 하는가? 훌륭한 혁명분자인가? 그러면 반대의견이 제기된다. 아뇨, 훌륭한 혁명분자가 아니에요. 저 애는 게으름뱅이면서 시험 때 커닝하던데요 뭐.

자기비판 및 고발 시간은 우리 어린이들로 하여금 좀 더 성장하고 발달하도록 도와주려는 뜻에서 시작된 것이었다. 하지만 우린 아직 너무도 나이 어린 꼬마들이었다. 무엇보다 어른들 눈에 좋게 보이고 싶어 하는 한편, 같은 또래들에게 미움 받을까 봐 겁이 나기도 했다. 같은 반 친구들에게 비판을 받게 되면 창피해서 얼굴을 들 수 없게 되어 결국 친구도 없어지고 말았다. 시간이 흐르면 흐를수록 우리는 나쁜 혁명분자로 보일까 봐 두려움에 떨면서도 어떻게든 어른들 마음에 들고 싶고 칭찬을 받기 원하는 어린아이들일 수밖에 없었다.

다른 아이들에 비하여 나는 더욱 어려운 처지에 있었다. 내 부모님은 학교 친구들의 부모님과는 달랐다. 학교 선생님들이 매일같이 되풀이하여 묘사하는 훌륭한 혁명분자들, 이런저런 책이나 포스터에 그려진 그런 혁명분자들과 우리 부모님은 거리가 멀었다. 나도 딴 애들처럼 당당히 아버지 자랑을 하고 싶었지만 그럴 처지가 못 되었다. 우리 아버지는 같은 반 친구들의 아버지와는 아주 다른 사람이었다. 그래도 아버지는 그즈음 어떤 대학에 괜찮은 일자리를 얻었다. 아버지는 사무행정 담당자로서 고정 수입 외에도 학장으로부터 전적인 신임을 받게 되어 대학 위생실에서 학생들에게 본업이었던 한의술을 다시금 베풀 수 있게 되었다.

그러나 부모님에게는 출신성분에 대한 의혹이 늘 뒤따르고 있었다. 우리 음악학교 선생님들은 아버지가 예전에 뭔가 잘못을 저질렀던 것이 틀림없다고 생각하며 의심의 눈길을 떼지 않았다. 아버지는 어머니와 함께 과거에 누렸던 삶, 즉 인민해방 이전의 부르주아 생활이 부끄러워 얼굴을 들 수 없다고 내게 터놓고 말했다. 출신성분이 나쁘기 때문에 이젠 그 나쁜 점, 그 잘못을 속죄해야 한다는 것. 나의 부모님은 이를 모르지 않았다.

아버지 어머니가 죄인이라면 나 역시 죄인일 수밖에 없었다.

그리고 또, 우리 집엔 피아노가 있었다. 피아노 역시 출신성분이 좋지 못한 물건이었다.

하지만 내가 피아노 때문에 죄인 취급을 받았다면 뭇사람들에게 감탄의 대상이 되었던 것도 피아노 덕분이었다. 겨우 여덟 살 나이에 여기저기서, 하루는 라디오 방송국에서, 또 하루는 얼마 전에 개국한 텔레비전 방송국에서 연주 초청이 잇달았다. 나는 기뻤다. 조명 불빛이 피아노를 환히 비추며 내 손가락을 따뜻하게 해주었다. 방송 기술진들이 여기저기로 열나게 바삐 뛰어다니는 가운데 나는 천진난만하고 두려움 없는 표정으로, 청중의 귀를 즐겁게 해주고 싶은 오직 한결같은 마음으로 피아노 앞에 앉아 「붉은 5월」을 치고 있었다.

그러던 어느 날 베이징의 황궁에서 연주 초청을 받게 되었다. 나는 별달리 황홀해하진 않았지만 한 가지 걱정거리가 생겼다. 즉, 무얼 입고 갈 것이냐 하는 옷 걱정이었다. 방송국에서처럼 녹음 기계나 마이크, 카메라를 대하는 것이 아니라 천 명이 넘는 관객 앞인데 어찌 더덕더덕 꿰맨 옷을 입고 나가 연주한단 말인가? 옷이란 옷은 하나같이 무릎과 팔꿈치가 닳아 해어져 어머니가 자기 옷에서 천을 잘라 덧대어 기운 자국투성이였다. 내 옷차림이 거지 같다는 것은 나도 모르지 않았다. 얼마 전 학교에서 연극 연습을 할 때는 지도 선생님이 나에게 "샤오메이, 너는 거지 역할을 맡도록 해. 별달리 분장하지 않아도 되니까."라고 하는 통에 나는 대답도 못 하고 울면서 집에 돌아왔다. 아버지 어머니는 선생님이 괜히 장난으로 한 소리였을 거라고 마음 쓰지 말라 하셨지만 내겐 결코 장난으로 들리지 않았다. 나는 거지 같은 옷차림을 하고 황궁에 가고 싶지는 않았다. 좋은 옷을 좀 마련해 달라고 어머니한테 졸랐더니, 새 옷을 사줄 형편이 아니라고 하시며 지금 내 옷차림 그대로 아주 좋다는 것이었다. 그래도 나는 성가시도록 떼를 썼다. 내 등쌀에 못 이긴 어머니가 자기 반 외교관의 딸에게 옷을 좀 빌려줄 수 없겠느냐고 부탁하셨다. 결국 얘기가 잘 되어 나는 빌려온 옷을 입고 가게 되었다. 붉은색 치마에 흰색 블라우스였다. 소매가 풍선처럼 부풀려진 블라우스는 속이 거의 비칠 듯 얇고 섬세한 천으로 만들어져 있었다. 무대에 올라 피아노를 치긴 했지만 무슨 곡을 쳤는지 전혀 기억에 없다. 내 머릿속엔 나를 나비 같은 모습으로 바꾸어준 그 옷 생각뿐이었다!

어머니 쪽에서는 전혀 아무런 꾸지람도 없었으나, 연주가 끝나 집에 돌아와 잠자리에 들었더니 옆에서 외할머니가 빨간 치마 운운하며 옷 얘기를 꺼냈다.

"원, 세상에! 어쩜 그리도 철없이 엄마를 속상하게 만들다니… 너네한테 웬만큼 옷 해 입히는 게 쉬운 일인 줄 알아? 딸들 옷 때문에 엄마가 저녁 내내 바느질하느라 고생하는 거, 알기나 해?" 한순간 침묵이 흘렀다. 잠시 후 다시 말을 이으셨다.

"할미가 옛이야기 하나 해주마. 듣고 나면 이해가 갈 게다. 옛날 옛적 어떤 임금님께 늙은 마부가 있었는데 나이는 무척 많았지만 언제나 제일 좋은 말을 고를 줄 알았단다. 그러던 어느 날, '전하, 소인은 이제 너무 늙어서 더 이상 전하를 섬기지 못하겠나이다.'하고 아뢰자 '그렇다면 자네 자리를 물려받을 만한 사람을 알고 있는가?'라고 하더란다. 그랬더니 늙은 마부는 '아주 훌륭한 젊은이가 있다는 소문은 들었으나 한 번도 만나본 적이 없나이다. 한 번 시험 삼아 그 젊은이더러 전하에게 바칠 말을 골라보라고 하면 아니 되겠나이까?'라고 대답했더란다. 임금님은 늙은 마부의 제안을 받아들였지. 이윽고 그 소문난 젊은이를 불러들여 임금님께 바칠 새 말을 고르라고 명했단다. 그로부터 석 달 후 젊은 마부가 궁정에 돌아와서 '전하, 최고로 좋은 말을 보았나이다. 최상급 품종에 잠잠하면서도 날쌔고, 한마디 소리 없이 바람을 쪼개며 내달리는 힘이 천하에 비길 데 없는 명마이옵니다'라고 하며 말이 있는 장소를 가르쳐주었는데, 그 순간 잠시 머뭇거리다가 '색깔은 아마 밤색이었던 것으로 기억하나이다'라고 덧붙이더란다. 당장 그 말을 자기 앞에 대령하라는 임금님의 명을 받들고 두 신하가 목적지로 출발했는데, 이틀 후 빈손으로 돌아와서는 '전하, 말씀하신 밤색 명마를 찾지 못했나이다. 명마가 하나 있긴 했으나 검정색이더이다'라고 아뢰더란다. 임금님이 노발대발하여 늙은 마부에게 소리 질렀지. '네 이놈, 나를 능멸하는 것이냐? 말 색깔도 기억하지 못하는 젊은 애송이한 테 어찌 그 막중한 직책을 맡길 수 있단 말이냐?' 그러자 늙은 마부가 잠시 생각해보더니 다시 임금님을 향하여 '틀림없이 그 젊은이가 소인보다 낫사옵니다. 그는 본질을 꿰뚫어 볼 줄 알기에 나머지 군더더기에 대해서는 잊어버릴 수 있었던 것이옵니다'라고 말하더란다."

작은 것을 잘 볼 수 있는 것이 밝음이오,
부드럽고 약한 것을 잘 지키는 것이 강함이라.

- 노자

3
첫 스승

1960년 봄, 나는 베이징중앙음악학교에 입학했다. 이 학교는 기숙학교였다. 이제부터 가족들과는 1주일에 한 번 외출 허가를 받아 만나든지, 아니면 방학 동안에만 얼굴을 볼 수 있었다. 나는 가족과 헤어지게 된 환경이 별로 두렵지 않았다. 나이는 겨우 열한 살이었지만 나와 가족 사이엔 벌써 어떤 거리감이 생겨 있었다.

　3년 전에 시작된 '대약진 운동'은 1960년이 밝아오자 형편 없는 국면으로 치닫기 시작했다. '대약진 운동'을 선포하던 당시 마오 주석은 자기의 뜻을 한 편의 시로 적었다. "중국은 가난하여 가진 것 하나 없는 백지 상태이나, 가장 아름다운 시는 바로 백지에서 피어나리라." 그러나 시가 아니라 굶주림이 온 나라를 덮치고 말았다. 1960년대 초엽에 굶어 죽은 중국인의 수가 2천만에 가까웠다. 공식적으로 정부는 북쪽 지방의 가뭄과 남쪽 지방의 홍수 때문이라고 둘러댈 뿐, 절대로 국가주석의 고집스런 정책 때문은 아니라고들 했다.

나는 사실 당시의 정치적, 사회적 상황에 대해 잘 알지 못하는 한낱 어린 소녀였다. 그해 9월부터 들어가 살게 된 중앙음악학교가 내겐 지상낙원 같았다. 전통 중국식으로 지은 건물 입구를 지나 넓은 마당으로 들어가면 여기저기 우람한 나무들, 분수들, 그리고 붉은 벽돌 건물이 다섯이나 있었다. 네모꼴 연립주택 안에 있는 우리 초라한 집과는 비교도 할 수 없이 넓고 아름다운 건물이었다. 그래도 3층뿐인 이들 다섯 채 건물 안에 교실, 연습실, 도서관과 함께 교사 및 학생들의 숙소가 있었다. 걸어서 10분 거리에 부속건물이 위치해 있었다. 전에 인쇄소였던 장소를 음악학교 교실로 개조한 것이었다.

개학과 함께 누렸던 기쁨과 흥분이 지나버리자 학교생활은 날이 갈수록 재미가 없어졌다. 교과과정은 지쳐 쓰러질 정도로 힘들게 짜여 있었다. 속성으로 배우는 음악 수업에다 일반교육 과목도 함께 배워야 했다. 음악학교를 졸업했다고 해서 누구나 전문 음악가로서 성공한다는 보장이 없기 때문에, 일반 중등학교로 되돌아가야 할 경우에 대비하여 필수적으로 갖추어야 할 교육이 아닐 수 없었다. 게다가 자기비판 및 고발 시간도 매주 해 온 나머지 이젠 모두에게 익숙한 습관이 되었다.

우리는 피아노 공부를 감옥에 갇힌 죄수처럼 해야만 했다.

감방처럼 좁은 방, 닫힌 문에는 조그맣고 둥근 창이 붙어 있었다. 한참 연습을 하다가는 등 뒤에 누군가가 다가서 있는 것 같아 고개를 돌리면 감시의 창 너머 한 벌의 안경 뒤에 두 눈이 한동안 나를 지켜보다가는 사라지곤 했다. 감독 선생님이었다.

음악학교는 학생들 사이에 경쟁심을 부추겨야 한다는 방침을 세워 놓았다. 성적이 좋은 학생들은 레슨도 더 많이 받을 수 있었을 뿐 아니라 더 좋은 음식을 먹을 수 있었다. 그리고 관악기 전공 학생들에게만 조건 없이 좋은 음식을 먼저 배식받게 해주었다. 관악기를 불려면 보충 에너지가 필요하다고 판단했기 때문이었다.

밤이면 우리는 네 명이 함께 쓰는 방, 2층 침대에서 다닥다닥 붙어 잤다. 방은 네 사람이 겨우 몸 돌릴 공간밖에 없었기에 분위기는 숨이 막힐 지경이었다. 우리들 중에서 가장 고생스러워했던 아이는 '다사로운 진실'이라는 뜻의 이름을 지닌 아이전이었다. 얌전하고 별 말이 없는 데다 좀 고독한 아이였고 옷차림도 단정하지 못했으며 아무도 관심의 눈길 하나 쏟지 않았다. 멀고 먼 북쪽 지방 출신이었기에 거의 한 번도 집에 돌아가지 못했다. 어느 날 우리는 그 아이가 호흡곤란 증상 때문에 병원으로 옮겨졌다는 소식을 들었다. 퇴원하여 학교로 돌아온 아이전의 몸은 이투성이가 되어버려 온종일 머리를 긁고 있었다. 그때부터 아무도 그 아이를 가까이하지 않으려 했다.

다행히 우리에겐 '마마 정(鄭)'이라 불리는 할아버지가 계셨다. 할아버지는 중앙음악학교가 설립되던 때부터 건물 관리와 학생들의 건강을 도맡아 일해 온 분이었다. 우리 학생들을 위하여 자기 호주머니를 털면서도 전혀 계산하지 않았다. 작고 통통한 몸으로 여기저기를 두루 살피며 바쁘게 돌아다니고 있었다. 일이 하도 많아서 먹고 잘 시간도 없는 것 같았다. 매일매일 학생들과의 면담 약속이 줄을 이어 넘칠 지경이었으므로 내 차례가 돌아오려면 한참을 기다려야 했다. 하지만 일단 마주앉게 되면 그분은 우리를 안심시키고 보살펴 줄 줄을 알았다. "따뜻한 물이 제일 좋은 약"이라고 되풀이하여 말하시는 통에 우리는 웃음을 참기 어려웠지만, 아무튼 그분은 우리 모두에게 최고로 인기가 좋았다. 참으로 몸과 마음을 다 바쳐 일하는 분이었기에 구내 위생실이 없어진 후에도 그분은 가구라고는 침대 하나밖에 없는 작은 방에서 계속 학생들을 보살펴 주고 있었다. 처음으로 그 작은 방에 들어가 보았을 때 나는 놀라 소리치지 않을 수 없었다. "어머나! 마마 정, 탁자 하나 없이 도대체 밥을 어떻게 드세요?"

어느 날 저녁, 위생실 앞에서 줄 서 기다리는 동안 나는 같은 반 동무들에게 호기심 나는 질문을 감히 던졌다. "어찌하여 정씨 할아버지는 별명이 '마마'인지, 너희들 혹시 아니?" 그리하여 나는 다음과 같은 이야기를 듣게 되었다.

그분은 오래 전에 인도네시아로 이주했던 부유한 중국인이었다. 일본이 중국을 침략하여 중일전쟁이 일어나자 그는 모든 것을 버리고 조국을 돕기 위하여 돌아왔다. 때마침 설립 중이던 중앙음악학교에 그는 재산 모두를 기증했다. 그런 연후에는 중국 최초의 어린이 오케스트라를 맡아 관리하게 되었다. 오케스트라 단원 가운데 가장 나이 어린 아이는 다섯 살이었다고 한다. 당시엔 생활필수품 어느 하나 모자라지 않는 것이 없었다고 한다. 그분은 마치 자기 자식들을 돌보듯 어떻게 해서라도 어린 단원들에게 필요한 물품을 조달해 주었다. 낚시질한 생선이며 연못에서 캐낸 연뿌리 할 것 없이 아이들을 제대로 먹이고자 바쁘게 뛰어다녔다. 그러면서도 아이들을 위험에서 보호하기 위하여 두루 보살피는 눈길을 잠시도 떼지 않았다. 첫 졸업생들이 감사의 표시로 그에게 '마마(媽媽)[7]'라는 별명을 지어 주었고, 그의 별명은 곧바로 그의 호칭이 되었다.

나는 될 수 있는 대로 자주 그분을 찾아가 열한 살 소녀의 고민을 털어놓았다. 난 손가락이 너무 작다고, 2학년으로 못 올라갈 것 같아 두렵다고, 늘 팔목이 아파 피아노 치는 일이 고역이라고, 그러면 할아버지는 내 말을 하나하나 귀담아 들으시고는 내 손을 주물러주시며 나를 안심시켜 주셨다.

이윽고 학년말 실기시험 날이 왔다. 나는 팔목에 붕대를 감

---

7 우리말 '엄마'에 해당하는 중국어

은 채 시험 지정곡을 쳤다. 연주를 끝내고 심사위원 쪽으로 몸을 돌렸다. 모두들 엄숙한 표정에 침묵이 흐르고 있었다. 크고 넓은 연주실인데도 숨이 막힐 것 같은 분위기였다.

드디어 심사평이 쏟아지기 시작했다. 좋은 말은 들리지 않고 비판의 소리만 계속되었다. 심사위원들 앞에 선 나는 심사평이 어서 빨리 끝나기만을 기다렸다. 빠르면 빠를수록 나을 것 같았다. 바로 그 순간, 지금껏 아무 말이 없던 심사위원 한 분이 입을 열었다. 아주 젊고 활발하여 스포츠맨 같은 인상에다 남방 중국 사람들의 억양이 세게 드러나는 말투였다. 음악 선생이라고 하기에는 무언가 잘못된 데가 있는 것도 같았다. "선생님들께 실례지만, 제 생각은 다릅니다. 저 학생은 아주 훌륭한 연주를 했을 뿐 아니라, 특히 저 학생의 피아노 소리에는 무언지 모를 그 어떤 것이 깃들어 있습니다. 모두 함께 좀 더 의견을 나누어야 할 필요가 있다고 봅니다." 나는 연주실을 나왔고 심사위원들은 회의에 들어갔다.

이렇게 나를 살려주시고 자기 수업에 받아주신 선생님은 성함이 반이밍이셨다. 나이는 겨우 25세였고, 불과 몇 달 전에 베이징중앙음악학교에서 학위를 받았으며 교수 몇 분의 주선으로 러시아 피아노 학파와도 관계하고 있었다. 하지만 외모로 보아서는 안경도 쓰지 않고 흰머리 한 터럭도 없는 이 젊은이가 정말 피아노를 가르치는 선생님이 맞나 되묻지 않을 수 없었다. 마치 아이스 스케이팅 선수 같기만 한 이런 사람 밑에서 정말 제대로 공부할 수 있을까?

어느 날 반 선생님은 첫날 첫 수업부터 내 손에 대해 말씀해 주셨다. "세상만사는 긍정적인 면과 부정적인 면이 함께 있는 법이다. 너는 손이 작다 보니 쉬이 다가갈 수 없는 곡들이 적지 않을 것이다. 하지만 작은 손이야말로 가장 재빠르게 움직이는 손이란다. 때문에 작은 손으로 아주 훌륭하게 연주할 수 있는 레퍼토리가 있지. 너도 연습하다 보면 알게 될 거야. 옛말 새옹지마처럼 부정적인 것이 긍정적으로, 또 긍정적인 것이 부정적으로 바뀔 수도 있거든. 손이 큰 학생들 중에는 제 손만 믿고 별로 노력을 기울이지 않아 불행한 결과를 맞이하게 된 경우가 많았단다."

이렇듯 내가 전혀 새로운 세상으로 들어가게끔 문을 열어주신 선생님, 그분 자신은 그 사실을 알고 계셨던가? 반 선생님은 약점이 곧 장점으로 변할 수 있다는 것을 내게 일깨워 주셨다. 덕분에 나는 자신감을 되찾게 되었다. 자신감이란 사실 없어서는 안 될 가장 본질적인 것이 아니고 무엇이랴. 첫 수업 날, 선생님은 나의 또 다른 약점을 진단해 주셨다. 즉, 나는 온몸이 너무 긴장해 있다는 것이었다.

"각 손가락을 움직이게끔 명령을 내리는 손가락은 몇째 손가락인가?"

"모르겠어요."

"엄지다. 엄지가 힘을 주면 다른 손가락 전부에 힘이 가고, 엄지에 맥이 풀리면 다른 손가락도 마찬가지가 되는 법이다."라고 하신 후 다시 덧붙여 말씀하셨다.

"건반을 쓰다듬어야지 절대로 두드리지 마라. 건반이란 생각처럼 그렇게 딱딱한 것이 아니다. 건반이랑 씨름을 할 필요는 없다. 건반은 사실 부드럽고 유연한 것이다. 그런 부드러움과 유연한 느낌을 손가락 끝으로 느낄 수 있도록 애써야 한다. 건반에다 에너지를 전달만 할 것이 아니라 건반에게서 네 쪽으로 에너지를 당겨온다고 생각해 봐라. 빵 반죽을 한참 주무른다고 상상해 봐. 엄마가 반죽을 어떻게 만드시는지 한번 지켜보아라. 빵 반죽도 피아노 치는 것과 마찬가지로 손과 팔목을 놀리는 일이다. 손과 팔목을 어떻게 놀리느냐에 따라 너와 네 악기 사이가 완전히 달라진다는 것을 너는 곧 깨우치게 될 거야."

또 한 차례 물으셨다. "피아노 치는 에너지는 어디서부터 솟아 나온다고 생각하느냐?"

"어깨 아닌가요?"

"아니지."

"온몸에서부터?"

"아니야, 에너지는 숨에서 흘러나온다. 기력도 생명도 숨에서부터 나오는 것이다. 숨을 잘 쉬도록 애써야 한다. 두 발은 바닥에 확고하게 자리잡되 횡격막이 편안하다는 느낌을 갖도록 해

라. 그러면 얼마 안 가서 알게 될 거야. 긴장이 덜해지고 손놀림이 부드러워져 사실은 전보다 더욱 강해졌다는 것을."

이렇듯 반 선생님께서 하나하나 가르쳐주신 내용은 평생 동안 간직해야 할 가르침이었다.

첫 만남의 시간이 지나자 선생님은 한 번에 두 시간 수업을 1주일에 두 번씩 내게 해주시기로 결정하셨다. 원래는 한 학생에게 한 시간 수업을 1주일에 한 번만 해주도록 짜인 시간표였는데, 이는 학생 모두가 골고루 같은 양의 수업을 받도록 한다는 공산주의 평등사상에 입각한 정책이었다. 그러나 겉으로 드러내지는 않았지만 선생님은 마음속으로 그런 식의 평등주의에 반기를 들고 계셨다.

이리하여 2년 동안의 행복한 시절이 시작되었다. 반 선생님 덕분에 나머지 온갖 불쾌한 일들, 이를테면 학우들 사이의 경쟁, 자기비판 및 고발 시간, 그 모든 고역에 대해 잊을 수 있었다. 나는 한 주일 내내 선생님께 배우는 피아노 수업만을 생각하며 그 시간을 학수고대하곤 했다. 선생님은 1주일에 네 시간의 수업 시간 이외에도 정녕 많은 것을 가르쳐 주셨다. 그는 학생들에게 가르침을 주는 것만으로 만족하지 않고 학생들과 더불어 삶을 나누어야 한다고 생각했다. 우리랑 같이 등산도 가고, 자기 집 저녁 식사에도 초대하며, 좋은 읽을거리 책도 주시고 레코드도 듣게 해주셨다. 그리하여 우리 음악학도들이 음악 이외의 세계도 맛보도록 이끌어 주셨다.

"좋은 음악가가 되기 위해서는 교양을 많이 많이 쌓아야 한다. 풍부한 감수성에 풍부한 상상력이 있어야 해. 주샤오메이, 피아노는 내가 가르쳐줄 수 있지만 인문학과 교양은 내가 베풀어줄 수 없는 분야다. 그러니까 많이 읽고 경험을 넓혀야 해. 언젠가 너도 알게 되겠지만 인문학이란 정말 중요한 것이다."

이런 충고 말씀을 듣자마자 나는 손에 닿는 책이란 책은 무엇이든 읽기 시작했다. 톨스토이, 체호프, 도스토예프스키, 발자크, 플로베르, 졸라 등등 가리지 않았다.

우리 반 선생님의 제자들은 그분의 아량에 보답하고자 힘써 노력했다. 그처럼 깊고 너그러우신 분께 보답하는 길은 오직 최선을 다하여 정진하는 우리의 알찬 모습을 보여드리는 것이었다. 그분은 우리 각자의 마음속에 피아노를 치고 싶은 의욕을, 예술인이 되고 싶은 의욕을 심어주셨다. 그러한 의욕 덕분에 우리는 각자 나름대로 기술적인 어려움, 산을 움직이는 것만큼 어려운 난관도 헤쳐 나갈 수 있게 되었다. 선생님과의 레슨 시간이 끝나 교실 문을 나오자마자 그대로 여섯 시간에서 여덟 시간을 쉬지 않고 내리 연습했던 적이 얼마나 많았던가! 그렇듯 선생님은 우리가 신명이 나게끔 지도해 주시는 참스승이셨다.

선생님은 나의 손놀림 가운데 이런저런 장점을 알아보시고 이를 발전시켜 나가는 데에 주력하셨다. 이 점에 있어서 그분은 다른 선생님들과 정반대로 달랐다. 자기가 지도하는 학생들의 연주기법을 몽땅 뜯어고치려고 끝까지 물고 늘어지는 선생들, 아니면 이기주의 때문인지 학생들을 자기 생각대로 끌고 가려는 선생들이 대부분이었다. 이에 비하여 반 선생님은 본질적으로 개선되어야 할 몇 가지 단점을 알아보시고 범위를 좁힌 다음 이를 집중적으로 지도해 주셨다. 나의 감수성과 내 솜씨에 알맞은 작곡가들을 골라 주셨다. 한꺼번에 전부를 뜯어 고치려 한다든가 학생에게 죄다 선생 생각대로 연주하기를 바랄 수는 없다는 것, 이 원칙에서 출발한 그분의 인생관은 단순하고도 옳은 것이었다.

"빠르고 또 세게 쳐야 하는 대목은 어려운 대목이다. 우선 천천히 그리고 세게 치기 시작해라. 다음으로는 빨리 그리고 부드럽게 치면서 손에 편안하다고 느낄 때까지 계속하면 드디어 어느 순간 빠르고도 세게 칠 수 있게 된다."

선생님은 지도학생이 한창 연주하고 있을 때엔 절대로 연주의 흐름을 중단시키지 않는 조심성을 보이셨다. 이것 또한 여느 선생님들의 지도법과는 아주 대조적이었다. 내가 어떤 곡을 치고 있으면 한 번도 중간에 멈추게 하는 법이 없었다. "다시 한 번 처음부터 끝까지 쳐볼 수 있겠냐?"라고 끝에 가서 물어볼 뿐이었다. 한 번은 어떤 곡을 치다가 어려운 대목에서 걸려 멈추었더니 선생님은 "괜찮아. 끝까지 계속해라. 넌 연주를 끝내야 할 책임이 있다. 청중을 생각해서 아량을 베풀도록!"

선생님은 참으로 드문 인품을 지닌 스승이셨다. 자존심을 건드리지 않으면서, 얼굴을 찌푸리게 하지 않으면서도 진실을 들려주셨다. 그렇듯 꾸밈없고 세련된 인품의 소유자였기에 말 한마디라든가 어떤 한 가지 몸짓이라도 무엇을 뜻하는지를 알아주시는 분이셨다.

피아노 연주기법에 관해서만 얘기하자면 반 선생님은 가차 없이 준엄한 스승이셨다. 초기 수업시절에 한 번은 이런 말씀을 하셨다.

"우리 중국 사람은 유연한 체질을 타고났다. 음악에서 엄청난 장점이자 유리한 점이라 하겠다. 탁월한 피아노 테크닉으로 아름답게 올리는 소리를 내기 위해선 나긋나긋하게 잘 휘는 손가락이야말로 가장 근본적인 소양이 아닐 수 없지. 너는 특히 네 타고난 장점을 앞으로 잘 키워나가야 한다."

그리하여 열성을 다하여 해 나가야 할 숙제를 내어주셨다. 선생님과 함께 피아노 테크닉의 기초과정 전부를 밟아나갔다. 하농 교본의 전곡을 치되 하나하나 음조를 달리하여 전부 연습했고, 체르니의 작품 가운데 주요한 피아노 교본 몇 권, 그리고 크래머, 모슈콥스키, 브람스로 나아갔다. 또한 바흐의 「인벤션」과 「평균율」도 숙제로 내주셨다.

"이 모두를 외워서 치도록. 이제부터는 나에게 레슨 받을 때마다 바흐곡 하나, 그리고 연습곡 둘을 악보 없이, 그리고 틀리지 않고 쳐야 한다. 숙제로 받은 곡 모두를 처음 악보를 읽는 순간부터 외우도록 애써야 한다."

말씀을 듣기는 쉬웠는데 들은 대로 이행하려고 하니, 아아…! 맨 처음, 사흘 동안 나는 숙제 받은 곡, 특히 바흐의 「인벤션」을 외우기가 가장 힘들었다. 소등시간 저녁 10시에 불이 켜진 곳은 오로지 화장실뿐이었다. 그리하여 나는 졸음으로 눈이 감길 때까지 화장실에 틀어박혀 악보를 외웠다. 사실 선생님이 옳았다. 젊어 기억력이 좋을 때 열심히 공부하지 않으면 나중에 후회해도 소용이 없다는 것. 옳은 말씀이긴 했지만 얼마나 고된 시련이었던가! 어느 날 선생님이 말씀하셨다.

"열심히 주의를 기울이지 않고는 집중력을 키울 수 없는 법이다. 앞으로 내게 레슨 받을 때마다 그 시간에 배운 내용을 작은 노트에 요약해서 나한테 보여줬으면 좋겠다. 그렇게 하면 네가 무엇 하나 빠뜨리지 않고 주의를 기울였는지 나와 같이 훑어볼 수 있겠고, 따라서 네 집중력을 키우는 데도 도움이 될 것이다." 또 어떤 날은 이런 말씀도 들려주셨다.

"불행히도 내겐 레코드가 겨우 몇 장밖에 없구나. 할 수만 있다면 너한테 오페라를 들려주었으면 좋겠는데…. 왜냐면 피아노를 친다는 건 뭔가 얘기를 들려주는 것이나 다름이 없는데, 그 누구보다도 오페라 가수가 이 점을 네게 가장 잘 납득시켜 줄 수 있거든. 불행히도 그럴 형편이 안 되니 선배들이 하는 연주를 자주 듣도록 해. 한 사람 한 사람이 어떤 식으로 치는지 각별히 주의를 기울이며 네 생각을 필기하면서 말이다." 나는 선생님의 충고대로 따라 했다.

1주일 후, 국제 경연에 나가고자 총연습 중이던 선배들의 연주를 듣고 내 생각을 적어 놓은 노트 여러 장을 선생님께 건네드렸다. 그 다음 레슨 시간에 선생님께서 들려주신 말씀은 평생 동안 내 귓전에 남을 만한 것이었다.

"네 노트를 읽었다. 연주가가 자기의 소리를, 자기의 존재를, 자기의 참여의식을 지녀야 할 필요성에 대하여 네가 말한 내용 말이다. 너는 마음속 깊은 곳에서부터 네가 좋아하는 것, 네가 듣고 싶어 하는 것을 알고 있구나. 그와 같은 자의식으로부터 너는 앞으로 많은 도움을 받을 것이야. 시간이 지나면 알게 돼. 넌 성공할 거야."

선생님은 집중력을 높이기 위하여 눈을 감고 연주하게끔 지도해 주셨다. 그리하여 오늘날에도 나는 무대에서 눈 감고 연주하기를 계속하고 있다. 선생님께서 나더러 눈을 감으라고 처음 얘기하신 것은 모차르트의 「피아노 협주곡 23번 A장조」를 공부하던 수업 시간 중이었다. 이 기적과도 같은 작품을 함께 공부하자고 하셨을 때 나는 자신감과 행복으로 얼굴이 온통 환하게 빛났다. 게다가 나 혼자에게만 제의하신 작품이라는 사실! 때는 여름이라 교실 창문을 열어 놓았기에 건물 아래에서 거닐던 친구들에게 내 피아노 소리가 들리지 않을 리 없었다. 그때 그 친구들에게 내가 얼마나 부러운 존재였던가! 선생님과 나는 두 시간 전부터 느린 2악장의 첫 소절을 공부하고 있었다. C#, D-C#, 이렇듯 오른손이 점점이 이어나가는 리듬 아래 왼손이 가만가만 짚어 주는 주조 화음, 세상의 모든 슬픔이 이들 몇몇 음표에 녹아든 듯 가슴을 적시는 애잔한 멜로디! 그런데 선생님은 너무 빨라, 너무 느려, 너무 강해, 너무 약해,라고 하시며 불만스런 표정으로 "음의 색깔이 좋지 않다"라고 말했다.

음악 선생님이 어떻게 색깔 운운할 수가 있단 말인가? 피아노 건반에 연결된 작은 방망이가 현을 두드리되 언제나 같은 곳을 친다는 것쯤은 나도 알고 있었다. 더 세게, 혹은 덜 세게 칠 수야 있지만, 하나의 음에 어울리는 색깔이 따로 있다니!

"긴장을 풀어, 주샤오메이, 눈을 감아라." 나는 눈을 감고 다시 C#, D-C#하고 눌렀다. 이번엔 괜찮게 쳤다는 느낌이 왔다. 선생님은 아무 말씀이 없었다. 나는 가만히 한 눈을 떠보았다.

"됐다." 하시는 짧은 한마디. 그 후로 선생님은 "눈을 감아, 눈을 감으면 손 감각도 귀 감각도 훨씬 잘 느껴지는 법이다."라고 두고두고 되풀이하여 말씀하시곤 했다.

반 선생님에겐 꿈이 있었다. 그것은 음조와 촉감의 이런저런 뉘앙스를 여러 가지 색깔로 표시해 놓은 악보가 있었으면 하는 꿈이었다.

"생각 좀 해 봐라. 내림 B장조 악절은 내 귀에 오렌지색으로 들리거든. 그러니 그 악절을 오렌지색으로 표시한 악보가 있다면 얼마나 좋을까!"

상상력을 키우는 공부는 선생님이 주력하시는 또 하나의 분야였다. 흔히 시의 이미지를 빌려 설명하시곤 했다. 이를테면 "음표 하나하나는 벨벳 보석 상자 위에 놓인 진주알"이라고, 혹은 또 "음표 하나하나는 동틀 무렵 꽃잎이 머금은 이슬방울"이라고도 하셨다. 선생님은 특히 내가 피아노를 치면서도 끊임없이 어떤 생각, 어떤 이미지, 어떤 이야기, 어떤 느낌을 머릿속에 품기를 바라셨다.

"오늘은 네 머릿속이 텅텅 비었구나."

어찌하여 선생님은 내 머릿속을 저리도 환히 꿰뚫어 보실 수 있단 말인가? 마술사가 아니고서야 도저히 있을 수 없는 일!

"머릿속이란 느껴지고 귀에 들리는 법이다."

한 번은 바흐의 「인벤션」 한 곡을 공부하던 시간이었다. 나는 선생님께 강한 인상을 주고 싶은 나머지 너무 때깔을 부린 연주를 했던 모양이었다. 선생님이 갑자기 웃음을 터뜨리셨다. 내 딴에는 선생님을 기쁘게 해드리고 싶었고 나에게 보여주신 그 모든 은혜에 감사드리고 싶은 마음뿐이었다. 선생님 또한 내 마음속을 모르지 않으셨다.

"주의해야 돼. 그런 연주 태도는 아주 좋지 못하다. 무대에 올라 청중의 마음에 들려고 애쓴 나머지 딴 길로 새어버린 꼴이야. 진실과 오류는 종이 한 장 차이다!"

낙담한 내 얼굴을 보시고 선생님은 다시 말씀하셨다.

"훌륭한 피아니스트는 훌륭한 요리사처럼 어떤 양념 얼마를 넣어야 하는지에 대한 감각이 뚜렷해야 한다. 너무 달거나, 너무 짠 음식이 너는 좋으냐?"

"물론 아니죠."

"양념이 하나도 없는 음식이 좋으냐?"

"천만에요!"

"피아노 연주도 마찬가지다. 양념이 어느 정도 들어가야 하지만 너무 짜거나 너무 달지 않게 균형이 잡혀 있어야 한다. 네게 적당한 균형을 찾도록…"

그리고는 뭔가 근본적으로 해야 할 말이 있을 때 늘 그러하듯이 한순간 입을 다물고 생각하시더니 "균형 잡힌 중도를 찾아야 해."하고 얘기를 마치셨다.

한 번은 이런 일도 있었다. 우리 학교에는 리스트나 라흐마니노프 같은 피아노의 거장이 작곡한 대곡을 연주할 때면 중간중간 긴 소절이 끝날 때마다 자랑스럽게 두 팔을 번쩍 들어 보이는 선배들이 있었다. 하루는 나도 선생님께 좀 자랑을 떨고 싶은 충동에서 특별히 힘을 넣어 활발하게 연주하고는 선배들 흉내를 내어보았다. 그랬더니 선생님은 나를 돌아보시며 나무라셨다.

"오늘은 왜 그리 야단스러우냐? 그렇게 연주하지 않으면 안될 작품이라고 확신해? 꼭 그런 식으로 쳐야만 하는 작품이라고 생각해? 좀 더 소박하게 쳐도 될 것 같지 않아?" 그리고는 다음 이야기를 들려주셨다.

"화사첨족(畫蛇添足)이란 고사성어에 얽힌 이야기를 아느냐? 옛날 어떤 화가가 길바닥에다 뱀을 그렸는데 실물과 너무나 똑같았기 때문에 사람들이 진짜 뱀이라고 생각할 정도였단다. 지나가던 어느 행인이 어쩌다 그만 뱀 그림을 밟게 되자 소리를 있는 대로 지르며 '으악! 나 뱀한테 물렸어!'하고 법석을 떨었겠지. 사람들이 우르르 몰려와 어찌된 일인가를 확인하고는 모두 웃음보를 터뜨리며, '이렇게 잘 그린 뱀은 난생 처음 봤다'며 감탄해 마지 않았단다. 화가와 뱀 그림은 얼마 가지 않아 그 고장에서 모르는 사람이 없을 정도로 유명해졌지. 그러자 화가는 한 발 더 나아가 어떻게 하면 자기 그림이 더 멋있게 보일 수 있을까 하고 궁리한 끝에 뱀 그림에다 발을 덧붙이기로 했단다. 그러자 발 달린 뱀 그림을 본 행인들은 '이 무슨 가소로운 짐승인가!'하면서 화가를 비웃기 시작했고 화가는 다시 이름 없는 환쟁이로 전락하고 말았다는 이야기다."

나는 선생님의 교훈을 정녕 마음 깊이 새겨들었다. 너무 깊이 새겨들었던 것인지 몰라도 오늘날에 와서조차 무대로 들어갈 때면 혹시 내 모습이 좀 과시적이라고 생각하는 청중이 있지 않을까 하고 늘 마음을 졸이게 된다. 그러면서 나는 "사람들 눈에 천사처럼 보이려고 애쓰는 자는 불행히도 되레 짐승처럼 보일 따름"이라고 한 파스칼의 명언을 머릿속에 떠올리곤 한다.

반 선생님 밑에서 지도 받은 몇 년은 참으로 행복한 시절이었다. 나도 그분처럼 피아노를 가르치게 된 지금 나는 자주 그분을 생각한다. 중국과 러시아. 두 피아노 학파의 색다른 학풍이 그분에게로 함께 흘러들어 놀라운 조화를 이루었다. 중국 학파는 부드러움, 가벼움, 물 흐르듯 나아가는 유동성, 붓글씨를 내려쓰듯 멜로디의 선율적 의미를 강조하는 반면, 감정과는 어느 정도 거리를 두고 감정을 자제하는 학풍이었다. 한편, 러시아 학파는 중후한 거동, 낭만주의, 힘찬 상상력, 예술 감각 그리고 폭넓은 도량에 주력하는 학풍이었다.

1963년 봄, 열네 번째 생일이 다가오던 어느 날 반 선생님께서 미소를 머금고서 말씀하셨다.

"네 첫 리사이틀을 준비해야 할 때가 되었다."

학기말 시험을 맞이하여 공공무대에서 정기적으로 연주해야 하는 것은 이미 우리 음악학교의 규정에 들어있는 사항이었다. 하지만 선생님은 규정이나 의무 때문만이 아니었다.

"무대 감각을 몸에 익히려면 적어도 한 시간은 무대에 머물러 있어야 한다. 그런데 한 시간은 사실 아무것도 아니지. 어떤 일본 무용가들은 공연 전 대엿새 동안을 줄곧 무대에서 산다고 하더구나!"

선생님과 나는 연주곡목을 함께 정했다. 베토벤의 「비창 소나타」, 선생님과 함께 두 대의 피아노로 연주할 모차르트의 「피아노 협주곡 23번」 그리고 쇼팽의 「연습곡 3번 작품 25」로 결정했다. 선생님은 또한 경고 말씀을 해주셨다.

"리사이틀 준비는 2백 퍼센트 확실하게 해야 한다. '적이 나를 이길 수 없는 까닭은 나에게 달려 있다'고 하는 『손자병법』의 글귀처럼 준비가 되어 있지 않으면 아예 전쟁을 하지 말아야 한다. 리사이틀도 마찬가지다. 충분한 준비가 되어 있지 않으면 아예 피아노를 건드리지 마라. 섣불리 시작하여 연주를 망치면 나중에 두고두고 후회하는 법이다." 그러더니 약간 신비스러운 말투로 말씀하셨다.

"너 자신에게도 주의를 기울여야 한다. 순순히 복종하도록 해." 무슨 뜻으로 덧붙이신 말씀인지 가늠할 수 없었지만 나는 감히 물어보지 못했다.

리사이틀이 열리기 불과 며칠 전, 토요일 저녁이었다. 그날따라 날씨가 무척 더웠고 기숙사 방 안은 더욱 더워 숨이 막힐 지경이었다. 나는 문득 밖에 나가 학교 울타리 안 건물을 돌며 바람을 쐬고 싶어졌다. 반 동무 셋이 따라 붙었다. 한동안 바깥을 돌다가 건물 안으로 들어와 복도를 따라 걸었다. 그런 다음 우리는 재미삼아 몰래 지붕에 기어올라보기로 마음먹었다. 때는 깜깜한 밤이었다. 지붕 끝자락에 다가서며 눈앞에 허공이 가까워지자 나는 장난삼아 말했다.

"내가 여기서 뛰어내린다면?" 얼마 후 우리 모두는 피곤에 지쳐 방으로 돌아가 잠자리에 들었다. 이튿날 무서운 폭풍우가 덮쳐 오리라고는 꿈에도 생각하지 못했다. 밤에 몰래 나돌아 다닌 우리의 소행은 발각되고 말았다. 숙직하던 경비원이 지붕에서 나는 우리들 목소리를 들었기 때문이었다. 이튿날 경비원 아저씨가 기숙 학생들을 다그치고 캐물어 범인을 찾아내었다.

"주샤오메이가 자살한다고 그랬어요"라고 한 동무가 나를 고발했는데 우리 또래의 소녀로서는 정상적인 태도였다. 나 역시 일이 이 지경으로 번질 줄 전혀 내다보지 못했던 어린 소녀였다.

그즈음까지 내가 모르고 있었던 사실은 전체주의 체제에서 자살이란 가장 나쁜 죄악으로 취급받는다는 것이었다. 자살은 '당신네들 정치제도 아래에서 난 행복하지 않소, 너무도 괴로워 차라리 죽음을 택하리다'라고 말하는 반동분자들이나 저지를 수 있는 행동이라는 것이었다. 나는 음악학교와 공산당의 위계질서에 반기를 든, 의심의 여지 없는 위험인물로 취급되었다. 나 같은 학생을 그냥 두었다가는 다른 학생들의 정신건강에 해로울 테니까, 지금 당장 본보기가 되도록 처벌해야 한다고 결정되었다. 즉, 나의 작은 머릿속에서 개인주의의 뿌리를 송두리째 뽑아야 한다는 것이었다.

다음 단계로 베이징중앙음악학교의 교장께서 나와 세 동무와 우리 반 담임선생님을 교장실로 불러들였다. "이 아이들 출신성분은?" 하고 교장이 물었다. 세 동무들 가운데 둘은 '출신이 좋은(出身好)' 쪽이었으나, 나머지 한 명은 아버지가 1957년 공산 체제에 항의했던 반동분자로 판명되었기에 나와 함께 '출신이 나쁜(出身不好)' 쪽으로 밀려났다.

"출신성분이 그러니까 하는 짓거리 모두가 뻔할 뻔 자야."하고 교장이 칼날처럼 말했다. 교장의 딸이 어머니 옆에 서 있었는데, 그날따라 교장은 계급투쟁이 무엇인지 딸에게 이해시키고자 학교에 데리고 온 것이라 했다.

나는 자초지종을 해명하려고 애써보았다. 장난삼아 헛소리를 했을 뿐이지 자살할 생각은 절대로 없다고, 우리 음악학교에서 난 아주 행복하다고, 여기 학생이라는 사실이 자랑스럽다고 몇 번이고 거듭 말했다. 그러나 아무 소용이 없었다. 그러다가 결국, 내가 어느 날 저녁 일기장에다 안나 카레니나[8]와 그녀의 자살, 그녀의 빨간 가방, 첫 객차, 다음 객차 등에 대하여 써 놓은 내용이 뭇사람들의 눈에 드러나 버렸다.

"안나 카레니나. 정말 멋진 여자다. 여느 여자 같지 않게 처신이 너무도 남다른 데다 너무도 용기 있는 행동! 나도 이담에 피아

---

8 안나 카레니나(Anna Karenina: 톨스토이의 소설 및 주인공의 이름)

니스트가 되지 못하면, 이번 리사이틀에서 성공하지 못하면, 나
도 자살해야지!" 이런 글을 써 놓은 나는 막중한 죄인이었다.

학교 측에서는 나를 다른 학생들로부터 고립시켜야 한다는
결정을 내렸다. 그리하여 나는 책상 하나에 의자 하나밖에 없는
비좁은 사무실에 갇히게 되었다. 다가올 운명이 결정될 때까지
학급 동무들과 접촉하지 못하도록 이제 밥도 이 방에서 혼자 먹
어야 했다. 내가 고립되어 있는 동안 학우들은 나의 태도를 비판
하도록 권장 받았다. 이를테면, 이런 태도는 무엇을 뜻하는가?
저런 태도는 어떻게 생각해야 하나?

시간이 흘러갈수록 내 앞날은 어두워질 따름이었다. 나는 출
신성분이 나쁠 뿐 아니라 사상도 나쁜 죄인이었다. 반 선생님은
이제 나를 지도해 주시지 않을 것이고, 난 아마 퇴학당하리라.
이젠 더 이상 피아노도 못 치게 되었고, 정치적으로는 사형선고
를 받은 것이나 다름없게 되겠지. 나는 시골로 추방될 것이고 저
들은 출신성분이 나쁜 내 가족, 내 부모님을 헐뜯고 비방하리라.
나는 마오 주석께서 우리에게 보여주신 신뢰에 당치 않은 태도
를 보인 배은망덕한 학생이 아닌가? 드디어 중앙음악학교 교장
실로 나오라는 명령이 전달되었다. 판결문은 다음과 같았다. "반
성문을 작성하여 자기비판 시간에 출두하라. 반성문이 완성될
때까지는 고립된 장소에서 한 발자국도 움직이지 못 한다".

혁명계획의 실현을 위해
눈앞에 있는 이 아이를 희생시킬 작정이오?

– 도스토예프스키, 『카라마조프네 형제들』

4
무너진 꿈

선생님 그리고 학생 여러분에게,

여러분께서 제게 보이신 믿음을 저버리고 여러분을 실망시켜 드렸기에 저는 지금 깊은 슬픔에 젖어 있습니다. 우리의 위대한 영도자이시고 우리 공산당의 지도자이신 마오쩌둥 주석 각하께서는 저를 중국에서 가장 좋은 학교에서 교육받도록 배려해 주셨는데 저는 그만 배은망덕하게도 그분을 기만했습니다.

5월 27일 저녁 무렵, 저는 잘못을 저질렀습니다. 우리 음악학교의 규정에 따르지 않았던 것입니다. 저녁 10시 30분 소등시간이 지났음에도 불구하고 저는 세 학우와 함께 기숙사 밖으로 나갔습니다. 우리는 학교 건물의 지붕 위로 올라갔는데, 결코 허락되지 않은 행동이었습니다. 이보다 더욱 나쁜 행동은 제가 지붕 위에서 동무들에게 "여기서 허공으로 뛰어내려 볼까?"라고 말했던 것이었습니다. 선생님과 학생 여러분의 도움을 받아 저는 제가 아주 막중한 잘못을 저질 렀다는 사실을 알게 되었습니다. 이젠 깨달았습니다. 자살하겠다는 것은 공산주의 세계에 항의한다는 것, 체제에 반기를 든다는 것, 체제를 믿지 않는다는 것임을. 그런 생각을 했던 저 자신이 부끄럽기 짝이 없습니다. 중국 사람 누구나, 군인, 노동자, 농민 할 것 없이 모두가 공산주의의 승리를 위하여 열심히 일하는 중입니다. 군인들은 자본주의로부터 우리를 지켜주고 노동자와 농민은 우리의 양식을 마련해주기 위하여 땀 흘려 일하고 있는데 저는 오직 저 혼자만을, 제 피아노밖에 생각할 줄 모르는 이기주의자이며 개인주의자입니다. 하지만 선생님과 학생 여러분 덕분에 그 이유를 알게 되었습니다. 그것은 부르주아였고 자본주의자였던 제 가족의 잘못 때문입니다. 부르주아 자본주의자들은 언제나 인민을 착취해 온 계급이었습니다. 생존조건이 의식을 결정한다고 했던 마르크스의 말씀대로, 프롤레타리아 계급은 프롤레타리아의 관점에서 세상을 보고, 부르주아 계급은 부르주아의 관점에서 세상을 볼 수밖에 없습니다. 부르주아 계급의 의식을 바꾸기 위해서는 그들의 생존조건을 바꾸어야 할 필요가 있습니다.

또한 제가 부르주아 문학작품을 읽은 죄 때문이기도 합니다. 오랫동안 저는 톨스토이, 체호프, 도스토예프스키, 푸슈킨, 로맹 롤랑, 발자크, 플로베르, 졸라의 작품을 아무런 비판 없이 읽었습니다. 마리 퀴리의 개인주의적 본보기로부터 나쁜 영향을 받기도 했습니다. 그

가운데서 특히, 톨스토이의 『안나 카레니나』, 그리고 로맹 롤랑의 『장-크리스토프』, 이 두 소설이 제게 나쁜 영향을 끼쳤던 것입니다. 저는 충분히 생각해보지도 않고 그들 두 주인공의 개인주의적, 쁘띠 부르주아적 생활 태도를 본보기로 삼아버리는 잘못을 저질렀습니다. 자본주의자들은 이렇게 쁘띠 부르주아 문학작품을 다량 생산함으로써 다음 세대의 사고방식을 그들의 생각대로 주무르려고 할 뿐 아니라 그럼으로써 인민에 대한 지배력을 영원히 확보하는 데에 급급하고 있습니다. 공산주의자들은 그런 책을 읽을 필요가 없습니다. 우리는 군인과 농민과 노동자를 본받기만 하면 충분하고도 남음이 있기 때문입니다.

저의 잘못은 또한 서양음악 때문이기도 합니다. 저는 프롤레타리아와 계급투쟁의 의미를 망각했습니다. 혁명적 이상보다 예술과 문학을 앞세웠던 것입니다. 이러한 잘못에 대해 저는 깊이 후회하고 있습니다. 오늘 저는, 저 자신을 깊이 변화시키기 위하여 제 가족과 거리를 두고, 위에 언급한 나쁜 영향들을 쳐부수기로 결심했습니다. 저는 마오 주석과 공산당을 따르고 싶습니다. 그리하여 진정한 프롤레타리아 음악가가 되고 싶습니다. 마오 주석과 공산당에게 용서를 청하옵니다. 선생님 그리고 학생 여러분께 용서를 청하옵니다. 여러분께서 저를 계속 비판해 주시어 제가 새 사람으로 탈바꿈할 수 있도록 이끌어 주시옵기 간절히 바라나이다.

주샤오메이 올림

반성문으로 쓴 자기비판에 마지막 손질을 끝내자 중앙음악학교 교장이 내가 갇혀 있는 작은 사무실로 들어왔다. 지난 사흘 동안 교장은 여러 차례 나를 찾아와서 "네 가족 얘기를 좀 더 해야겠다." "읽은 책을 전부 열거하도록 해라." 하며 이리저리 지시했었다. 이제 마지막으로 한 번 더 훑어보고는 말했다.

"됐다. 너는 이제 모두들 앞에서 자기비판을 할 것이고 우리는 다 함께 모여 네 문제를 논의할 것이다. 비판 집회는 내일 4시에 대강당에서 진행할 예정이다. 너 때문에 수업은 전부 중단되었다."

아아, 대강당! 불과 며칠 전만 하더라도 대강당에서 나는 첫 리사이틀로 베토벤, 모차르트, 쇼팽을 연주하게 되어 있었는데, 그러나 내일 대강당에서 내가 연주하게 될 곡목은 전혀 다른 것이 될 것이다.

그날 저녁 나는 처음으로 갇혀 있던 비좁은 사무실을 나와도 좋다는 허락을 받았다. 마침 그날은 1년에 한 번 열리는 학교 축제일이었으므로 학생들은 운동장 한가운데에 화톳불을 피워 놓고서 노래하고 춤추며 불 주위를 돌고 있었다. 나는 물론 축제 행사에 참가를 금지당한 처지였기에 혼자 멀찍이 깜깜한 곳에 서서 모두들 떠들고 노는 광경을 보았다. 나는 도무지 무얼 해야 할지 몰랐다. 연습실로 들어가 피아노를 쳐보려고 했지만 정신이 딴 곳에 팔려 손에 힘이 모이지 않았다.

다음 날, 나는 미어지는 가슴을 부여안고 대강당으로 걸음을 옮겼다. 한시라도 빨리 시작하여 끝내버렸으면 하는 마음이었지만, 동시에 무섭기 짝이 없었다. 중앙음악학교 부속건물에서 학생 수백 명이 빽빽이 늘어선 대열로 마오 주석의 영광을 찬양하는 노래를 부르며 힘차게 발맞추어 걸어오고 있었다. 모두들 강당에 들어왔다. 의심, 불신, 적대감, 공포 등의 표정이 학생들 얼굴 하나하나에 쓰여 있었다. 주샤오메이, 쟤는 참 얌전한 애 같더니만, 반 선생님 밑에서 모차르트의 「피아노 협주곡 23번」을 공부하던 아이였는데 어찌 이런 일이 일어났을까? 수백 명의 눈초리가 수백 개의 칼날인 듯 내 마음을 저미고 있었다.

∫

비판 집회가 시작되었다.

"주샤오메이, 모두가 경청한다. 할 말이 무엇이냐?"

나는 무대에 홀로 서서 자기비판 반성문에 써 놓은 몇 가지 변명대로 중얼중얼, 알아듣기 힘들 만큼 빨리 말했다. 무대 맞은편 좌석 첫 줄에 반 선생님이 멍한 표정을 하고 앉아 있었다. 선생님은 무슨 생각을 하고 계실까?

중앙음악학교의 행정 담당자들이 질문하기 시작했다. 예, 제가 저지른 잘못이 얼마나 심각한지 알고 있습니다. 예, 생존조건이 의식을 결정하는 것입니다. 예, 안나 카레니나는 부르주아에다 위험한 인물입니다.

한 시간이 지나자 교장이 무대로 올라와 청중석을 향하여 말했다.

"발언하고 싶은 분은 말하시오!"

강당 전체에 침묵이 흘렀다. 아무도 입을 열지 않았다. 마치 내가 방금 한 일을 아무도 못 알아들었다는 뜻인 것 같았다. 교장이 다시 말을 이었다.

"교수, 노동자, 그리고 학생 여러분, 주샤오메이는 심각한 과오를 범했다는 사실을 이제 깨달았소. 하지만 앞으로는 새사람이 되고 싶어 하니 우리 모두가 도와주도록 합시다."

그러나 내가 가장 두려워하던바, 그것은 반 선생님이 내게로 다가와 하신 말씀이었다.

"마음속 깊은 곳에 정치제도에 대하여 적대심을 품고서는 피아노를 잘 칠 수 없다. 난 이제 더 이상 너를 가르치고 싶지 않다. 피아노 수업보다는 자기비판이 너한테 더 쓸모가 있겠다."

무슨 대답인들 할 수가 있었으랴? 나는 울음을 터뜨리며 강당을 뛰쳐나왔다. 엄청난 수치심에 짓눌리고 더럽혀진 내 모습을 보이지 않게 감추어야겠다는 생각뿐이었다. 한 주일 만에 모든 것이 깨져버렸다. 1등에서 꼴찌로 떨어지고 말았다.

나는 혼자 복도를 왔다 갔다 하며 앞으로 내 운명이 어떻게 될 것인가를 생각하고 있었다. 내가 막중한 죄를 저지른 범인이라는 사실만큼은 모르지 않았다. 어떻게 하면 속죄할 수 있을까? 어떻게 하면 반 선생님, 우리 반 선생님들, 그리고 동무들과 화해하고 전처럼 거리낌 없이 지낼 수 있을까? 나는 혼자 감당할 수 없는 처지에 빠져 발버둥쳤지만 소용이 없었다.

학생들 몇 명이 복도에서 재미있게 웃으며 얘기하고 있었다. 내가 다가갔더니 모두들 웃음을 딱 그쳤다. 나도 같이 얘기하고 싶었는데 그들은 하나둘씩 자리를 떠나버렸다. 공산 체제는 "원숭이 여러 마리에게 겁을 주려고 닭을 죽였다"라고들 하는, 당시에 유행하던 표현과도 같은 상황이었다. 불행히도 이번 경우에 닭은 바로 나였다.

난 아무하고도 마주치고 싶지 않아서 학내식당에도 발걸음을 하지 않았다. 갈수록 힘이 없어졌다. 이틀 동안 거의 아무것도 먹지 않았다. 식사가 끝날 무렵 식당 문밖 멀찍이 기웃거리며 모두 나가고 없을 때를 기다렸다. 뭐라도 조금 남아 있지 않을까 하고 식당 안으로 살며시 들어가 봤더니 아무것도 없었다. 나는 맥이 빠져 쓰러질 것 같았다.

나는 가까스로 힘을 내어 일반 교육과정 수업 시간에 다시 들어갔다. 주위의 눈길을 피하며 내 자리로 가 앉았더니 책상에 약간의 음식이 놓여 있었다. 이게 어찌된 셈일까? 나를 위한 음식일 리가 없는데, 누군가의 실수이려니 하고서 나는 음식에 손을 대지 않았다. 그때, 오른쪽 옆 자리에서 누군가가 나에게로 몸을 기울이며 속삭였다. "먹어, 먹어야 돼." 돌아봤더니 아이전이었다. 언젠가 병원에서 이를 옮아왔던 아이, 나는 그 아이에게 왜 이리도 위험한 짓을 하느냐고 물었다. 그랬더니 "학교에서 어찌 너한테 이럴 수가 있는지, 난 이해할 수가 없어!"라고 대답했다. 내 마음속 깊은 곳에서 따스한 물결이 높이 파도쳤다. 적어도 내겐 친구가 하나 있었다.

그러나 내가 지붕에 기어올랐던 사건은 그 정도로 끝나지 않았다. 뒤이은 자기비판 및 고발 시간마다 모두들 끊임없이 들먹이고 또 들먹이는 말밥에 올라버렸다. 나 또한 끊임없이 내가 저지른 잘못에 대하여 고백해야 했다. 뿐만 아니라, 같은 반 동무들이 내 잘못에 대하여 따지고 캐묻고, 평가하고 분석하여 그런 나쁜 본보기로부터 얼마나 많은 것을 배울 수 있었는지에 대해 상세히 늘어놓는 설명을 나는 빠짐없이 다 들어야 했다.

그런데 그래도 모자랐는지, 아주 유별난 열성분자 학생이 마오 주석에게 편지를 쓰겠다고 나섰다. 공산당 고위 간부의 딸로 태어난 그 학생은 현재 중앙음악학교에서 벌어지고 있는 사건에 대하여 마오 주석에게 꼭 설명을 해드려야 한다고 완강히 주장했다. 이곳 학생들 가운데 노동자와 농민은 서양 고전음악을 감상할 능력이 없다면서 그들을 멸시하는 학생들이 더러 있다는 것을 마오 주석에게 얘기했다. 어떤 남학생은 머리를 베토벤처럼 하고 다닌다는 것, 또 어떤 학생은 스테레오 전축으로 고전 음악을 듣는다는 것, 차이콥스키의 「비창 교향곡」을 들으며 큰 절을 하는 학생도 있다는 것까지 낱낱이 마오 주석에게 일러바 쳤다. 마지막으로 쓴 최악의 고발은, 어떤 학생이 자살 직전까지 갔는데 그 동기도 역시 서양음악 때문이라는 것이었다.

매일같이 수백만 통의 편지를 받고 있던 마오 주석에게 그 편지는 얼마든지 읽히지 않은 채 내버려질 수도 있었다. 그러나 그 편지는 마오 주석께서 아래와 같이 친히 논평하여 몸소 쓰신 답장을 받았던 것이다.

이 편지는 아주 잘 쓴 글이다. 여기에 제기된 문제를 해결해야 할 필 요가 절실하다. 서양 문화는 우리나라를 위하여 봉사하도록 해야 한 다. 우리의 고유한 문화를 발전시켜야 한다.

마오쩌둥

뿐만 아니라 마오 주석의 아내 장칭 여사께서 편지를 쓴 여 학생을 친히 자택으로 맞아들이기로 결정했다. 그즈음 정치무 대에 등장한 지 얼마 되지 않았던 장 여사에 대하여 우리는 별로 아는 바 없었으나, 아무튼 후대에 끔찍한 기억만 남긴 여성 정치 인의 활동이 그즈음 막 시작된 참이었다.

겨우 열네 살 소녀였던 내 머리로는 마오 주석께서 나의 말과 행동을 심판했다는 이 한 가지 사실밖엔 다른 아무것도 이해할 수 없었다. 어떻게 이런 일이 있을 수 있단 말인가? 7억이나 되는 중국 사람들 가운데 어찌하여 나 혼자만이 마오 주석의 눈에 찍히게 된 것일까? 한마디로 내 앞날은 무너지고 말았다. 종신형이나 다름없었다. 내 앞에 열렸던 이런저런 문이 모두 영원히 닫히고 있었다. 대학 진학의 길도, 이렇다 할 직장을 찾을 길도, 장래의 가능성도 다 막혀버렸다. 나와 비슷한 처지에 놓인 중국인 가운데 많은 이들이 죽음을 택했다. 나와 같은 기숙사 지붕 아래 살던 한 남학생은 스테레오 전축을 소유했다는 죄목으로 처벌받은 첫 희생자였다. 그는 중앙음악학교에서 퇴학당하고 시골로 내려가 군인이 되었지만 끝내 자살하고 말았다. 자기의 잘못 때문이라고 생각했던 그는 막중한 무게에 짓눌려 더 이상 삶을 지탱할 수 없었던 것이다.

사실 마오의 답장은 그해 1963년에 이미 다가오고 있었던 대대적인 운동, 곧 '문화대혁명'의 전조였다. 문학과 예술이 혁명을 위하여 쓸모 있는 것이 되도록 해야 한다는 목표 아래, 문학과 예술 가운데 뜯어고쳐야 할 여러 가지 점에 대하여 작성된 1차 보고서 및 지시서가 전국에 배포되기 시작했다. 얼마 후 중앙음악학교는 저우언라이의 지시에 따라 중국음악학과와 서양음악학과, 이렇게 둘로 갈라지게 되었다.

마오는 사실 '대약진 운동'이 실패로 돌아가자 그 자신의 말

마따나 "전방에서 일단 후퇴"할 수 밖에 없는 상황에 놓여 있던 와중에, 경제가 어느 정도 회복되는 기미가 보이자 이때를 이용하여 권력을 되찾고자 백방으로 궁리하고 있었다. 자신의 목적을 달성하려면 정적을 고립시키고 중국식 관료정치를 타도해야 한다는 것을 알아차렸던 마오는 그리하여 당이 아니라 직접 민중을 향하여, 특히 자신을 살아 있는 신처럼 숭배하는 청소년들을 향하여 목소리를 높이기 시작했다.

이와 같은 정치 싸움판에서 나는 그저 한낱 마음대로 부려도 되는 노리개일 뿐이었다. 그런데 저들은 왜 나를 갖고 놀아야 했을까? 출신성분이 나쁘다는 이유로? 아니면 아무나 제비 뽑듯 나를 집어낸 것이었을까? 어떠한 정치이념이든 간에 전체주의 독재 체제에서 주특기로 하는 짓거리가 아니면 무엇일까? 어쨌든 나는 앞으로 어떤 결과가 닥쳐올지 전혀 짐작도 하지 못하고 있었다.

우리 중국의 지식인 문화예술인들의 작품이
널리 대중에게 호응을 얻고자 한다면
문예인은 생각과 의식구조를 바꾸어야 한다.
그들은 재교육되어야 한다.
변화와 재교육 없이 문예인은 절대로
좋은 결실을 이룰 수 없을 뿐 아니라,
사회 안에 굳건히 설 자리도 없을 것이다.

– 마오쩌둥, 「문예강화」

5
모차르트를 떠나 마오에게로

베이징중앙음악학교의 선생들과 학생들은 모두가 짐짝처럼 트럭에 오골오골 실려 먼지투성이 시골길을 달리고 있었다. 가도 가도 끝없는 들판뿐이었다. 때는 '상산하향(上山下鄕)' 운동이 막 시작된 무렵이었다. '상산하향' 운동은 청소년들의 의식구조를 철두철미 바꾸려는 목적 아래, 청소년들로 하여금 산골 마을로 오르고 시골 마을로 내려가게 한다는 뜻이었다.

"이번 여름 방학 동안 우리는 농민들을 도와 함께 일하고, 농민에게 봉사하는 데에 쓸모 있는 기술을 연마하도록 할 것"이라고 교장 선생님께서 모두에게 말씀하셨다.

울퉁불퉁한 시골길을 달리는 트럭 안에서 우리는 몹시도 흔들렸지만 모두 신이 나 들떠 있었다. 나는 특히나 더 신이 났다. 농촌 봉사활동은 과거의 잘못을 만회할 수 있는 절호의 기회 같았다. 신뢰를 되찾고 동무들 사이에서도 원래의 내 자리로 되돌아갈 수 있으리라는 희망에 부풀었다. 나는 품행에 있어서 학우들에게 본보기가 될 것이라고 마음속으로 다짐했다 나는 더이상 급우들에게 따돌림 받으며 살 수가 없었다.

드디어 우리의 견학 목적지인 시골 마을에 도착했다. 먼저 마오의 대형 초상화가 보였고 바로 옆 흑판에 분필로 '위대한 영도자'의 잠언 한 구절이 적혀 있었다. 초상화는 그 마을에 사는 화가의 작품이라는데, 그림 실력이 별로였는지 마오의 얼굴이 겨우 알아볼까 말까 할 정도였다. 우리를 실은 트럭은 곧 마을 한가운데 길로 접어들었다. 마을은 마치 우리 가족이 살고 있는 네모꼴 연립주택(사합원)을 넓은 들에 드문드문 펼쳐 놓은 것 같았다. 농부들은 누더기를 걸치고 있었고 아이들은 알몸이었다. 닭들이 사방에서 꼬꼬댁거리고 있었다. 그토록 더럽고 비참한 광경을 나는 한 번도 본 적이 없었다.

우리 음악학도들 대부분은 시골 경험이 처음이었으므로 이루 말할 수 없는 충격을 받았다. 하지만 '삼동(三同)'규칙, 즉 농민과 같이 밥 먹고, 같이 잠자고, 같이 일한다는 규정에 묶이어 시골로 파견된 지식인들에 비하면 우리는 그래도 특별대우를 받는 셈이었다. 우리는 해뜰녘에서 해질녘까지 하루 온종일 논밭에서 농민을 도와 일하고, 잠도 이가 들끓는 커다란 짚 깔개에서 농민과 함께 자야 했지만 밥은 우리끼리 따로 먹었다. 농사일은 참으로 힘들었다. 평생을 땅에 의지하여 땅과 함께 살아온 농민들을 향하여 나는 날이 갈수록 감탄을 금치 못했다.

저녁이면 우리끼리 앉아 자기비판 및 고발 모임을 계속하면서 농촌 마을에서의 경험으로부터 얻은 교훈을 공부했다. 우리는 마오 주석께서 1942년에 쓴 문집 『연안 문예좌담회 강화』를 읽고 논평했다. 다음은 그 가운데에서도 가장 유명한 대목으로서 우리 학생들 누구나 달달 외울 정도로 잘 알려진 내용이었다.

"나는 혁명가로서 노동자와 농민, 그리고 혁명군 병사들과 함께 살았다. 차츰 나는 그들과 친숙하게 되었고, 그들 또한 나와 친한 사이가 되었다. 이렇게 그들과 함께 생활하고 난 다음에야, 오직 그때에 가서야 내가 부르주아 학교에서 받았던 부르주아적, 쁘띠 부르주아적 의식에 일대 변혁이 일어났던 것이다. 그리하여 나는 깨닫게 되었다. 즉, 재교육을 받지 못한 지식인들은 노동자와 농민에 비하여 깨끗하지 못하다. 가장 깨끗한 이들은 역시 노동자와 농민이다. 손은 비록 시꺼먼 흙손이고 발에는 쇠똥이 말라붙어 있지만 노동자와 농민은 부르주아 지식인들보다 깨끗한 사람들이다."

우리는 이 글에서 받은 영감으로 열띤 토론을 나누기 시작했다. 어떻게 하면 우리도 순전히 프롤레타리아 편이 되고 계속 프롤레타리아로서 살 수 있을까, 어떻게 하면 참으로 노동자와 농민과 병사들을 받들고 섬길 예술을 창조할 수 있을까 하고 토론에 토론을 거듭했다.

농촌 견학기의 마지막 날이 다가오던 무렵, 우리 청소년들을 위한 모임이 열렸다. '억고사첨(憶苦思話)', 즉 '지난날의 쓰라림을 기억하며 오늘날의 달콤함을 맛보기' 위하여 어떤 할머니 한 분이 들어와 우리 가운데 자리 잡았다. 이와 같은 모임은 그 후로도 수없이 되풀이 진행되었으나 내 기억 속에 지울 수 없는 흔적을 남긴 것은 바로 이 첫 모임 때였다.

우리 인원은 약 60명 정도였다. 불빛이라고는 때 묻은 전구 몇 개뿐인 조그만 방, 온통 건들거리는 나무 탁자 주위에 모두 모여들었다. 할머니의 얼굴은 깊은 골이 패여 있었다. 온통 못이 박힌 두 손, 작디작은 두 발이었다. 우리에게 웃음을 지어보이시는데 이가 거의 하나도 남지 않은 것 같았다. 우리는 한 명씩 할머니께 인사를 드렸다. 할머니는 우리들 하나하나에게 일일이 상냥하게 대꾸하며 인정 어린 미소를 잃지 않으셨다. 우리들이 지닌 이런저런 물건 중에 지금껏 보지 못했던 신기한 것이 눈에 띌 때마다 호기심이 많으셨다. 내가 갖고 있던 트랜지스터 라디오를 가리키며 "저기, 저게 뭔고?"라고 물어보시는 것이었다. 그리고 우리는 탁자에 둘러앉았다. 저녁 식사로 나온 음식, 목구멍으로 넘어갈 것 같지 않는 멀건 죽을 모두 함께 나눠 먹는 동안 할머니는 이야기를 시작하셨다.

지금부터 70년 전에 태어나신 할머니는 아주 어릴 적부터 어떤 땅부자 지주의 집에서 하루 온종일 일해야 했지만 품삯이라고는 한 푼도 받지 못했다. 지주는 할머니에게 먹을거리로 약간의 밀기울을 줄 뿐이었다. 겨울이면 얼어붙은 손발을 녹이려니 소똥 무더기 속에다 손발을 푸욱 집어넣을 수밖에 별 도리가 없었다. 어느 날, 어머니가 몸이 아파 눕게 되었는데도 지주 어른은 아랑곳하지 않고 어머니더러 밭에 나가 일을 계속하라고 호령했다. 결국 어머니는 밭일을 하던 그 자리에서 쓰러지고 말았다. 어머니가 쓰러지는 광경을 보자마자 부랴부랴 달려갔더니 이미 저승으로 가신 다음이었다. 할머니의 남동생은 열 살도 되기 전에 굶어 죽었다. 할머니는 16세에 시집간 이후로 남편과 함께 가난에 찌들어 살다가 마침내는 딸들 가운데 한 명을 남의 집 종으로 팔아넘길 수밖에 없었다.

이야기가 여기까지 이르자 할머니는 더 이상 계속하지 못하고 울음을 터뜨렸다. 아무도 입을 열지 못했다. 우리도 모두 눈시울을 적셨다. 어찌하여 세상에 그런 일이 있을 수 있었을까? 우리는 나름대로 할머니를 위로하려고 한껏 애썼다. 그래, 이젠 형편이 좀 나아졌느냐고 물었다. 그렇고말고, 마오 주석님 덕분에 할머니는 전보다 살기가 좋아졌다고 하셨다. 더 이상 착취당하지 않으며 사람답게 살게 되었다고, 이 모두가 다 위대한 영도자 마오 주석, 그리고 공산당 덕분이라고 하셨다. 할머니는 울음을 그치고 벌떡 일어서서 감정에 벅차 마냥 떨리는 목소리로 "마오 주석 만세!"하고 외쳤다.

다음날이 밝아오자마자 우리는 어제 저녁에 배운 내용에서 어떤 교훈을 끌어낼 것인가에 관하여 오래오래 토론했다. 농촌 할머니의 이야기가 우리 모두의 마음 밑바닥까지 와 닿았던 것이다. 한 인간이 그런 식으로 착취당한다는 것은 아무도 용납할 수 없는 일이었다. 오늘날 할머니의 처지가 지난날보다 나아졌다는 것 또한 아무도 부인할 수 없는 사실이었다.

농촌을 떠나기로 예정된 날짜가 다가오자 우리는 마을 사람들을 위하여 작은 음악회를 베풀기로 결정했다. 음악회가 열린다는 소문이 퍼지자마자 그 마을 주변 몇십 리 너머 동네에서부터 농민들이 우르르 떼를 지어 우리의 연주를 듣겠다고 몰려 왔다. 시골 마을은 삽시간에 사람들로 빽빽해졌다. 음악에 대하여 몹시 굶주려 왔던 청중들은 배고픔을 한껏 채운 듯 연주가 끝나자 귀청이 떨어질 정도로 박수와 환호를 보냈다.

시골 마을을 떠나던 날, 우리 모두는 이번 농촌 체험으로 완전히 탈바꿈하여 새 사람이 된 느낌이었다. 다시 베이징으로 실어다 줄 트럭에 우리는 하나둘씩 올라탔다. 우리를 배웅하러 나온 마을 사람들의 눈엔 눈물이 줄줄 흐르고 있었다. 우리도 감동에 벅차 눈시울을 적시며, 우리는 이번의 산 체험으로부터 나아가 세상을 바꾸리라, 더 나은 세상이 되게 하리라는 신념에 불타 있었다.

베이징으로 돌아오는 트럭 안에서 나는 생각했다. '상산하향'운동으로 보내었던 한 달 동안의 농촌 견학, 그리고 '억고사첨'의 저녁 모임에서 배운 바를 하나하나 되새겨 보았다. 논밭에서 일한다는 것이 얼마나 힘겨운지, 중국 전체를 먹이기 위하여 얼마나 중요한 일인지, 농민들 또한 얼마나 너그럽고 좋은 사람들인지… 이 모든 것을 생각해보니 마음이 온통 뒤집히는 것 같았다. 세상이 이 지경인데 나는 여태껏 고전음악 연주만 생각하고 살아왔으니…! 나는 이 세상 바깥에서 존재하고 있었다는 느낌이 들었다. 고전음악이란 사실 농민들에겐 아무것도 아니었다. 우리가 농민들에 베풀었던 고별 연주회의 연주곡 내용이 그 증거였다. 우리가 연주했던 단 하나의 고전음악 작품은 그리그의 소품 하나뿐이었다. 그 외엔 모두 다 순전히 민중을 위한 음악이었다.

몇 주일 후 새 학기가 시작되었다. 나는 다시금 중앙음악학교로 발길을 돌렸다. 지난 학기에 저질렀던 나의 죄과는 다행스럽게도 기억의 저편으로 사라지게 되었다. 여름 방학과 농촌 봉사 활동에서의 좋은 추억이 전에 벌어졌던 사건의 기억을 지워버린 셈이었다. 그 후로는 다시 그런 큰 일이 벌어지지 않기도 했거니와 내가 학우들에게 모범적인 품행을 보이고자 애써 노력했던 것도 사실이었다.

이번 가을 학기는 예전 같지 않았다. 개별적으로 받던 수업은 공동수업으로 대치되었다. 공동수업은 또한 학생들 저마다의 수준과는 상관없이 모두가 똑같은 작품을 공부해야 했다. 우리 반은 학교 행정부에서 뽑은 새 담임선생님을 맞이했다. 공산당 당원이신 새 선생님은 우리에게 무엇보다도 중국 음악을 줄곧 공부시켰다.

자기비판 및 고발 시간이 오면 우리의 토론은 점점 더 활기를 띠게 되었다. 몇 가지 아주 중대한 문제가 우리의 머리를 채우고 있었으며, 심지어 강박관념이 되었다 해도 과언이 아니었다. 이를테면, 우리가 연주하는 음악은 정말 대다수 인민에게 봉사하는 음악인가, 아니면 소수의 상류계급을 위한 음악인가? 대다수 인민을 고전음악 쪽으로 인도할 수 있는 길을 찾아보아야 할 것인가, 아니면 교육이 없는 인민이라도 자연히 좋아할 만한 음악을 작곡하고 연주해야 할 것인가?

이렇듯 시간이 흘러감에 따라 나는 머리도 마음도 예전과 다른 모습을 하게 되었다. 사람들이 우리에게 기대하는 바가 무엇인지 나는 더욱 잘 이해하기에 이르렀다. 나는 이제 더 나은 혁명 투사가 되었다는 느낌이 들었다. 그런데 혁명 투사라고 느끼면 느낄수록 가족들과 점점 더 사이가 불편해지고 거리가 생겼다. 부모님은 결코 나처럼 어엿한 혁명 투사가 될 수 없다는 것을 나는 잘 알고 있었다. 나는 부모님이 원망스러웠다. 출신성분이 나쁜 것도 부모님 탓인데, 그 때문에 갖가지 나쁜 일이 벌어지지 않았던가. 아버지는 갈수록 아무 일에도 참견하지 않았고 아예 말문을 닫아버렸다. 내가 공개적으로 자기비판을 받은 후에 아버지가 보이신 반응은 딱 한 번, 그나마 중앙음악학교 교장의 권고에 따라 나에게 독서금지령을 내린 것뿐이었다. 나는 적대감을 내보이지 않을 수 없었고, 심지어 경멸하는 태도도 감추지 않았다. 일요일마다 집에 가긴 했지만 웃는 얼굴은 보이지 않았다. 어머니는 내가 좋아하는 음식을 만들어주셨지만 나는 고맙다는 말 한마디 하지 않았다. 어느 날 어머니가 학교 기숙사로 나를 찾아와 함께 극장에 가지 않겠느냐고 하셨지만 나는 싫다고 했다. 그래 놓고도 혼자 떠나는 어머니의 뒷모습을 보면서는 가슴이 아팠다. 엄마 가슴에 멍이 들게 하다니…! 내 어찌 엄마한테 그럴 수 있었단 말인가? 하지만 나는 새로운 교육 방침 아래 학교에서 가르치는 대로 행동했을 뿐이었다. 새로운 중국은 출신성분이 나쁜 자녀들이 저들의 부모를 부인하지 않고서는 다시 일으켜 세울 수 없는 나라라고 했다.

1964년이 되자 모든 것이 달라졌다. 겨울방학이 끝나고 봄학기가 시작되었다. 지난 겨울방학을 우리는 제철공장에서 노동자들과 함께 보냈다. 제철공장에서 일하며 보낸 기간은 우리로 하여금, 우리가 배우는 음악이 그릇된 대의명분을 받들어 섬기고 있다는 자각을 한층 더 강하게 해주었다. 중국 사회 안에서 우리의 역할이 무엇이냐에 대한 토론은 전에 없이 새로운 열기를 띠며 계속되었다. 그렇다. 서양 고전음악은 엘리트 계급만을 위한 것이다. 노동자, 농민, 병사 가운데, 과연 누가 정말 서양 고전음악을 좋아하는가? 아주 극소수뿐이다. 그렇다. 우리는 이제 민중이 좋아하고 이해하는 음악, 민중을 위한 노래를 연주해야 한다. 오직 민중을 위한 음악을 연주해야만 우리는 혁명의 이상을 섬기는 일에 기여할 수 있을 것이다. 이렇듯 토론은 열기에 열기를 더해갔다. 한 사람 말이 끝나면 곧바로 다른 이가 이어받으며 끝없이 계속되었다.

"고전음악은 부르주아 음악이다. 인민대중을 위하여 작곡된 것이 아니야!"

"베토벤은 이기주의자였어."

"바흐는 평생 '교회'를 위하여 일했지, 너희들, 그리스도의 어머니라는 마리아 이야기가 믿어지니? 아니, 못 믿겠지? 그런데도 바흐는 마리아에 대해 작품을 썼지 뭐야!"

"쇼팽은 그저 못난 감상주의자일 뿐이야."

"드뷔시는 이상주의자였지."

오직 모차르트만이 타오르는 비판의 불길을 모면할 수 있었다. 그 이유를 나는 지금도 알지 못하지만, 아마도 모차르트의 천재성을 말해주는 또 다른 증거가 아닐까 싶다.

몇 달이 흐른 후 우리는 모두 굳게 다짐했다. 이제부터는 순전히 프롤레타리아 음악을 연주할 것이며, 농촌으로, 공장으로, 병영으로 옮겨 다니며 연주할 것이라고 말이다. 여기에서 나는 한 발 더 나아가고 싶었다. 내 인생을 바꾸고 싶었다. 피아노를 그만두고 군대에 들어가 진짜 혁명 투사가 되고 싶었다. 대학을 떠나 농촌으로 내려가 살고 있는 젊은 대학교수들의 모범적인 이야기를 우리는 학교에서 수없이 들었다. 그 가운데엔 가까운 친척이며 나의 우상이기도 했던 젊은이도 있었다. 출신성분이 좋지 못한 학생들 가운데 가족과 단절한 경우도 많았다. 나와 같은 반 친구는 친어머니와 단절하고 새 어머니를 찾아 공장으로, 농촌으로 떠났다.

봄 학기가 끝날 무렵 일은 더욱 가속도로 진행되었다. 곧이어 『마오주석어록』이 출판되었다. 문예인, 지식인에 대한 숙청이 시작되었다. 여름이 오자 우리는 '산상하향'운동에 다시 동원되었다가 중앙음악학교의 가을 학기가 시작하기 전 몇 주일 동안만 방학 기간을 가질 수 있었다. 새 학기 첫날이 오자 중앙음악학교 교장이 문화부에서 내려온 교육 훈령을 알려주셨다. 내용은 다음과 같았다. 앞으로는 더 이상 서양 고전음악은 공부하지 않는다. 다만, 체르니와 하농의 연습곡 오직 이 두 작품만 연주 기교 훈련을 위하여 허용한다.

나를 포함한 모든 학생들은 놀라지도 슬퍼하지도 않았다. 논리적인 결과였을 뿐이었다. 우리는 마음의 준비가 되어 있었다. 베이징중앙음악학교의 학생 및 교원 400명 가운데 대다수가 1년 사이에 180도 방향전환을 한 것이었다. 바흐니 모차르트니 베토벤일랑은 말끔히 쓸어내 버리고 이제부턴 순전히 프롤레타리아 음악만 연주해야 한다고 우리는 모두 굳게 마음 깊이 다짐했다. 마오 주석은 아마도 자긍심이 꽤나 부풀었을 것이다. 세계 역사에서 지금까지 아무도 감히 상상조차 못했던 일을 해낸 장본인이니까.

상황이 이렇게 되자 음악학도로서 우리의 학교생활은 의미를 잃어가고 있었다. 악보 없는 음악학교는 더 이상 음악학교가 아니었다. 마오 주석은 '음악 없는 음악학교'를 창출했다. 일반 교육과정 수업과 자기비판 및 고발 집회만이 계속해서 진행될 뿐이었다. 우리는 정부에서 학생들이 다 함께 본받으라고 제시해 준 새로운 혁명 영웅들에 대하여 토론했다. 혁명 영웅들 가운데서도 첫째로 꼽힌 인물은 혁명의 대의를 위하여 온몸을 바쳐 일하다가 1962년에 세상을 떠난 젊은 병사 레이펑이었다. 우리는 그의 일기를 감명 깊게 탐독함으로써 "레이펑의 본을 배우라"고 외친 마오 주석의 구호를 그대로 따랐다. 매일매일 우리는 어떻게 레이펑을 본받을 것인가에 대하여 서로 물으며 답하는 가운데 우리 나름으로 주위 사람들에게 도움이 되기도 했다. 주위 사람들은 또한 우리에게 레이펑은 마오 주석의 책을 열심히 파고듦으로써 힘을 얻을 수 있었다고 얘기해 주었다. 그가 그처럼 완숙한 경지에 이를 수 있었던 것은 무슨 일이든 행동으로 옮기기 전에 언제나 마오 주석의 책 내용을 생각하고 또 생각하며 지냈던 덕분이라고 했다. 나는 레이펑에게 온통 마음이 사로잡혔다. 그는 나의 삶을 휩쓸어버렸다.

정부에서는 계급 배경이 주로 부르주아 출신의 음악인들 수백 명이 한가로운 생활을 하고 있는 상황을 위험한 일이라고 지레 판단했다. 그리하여 서로가 서로를 감시하는 새로운 조직을 만들게 했다. 우리 모두는 두 명씩 '일대홍(一對紅)', 즉 붉은 짝꿍을 만들어 한 명이 다른 한 명을 비판함으로써 진보하도록 도와준다는 것이었다. 조직 하나하나마다 각별히 재고 또 재어서 우수한 혁명분자와 덜 우수한 혁명분자로 짝을 짓게 했다. 또한 서로 충돌하는 일이 절대로 일어나지 않게 하기 위하여 자주자주 짝을 바꾸기도 했다.

그런 가운데 서양음악이 금지된 음악학교의 생활은 얼마 못가 도저히 그대로는 유지할 수 없는 상황이 되었다. 가을이 되자 음악 선생님들이 솔선하여 단체로 여러 작품을 쓰기로 결정했다. 적어도 우리에게 일감이, 연주 거리가 생길 참이었다. 그리하여 몇 주일 후 빛을 보게 된 새 작품들은 모두 농민, 노동자, 병사들의 삶에서, 그들의 일터에서 영감을 받은 음악이었다. '어린 목동', '돌아온 활쏘기 훈련', '춤추는 밀밭', 그 가운데 가장 밝고 즐거운 곡은 '돌아온 활쏘기 훈련'이었다.

이 새로운 작품은 악보 읽기가 말할 수 없이 어려웠다. 주로 5음계로 된 이들 작품은 우리가 여태껏 익혀왔던 기교 전부를 모두 다시 연습하지 않고서는 연주해낼 수가 없었다. 그때까지 음악 소리가 나지 않던 중앙음악학교는 수많은 학생들이 한꺼번에 새로 태어난 작품 서너 곡으로 온종일 연습하는 소리를 몇 달이고 계속해서 내지르게 되었다. 이와 동시에 학교 측에서는 우리에게 무용을 가르치기로 결정했다. 우리는 춤추고 노래하는 무대예술을 배움으로써, 그 무렵 한창 떠오르고 있던 '양판희(樣板戲)[9]' 공연에 참가하도록 훈련을 받았다. 이는 날로 정치무대에서 세력을 늘려가고 있던 마오의 아내 장칭 여사께서 서양음악 작품에 금지령을 내린 연후에 빈 공간을 대신하고자 작사와 작곡을 의뢰하여 만든 '모범적인 공연예술 작품들'이었다. 이제 중국의 공연장이란 공연장은 극장 무대든, 병사들의 야영지든, 공장이든, 시골이든, 장소가 어디든지 상관없이 모조리 '양판희'의 독무대가 되었다. 또한, 중앙음악학교의 학생이라면 누구나 이 '프로파간다 오페라'를 널리 알리고 공연을 훌륭하게 해내는 것이 의무라고 생각했다. 그러나 나에게는 고역이 아닐 수 없었다. 나는 몸을 놀리는 일이 몹시 서툴렀는데, 그럼에도 불구하고 춤추고 노래하고 낭송하고 피아노 치는 일을 차례로 번갈아가며 하지 않을 수 없었다. 나는 다시 한 번 혹독한 비판을 받았다. 내가 춤을 출 수 없다고 하면, 그 이유는 나에게 프롤레타리아에 대한 감수성이 없기 때문이라는 것이었다.

---

9   영어권에서는 '양판희(樣板戲)'를 '혁명 오페라'라고도 한다. 1960년대 말에 북한에서도 이와 유사한 공연예술을 창출하여 '혁명가극'이라고 일컬었으며 「피바다」를 포함한 작품 다섯 편이 자주 공연되었다고 한다.

두말할 필요도 없이, 이와 같은 상황에서는 경쟁심이라든지 음악인으로서 성공하고 싶은 의욕이든지, 모조리 사라져 버렸다. 작품을 어떻게 연주할 것인가 하는 문제는 부수적인 것에 불과했다. 정치적 자세만이 가장 핵심적인 주안점이었다.

1964년이 저물어오자 계급 투쟁 강화를 외치는 구호가 온 나라를 휩쓸었다. 마오 주석은 우리 청소년들을 향하여 계급투쟁을 잊어서는 안 된다고 각별히 당부했다. 드디어 '문화대혁명'이라는 말이 등장했다. 1965년 내내 우리는 '음악 없는 중앙음악학교'의 단조로운 생활과, 농촌으로 공장으로 병영으로 왔다 갔다 하면서 봉사활동을 거듭해야 했던 '산상하향' 운동 사이에서 한 해를 흘려보냈다. 평온해 보이는 하늘 아래 폭풍우가 무서운 기세로 다가오고 있었다.

지식인들이여, 혁명 투사들이여,
투쟁의 시간이 왔도다!
단결하라!

- 1966년 대자보

6
인민을 착취하여 사들인 피아노

동녘 붉은 하늘에

떠오르는 해,

마오쩌둥께서 세상에 오시어

우리에게 행복을 안겨 주시리라

우리를 구원해 주시리라

1966년 6월 어느 날이었다. 이른 아침마다 우리를 깨우는 음악소리가 그날은 유난히 세게 들렸다. 나는 갑자기 잠에서 깨어나 어떤 불길한 예감이 잡힌 채 벌떡 일어나 앉았다. 아직 잠에서 덜 깬 시간이었는데 모두 중앙음악학교 대강당에 집합하라는 명령이 떨어졌다.

"교사, 노동자, 학생 여러분!"하고 교장 선생님이 말을 시작하는 동안에 우리는 그날 일간신문에 난 기사 쪽지를 한 사람 한 사람씩 배부 받았다. "아주 중요한 소식이 방금 도착했습니다. 지금 당장 읽고 모두 함께 토론해야 합니다."

신문 기사에는 베이징대학의 철학과 조교로 있었던 한 여성이 며칠 전에 쓴 대자보(大字報)가 그대로 다시 인쇄되어 있었다. 내용은 베이징대학 총장과 베이징시의 시장을 혁명에 반대하는 수정주의자라고 맹렬히 고발함과 동시에, '문화대혁명'을 옹호하기 위해서는 중국 인민 모두가 무기를 들고 나서야 한다는 것이었다.

대강당에 모인 사람 누구나 깜짝 놀라 어안이 벙벙해졌다. 혁명이 위험에 처해 있다니! 대강당을 나와서도 이야기는 계속되었다. 우리는 기사 내용을 더욱 자세히 살펴보기 위하여 다시금 토론회를 열었다. 누군가 입을 열 때마다 나는 어찌할 수 없이 가슴이 쿵쿵거렸다. 누군가가 나를 또 다시 고발할 거야. 틀림없어. 아버지의 과거사에서 뭔가 여태 숨겨진 것이 곧 들통나겠지. 아, 또 절망의 구렁텅이로 떨어지고 말 것인가…. 그러다가는 한숨을 돌리며 중얼거렸다. 마오 주석을 믿어야 해. 그분이 옳아, 틀림없이 옳고말고, 그렇지 않다는 건 상상조차 할 수 없는 걸. 하지만 그날의 희생양은 내가 아니라 나보다 훨씬 큰 인물, 즉 중앙음악학교 교장 선생님이었다. 토론을 이끌어가던 몇몇 학생이 주동이 되어, 교장이 수정주의자에다 반혁명주의자인 것 같다는 주장을 내세웠다. 그러자 학교는 삽시간에 교장 옹호파, 그리고 교장 반대파, 이렇게 두 편으로 나뉘었다. 나는 옹호파에 속했다. 나로 하여금 자기비판 반성문을 작성하게 해주셨던 분, '산상하향' 활동 때마다 한 번도 빠짐없이 우리와 동행했던 분이 어찌 마오 주석에게 반기를 들 수 있단 말인가?

반대파의 설명은 다음과 같았다. 중앙음악학교의 교장 이하 지도급 선생들 때문에 우리는 부르주아 교육만을 받았고, 그 결과 새로운 중국의 피와 살을 이루는 농민, 노동자, 병사들과는 단절되었다. 선생들은 감상주의적 서양음악 작품만 가르쳤기 때문에 우리 모두를 이기주의자로 만들어버렸고, 우리는 남을 짓밟고 혼자 엘리트가 되려는 생각만 머릿속에 꽉 차 있을 뿐이다. 우리는 프롤레타리아 계급을 밟고 그들 위에 올라서려고 혁명의 기본관념인 계급 투쟁에 대해서는 까맣게 잊어버렸다. 그렇게 착취되고 압박받은 계급에게 인간의 존엄성과 행복을 되돌려 주리라는 혁명의 기본목표가 위험에 처하게 되었다. 우리는 여태껏 혁명의 적이 되게끔 교육받았기 때문에 어쩔 수 없이 인민의 적이 되고야 말았다.

반대파의 설명도 틀린 말이 아니지 않나? 우리는 서로 되묻기 시작했다. 나는 접때 그 농촌 할머니 생각을 다시 해보았다. 젊었을 때 이루 말할 수 없이 고생하다가 마오 주석께서 보살펴주신 덕분에 사람답게 살게 되었다며 마오 주석 만세를 외쳤던 할머니, 외국의 음악가들만 숭배하는 우리 선생님들의 잘못

된 교육 때문에 우린 지금 그 할머니에게서 점점 멀어져 끝내 농민들과 단절되고 있었다. 사실 가장 중요한 문제는 바로 그 할머니, 즉 농민해방 아닌가? 학교는 온통 들끓기 시작했다. 대자보에 대자보, 고발에 고발, 모욕과 폭언이 난무했다. 차츰차츰 급진과 학생들이 권력을 휘두르기 시작했다. 그들은 집회에 집회를 거듭하며 선동을 지휘했다. 그들은 대부분 정부 고위직 간부들의 자녀로서, 음악에 재주가 있어서라기보다는 정치적 태도가 좋았기 때문에 중앙음악학교 행정당국의 호의로 입학하게 된 학생들이었다. 일반교육과목에서는 언제나 뛰어난 성적을 보였지만 악기 연주가로서는 재주가 그다지 뛰어나지 못했기에 실력이 빼어난 음악 교수들 앞에서는 늘 심기가 편하지 못했던 아이들이었다.

다음 표적의 대상은 바로 그 음악 교수들이었다. 모두 운동장에 집합하라는 명령이 떨어졌기에 밖으로 나갔더니 육상경기 트랙 안에 선생님들이 무릎을 꿇고 있었고 홍위병(紅衛兵)[10] 학생들이 주위를 둘러싸고 있었다.

"동무들, 여기 이 죄인들을 보시오!"라고 홍위병 한 명이 고함을 질렀다. 그리고는 곧장 교수들에게로 몸을 돌려 다시 소리 지르기 시작했다.

"부르주아 지식인 교수들! 당신네들 때문에 중앙음악학교는

---

10 마오가 공식적으로 홍위병을 인가한 날자는 8월 18일이었다. 여기에서는 당시 급진주의 학생들을 뜻하는 말이다. 다음 제7장을 참조. [지은이 註]

혁명을 배반했소이다. 당신들 때문에 이 음악학교는 엘리트주의
자들의 신전이 되어 버렸소, 당신들 때문에 여학생 하나가 자살
을 시도했소이다!"

갑자기 나는 심장이 멎는 것 같았다. 나더러 앞으로 나오라
고 불러낼 것인가? 천만에, 그건 아니었다. 홍위병 학생은 계속
해서 욕설과 폭언을 길게 늘어놓았다. 나는 다시 숨을 쉴 수 있
었고, 홍위병 학생들이 교수 한 사람 한 사람에게 자기비판을 하
라고 들쑤시기 시작했다. 그들은 교수들로 하여금 학생인 우리
앞에 몸을 더 낮게 굽히도록 강요했다. 제일 나이 든 교수 몇 분
이 허리를 펴려고 기미를 보이자마자 목덜미를 세게 얻어맞고
앞으로 나가 떨어져버렸다.

"그건 어림도 없어! 자기비판을 겉으로만 중얼대지 마! 숨기
지 말고 다 털어내!"하고 교수 한 사람 한 사람에게 차례로 소리
를 버럭버럭 질러대었다.

욕설과 폭언은 드디어 폭력이 되어버렸다. 홍위병들이 혁대
를 풀어서 교수들 머리 위로 휘두르나 했는데, 어느새 교수들을
때리고 치기 시작했다. 혁대의 금속 버클이 살갗에 생채기를 내
고, 자르고, 파고 들어가고 있었다….

무릎을 꿇은 남녀 교수들을 나는 멀리서 지켜보았다. 대부분
이 피를 흘리고 있었다. 바이올린 선생님 한 분은 머리가 깨져버
렸다. 원래 대머리인데다가 여기저기에 난 상처에서 피가 방울

져 흘러내리고 있었기에 얼굴이 온통 피범벅이 되었다. 금방이라도 쓰러져 죽을 것 같았다. 나는 무서웠다. 하지만 그와 동시에 무서워하는 내가 부끄러웠다. 나는 용기를 내려고 애쓰며, 착취당하고 학대받아 얼굴에 깊은 골이 패였던 그 농촌 할머니를 끊임없이 생각하고 또 생각했다. 혁명의 법에 의하여 우리는 사회계급 가운데서 선택을 해야만 했다. 나는 부르주아계급과 쁘띠 부르주아 계급을 거역하고 착취당한 사람들 쪽을 택했다. 선생님들의 얼굴에 흐르는 저 피는 정녕 참혹하기 그지없지만, 새로운 중국의 장래를 위해서는 저만한 대가를 치르지 않을 수 없었다.

피의 난무는 계속되었다. 선생님 한 분의 자기비판이 끝날 때마다 매질이 이어졌고 상처가 터졌다. "이 사람은 죄인이요"라고 홍위병이 외치면 우리도 덩달아 "이 사람은 죄인이요"하고 합창했고, 이어서 주먹을 흔들어 보이며 "마오 주석 만세! 혁명 만세!"를 끝없이 외쳐야 했다.

우글거리는 사람들 틈으로 멀찍이 반 선생님의 모습이 보였다. 그는 육상 경기 트랙 안으로 끌려들어가기에는 아직 젊은 나이이긴 했지만, 얼마 가지 않아 자기 차례가 오리라는 것을 짐작하고 있는 듯했다. 자기비판이 끝나자 홍위병들은 교수 한 사람 한 사람의 얼굴을 잉크세례, 밀가루세례, 물세례로 뒤범벅을 만든 후, "마오 주석 만세! 혁명 만세!"를 고함치는 우리들 앞으로 줄줄이 터벅터벅 걸어가게 했다.

며칠이 지난 후에도 폭력은 계속되었다. 우리는 교수들에게 격분했다. 대자보에 대자보를 끊임없이 써 붙이며 교수진을 향하여 분통을 터뜨렸다. 매일같이 우리는 새로이 쓸거리를 찾으며 증거가 있든 없든 아랑곳하지 않았다. "우리가 불온한 교육을 받았던 것은 순전히 선생들 탓이다!" "러시아어 선생의 아버지는 장제스의 통역관으로 일했다!"

반 선생님도 올가미를 피할 수 없었다. 그를 고발하여 나붙은 대자보가 하나둘이 아니었다. "반이밍은 부르주아 교육자이다. 우리를 자기 집에 초대하여 부르주아 음식을 먹였고, 우리를 데리고 여행도 갔다." "그는 우리에게 쇼팽의 「발라드 제2번」을 연습시켰다. 이 곡은 폴란드의 부르주아 지성인이었던 미츠키에비치의 시에서 영감을 받은 것이라고 설명하면서도 그는 부르주아 시인을 비판하지 않았다."

매일매일 끊임없이 대자보 쓰고 붙이기를 계속했던 결과로 벽면이 모자라 다음 날까지 버티는 대자보는 하나도 없었다. 우리를 가르쳤던 선생님들이 이젠 매일같이 우리 눈앞에서 행렬지어 걷거나, 아니면 변소 청소를 하게 되었다. 나이 든 교수들은 전 정부에 협조했다는 의심을 받아 최악의 굴욕적인 처사를 당했다. 선생님들은 학생들에게 감히 말 한마디 건네지 못했고, 학생의 얼굴이 보이는 즉시 마주치지 않으려고 멀리 사라지곤 했다. 우리는 이제 선생님들에게 인사도 하지 않았다. 반 선생님과 마주치게 되면 나는 아무 말 하지 않고 모른 척해 버렸다. 그분에게서 내가 얻었던 이득이라고 해봤자, 그분이 나를 지성인으로 교육시켰기 때문에 당해야 했던 고통에 비하면 아무것도 아니었다고 생각하게 되었다.

'문화대혁명'의 소용돌이에서 살아남지 못한 음악인들은 한둘이 아니었다. '상하이음악학교'의 구성잉 교수와 리추이전 교수가 스스로 목숨을 끊었다. 당시 중국의 위대한 지성인들 가운데 같은 길을 택한 이들이 상당수에 달했다. 구성잉 교수는 수많은 사람들 앞에서 구타당하는 모욕을 겪은 후, 가스를 틀어 놓고 피아노에 앉아 쇼팽의 「장송 소나타」를 연주하며 어머니와 동생과 함께 자살했다. 그분의 자살 소식은 엄청난 충격이 아닐 수 없었다. 내가 난생 처음 갔던 음악회는 바로 그의 피아노 리사이틀이었다. 갸름하고 아름다운 모습의 여류 피아니스트는 그날 저녁 쇼팽의 「스케르초」를 들려주었다. 그렇듯 가볍고 유려하면서도 소박하게 연주하는 피아노 소리를 들으며 나는 속으로 단 한 가지 소원, 단 한 가지 꿈을 품고 있었다. 어느 날 나도 저분처럼 연주할 수 있게 되었으면….

리추이전 교수 또한 전설적인 여류 피아니스트였다. 내가 아주 어렸을 적에 다음과 같은 질문을 자주 들었다. "중국 피아니스트 가운데 베토벤의 「피아노 소나타 32곡」 전곡과 바흐의

「평균율 클라비어곡집」 전곡을 레퍼토리로 소화한 사람이 딱 한 사람 있는데 누군지 아느냐?" 정답은 바로 리추이전이었다. 그분은 우리 피아노 영재 모두에게 본보기 인물이었으며 자신의 삶을 온전히 음악에 바친 여성이었다. 리추이전은 연주회복 중에서 가장 아름다운 옷, 훌륭한 연주회에 여러 번 입고 나갔던 그 옷을 입은 채 삶을 마감했다.

어찌하여 그토록 위대한 예술가가 사회주의로 향한 길로 내딛기를 거부했을까? 왜 마오 주석을 믿지 않았을까? 그런 행위는 비겁함의 소치라고들 했다. 매일같이 모임 때마다, 자아비판 시간마다 우리는 계속 같은 말을 귀가 따갑게 들어야 했다. 혁명이 지금 큰 위험에 처해 있다. 계급투쟁은 계속되어야 한다. 그렇지 않는다면 프롤레타리아 계급을 배반한 자들이 이전의 정치 제도를 도로 돌이키려 할 것이다. 당시 열여섯 살이었던 나는 혁명 투사들의 말을 믿는 수밖에 다른 도리가 없었다. 이 소용돌이에서 죽지 않고 사는 것이 문제이긴 했지만, 동시에 이상의 문제이기도 했다. 그 나이엔 누구나 몸과 마음을 다 바쳐 대의를 섬기겠다는 이상에 불타게 마련이거늘, 프롤레타리아 계급의 행복이야말로 위대하고도 의로운 명분이 아니고 무엇이었던가?

중앙음악학교가 무정부 상태로 치닫고 있었던 결과, 중앙 위원회에서 드디어 군대 개입을 결정했다. 질서 회복을 위하여 20여 명의 군인이 학교 건물 안으로 들어왔을 때, 나는 입구에서 맞이하던 환영객 무리의 맨 앞줄에 서 있었다. 우리는 군인들에게 박수하고 소리치며 열광적으로 환호했다. 그때부터 군대를 본보기로 삼았다. 나는 병사들을 존경했다. 모두가 '추선하오(出身好)', 즉 출신성분이 좋은 사람들로서 용기 있고 헌신적이며 사심이 없었다. 입고 있는 군복도 멋져 보였다. 나를 포함한 학생들 대부분이 혁명의 영도자이기보다는 추종자였던 만큼, 군대가 들어와 중앙음악학교를 책임지게 되었다는 사실에 우리 모두는 안심이 된 나머지 명예스럽다는 느낌마저 들었다.

한 번은 모두 강당에 모이라고 했다. 군인 한 사람이 우리를 향하여 분별 있게 행동할 것을 촉구했다.

"학내에는 질서가 있어야 합니다! 학생 여러분, 오직 여러분만이 혁명의 과업을 짊어지지는 않았소이다!"

평온한 분위기가 돌아온 듯했다. 수업 시간마다 병사가 교실을 지키고 서 있었다. 군대는 급진파 학생들을 상대로 열기를 가라앉히기 위하여, 당시 사람들의 입에 자주 오르내리던 말처럼 '지난 17년 동안', 즉 중화인민공화국이 탄생한 1949년부터 오늘 이 시점까지 어디서 무엇을 하고 지냈는지 한 명 한 명에게 소상히 캐묻기 시작했다.

그러나 일시적 평온은 얼마 가지 못했다. 새로운 분파의 금이 생겼다. 이번엔 군사력 옹호파와 반대파로 쪼개지게 되었다. 반대파는 군대 개입이란 반혁명적인 것이라고들 했다. 그들은 장칭 여사에게 편지를 보내어 군인들이 혁명을 질식시키려 한다고 일러바쳤다. 그러자 마오 주석이 직접 나서서 학생들 편을 들어주었다. 마오 주석은 '지난 17년 동안' 학생들의 품행에 관해서는 묻기를 중단할 것, 오늘 이 시점에서 혁명에 호의적인 태도만이 중요한 문제라고 단언했다. 며칠 후 중앙위원회로부터 새로운 명령이 떨어졌다. 군대는 철수하라는 명령이었다.

혼란의 소용돌이에서 길잡이를 찾으며 처음엔 교장 선생님에게, 다음엔 병사들에게 걸었던 희망이 하나하나 무너지고 말았다. 나는 이제 혁명이니 계급투쟁이니 하는 말이 무엇을 뜻하는지 도무지 아무것도 이해할 수 없었다. 언제나 틀린 쪽, 싸움에 지는 쪽, 죄다 글러버린 쪽에 붙어 있었던 사실에 나는 짜증이 났다. 친구들은 그래도 마오 주석이 옳다고, 지금 당장엔 어디로 향하고 있는지 우리로서는 확실히 이해하지 못한다고 하더라도 그가 이끄는 대로 쫓아가는 것이 최선의 길이라고 떠들었다. 그리하여 우리는 마오 주석을 따라갔다. 그것은 가장 확실하고 안심할 수 있는 유일한 길이었다. 음악일랑은 내던져 버리고 앞으로 나아가야 했다. 마오 주석의 부름에 답해야 했다. 앞장서서 혁명의 과업을 이루어 나가야 했다.

군대의 철수는 비극의 막을 열어놓은 셈이었다. 7월 말, 중앙음악학교는 문화부 장관으로부터 모든 수업을 중단하라는 지시를 받았다. '음악 없는 음악학교'는 이제 '수업 없는 음악학교'

가 되었다. 얼마 후 마오 주석은 천안문 광장에서 대대적인 연설을 했다. 작고 붉은 책, 『마오주석어록』을 열광적으로 흔들어 보이는 수백만 명의 청소년 앞에서 마오 주석은 학생 몇 명에게서 "홍위병(紅衛兵)"이라고 쓰인 완장을 받았다. 이리하여 홍위병은 정부에서 공식적으로 인가받은 학생운동 조직으로 발족하게 되었다. 그러자 중앙음악학교의 급진파 학생들은 마오 주석께서 자기들의 권력 쟁탈을 공적으로, 또 무조건적으로 지지해준 것이라고 생각해버렸다.

홍위병 조직의 초기 희생자들은 나처럼 출신성분이 나쁜 사람들이었다. 처음 얼마 동안 나는 숨을 죽이며 거의 숨어 지내다시피 했지만, 나와 같은 피라미는 관심 밖의 인물이었음을 이내 알아차렸다. 더 크고, 훨씬 입맛 당기는 먹잇감은 '마마 정', 우리 모두를 자상한 어머니처럼 돌봐주시던 그분이었다.

마오 주석을 우러러 광신에 들뜬 학생들이 짐승처럼 날뛰며 교내 위생실로 몰려들었다. 그토록 오랜 세월에 걸쳐 우리 모두를 극진히 치료해주고 보살펴주셨던 그분을 바닥에 꿇어 앉혀놓고 욕설을 퍼부어댔다.

"인도네시아에서 무슨 짓을 했더냐? 개새끼야! 중국엔 무엇 때문에 기어 들어왔더냐? 무슨 이유로 재산을 중앙음악학교에 준 것이냐? 이 부르주아 개자식! 간첩 끄나풀!" '마마 정' 할아버지는 어찌할 바를 모른 채 아무 대답도 하고 눈물만 흘리고 계셨다.

그날 밤 베이징에 폭풍우가 휘몰아쳤다. 천둥, 번개, 비바람 소리 때문에 우리는 잠을 이룰 수 없었다. 기숙사 방에 누워서 아무 말 없이 우르릉 쾅꽝대는 소리만 들으며 꽤 오랜 시간을 지새울 수밖에 없었다. 모두들 함께 있었지만 너무도 외롭다는 느낌을 어찌할 수 없었다.

다음 날 아침 일찍 들려온 소식은 '마마 정' 할아버지가 위생실 건물 앞마당에 있는 나무에 목을 매달아 숨져 있었다는 것이다. 소식을 들은 우리는 서로 얼굴을 쳐다볼 힘조차 잃은 채 고개를 숙이고 지난 밤 내내 천지를 울렸던 폭풍우, 하늘의 노여움을 생각하고 있었다. 그러자 할아버지의 모습이 머릿속에 떠올랐다. 내가 열한 살 어린 아이였던 시절, 내 손을 주물러주시고 따뜻한 물을 끓여주시며 극진히 살펴주셨던 분, 그분께서 얼마나 많은 위로를 내게 안겨 주셨던가! 정녕 무어라 말할 수 없이 참혹한 일이 일어났다는 느낌이었다.

그러나 나는 그 시절 누가 죄인이고 누가 결백한지, 누가 희생자이고 누가 도살자인지 도무지 분간을 할 수 없었다. 나는 '마마 정' 할아버지께 마음속으로 묻고 또 물었다. 왜 마오 주석에게 믿음을 갖지 못했느냐고, 왜 구성잉 선생님이나 리추이전 선생님처럼 살아갈 용기를 잃어버렸느냐고.

며칠이 지난 어느 날 밤이었다. 한밤중, 오전 2시에 요란하게 울려대는 사이렌 소리에 모두 놀라 잠이 깼다. 지금 당장에 강당으로 모이라는 명령이 떨어졌다. 이번에 붙잡힌 희생자는 우리의 학우이며 아주 훌륭한 바순 주자 춘즈였다. 여학생 5명과 남학생 1명으로 짜인 홍위병 여섯이 그를 묶어놓고 둘러서서 혁대로 내려치고 있었다. 홍위병들은 우리 모두가 집합하기까지 기다렸다. 이윽고 강당이 가득 채워졌다. 한순간 쥐죽은듯한 침묵이 흘렀다. 그러자 한 여학생 홍위병이 입을 열었다.

"동무들, 대단히 심각한 문제가 생겼소. 이 개새끼가 우리 정부를 무너뜨리려고 했소. 이놈이 총과 국민당의 깃발을 방에 숨겨 놓고 있는 걸 우리가 찾아냈소이다!" 그리고 말을 내뱉자마자 홍위병들은 마구 달려들어 그에게 발길질을 했다.

"난 모르는 일이야. 난 결백해. 난 마오 주석에게 충성을 바쳤어…." 하고 춘즈가 헐떡이며 반박할 때마다 홍위병들이 발길로 차고 혁대로 내리쳤다. 이젠 항변하려 해도 더 이상 목소리가 없었다. 결국 홍위병들은 그의 두 팔을 잡고 질질 끌어서 강당 밖으로 밀어내었다. 다행히 정치적으로 품행이 아주 바른 학생이라는 평판의 트롬본 주자 따펑이 조용히 끼어들었다.

"그만 놔둬라, 그러다간 죽겠다."

홍위병들은 우리에게 다시 기숙사방으로 돌아가라고 했다. 모두 겁이 나서 얼굴이 돌처럼 굳어졌고 잠을 다시 잘 수가 없었다. 누가 수상하다는 것인가? 누군들 먼지 한 톨이라도 혐의를 피할 수 있으랴? 우리 가족이 지나온 과거를 생각하니 걱정을 멈출 수 없었다. 날이 새자마자 나는 집으로 달려갔다.

"엄마, 집에 혹시 총 있어?" 하는 나의 물음에 어머니는 무슨 영문인지 알 길이 없었다.

"너 누군가 쏴죽이고 싶어 그러니?"

"엄마, 집 안에 뭔가 위험한 걸 숨겨 두었어?" 하고 나는 계속 추궁했다. 그리고 지난 밤 중앙음악학교에서 일어난 사건을 얘기해드렸다. 혹시라도 홍위병이 내 뒤를 쫓아오지 않았나 싶어 나는 몹시 불안에 떨었다. 그러자 어머니가 아버지도 지금 근무하는 대학에 붙잡혀서 면밀한 조사를 받고 있다고 일러주셨다. 어머니와 나는 한동안 말없이 앉아 있었지만 서로의 생각은 같았다. 다시 어머니가 말을 이었다.

"우리한테 혐의를 걸 만한 물건은 하나도 없어. 위험한 물건이 있다면 저 피아노 하나뿐이야. 그러니 이젠 피아노랑 헤어져야겠다."

나는 두말없이 찬동했다. 우리의 과거를 말해주는 상징물과는 인연을 끊어야만 했다. 집에 피아노가 있다는 사실 때문에 우리의 생존이 위험에 놓이게 된 이 마당에 피아노를 계속 놔둔다는 것은 더 이상 아무런 의미가 없었다. 어머니는 밖으로 나갔다. 거리에 어슬렁거리는 홍위병 몇 명이 눈에 띄자마자 피아노를 하루속히 치워야겠는데 좀 도와달라고 부탁했다. 그러나 집으로 들어와 피아노를 보더니만 "운반은커녕 손도 못 댈 물건"

이라고 잘라 말했다. 운반이 불가능한 데다 한푼 생길 것 같지도 않은 더러운 고물단지라는 것이었다. 궁리 끝에 한 가지 방법이 남아 있었다. 오래된 담요를 있는 대로 다 끌어 모아서 피아노를 덮어 씌어, 마치 장롱처럼 보이게 만드는 것이었다. 담요 하나, 하나 더, 또 하나 더! 피아노를 담요 아래 감추려고 하면 할수록 피아노는 더욱 커지기만 했다. 피아노는 이제 모습을 감추었지만 그 존재만큼은 그 어느 때보다 우람하고 당당해 보였다. 어머니와 나는 신중을 기하기 위하여 그 커다란 덩치에다 또 다시 괴상한 옷, 다음 글이 담긴 대자보를 입혀 놓았다.

"이 피아노는 인민을 착취하여 사들였던 것,
인민의 땀을 방울방울 흘리게 하고
인민의 피를 빨았던 대가로 사들였던 것인 만큼,
이제 인민에게 되돌려 드리고자 하나이다."

다시 며칠 후, 1966년 8월 말이 되자 폭력이 다시금 새로운 정점으로 치달았다. 인민일보에서 홍위병 조직을 향하여 "늙다리 기생충을 한 마리씩, 두 마리씩 모조리 잡아내라. 인민의 피를 빨아먹는 놈들이 어둠 구석에 숨어 있으니 하나도 남김없이 끌어내라."고 부르짖기 시작한 것이었다. 이번에는 확실히 예측할 수 있었다. 홍위병들이 중앙음악학교에서는 내게 아무 짓도

하지 않았지만, 이제 곧 우리 집으로 들이닥쳐 나를 잡아내리라는 것을.

혁명은 먹고 마시는 연회가 아니라,
폭력을 행사하는 것이다.
폭력 행사를 통하여 한 계급이 다른 계급을 뒤엎는 것이다.

– 마오쩌둥

7
악보는 시커먼 연기로

늦은 오후 시간, 나는 어머니, 외할머니, 두 동생이랑 집에 있었다. 갑자기 밖에서 문을 쾅쾅 두드리는 소리가 났다. 모두 겁에 질려 앉은 자리에서 벌떡 일어섰다. 우리 다섯 식구는 서로를 번갈아 쳐다보았다. 이윽고 내가 나가 문을 열었다. 홍위병 네 명이 서 있었다.

"네 아버지는 죄인이다. 벌써 다 털어놓기 시작했다. 지금 이 순간부터 네 아버지는 아무런 법적 권리가 없는 사람이다. 너희 집에 숨긴 물건이라도 있느냐?"

"없소."라고 어머니가 대답했다.

"거짓말!"

홍위병들은 집안으로 들이닥쳤다. 우리 식구를 한 사람 한 사람 노려보더니, 한마디 말도 없이 집 안 구석구석을 훑어보기 시작했다. 우리는 입을 다문 채 그 자리에 꼼짝없이 서서 기다릴 수밖에 없었다.

"이 문서 다발은 너희들 것이냐?"

편지 다발과 가족 문서의 소유주가 우리 가족이 아니라면 누구란 말인가? 홍위병들은 증거자료로 쓰일 것이라며 편지든 문서든 종이란 종이는 몽땅 압수했다. 무엇인가 처음으로 찾아내었다는 실적을 챙기고 도도해진 홍위병이 이번에는 우리 집 예금통장을 덮쳤다.

"그러고 이거, 이게 뭐지?" 홍위병 한 명이 손에 작은 병을 들어 보였다. 그것은 어머니가 젊었던 때부터 내내 간직해왔던 향수병이었다. 프랑스 파리의 향기가 담긴 작은 병은 너무 오랜 세월을 아무도 손대지 않았던 탓인지 색깔이 짙은 갈색으로 변해 있었다.

"이게 뭐냐고 묻고 있잖소?"하고 홍위병이 다그쳤으나 어머니는 줄곧 대꾸하지 않았다. 그러자 홍위병은 병을 뒤엎고 내용물을 쏟아내더니 빈 병을 냅다 벽에다 던져버렸다. 병은 산산조각으로 부서져 땅에 떨어졌고 홍위병 주위로는 은은한 향기가 감돌고 있었다.

"이 집에 책 있소?" 하는 소리에 없다고 대답했다. 우리는 미리 신중하게 책을 모두 치워버렸다. 나의 어릴 적 피아노 교본이었던 『피아노 명곡집』 한 권만 어머니가 피아노 의자 안에 숨겨두었다. 그러자 홍위병은 내 막내 동생에게 소리쳤다.

"너, 가서 풀을 만들어 와라! 이걸 붙이려면 풀이 있어야 돼."
홍위병은 갖고 온 대자보를 펼쳐 보이며 "바로 네 애비, 그 개 같
은 놈에 대해 쓴 것이다!"라고 내뱉었다. 너무도 심한 욕설에 충
격을 받은 어머니는 정신을 잃고 쓰러졌다. 홍위병들은 떠나면
서 우리를 향하여 고함질렀다.

"내일 다시 올 테니까 대자보를 주택건물 외벽에 붙여 놓을
것!"

저녁이 오자 나는 두 동생과 함께 길을 내려가 아버지를 고
발해 놓은 치욕스런 벽보를 붙였다. 집으로 돌아오니, 옆집에 사
는 관씨 부부, 그리고 어머니와 외할머니가 서로 얘기를 나누고
있었다. 관씨 부부는 구두 제조공장에서 일하는 아주 소박한 사
람들이었다. 우리 집에 홍위병들이 들이닥친 것을 알았고 처음
부터 끝까지 하나도 놓치지 않고 다 들었지만, 여태껏 가만히 숨
을 죽이고 있다가 어두워지기를 기다려서 우리 가족을 찾아봐
주신 참이었다.

"주선생님을 두고 간첩이라니, 아이고, 세상에, 어째서 그
리 말도 안 되는 소리를 할 수가 있단 말입니까?"라고 말하며 그
는 개를 저었다. 세상이 어떻게 돌아가고 있는 것인지 도저히 이
해할 수 없다는 표정을 짓더니 이내 나와 동생들을 돌아보며 말
씀하셨다. "너희들 아버지는 아주 좋은 분이시다. 그런 분을 어
찌 이리 막무가내로 몰아댈 수 있을꼬?" 이웃 사람들과의 대화

는 밤이 이슥하도록 계속되었다. 이처럼 이웃 사람들이 우리 가족을 찾아와 주었다는 사실이 어머니에겐 말할 수 없이 힘이 되고 위로가 되었다는 것을 나는 그들이 우리 집을 나서던 그때 분명히 느낄 수 있었다. 그들은 계속해서 매일 저녁 찾아와 정다운 말 몇 마디와 따뜻한 미소를 나누며 어머니를 살펴주셨다. 덕분에 어머니는 절망에서 헤어날 수 있었다. 오늘 이 시점에서 그때 일을 돌이켜보건대, 그분들이 아니었더라면 우리 어머니는 아마 '마마 정' 할아버지처럼 되어버렸을지도 모르겠다.

이튿날, 우리 가족에게 치욕의 날이 시작되었다. 우리 집 창문을 마주보는 연립주택 외벽에 전날 붙여 놓은 대자보를 읽으러 하루 종일 사람들이 떼 지어 웅성웅성 모여들었다. 창문 밖으로 우리 집을 들여다보는 이들, 오다가다 손가락으로 저 집이라고 가리키는 이들도 있었다. 그러다가 다시 떼 지어 물러가곤 했다. 우리는 아무도 감히 밖에 나갈 엄두가 나지 않았다. 오후가 되어 우리 자매들이 어떻게 하면 저 대자보를 떼어버릴 수 있을지 한참을 궁리하고 있던 중에 밖에서 쿵쾅대는 소리가 났다. 홍위병들이 다시 들이닥친 것이었다. 이번엔 다짜고짜 외할머니에게 다가섰다.

"출신성분은?"

"부르주아." 하고 외할머니는 자세를 흩뜨리지 않고 대답했다.

"출신지는?"

"상하이."

"왔던 데로 돌아가시오. 출신성분이 나쁜 것들은 베이징에 있으면 안 돼. 마오 주석한테 위험하거든. 당장 내일 아침까지 이 집에서 사라질 것!"

나는 변명거리를 찾아 외할머니와 홍위병 사이에 끼어들었다. 어제 홍위병들이 우리 집 예금통장을 가져갔기 때문에 기차표 살 돈이 없다고 말했다.

"어찌하든 알아서 할 것! 내일 아침에 다시 와 볼 테니까, 안 죽고 살려면 여기서 떠나라고 해."

다시금 문이 닫혔고 우리는 한참 동안 그대로 묵묵히 앉아 있었다. 이윽고 외할머니가 말문을 열었다.

"아무래도 내가 떠나는 게 상책이다. 상하이로 돌아갔다가 나중에 다시 오마. 안 그랬다간 내일 무슨 벼락이 떨어질지 모를 일이다. 얘들아, 기차표 하나 살 수 있게 나가서 돈을 좀 이리저리 마련해 보거라."

상하이까지의 기차표 값은 12위안이었다. 나는 작은언니랑 같이 자전거를 타고 필요한 돈을 마련하느라 친구들을 찾아서 그날 밤 늦도록 이집 저집을 돌아다녀야 했다. 결국 돈을 빌려준 이는 예전에 내가 베이징중앙음악학교에서 일으켰던 사건을 두고 마오 주석 앞으로 편지를 써 보냈던 그 여학생이었다. 돈을 꾸어주면서 조건을 하나 달았다.

"넌 마오 주석님을 믿어야 해. 우린 너무 어려서 너희 외할머니나 너희 가족이 죄인인지 아닌지 알 수가 없지만, 마오 주석님은 알고 계셔."

자정이 가까워서야 겨우 집에 돌아올 수 있었다. 아버지가 와 계셨다. 저녁이 이슥한 시간에 겨우 풀려나올 수 있었다. "이도저도 어떻게 할 도리가 없어"라고만 하시고 다시는 입을 열지 않았다.

다음 날 아침 눈을 뜨자마자 외할머니가 제일 좋은 외출복을 입고서 머리를 곱게 단장하고 계신 모습이 보였다. 놀라워하는 내 얼굴과 외할머니의 눈길이 마주쳤다. 사실인즉, 3개월 전부터 나는 열렬한 혁명 투사로 사느라고 몸 씻는 일을 등한히 했고, 옷도 오래된 작업복에 바지만 입고 다니며 뜻도 제대로 모르는 상스런 욕지거리를 거침없이 말하고 다녔던 것이다. 그러자 외할머니는 반쯤 미소를 지으시며 내게 말씀하셨다.

"얘야, 난 말이다. 남이 나를 존중해주지 않으면 내 스스로 날 존중한다. 그리고, 내 걱정은 하지 마라. 봐라, 홍위병 녀석들이 나한테 몰매를 가하지도 않았고, 죄수마냥 여행 허가 게시판을 목에 걸어 놓지도 않았지 않느냐. 이만하면 운이 좋은 셈이지. 난 상하이에 아는 사람이 많으니까 외롭지도 않을 거고, 별로 어렵지 않게 살 수 있을 게야. 믿고 기다려다오. 우린 틀림없이 다시 만나게 될 거다."

나는 외할머니를 배웅해 드리러 기차역까지 따라갔다. 꼿꼿하신 기골과 의연하신 태도에 나는 놀라지 않을 수 없었다. 그런 외할머니를 보호해 드리지도 못하고 곁에 힘없이 서 있기만 했던 내 자신이 가련하기 짝이 없었다. 플랫폼에 도착하자 외할머니는 미소를 머금고 말씀하셨다.

"난 살 만큼 살았다. 또, 남부럽지 않게 잘 살았어. 다만 너희들 일이 어찌될지 그것만이 걱정이구나." 그러고는 승객이 꽉 찬 기차에 올라타셨다. 우리 중국 사람들은 서양 사람들처럼 두 팔을 감아 껴안고 볼을 비비거나 입을 맞추거나 하지 않는다. 가슴이 무너지게 아픈 순간이라도 감정을 밖으로 내보이지 않으려고 애쓰는 편이다. 나는 할머니께 안녕히 가시라고, 할머니는 잘 있으라고 말할 뿐이었다. 기차는 이내 떠났고 할머니의 모습은 저 멀리 사라졌다.

집에 돌아와 보니 놀랍게도 아버지를 비방해놓은 대자보가 온데간데없이 사라져 있었다. 관씨 부부가 방에서 어머니랑 얘기를 나누고 계셨다. 관씨 아저씨가 기발한 아이디어로 대자보를 없애 놓고서, 우리를 깜짝 놀라게 해주시려고 우리가 돌아올 때까지 잠자코 있었다고 하셨다. 여섯 살 된 동네 꼬마를 시켜서 마치 아무것도 모르는 어린애의 장난처럼 대자보를 확 찢어 떼어낸 것이다. 여섯 살짜리 꼬마에게 누가 뭐라고 따질 리도 없었지만, 설령 잡힌다 하더라도 그 아이와 우리 가족 사이에는 아무런 연관이 없기 때문에 아무도 붙잡고 늘어질 일이 아니었다. 이미 다음 날 어머니는 평온한 모습을 되찾으신 것 같았다.

∫

베이징은 폭력의 도가니가 되어버렸다. 홍위병들은 옛 정권에 관련된 사람이라면 멀든 가깝든 가리지 않고 그들의 집으로 쳐들어가 모조리 때려 부수기 시작했다. 조그만 구멍가게를 하던 상인마저 인민의 피를 빠는 자본주의자라고 칭했다. 한 가족 전부가 원래 출신지로 떠나가야만 하는 경우가 허다했다. 베이징에 남을 수 있었던 가족들은 "出身不好(출신성분이 좋지 못함)"이라고 쓴 게시판을 목에 걸고 다녀야 했다. 치욕의 표시로 머리 절반을 완전히 깎인 사람들도 있었다. 홍위병이 아니라 자기가 낳은 친자식—홍위병에게 복종할 수밖에 없었던—에게 몰매를 맞은 여자들도 있었다. 더욱 참혹한 사태는 아직 일어나지 않았던 때였다. 1966년 9월이었다. 가을 학기가 시작되어 중앙음악학교에 발을 들여놓자마자 홍위병 조직에서 명령이 떨어졌다.

"레코드란 레코드, 악보란 악보는 몽땅 여기 갖다 대령할 것!" 같은 반 친구 한 명이 왜 그러느냐고 물었더니 태워 없앤다는 것이었다. 갑자기 나는 부속건물 연습실에 놓아두었던 내 소지품 생각이 났다. 중앙음악학교의 교실로 써왔던 옛 인쇄소 건물로 나는 정신없이 달려갔다. 건물의 입구를 막 넘어서자 트롬 본 주자 따펑과 마주쳤다. 그는 내 앞을 막아서며 말했다.

"도대체 뭘 하는 거야? 무슨 일이 벌어졌는지 너 아무것도 모르고 있구나! 시체를 무더기로 끌어다놓기 시작한 지가 벌써 1주일째야."

바로 그 순간 지독한 냄새가 코를 찔렀다. 하도 지독하여 속이 메스꺼워졌다. 나는 말 한 마디도 할 수 없어 그냥 학우의 얼굴만 멀뚱히 쳐다보았다.

"내 말이 믿기지 않으면 들어가 봐."하고 그가 다시 말했다. 하지만 나는 그 자리에 돌처럼 굳어 꼼짝달싹도 할 수 없었다.

따펑의 설명에 의하면 부속건물 연습실이란 연습실은 죄다 시체 무더기로 꽉 차 있다고 했다. 화장터에서는 일주일에 한 번 화요일에만 시체를 불태우기 때문에 베이징에 매일같이 쌓이는 시체를 감당해 낼 수 없어, 홍위병들은 중앙음악학교의 부속건물을 거대한 시체 보관소로 만들어 놓은 것이었다. 따펑은 다시 덧붙여 말했다.

"저 안엔 아직 숨이 끊어지지 않고 계속 빈사 상태인 사람들도 있어. 모피 옷을 가졌던 부자들은 홍위병들이 처형하기 전에 사람을 시켜 옷을 가져오게 하여 모피를 입혀 놓고 쏘아 죽였지. 그러니 저토록 고약한 냄새가 날 수밖에."

나는 더 이상 견딜 수가 없어 밖으로 뛰쳐나갔다.

모든 것이 불타고 있었다. 오늘은 몸이, 내일은 정신이 모두 잿더미가 될 운명이었다. 지금쯤 홍위병들이 지펴놓은 장작불 속에서 우리 음악학도들의 레코드와 악보는 모조리 녹아 없어지고 불탄 재가 되어 있으리라 생각하니, 악보를 삼키며 타오르는 장작불이 눈앞에 어른거렸다. 검은 연기가 하늘로 치솟고 있었다. 바흐, 모차르트, 베토벤이 연기가 되어 사라져갔다.

　　하지만 끝내 생각해 보면 홍위병들이 틀리게 행동한 것은 아니었다. 그렇게 해야만 했다. 왜냐면 마오 주석께서 "혁명은 먹고 마시는 연회가 아니라 폭력을 행사하는 것이다. 폭력 행사를 통하여 한 계급이 다른 계급을 뒤엎는 것이다"라고 말씀하셨기에.

무엇인가 이해한다면 열심히 해야 한다.
이해할 수 없다 하더라도 열심히 해야 한다.
무엇이든 열심히 함으로써 결국 이해하게 되는 것이다.

- 린뱌오

8
혁명 열사

혼란, 공허, 허무, 1966년이 저물어 가던 무렵, '음악 없는 중앙
음악학교'에서는 수업 내용이 모조리 정치활동으로 대치되었다.
여러 갈래의 파당으로 나뉜 학생들이 『마오주석어록』을 샅샅이
읽고 철저히 공부하며 서로 토론을 주고받는 시간이었다. 학생
들은 저마다 자기가 마오 주석의 사상을 제일 잘 해석한다며 실
력을 입증해 보이고자 열을 올렸다. 참으로 야릇한 질서가 중앙
음악학교에 자리잡고 있었다. 청소부가 되어버린 음악 선생님들
의 정성으로 전대미문의 청결한 환경이 갖추어진 한편, 배우고
가르쳐야 할 '교육'의 '교'자도 찾아볼 수 없었다. 숙제도 없었고
책도 없었다. 자본주의 정치제도를 쳐부수어야 한다는 단 하나
의 목표 이외에는 다른 어떤 교육 목표도 있을 수 없었다.

바로 그때 정부에서는 '대관련(大串連)' 운동을 펼치기 시작
했다. 수많은 사람이 서로 경험을 주고받음으로써 새로운 사회

를 만들어나가자는 것이었다. 홍위병들과 대학생들을 도시에서 도시로, 대학에서 대학으로 상호 교류함으로써 문화혁명 이념을 온 나라에 속속들이 알리자는 것이 그 목표였다. 먼저 중앙음악학교의 최우수 요원들이 앞장서서 운동에 참가하도록 뽑혔다. 나는 출신성분이 좋지 못한 이유로 최우수 요원에 들지 못했지만 1966년 가을 학기 동안 베이징대학, 즉 '문화대혁명'이 맨 처음 일어난 바로 그 대학에 갈 수 있다는 허가를 받았다. 이는 그동안 실추되었던 나의 명예를 회복하기 위한 전조라고 생각되었다. 이제 나에게도 정말 혁명 열사가 될 수 있는 길이 트이고 있었다.

마오쩌둥 사상은 이제 아이, 어른, 노인 할 것 없이 모든 사람이 열심히 공부해야 하는 필수과목이었다. 버스를 타려면 홍위병들이 가로막고 서서 질문부터 해대었다. 이러저러한 글은 『마오주석어록』어디 어디에 쓰여 있는가? 곧바로 대답하지 못하면 버스에 오를 수가 없었다. 기억력이 흐려진 노인들이 제대로 대답을 못하고 있으면 홍위병들이 가차 없이 내몰아버렸다. 자기비판 및 고발을 위한 공개집회가 거듭 열렸다. 그중 베이징 스타디움에서 8천 명 군중이 지켜보는 가운데 진행된 집회는 오늘날까지도 기억 속에서 지워지지 않고 있다. 희생자는 27세밖에 안 된 젊은이였다. 그는 부모가 혁명 열사이지 못했다 하더라도 자기 자신만큼은 얼마든지 훌륭한 혁명 열사가 될 수 있다고 과감하게 주장을 내세웠다. 출신성분이 나쁘긴 했지만 지금은 어엿한 혁명 열사라고 용감하게 말했다. 나도 어지간히 나 자신을 혁명 열사라고 믿고 있긴 했지만 자기 부모를 저버리지 않는 그 젊은이의 가상한 용기에 나는 감탄하지 않을 수 없었다. 그렇게 감탄하는 내 마음을 두고 부르주아적 반응이라고 할지언정 이를 억누르기는 힘들었다. 젊은이는 한 시간 내내 별별 모욕, 매질, 발길질을 다 참아냈다. 집회가 끝나자 죄인은 끌려 나갔고, 뭇사람들 눈에 보이도록 하기 위하여 시내를 한 바퀴 돌게 했다. 그리고는 처형되었다. '반동분자 애비에 개새끼'란 슬로건이 유행어가 되었다.

∫

1967년 초, 드디어 나에게도 베이징을 떠나 지방으로 내려가 이 사회 운동에 착수할 수 있다는 허가가 나왔다. 여행은 하되 그 목적이 진실로 혁명 열사로서 경험 교류를 위한 것인지, 가족을 만나기 위한 술책이 아닌지, 나는 일일이 감시받고 있었다. 아직 혼자 여행할 수 있는 허가를 받지 못했기 때문에 학우 한 명과 함께 떠나야 했다. 하지만 그렇게 해서라도 여행 허가를 받았다는 사실 자체가 용기를 돋우는 처사였기에 나는 이를 흔쾌히 받아들였다.

첫 여행 목적지는 상하이였다. 내 출생지이기도 한 이 도시에서 나는 조사를 통해 밝혀내야 할 수수께끼가 있었다. 즉, 홍위병들이 자본주의 정부의 스파이라고 고발한 내 아버지, 그것이 과연 사실일까? 아버지는 정말로 자본주의, 제국주의 정부를 받들고 섬기었던 사람이었나? 홍위병들의 고발 내용이 사실로 판명된다면, 나도 어쩌면 내 아버지를 부인할 용기가 생기게 될까? 그렇게 된다면 혁명 열사로서 나의 신념과 가족에 대한 애착심 사이의 모진 갈등에서 지금보다는 덜 시달리게 되지 않을까? 부르주아 출신이라는 나쁜 계급 배경 때문에 받는 힘겨운 무게에서 조금이나마 덜 억눌리게 되지 않을까? 40년이 지난 오늘날 당시의 나를 되돌아보면, 나는 골이 텅 빈 사람, 주위 사람들과 똑같이 되고자 하는 단 한 가지 목적밖에 다른 아무런 목적도 없는 얼빠진 인간이 되어 있었을 따름이었다.

상하이에서는 정치 회합에만 온통 시간을 쏟아야 하며 딴 일에 눈 팔면 안 된다고 단단히 지시 받았지만 현실은 달랐다. 몇 시간 동안을 빈둥거려도 괜찮았다. 잘된 일이었다.

나는 지시 사항을 어기면서 외할머니 집으로 가는 발길을 멈출 수 없었다. 외할머니는 변두리 동네에 살고 있었는데 거리 풍경이 지저분하기 짝이 없었다. 주민들이 주거 공간을 늘리고자 부엌이며 차고며 갖가지 건물을 마구잡이로 짓고 또 지어올린 결과, 거리는 비좁고 기다랗고 보기 흉한 골목길이 되어 있었다. 외할머니가 사는 곳도 예전에 부엌으로 쓰던 15평방미터밖에 안 되는 비좁은 장소였다. 불빛도 없었고 가구라고는 침대 하나에 탁자 하나, 그리고 요강으로 쓰이는 양동이가 한 쪽 구석에 놓여 있었다.

"아이고! 샤오메이 아니냐? 웬일로 여기까지? 무슨 일이 있었냐?"

할머니는 가느다란 목소리로 천천히 말을 하면서도 잇따른 기침이 그치지를 않았다. 그처럼 연약하고 작디작은 할머니의 모습을 보고 있노라니 마치 꺼져가는 촛불을 보는 것 같았다. 나는 할머니께 상하이에 오게 된 연유를 설명했다. 그리고 머지않아 어엿한 혁명 열사가 되리라는 나의 굳은 결심에 대해서도 말씀드렸다. 그래도 이번에는 일이 잘 풀릴 것 같은데 그러려면 무엇보다도 모범적인 품행을 보여야만 한다고 얘기했다. 할머니는 우리 가족의 소식을 물으셨다. 방 한구석에 놓인 가족사진이 여러 장 눈에 띄었다.

"난 너희들 사진을 보고 또 보고, 네 엄마한테서 온 편지를 읽고 또 읽으며 지낸다."

불현듯 나는 할머니 집에 빈손으로 왔다는 사실을 깨달았다. 성황묘(城隍廟)[11]에 가서 할머니가 좋아하시는 빵과자라도 사들고 왔어야 했다고 생각하니 마음이 영 편하지 못했다. 내가 가야

---

11 '上海城隍廟(상하이성황묘)'는 원래 상하이의 토속 신선을 모신 도교 사원이었는데 오늘날 여러 사원 건물 주변으로 수많은 상점, 찻집, 식당들이 늘어선 관광명소로 발전했다.

겠다고 일어서자 할머니의 얼굴에 실망하시는 표정이 역력했다. 상하이에 가면 아는 사람이 많으니 걱정 없다고 하시던 말씀과는 정반대로 할머니는 너무나 외롭게 살고 계신 것이 분명했다. 하기야 베이징에서 추방되어 내려온 사람 집에 들락날락한다는 것은 할머니의 친지들에게 위험한 일이 아닐 수 없었다.

할머니는 나더러 좀 더 있다 가라고 자꾸만 붙잡으려 하셨다.

"안 돼요. 할머니, 그랬다간 큰일 나요. 지금 내가 여기 있는 걸 누가 볼까 봐 마음이 조마조마한걸요."

"그럼, 베이징으로 올라가기 전에 한 번 다시 오려무나, 응? 상하이엔 언제까지 있을 거냐? 한 번 더 와서 나랑 밥이라도 같이 먹자꾸나. 난 이제 요리를 할 수 없다마는, 이웃집에 부탁해서 죽순나물을 만들어 놓을게."

내가 죽순 요리를 좋아한다는 걸 기억하시는 할머니! 그러나 나는 올 수 없는 형편이었다. 두려움 때문이기도 했지만 따로 조사해보려고 마음먹은 일이 나를 기다리고 있었다.

아버지에 대한 뒷조사의 첫 단계로 나는 아버지의 맏누이이신 큰고모네 집을 찾아갔다.

"얘야, 네 아버진 좋은 분이다. 수년 동안 네 엄마 몰래 우리한테 돈을 보내 주었단다. 네 아버지가 아니었더라면 우린 먹고 살 길이 없었을 거야."

정말로 아버지가 간첩 노릇을 했던 사람인지 아닌지, 큰고모를 붙잡고 물어 볼 일은 아니었다. 나는 다음 단계로 내가 태어난 곳을 찾아보았다. 서로 공원을 마주 보는 아파트 건물이며 넓디넓은 거리 풍경을 보고 있으려니 부르주아 출신으로서 죄책감이 들지 않을 수 없었다. 나는 아버지의 옛 친구들을 찾아 일일이 물어보았다. 하지만 그들은 내 질문의 뜻조차 제대로 이해하지 못했다.

"너의 아버지는 정직 그 자체이셨어! 한 번도 간첩 노릇 한 적은 없었다."

"당에서 무엇 때문에 너의 아버지를 비난하는지 이해하지 못하더라도 당을 믿고 따라라. 나중엔 이해하게 될 것이다."라고 옛 친구 가운데 한 분이 덧붙여 말해주셨다.

그분의 말은 당시 우리들 귀에 끊임없이 들리던 다음 구절과 하나도 다를 바 없는 내용이었다. "무엇인가를 이해한다면 열심히 해야 한다. 이해할 수 없다 하더라도 열심히 해야 한다. 무엇이든 열심히 함으로써 결국 이해하게 되는 것이다."

베이징에 돌아온 나는 만족과 불만을 동시에 느꼈다. 혁명 열사가 되려는 첫 관문에 무사히 통과했기에 만족스러웠던 반면, 아버지에 관한 진실을 캐내지 못했기에 불만스러웠다. 앞으로도 계속 아버지에 대한 의심을 떨쳐내지 못하고 살아야 할 판국이었다.

그동안 어머니에게 외할머니로부터 편지가 왔다. 어머니는

"네가 다시 찾아오지 않아서 할머니가 너무 섭섭하다고 그러시네"라고 말할 뿐이었다. 할머니의 모습은 나의 어린 시절 속에 들어앉아 있었지만 나는 앞을 내다보아야 했다. 공산주의 중국의 빛나는 장래를 향하여 눈길을 돌려야 했다.

상하이 다음 차례로 중국인 모두가 꿈꾸는 곳, 마오쩌둥의 출생지 사오산(韶山)으로 순례 여행을 떠나도 좋다는 허락이 있었다. 빽빽이 들어찬 기차를 타고 3500킬로미터를 달려야 했지만 여간 기쁜 일이 아니었다. 나는 마오 주석을 한 번도 본 적이 없었는데, 그런 나에게도 드디어 그분에게 가까이 갈 수 있는 기회, 마오 주석께서 밟아온 발자취를 찾아 그 속에서 힘을 길어낼 수 있는 기회가 온 것이었다. 사오산은 현청 소재지로부터 약 50킬로미터 떨어져 있으며 인구가 겨우 몇백 명밖에 안 되는 산골 마을이었다. 마오 주석의 생가는 이웃집들보다는 넓고 크고, 또 회색 기와지붕을 갖춰 더 아름다워 보였다. 1949년 이래로 이 집은 일종의 사당이 되었다. 집 안을 구경하기 위하여 두 시간 동안 줄을 서서 기다려야 했다. 나는 또, 마오 주석이 다녔던 초등학교에도 가보았다. 하지만 나는 그가 살았던 방 안에서 가장 뜨거운 감동을 느꼈다. 이처럼 깊은 산골 작은 마을 보잘 것 없는 환경에서 태어나 대학에도 들어가지 못한 사람이 어떻게 국가 정상의 자리에 오를 수 있었을까? 그토록 대단한 지력과 용기와 의지를 어찌 감탄하지 않을 수 있으랴? 이렇게 끝없이 마음속으로 되묻고 물으면서 나는 몇 시간 동안이나 마을을 이리저리 거닐었다. 그날 저녁 혁명을 위하여 몸 바쳐 일하겠다는 나의 결심은 열광에 가까웠다. 혁명 열사가 되고자 하는 목적이 달성된 셈이었다.

베이징에 돌아오자 또 다시 여행 허가를 받았다. 이번엔 사천의 청두가 목적지였다. 청두의 상황은 극도로 악화되었다는 소식이 있었다. 학생들의 이런저런 분파조직 사이에 격렬한 투쟁이 벌어져 매일같이 쌓이는 시체가 산더미라는 것이었다.

나는 출발을 앞두고 부모님께 짧게 한마디 써 보내었다.

저는 혁명이 위험에 처해 있다는 청두로 갑니다. 만약 제가 죽는다 해도 슬퍼하지 마세요. 마오 주석님께 바친 이 목숨입니다. 지금 제가 하려는 일은 제 인생에서 할 수 있는 가장 잘한 일입니다.

샤오메이 올림

몇 달 전 정부에서는 전국적인 경험 교류 운동을 더욱 순조롭게 진행하기 위하여 교통수단을 무료로 제공하기로 결정했다. 그 결과, 내가 탄 기차는 한 치 여유도 없이 승객으로 **빽빽하게** 들이차 있었기에 나는 대부분의 여행시간을 화장실 한 구석에서 보내야만 했다.

이튿날 청두에 도착하자마자 나는 대학으로 달려가 방문 학생 접수 사무실을 찾았다. 베이징에서 왔다고 했더니 접수부 여직원의 낯빛이 무척 감명을 받은 듯했다. 마오 주석께서 친히 우리를 보내셨다고 상상할 정도였다. 그렇게 순진무구한 여직원의 태도에 나는 아주 좋은 느낌을 받았다. 드디어 이제 사람들은 나를 나무라지 않고, 좋은 말을 해주고 우러러보는 것 같았다. 나역시 그 여직원과는 다른 의미에서였지만 결국 순진한 아이였던 것이다.

여직원은 우리에게 현 상황을 설명했다.

"지금 여긴 온통 무질서 천지에요. 크게는 '팔이육(8월26일)운동권'과 '붉은성도운동권'으로 나누어져 있지만, 양쪽 다 내부에서는 작은 분파들로 이리저리 갈라지고 쪼개져 있어요. 각별히 조심해야 합니다. 이미 죽은 사람이 많아요. 학생들이 총을 들고 다니거든요."

그 다음날부터 나는 각 파벌들의 변론을 귀담아 듣기 시작했다. 문제는 어떤 파벌을 지지할 것인지 선택해야 했었는데 이는 또한 어떤 파벌이 혁명을 가장 잘 옹호하느냐에 대한 선별 능력이기도 했다. 여러 갈래 파벌이 서로 대립했던 이유가 무엇인지, 그 가운데 어떤 파벌을 골라 지지해야 할지 40여 년이 지난 오늘날에조차 나는 뚜렷한 선별 능력을 갖추지 못하고 있다. 하지만 당시의 나는 의과대학 파벌을 지지했다.

내가 맡은 첫 임무는 대자보를 쓰는 것이었다. 반대파를 헐

뜯고 우리의 신념을 요약하여 적는 일이었다. 꼼꼼하게 쓴 대자보, 모조리 정치 슬로건이 된 벽보 여러 장을 시가지 곳곳에 내다 붙였다. 갖가지 정치토론에도 참석했다. 때때로 대학 안 건물들 사이에서 총격전이 벌어져 하던 토론을 그쳐야 했던 경우도 있었다.

유난히도 피 흘리며 싸웠던 어느 날 저녁, 내가 지지했던 의과대학 파벌에서는 죽은 학생이 열 명도 더 되었다. 이 대량 학살의 결과를 어떻게 처리해야 할지 결정하기 위한 회의가 열렸다. 우리 동지들은 결코 헛되이 목숨을 잃은 것이 아니다! 아직도 우물쭈물하는 학생들에게 우리의 대의가 얼마나 옳은 것인지를 설득하기 위해서는 죽은 동지들의 시체를 보여 주어야 한다! 그리하여 시체전시 준비에 여러 날이 소요되었다. 시체 보존 작업이 끝난 후에도 어떻게 진열해야 최대한의 효과를 얻을 수 있을지 애써 노력해야 했다. 의과대 학생들로서 그런 일은 다른 대학생들보다 손쉽게 할 수 있긴 했다. 박물관의 전시장에서처럼 시체마다 전표를 만들어 생전의 사진과 함께 달아 놓았다. 또한 구경 온 사람들에게 음악으로 분위기를 조성하도록 했고, 이를 위하여 베토벤의 교향곡 제3번 「영웅」의 2악장 '장송행진곡'이 가장 적합한 작품으로 선정되었다. 죽은 학생들의 장례 때문이었는지 이 곡만큼은 검열 대상에서 제외되었다.

주검을 내 눈으로 가까이 보기는 이번이 처음이었다.

며칠 후 공산당 행정부에서 드디어 학살 행위를 그치도록 할 것을 결정한 후 학생들에게서 무기를 압수했다. 그러고는 "무기를 버리고 말로 싸우라"는 새로운 구호를 내세웠다. 나는 베이징으로 돌아왔지만 곧 다시 떠나려고 했다. 나는 여행허가증을 십분 활용하고 싶었다. "수많은 사람들과 경험을 교류하여 혁명의 불꽃을 피우기" 위하여.

마르크스는 인간의 예속 상태를 구분하되, 명령에 복종하는 사람, 명령을 내리는 주인이 되려는 사람, 그리고 노예의 상황을 바꾸고자 혁명을 일으키는 혁명가, 이렇게 세 종류로 나누었다. 나는 그 가운데 두 번째 무리에 속한 사람이 되었다. 나도 이제 명령을 내리고 싶어졌다. 누구에게든 관계없이 명령을 내리고 싶었다.

1968년 가을이 되자 중국 정부는 완전히 무정부 상태가 되어버린 나라의 상태를 다시금 바로 잡아보고자 계속 힘을 쓰고 있었다. 마오 주석은 새 훈령을 발표함으로써 몸소 일을 수습해 나가고자 했다. 가장 최근에 외친 구호는 "혁명을 계속하되 다시 수업을 시작하라", "교육을 통하여 혁명을 추진하라"는 것이었다. 이리하여 그동안 중단되었던 학교 수업이 다시 시작되었다. 사실 베이징중앙음악학교 같은 교육기관이 사나흘 안에 원래의 상태로 되돌아가기는 무리였다. 악보를 불살라 버렸으니 교재도 없었다. 서점에 진열된 책이란 책은 모두가 『마오주석어록』뿐이었다. 일명 '작고 붉은 책'이라고도 불리는 이 책은 두꺼운 표지로 된 장정본이든 얇은 가제본이든 각각이 대형, 중형, 소형 등등 갖가지 판본으로 서점 진열대를 채우고 있었으나, 이를 제외한 다른 책들은 사전류마저 모조리 없어지고 말았다.

예술 분야에서는 마오의 부인 장칭 여사의 보호 아래 작곡된 '프로파간다 오페라', 즉 '양판희'만이 존재하고 있었다. 그밖에, 중화인민공화국과 알바니아 사이에 성립된 우호 관계의 결과로서 이따금씩 알바니아의 음악이 연주되기도 했다.

1968년이 저물어 갈 무렵 '양판희' 여덟 편이 창작되었다. '홍등 이야기'와 '지략으로 호랑이산 점령'을 포함한 오페라 네 편, '붉은 아가씨 군대'를 포함한 발레 두 편, 피아노 협주곡 '황하', 그리고 연극 '소작료 징수원'이었다. 이 모두가 확고한 기량을 지닌 예술가들에 의한 창작품이었던 만큼 가치가 없지는 않았다. 하지만 세부적으로 들어보면 웃음거리도 더러 있었다. 이미 철저하게 금지된 바 있는 서양음악 작품에서 한 악절을 버젓이 표절해 놓은 작품이 없지 않았기 때문이었다. 예를 들면 '황하' 협주곡은 쇼팽의 「영웅 폴로네즈」의 중간 대목을 그대로 따온 것이었다.

이렇듯 '양판희'가 중국 전역에 걸쳐 대단한 인기를 모으자 장 여사의 총애를 받고 있던 소규모 음악가 그룹의 한 사람이 이들 창작극을 더욱 널리 보급하기 위하여 피아노 편곡을 시작했다. 그는 특히 '홍등 이야기'에서 여덟 곡을 발췌하여 피아노곡으로 편곡했다. 여기서 새로운 아이디어를 얻었다. 언젠가 베이징대학에서 극단 순회공연 조직을 위하여 일하던 사람들과 만났던 기억이 떠올랐다. 그리하여 다시 베이징대학으로 그들을 찾아가 아직도 계속 순회공연을 다니고 있는지 물었다. 대답은 그렇다고 했다. 나는 다시 피아노 앞에 앉았다. 피아노 편곡들은 대단히 어려웠으므로 나는 밤낮없이 연습했다. 그렇지만 이는 아주 성공적으로 편곡된 훌륭한 음악이었기에 연주하는 즐거움 또한 대단했다. 이들 편곡 작품을 나의 레퍼토리로 소화하게 된다는 것은 앞으로 중국 전역을 돌며 연주하게 되리라는 전망을 뜻했다.

가을에 첫 순회 연주회가 시작되었다. 군사 주둔지, 공장, 대학, 관공서, 시골 마을 등지를 돌며 몇 달 안에 '홍등 이야기'의 발췌곡으로써 내가 한 몫을 차지했던 연극공연은 60회에 달했으며, 때로는 하루에 두 차례의 공연도 있었다.

'홍등 이야기' 발췌곡을 제외하면 내가 다가갈 수 있었던 음악은 '붉은 군대' 합창단의 레퍼토리에 한정되어 있었다. 중앙음악학교의 유쿠안 선생님 댁에서 '붉은 군대' 합창단의 레코드를 들을 수 있었다. 우리는 같은 정치 그룹에 속해 있었다. 나는 선생님이 아주 좋았다. 그는 중앙음악학교의 제1기 졸업생으로서 러시아 음악을 전공하신 뛰어난 음악학자이셨다. 러시아어에 능

통하신 분이었으므로 바이올리니스트 다비드 오이스트라흐의 중국 방문 연주회 때 통역으로 일하시기도 했다. '문화대혁명'의 초기에는 선생님도 예외 없이 레코드란 레코드는 몽땅 홍위병에게 내놓아야 했었다. 홍위병들은 이 '붉은 군대' 합창단 레코드만 제외하고 모조리 불태워버렸다. 그리하여 우리는 끝없이 이들 합창단의 레코드를 듣고 또 들을 수밖에 없었다.

1968년 말 무렵 내가 지방에서 순회공연을 하고 있을 때 마오는 '문화대혁명'의 마지막 방향을 돌리려는 목적에서 '상산하향' 운동을 또다시 펼치기로 결정했다. 이번엔 도회지 주민 수백만을, '젊은 지식인'이든 중년이든 가리지 않고 모두 시골로, 말하자면 '노동함으로써 재교육되는 장소'로 보낸다는 것이었다.

이리하여 지금까지 살던 곳을 떠나게 된 중국인은 어림하여 1,700만 명을 헤아렸다. 우리 일곱 가족도 몇 달 안에 중국 땅 사방으로 흩어질 운명이었다.

난 두렵지 않아, 폭풍우도 겪었고 사막도 지나왔으니까.

난 두렵지 않아, 사막도 지나가야겠고 폭풍우도 겪어야 하니까.

– 이먼, '두려워마라'[12]

12   이먼(亦門), 중국의 시인(1907-1967).

9
출발

우리 집에서는 작은언니 샤오인이 제일 먼저 떠나게 되었다. 언니 스스로 용단을 내려 자유로이 택한 길이었다. 언니는 붓글씨에 재주가 뛰어난 학생이었기에 "紅衛兵(홍위병)" 세 글자를 마오 주석의 글씨와 똑같이 모방하여 완장에다 적어 넣는 일에 뽑히게 되었다. 그리하여 1966년 8월 18일 천안문 광장의 대대적 집회 때 작은언니가 글씨를 써넣은 완장이 마오 주석에게 바쳐졌다. 그런데도 언니 자신은 출신성분이 나쁘다는 이유로 정작 '천안문 광장' 집회에는 참석 허가를 받지 못했다. 훗날 언니가 들려준 얘기에 의하면, 집회가 끝나자 마오 주석에게 완장을 올려 드리는 영광을 한몸에 입었던 그 소녀를 만나 손이라도 잡아보려고 모두들 앞다투어 소녀에게로 달려가더라는 것이었다. 얼마 전까지만 해도 언니와 그 소녀는 친한 친구 사이였다. 하지만 천안문 광장 집회 이후로는 유리 벽 같은 것이 언니와 또래들 사이를 가로막고 있는 듯해서 가까이 다가갈 마음이 나지 않더라고 했다. 출신성분이 나빠 빚어진 또 하나의 불행이었다.

그 때문에 언니는 '상산하향' 운동을 제일 먼저 떠나기로 결정한 사람들 무리에 스스로 가담했다. 처음에 목적지로 고른 곳은 러시아 국경 근처였으나, 혹시 외국으로 도주하려는 것이 아닌가 하고 의심을 받았기에 결국 언니는 '내(內)몽고' 지역으로 떠나게 되었다.

아버지는 일하던 대학에서 계속 엄중한 감시 아래 놓인 처지이긴 했지만 '상산하향'의 이념에는 동조하셨다. 아버지는 딸들이 '상산하향' 운동에 참가함으로써 무엇인가를 얻게 되리라고 생각하셨다. 딸들은 집을 멀리 떠나, 아버지 스스로 하시던 말씀처럼 "넓은 바다로" 나아가 성장하고 변모되어야 한다는 것이었다. 나도, 두 언니와 동생들 모두 아버지와 같은 생각이었다. 그런 한편, 나는 어머니가 걱정스러웠다. 바로 며칠 전 외할머니가 돌아가셨다는 소식이 상하이에서 도착했다. 돌아가신 지 이틀이 지난 후에야 이웃집 사람들이 들여다보고 연락해준 것이었다. 그 소식에 어머니는 억장이 무너져버렸다. 나 역시 그랬다. 나는 어디까지나 혁명 열사로서 그 따위 '쁘띠 부르주아' 같은 가족 감정일랑 싹 지워버리려고 무던히도 애를 썼지만, 한 번만 더 왔다가라고 하시던 할머니의 청을 들어주지 않고 떠나버렸던 그때 일을 생각하니 너무도 후회스러워 마음이 그지없이 괴로웠다.

둘째 딸이 떠나던 날 어머니는 또다시 가슴이 찢어질듯 슬퍼하셨다. 작은언니는 집을 나선 다음 우리 동네 골목 오르막길을 걸어 올라갔다. 모퉁이에 다다르자 한 번 뒤돌아보지도 않고 사라져버렸다. 아마도 눈물을 보이지 않으려고 그랬겠지만 어머니의 마음은 더욱 비참해질 따름이었다.

∫

1968년 말, 내 바로 아래 동생 샤오위가 떠날 차례였다. 동생이 갈 곳은 남쪽 국경 근처 운남 지역이었다. 그곳에선 남자들이 아가씨들을 짐승처럼 이불에 둘둘 말아서 훔쳐가는 등 야만스런 풍습으로 가득하다는 소문이 자자했다. 이는 또 하나의 충격이었다. 나는 내 동생을 새로운 눈으로 바라보게 되었다. 지금까지 동생에 대하여 나는 언니로서 우월감을 지녔었고, 우리 다섯 자매 가운데 제일 재주 없는 아이라고 생각하며 등한히 여겼는데, 이제 내 눈앞에 동생의 존재가 달리 느껴지기 시작했다.

우리 가족은 동생의 소식을 애타게 기다렸다. 어머니의 얼굴은 불안감으로 하루가 다르게 점점 어두워지고 있었다. 틀림없이 얘한테 무슨 일이 일어난 것이라고 생각하며 초조하게 지내던 어느 날, 드디어 한 통의 편지가 왔다. 동생은 꼬박 열흘 동안을 밤낮없이 반은 기차로 반은 버스로 달리고 달려 목적지에 도착했다고 했다. 기진맥진한 데다가 다리 관절이 경직되어 거의 걸을 수조차 없을 지경이었다고 했다. 하지만 내 동생은 적어도 죽지 않고 살아 있었다.

음력 설날을 하루 앞둔 섣달 그믐날 저녁 누군가가 문을 두드렸다. 어머니가 나가 문을 열었다. 나타난 사람은 몽고로 떠났던 작은언니였다. 알아보기 힘들 정도로 말라빠지고 꾀죄죄한 몰골이었다.

"아이고, 얘야!"

"보고 싶어서 왔어!"

작은언니는 '내몽고'에서 몇 달을 지내고 보니 도저히 더 이상 견딜 수가 없었다. 그리하여 친구 셋이랑 어마어마한 모험을 단행했다. 가족들이 기다리는 집으로 베이징으로 돌아가기로 마음먹었다. 세 명의 아가씨는 그 누구의 도움도 없이 황량한 초원 지대를 걷기 시작했다. 지도 한 장 없고 먹을 것도 없이, 어안이 벙벙해하는 현지 사람들에게 얻어먹으며 줄곧 걸었다. 짐수레니 트럭이니 할 것 없이 탈 수만 있다면 무엇이든 빌려 탔다. 그리하여 열여드레에 걸친 모험 끝에 집에 도착한 것이었다.

작은언니는 한 달 동안 우리와 함께 지내다가 다시 기꺼이 몽고로 돌아갔다. 떠나기 며칠 전, 어머니께 아코디언을 하나 마련해달라고 청했다. 몽고 땅에는 어떤 종류의 음악도 존재하지 않기에 살기가 여간 힘들지 않다고 언니는 말했다. 이렇게 떠난 이래로 21년 동안이나 가족과 헤어져 살게 될 자신의 운명을 언니는 그때 아직 알지 못했다. 마오쩌둥의 시대가 끝난 다음에도 언니는 여기저기 지방을 돌며 거처를 여러 차례 옮기게 되었다. 그후 정치적 신념에서, 그리고 신념에 못지않은 사랑으로 한 노동자와 결혼했다. 친정 식구와 멀리 떨어진 곳에서 가정을 이루게 된 작은언니는 언제나 남편에게 충실한 아내로서 살았다.

아버지가 수용소로 떠나야 했을 때 작은언니는 아직 우리와 함께 머물고 있었다. 어느 날 집에 들어와 보니 아버지가 짐을 꾸리고 계셨다. 홍위병들이 아버지의 신상에 관한 서류에서 어떤 기록을 적발했다고 했다. 내용은 우리가 상하이를 떠나기 직전 몇 달 사이에 있었던 일에 관한 기록이었다. 홍위병들의 눈에는 아버지가 과거에 스파이였다는 사실을 드러내는 충분한 증거 자료로 보였다. 당시에 아버지는 어떤 석연치 않은 사람으로부터 일자리를 제공받았던 적이 있었다. 그 사람이 "우리에겐 연락하지 마시오. 우리 쪽에서 연락하리다."라는 언질을 주고 떠나자 아버지는 마음이 불안해지셨다. 그런 일은 보고할 필요도 의무도 전혀 없었는데 곧이곧대로 사시는 아버지는 급기야 관청에 가서 그 사람에 대하여 보고했던 것이다. 이와 같은 신상기록에 더해 아버지의 동생이 대만으로 떠나갔다는 사실로 말미암아 우리 가족은 그 대가를 톡톡히 치러야만 했다. 이 부끄러운 가족사 때문에 이미 큰언니와 작은언니는 대학에 들어갈 수 있는 자격을 박탈당했다. 그리고 이젠 아버지를 수용소로 떠나보낼 빌미가 되고 말았다. 이런 나라에서 살아남고자 한다면 아버지처럼 정직해서는 안 된다는 것, 나처럼 아직 어린 혁명 열사에게 너무 잔인한 교훈이었다.

집을 떠나는 아버지의 마음은 그동안 결혼하여 첫아기를 낳을 때가 다가오고 있던 큰언니 생각으로 가득 차 있었다.

"아들인지 딸인지 편지로 알려줘."라고 어머니께 당부하셨다.

큰언니는 딸을 낳았다. 하지만 우리는 출산 소식을 아버지께 알려드릴 수가 없었다. 그때 아버지는 베이징 교외의 감옥에서 노동수용소로 옮겨질 날을 대기하고 있었다. 그러자 감옥소 당국으로부터 아버지가 갈아입을 옷을 가져오라는 명령이 왔으므로 작은언니와 내가 심부름 길에 나섰다. 네 시간 동안 자전거를 달려서 아버지를 면회하고 다시 네 시간 걸려 집에 돌아와야 했다.

아버지는 면회실에 들어오자마자 애를 태우며 기다리던 소식부터 물으셨다.

"딸이냐 아들이냐?"

그러자 작은언니가 왈칵 울음을 터뜨렸다. 아기가 태어나기를 그렇게나 기다려왔는데 정작 태어난 손녀를 볼 수조차 없게 된 아버지가 너무도 가슴 아팠기 때문이었다. 하지만 아버지는 작은언니의 울음을 나름대로 달리 해석해 버렸다. 큰딸이 아마도 사산을 한 것이라고 짐작하시고는 아버지도 덩달아 함께 울면서 같은 질문을 되풀이하셨다.

"딸이더냐 아들이더냐?"

울음소리를 듣고는 간수가 달려와 아버지를 노려보더니 고함을 질러대었다.

"뭣 땜에 우는 거요? 꼴에 무슨 희생자라는 소리냐? 감방으로 돌아가 일이나 해!"

나는 아버지에게 말했다.

"나라에 그릇된 일을 했다면 용기를 내어서 모두 남김없이 말해야 돼요. 나중엔 이해하게 될 거예요. 생각해 보세요!"

면회는 벌써 끝나버렸다. 5분도 채우지 못한 시간이었다. 작은언니와 나는 면회실 출구로 내몰렸다. 우리의 귓전에 아버지의 외침 소리가 들려왔다.

"내가 죽는다 해도 너희 아버지는 결백하다는 걸 알아야 한다! 마오 주석님에게 편지할 것이다. 주석님이 옳은 판단을 내려주실 거야!"

작은언니와 나는 얼음장 같은 바람을 맞으며 말없이 자전거 페달을 밟아 집으로 돌아왔다. 네 시간을 달리면서 우리는 한마디 말도 나눌 수 없었다. 아버지의 목소리, 외침 소리가 계속 귓전에 울려왔다. 그 소리는 우리의 기억 속에 영원히 지워지지 않고 남게 되었다.

1969년이 밝아왔다. 우리 가족 가운데 이미 세 사람이 떠나고 난 어느 날, 큰 언니에겐 베이징에 남아 있으라는 지시가 내렸다. 왜? 아무도 그 이유를 알지 못했다. 왜 어떤 이들은 멀리 떠나야 하고 어떤 이들은 남아 있어야 하는지 결코 아무것도 알 수 없었다.

이윽고 내 차례가 되었다. 마오의 부인 장 여사로부터 명령이 내려왔다. 베이징에 있는 예술계 학교 학생들은 모두 재교육 수용소로 떠나야 한다고 했다. 나는 화북성에서도 북쪽, 몽고 땅에 가까운 장자커우로 배치 받았다. 그곳은 중화인민공화국이 세워지기 전까지는 내몽고의 차하르 지방에 소속되었던 도시였다. 남들처럼 농촌이 아니라 군부대 야영지로 떠나게 되어 특별 대우를 받은 것 같은 느낌이 들었다. 거기서 1년 아니면 길어야 2년 동안 지내며 폭넓은 경험을 쌓으리라 상상도 해보았다. 출발 일자는 3월 16일이었다.

겨울의 마지막 나날, 슬픈 그날 아침 어머니는 내 짐을 꾸려주셨다. 손전등이며 화장지며, 이것저것 가방에 가득 넣어주시며 말했다.

"이런 거, 다음에 필요할 거야. 지니고 있는 게 나을 게다."

이제 곧 헤어져야 할 시간이었다. 내가 떠나고 나면 어머니에게 남은 식구라곤 막내동생 뿐이었다. 단둘이서 앞으로 어떻게 살아갈 것인가? 제대로 지탱이나 할 수 있으려나? 언젠가는 어머니도 막내도 떠나야 할 운명이었다.

이별의 순간이 다가왔다. 어머니는 가방을 내게 건네주셨다. 우리 둘은 길로 나섰다. 잿빛 하늘 아래 살을 에는 찬바람이 불고 있었다. 여느 중국 사람들처럼 우리는 잘 가라니, 잘 있으라니 하는 말없이 묵묵히 헤어졌다.

"시간이 됐어. 갈게, 엄마."

나는 우리 동네 좁은 골목길로 올라갔다. 모퉁이에 이르러 뒤돌아보았다. 창백한 얼굴을 하신 어머니가 멍하니 허공을 바라보고 계셨다.

신이 없는 세상이라면
마음대로 할 수 없는 것이 없다.

– 도스토예프스키, 『카라마조프네 형제들』

10
제4619 재교육 수용소

텅 빈 베이징의 거리와는 아주 대조적으로 기차역은 떠나는 사람들로 인산인해를 이루었다. 우글거리는 사람들 머리 위로 혁명의 영광을 기리는 문구의 깃발이며 현수막들이 역 구내를 온통 뒤덮고 있었다. 나는 꽉 찬 사람들 틈을 가까스로 헤치고 나가며 내가 가야 할 길을 찾아 두리번거렸다. 이윽고 모임 장소로 지정된 플랫폼이 보였다. 앞으로 나와 운명을 같이 할 동무들이 차례차례 모여들었다. 중앙음악학교, 중앙미술학교 등 베이징의 예술계 학교에서 온 학생들이 줄을 이어 출석했다. 병사 한 명이 도착하는 인원을 한 사람씩 일일이 점검한 다음 소속될 분단으로 배치해주었다. 장자커우로 가는 기차의 객차 두 칸이 특별히 우리에게 할당되어 있었다.

　나는 출발을 기다리며 주위를 둘러보았다. 헤어지는 가족들, 마지막으로 다정한 말 몇 마디 주고받는 남녀, 아이들에게 작별을 속삭이는 할머니와 할아버지들, 앞으로 다시는 볼 수 없게 되리라 생각하며 서로의 얼굴을 한참 동안 지켜보는 이들, 아기를 가족에게 맡기고 떠나는 젊은 엄마들이 멀찍이 보였다. 그러자 가슴 속에서 무언가가 치밀어 오름을 느꼈다. 한순간 힘이 빠져나가는 듯했지만, 곧 마음을 가다듬었다. 진짜 혁명 열사가 되려면 온갖 가소로운 감상주의에는 등을 돌려야 한다고 혼잣말했다.

우리 인원은 모두 100명 정도였다. 병사들의 지시에 따라 우리는 객차에 올라탔다. 기차는 덜커덩 소리와 함께 크게 한 번 흔들리더니 이윽고 움직이기 시작했다. 베이징역이 천천히 그리고 소리 없이 멀어지고 있었다. 얼마 후 우리 분단의 담당 활동가가 자리에서 일어나 마오 주석님의 영광을 기리는 혁명가를 선창함으로써 모두 함께 따라 부르게 했다. 또한 『마오주석어록』에서의 발췌문을 소리 높여 읽도록 지시했다. 목적지 중간쯤 왔을 때 하늘이 어두워지기 시작했다. 나는 창밖을 내다보았다. 겁이 날 정도로 시꺼먼 먹구름 때문인지 금세 밤이 된 것 같은 느낌이었다. 불빛이 이따금 보일 뿐 바깥 경치는 아무것도 분간할 수 없었다. 우리는 저녁나절이 끝날 무렵이 되어서야 장자커우에 도착했다. 병사들의 지시에 따라 모두 기차에서 내렸다. 병사들은 우리를 역 광장에 집합시킨 다음 지붕이 열린 군용 트럭 두 대에 나누어 타게 했다. 한 대에 50명씩 콩나물처럼 빽빽하게 들어선 채 목적지인 야오잔바오로 향했다.

우리는 트럭에 실린 채 장자커우 시를 가로질렀다. 베이징에서 500킬로미터밖에 되지 않는 거리에 위치한 도시이건만 마치 세상 끝에 온 길이었다. 비포장의 텅 빈 거리에 부르릉거리는 트럭의 굉음만 들릴 뿐이었다. 건물이란 건물은 모두가 보기 흉한 현대식 축조물이었다. 이곳은 소련이 침공해 올 경우 쳐들어오는 바로 앞 길목에 놓인 도시이기에, 아마 그런 연유로 해서 도시라기보다는 큰 고을 같은 인상을 주게끔 만들어놓은 것 같았다. 17세기 만주족이 세웠던 청나라 때 중국과 러시아 사이에 차와 아편 무역의 중심지로서 황금 시절을 누린 적도 있었다고 하나, 오늘날엔 그런 역사적 사실을 상상도 할 수 없을 정도로 오직 가난과 쓸쓸함만이 자욱하게 퍼져 있었다.

트럭은 도시를 벗어나 움푹움푹 파헤쳐진 길을 계속 달렸다. 두 시간 동안 시달린 끝에 우리는 목적지에 다다랐다. 모두들 얼굴이 먼지로 완전히 뒤덮여 있었다. 아무도 사람처럼 보이지 않았고 누가 누군지 알아볼 수도 없었다. 앞으로 여러 해 동안 계속될 우리의 생활상을 예고해주는 것 같았다.

∫

야오잔바오의 수용소는 언덕 위에 있었다. 가운데 커다란 광장을 둘러싼 붉은 벽돌로 된 낮은 건물 세 동은 전형적인 군대 건물이었다.

"집합!"

우리는 모두 캄캄한 밤, 추위에 떨며 서 있어야 했다.

"모두 분단별로 나누어 선 다음 숙소로 입실한다."

나는 동무들과 함께 지정된 방으로 들어갔다. 방은 20평방미터 정도밖에 되지 않는 좁은 공간이었다. 짚단 거적이 10개쯤 방바닥에 깔려 있었는데 저리도 비좁은 데에서 어찌 잠을 이룰 수 있으랴 싶었다. 내 잠자리로 배당된 짚 깔개 위에 짐을 내려놓고 보니 바퀴벌레가 우글거렸다. 그 순간 병사 한 사람이 들어왔다.

"모두 식당으로!"

식당으로 갔더니 낡고 더러운 양푼을 하나씩 나누어주는데, 밥그릇이기보다는 요강으로 쓰던 물건 같았다. 나는 속이 체한 듯 역겨운 느낌이 들어 아무것도 입에 넣을 수가 없었다.

수용소의 첫날밤, 나는 잠을 이룰 수 없었다. 우글거리는 바퀴벌레를 생각하니 틀림없이 이놈들이 내 귀 안으로 기어들어와 고막을 터뜨려버릴 것만 같았다. 옆자리에 누운 오우안도 나처럼 피아노 전공이었는데, 그녀가 옆에서 몸을 움직일 때마다 나는 잠이 깼다. 결국 우리는 머리와 다리가 서로 엇갈리는 위치로 바꾸어 누워서야 겨우 얼마간 잘 수 있었다.

이튿날 아침 6시에 병사가 들어와 우리를 깨웠다. 우리는 모두 연병장에 집합했다. 쉰 살쯤 된 눈길이 매우 온화해 보이는 한 남성이 다가왔다. 티안 소장이었다. 우리 모두를 한참 동안 바라보더니 이윽고 낮은 목소리로 말하기 시작했다.

"너희들 가운데엔 호랑이도 있고 용도 있다(중국어 표현으로서 '뛰어난 인물'이 많다는 뜻). 그러나 너희들 마음속엔 부르주아 근성이 남아 있기 때문에 재교육을 받아야 하는 것이다."

소장의 훈시가 끝나자 이어서 또 다른 군인들이 우리의 활동 사항 및 일과 시간표, 그리고 수용소의 규칙에 관하여 설명했다. 검정색, 회색, 푸른색이 아닌 옷은 착복 금지, 머리는 짧게, 모두 똑같은 모자를 쓸 것, 여자는 치마 착복 금지 등 아주 구체적인 데까지 세세하게 정해 놓은 규칙이었다. 열심히 배워 진짜 혁명 열사로 거듭 나고자 품어온 나의 희망은 불과 며칠 사이에 물거품이 되어버렸다. 재교육 수용소 생활은 교육하기 위한 것이 아니라 우리의 머리를 바보로 만들기 위한 것이었다. 하루하루가 똑같은 강제노역의 연속이었다. 게다가 그와 같은 나날이 앞으로 5년 동안 계속되리라는 것을 나는 아직 알지 못하고 있었다.

매일 아침 6시에 일어나야 했다.

"기상!" 우리 분단 담당 병사가 소리를 냅다 지르며 불을 켰다.

수용소의 하루는 달리기 운동과 발맞추어 걷는 행진으로 시작되었다. 다음으로 한 시간 동안 『마오주석어록』을 공부했다. 매일 똑같은 내용이었다. 그 가운데서 특히 중요한 논설문 2편

(실천론과 모순론), 그리고 연설문 2편(「인민에게 봉사하라」와 「우공이산」)에 대해 속속들이 파고 읽었다. 「인민에게 봉사하라」는 인민을 위하여 싸우다 죽은 병사 장쓰더를 기린 연설이었다. 「우공이산」은 중국의 전설인데, 자기 집 앞을 가로막고 솟아있는 세 산을 곡괭이질로 허물어버리겠다고 결심한 노인 이야기였다. 이를 두고 이웃 사람들은 "어리석은 늙은이(愚公)"라고 비웃었지만 하늘이 그를 도왔다. 옥황상제께서 신령 둘을 내려보내 장애물을 모조리 어깨에 지고 나르게 했다는 이야기이다. 마오 주석이 허물어버려야 할 세 산은 제국주의, 자본주의, 그리고 봉건제도였다.

『마오주석어록』 공부가 끝난 8시쯤, 우리는 들판으로 향했다. 중국 땅에서 가장 벼농사에 적합하지 못한 땅에 벼를 심어 키우는 것이 우리의 사명이었다. 메마른 땅이 차디찬 바람에 시달려 다져진 데다 누렇고 거뭇거뭇한 주위 풍경에 싸여 무겁고 답답한 느낌을 풍겼다. 첫째로 해야 할 작업은 논밭에 물을 대기 위하여 삽으로 도랑을 파는 일이었는데 삽이란 삽은 다 조금씩 부러진 것이었다. 다음으로 수용소의 변소에서 인분을 파내어 밭에다 뿌리는 일, 그 다음에 물을 길어다가 흙을 파낸 도랑으로 운반하여 도랑에 쏟아붓는 일이었다.

얼음 같은 물속에 잠시만 서 있어도 발에 감각이 없어져 버렸다. 자주 열이 나고 식은땀이 흘렀다. 얼마 되지 않아 나는 생리가 멈추고 아랫배가 아팠으나 수용소엔 의사도 양호실도 없었다. 그래도 기초 침술 지식을 갖춘 몇몇 동무들 덕분에 아픔을 조금이나마 덜 수 있었다. 여름철엔 모두 온몸이 벌레에게 물린 자국투성이인 데다 다리에 들러붙는 거머리 또한 한두 마리가 아니었다.

노동을 자극하기 위한 수단으로 우리 분단의 열성분자 여성이 병사들이랑 손잡고 우리들 사이에 경쟁을 벌였다. 모두 몇 시간 안에 도랑 파는 일을 마칠 수 있을 것인가? 누가 제일 빨리 물을 길어올까? 누가 변소에서 인분을 제일 많이 퍼올까? 열성분자가 우리보다 먼저 훨씬 빨리 일해 냄으로써 모범을 보였다. 저녁 때, 자기비판 및 고발 모임에서 비판받을까 봐 겁이 나고 두려웠기에 나는 최선을 다하여 일했다. 그러나 체구가 워낙 조그마한 내가 이 '누가 누가 잘하나?'식의 경쟁에서 상을 탈 행운은 전혀 없었다.

정오가 되면 일하던 자리에서 점심을 먹었다. 우리 가운데 누군가가 더운 물과 음식을 배달해 오는 고역을 짊어져야 했다. 음식은 주로 감자였다. 우리는 감자를 썰되, 하루는 깍두기처럼 썰고, 또 하루는 손가락 크기로 길쭉길쭉하게, 동글동글 얇게도 썰어보고, 어떤 때는 변화를 부려보려고 배추나 홍당무와 섞기도 했다. 가끔 돼지고기가 나오기도 했다.

오후 시간은 아침보다 더더욱 지루하기 짝이 없었다. 나는 5

분마다 시계를 꺼내보곤 했다. 해질녘까지 일하고 나서 우리는 수용소로 되돌아왔다. 하루종일 물속에 발을 담그고 땀을 질질 흘리며 일했던 만큼 모두들 온몸에 땟국물투성이인데도 씻을 사이도 없이 곧바로 자기비판 및 고발 집회 장소로 달려가야 했다. 이는 아무렇게나 짜놓은 일과 시간표가 아니었다. 다른 모든 것들도 마찬가지였지만 더구나 이렇게 몸 씻을 여유조차 없이 짜인 일과 시간표로 인하여 우리가 인간으로서 느낄 수 있는 최소한의 자존심마저 여지없이 꺾이고 짓밟히고 있었던 만큼, 정녕 '재교육'의 본뜻이 무엇인지를 짐작하게 해주는 처사였다.

우리는 10명씩 작은 그룹이 되어 둘러앉았다. 우리 분단을 맡은 감독관은 서로가 서로에게 반론을 제기하게끔 토론을 이끌어나가는 변론술 교육을 받은 군인이었다. 자기비판 훈련에 대해서는 오래 전부터 익히 알고 있었지만 이처럼 멀고 외진 곳에서 문 닫아 걸고 열린 자기비판 집회는 아주 독특한 색깔을 띠었다. 우리는 여기에서 풀려나갈 수 있는 관건이 무엇인지 단번에 깨달았다. 아무도 입 밖으로 소리 내진 않았지만 제일 우수한 태도를 보이는 사람이 제일 먼저 이 자리를 뜨게 된다는 사실이었다. 싸움이 시작되었다. 싸움에 이긴 자가 탈 상품은 해방이라는 것이었다.

삶을 지탱하는 것이 손발만 부리는 힘겨운 일로 녹초가 되어버렸을 때면, 본능을 제어할 만한 어떠한 정신력—문화적인 것이든 종교적인 것이든—도 사고력도 말살되어 버렸을 때면, 자기를 지키기 위하여 오직 남을 공격할 수밖엔 달리 도리가 없었다. "장 동무는 일을 충분히 하지 않았어요. 변소에 20분이나 들어앉아 있었어요"라고 한 학생이 공격을 퍼부으면, "리 동무가 수용소 생활에 대해 불평하는 걸 난 두 번이나 들었어요!"라고 잽싸게 반박했다. 누구나 기진맥진하여 집회장을 나왔다. 말 한 마디 주고받을 수도 없었고 아무도 감히 얼굴을 들고 눈길을 마주칠 수조차 없었다. 그래도 우리는 한 지붕 아래에서 한솥밥을 먹으며 살아야 했다.

우리는 저녁밥을 먹기 위해 숙소로 들어왔다. 짚 깔개 바닥에 차려진 저녁은 누런 쌀로 지은 밥, 배추와 함께 삶은 감자였다. 저녁 식사가 끝나고 나서야 우리는 몸을 씻을 수 있었다. 방한 구석에 파 놓은 움푹한 곳에 등을 구부리고서 차례대로 몇 명이 함께 남들 앞에서 약간의 물을 몸에 끼얹었다. 모두 한 방에서 부대끼다보니 사생활을 위한 한 치의 공간도 있을 수 없었다. 사생활이란 '사'자만 꺼냈다가는 부르주아 개념이라고 손가락질 받게 마련이었다.

몸을 씻고 나서야 우리는 비로소 서로 얼굴을 쳐다볼 수 있었고 몇 마디 말이나마 걸어볼 수 있었다. 그러나 마음을 툭 터놓고 얘기할 수 있는 유일한 장소는 더운물을 퍼올 수 있는 작은 공간, 숙소 한쪽 벽에 붙은 보일러실이었다.

아주 예외적인 인물이 여기서 일하고 있었다. 그의 이름은 궈바오창이었으며 훗날 최고의 영화감독이 된 분이었다. 그는 우리 동급생들보다 나이가 훨씬 위였다. 재교육 수용소에 오자마자 아주 강력한 반혁명분자로 취급되었기 때문에 수용소 관리 측은 그를 물 당번으로 배치했다. 그리하여 매일같이 엄청난 양의 물과 석탄을 지고 날라야 했다. 얼음처럼 차가운 바깥 공기와 보일러실의 후텁지근한 열기 사이를 수없이 왔다 갔다 하면서도 그는 찌푸린 얼굴을 하지 않았다.

그런 인물이 며칠 전 우리 중앙음악학교의 학생 가운데 성악 전공의 아주 예쁜 소녀에게 반해버렸다. 자신의 열정을 고백하되 순전히 중국 전통에 따라 심부름꾼을 시켜 사랑의 편지를 전달하기로 작정했다. 마땅한 심부름꾼이라고 생각하고 점찍은 사람은 '경극'을 공부하던 나이 어린 학생이었다. 워낙 교육을 제대로 받지 못하고 자란 탓에 자기비판 모임에 내놓을 자기 자신의 이야기조차 읽고 쓰기가 여간 힘들지 않았던 아이였다. 궈바오창은 그러므로 내밀한 편지 내용이 누설될 위험이 없다고 생각했다. 하지만 운이 나쁘게도 그가 고른 심부름꾼은 문맹에 가까운 무식꾼이었고 호기심도 굉장한 아이였다. 그는 편지를 열어보았다. 사전을 들고서도 읽을 수 없는 내용이 많았던 관계로, 급기야 그는 옆에 있는 동무들에게 물어보게 되었다. 결과는 뻔했다. 진짜 받아야 할 사람의 손에 들어가기도 전에 수용소 전체에 소문이 쫙 퍼져버렸던 것이다!

하루 일과는 끝났지만 우리의 고역은 끝나지 않았다. 소련의 침공에 대비해야 한답시고 한밤중에 비상 훈련 경보 때문에 잠을 설치는 경우가 자주 있었다. 사이렌이 요란하게 울어대면서 집합 명령이 떨어지는 것이었다.

"경계하라! 경계하라!"

우리는 순식간에 소지품을 챙겨 수용소를 떠나야 했다. 제일 먼저 치러야 했던 시련은 한밤중 새카만 암흑 속에서 짐을 싸는 일이었다. 좀 더 안심하기 위하여 나는 결국 옷을 죄다 입고 잘 수밖에 없었다. 다음으로 우리는 한밤중에 몇 시간을 쉬지 않고 내리 산속을 달려야 했다. 그런 다음 눈도 붙이지 못한 채 새벽녘에 수용소로 되돌아오곤 했다.

비상경보 사이렌 말고도 한밤중에 우리를 깨우는 괴이한 목소리가 있었다 어디서 흘러나오는지 알 수 없는, 혁명의 영광을 노래하는 사람 목소리…. 아! 우리 분단의 열성분자가 잠꼬대하는 소리였다. 처음엔 우리 모두 감동했다. 의식이 잠들어 있을 때조차 어쩌면 저토록 충성일까! 감탄스럽지 않나? 하지만 시간이 흘러감에 따라 조금씩 미심쩍은 생각이 들기 시작했다. 밤마다 하는 똑같은 잠꼬대, 너무 심하지 않나? 그래놓고선 아침마다 혹시 어젯밤에 자기의 잠꼬대 소리가 너희들 잠을 방해하지 않았느냐고 걱정스레 묻다니, 이거야말로 자기의 '신앙고백'을 모두 똑똑히 들었는지 확인하려는 수작이 아니고 무엇이란 말인가? 우리도 맞대응하기로 했다. 그녀가 어젯밤 잠꼬대 운운하며 능청스레 변명할 때마다 우리는 "천만에, 방해는 무슨 방해, 아무 소리도 못 들었는걸."라고 그녀를 안심시켜 주었다.

∫

일요일은 빨래하는 날이었다. 이불 호청을 빨아 널 때마다 우리는 하늘을 쳐다보며 햇볕이 조금이라도 길게 나서 빨래가 마르기를 간절히 바라는 마음이었다. 하지만 한 시간도 채 안 되어 모래바람이 불어닥치는 통에 젖은 빨래는 수용소 주변의 땅처럼 온통 누렇고 거무스레한 흙먼지를 뒤집어쓰기 일쑤였으니 오히려 빨기 전보다 더욱 더러워지는 꼴이었다.

일요일이면 가끔 영화감상 시간이 있었다. 영화는 거의 다 알바니아에서 만든 것들인데 작품의 질이야 별로였지만 우리는 한 편도 놓치지 않았다. 남녀가 키스하는 장면이란 그 당시 중국 영화에선 상상도 할 수 없었기 때문이었다. 매번 뜨거운 장면이 펼쳐지려는 순간이면 영사기를 돌리던 병사가 뛰어나와 영사막을 가리느라고 법석을 떨었지만, 너무 늦게 나오기 일쑤였기에 우리는 신나게 구경을 즐길 수 있었다. 그땐 우리 모두가 19세에서 30세 사이의 젊은 남녀였다는 사실을 여기에 덧붙일 필요가 있을까?

매일 매일의 고생살이 가운데 한 가닥 햇살처럼 반가운 것은 집에서 오는 편지였다. 다만 편지가 검열에 걸리지 않고, 받는 사람이 편지 내용을 공개석상에서 읽어야 하는 황당한 일을 당하지 않는 경우에 한해서였다. 나와는 다른 수용소에 있었던 한 친구가 그런 변을 당했다. 그 친구는 약혼자에게서 온 편지 내용을 수용소 동무들 모두가 둘러앉은 가운데 처음부터 끝까지 남김없이 소리내어 읽어야 했던 것이다.

나는 베이징에 남아 있던 어머니, 그리고 막내 동생과 정기적으로 편지를 주고받았다. 당시에 15세였던 막내 동생은 얼마 지나지 않아서 동북지방 만주 벌판에서도 아득히 북쪽 끝에 위치한 황량한 땅 베이다황의 수용소로 떠나게 되었는데, 그곳에서도 계속 편지를 보내주었다.

처음 얼마 동안 막내 동생의 편지는 끔찍하기 짝이 없는 내용이었다. 곡물 수확기 동안엔 오전 2시에서 밤 11시까지 일해야 했다. 낮 12시 점심시간이면 음식이 놓인 밭두렁 끝으로 달려가야 되었다. 재빨리 먼저 달려온 사람이면 배불리 먹을 수 있었고, 나이가 제일 어렸던 막내는 자연히 남들보다 늦게 도착했기에 종종 점심밥은 이미 온데간데 없기 일쑤였다.

이런저런 노역 가운데 한 번은 사슴 치는 일을 하게 되었다. 중국에서 사슴을 기르는 것은 뿔을 약재로 쓰기 위해서다. 그러던 하루, 무리에서 떨어져 달아난 사슴 한 마리를 따라잡느라고 뛰어가다가 늪에 빠져 죽을 뻔했던 일도 있었다. 또 한 번은 낫으로 풀을 베고 있었는데, 제일 친한 친구가 땅에 떨어져 있던 전깃줄에 손을 대었다가 그 자리에서 감전되어 죽고 말았다. 동생은 할 수 없이 죽은 친구의 부모가 올 때까지 시신을 맡아 지키지 않을 수 없었다. 그런데 어느 날 밤 선잠이 들었다가 눈을 뜨고 보니 쥐들이 시신을 갉아먹고 있는 소름끼치는 장면이 벌어지고 있었다. 죽은 소녀의 아버지는 그만 정신이 나가 버렸고 얼마 지나지 않아서 딸과 운명을 같이 했다.

막내 동생의 편지에 어떻게 무어라고 답해주어야 할까? 나는 오직 동생에게 마음을 단단히 먹고 용기를 잃지 않도록 하라고 간신히 얘기해주었을 뿐이었다. 얼마 후 나는 동생의 기운을 북돋우려는 뜻에서 마르크스의 『공산당 선언문』 한 부를 보내주었다.

어느 날 어머니에게서 편지가 왔다. 이젠 어머니도 재교육 수용소에 있다고 하셨다.

밤이 깊었네.
성냥 하나 주게나….

- 리위안, 「우울」

11
새끼 돼지 한 마리와 새끼 고양이 다섯 마리

몇 달이 지나자 재교육 수용소의 형편없는 식사는 내 건강을 해치기에 충분했다. 몸이 아주 약해진 데다가 설사가 도무지 멎지 않고 계속되는 통에 하루에도 열 번씩 변소에 들락거려야 했다. 재래식 변소는 수용소 경내의 맨 끝 가장자리에 위치해 있어서 일을 보고 도저히 숙소로 돌아올 기운이 없었다. 나는 그만 도중에 쓰러져버렸다. 가까스로 몸을 다시 일으키고서는 기어서 숙소에 들어올 수 있었다.

몸무게가 10킬로나 빠지자 상부의 지시로 나는 장자커우 병원으로 수송되었다. 병원에서 나는 친구이자 첼리스트 리커를 다시 만나게 되었다. 리커와 나는 어린이 음악학교에서 만났고 당시에 그는 피아노를 배우고 있었다. 베이징중앙음악학교 시절 우리는 오랫동안 같은 기악 파트에서 함께 연습하며 지내던 사이였다. 그는 생기발랄한 얼굴에 솔직하고 무엇보다도 인정이 넘치는 청년이었다. 키가 크고 건장한 체격의 젊은이였지만 급성 패혈증에 걸리고 말았다. 나 역시 같은 병이라고 했는데 전혀 놀랄 일이 아니었다. 마시는 물은 불순물이 많아 탁한 데다가 점심 때 들판 한쪽 끝에 날라다 놓은 음식은 우리가 수백 미터 길을 걸어가서 먹으려 하면 이미 모래바람으로 시커멓게 뒤덮여 있었기 때문이다.

병원 침대에 누워 있으니 나는 이 세상에 홀로 버려진 존재 같았다. 내가 여기서 무얼 하고 있는지, 어찌하여 이토록 처량하고 더럽기 짝이 없는 방에 눕게 되었는지 나 스스로에게 묻고 되물었다. 여기서 부모님에게서도 멀리 떨어지고 아무도 모르는 여기서 나는 이제 죽을 것만 같았다. 하기야 나와 같은 존재 하나가 죽는다 한들, 산다 한들 아무런 의미도 없으리라. 가족들이 생각났다. 함께 지냈던 추억이 떠올랐다. 모두가 끝장이다. 이제 다시는 우리 가족 얼굴을 볼 수 없으리라. 다시는 자유도 없으리라. 이런저런 악몽에 시달리던 어느 날 아버지가 들판에서 일하는 모습이 보였다. 무거운 짐을 나르다가 힘에 겨워 갑자기 쓰러지시는 꿈이었다. 설마 돌아가신 것일까?

몇 날 며칠 동안 나는 의사들과 한마디 말도 나누지 못한 채 삶과 죽음 사이를 오락가락하며 내내 헛소리만 하고 있었다. 하지만 아직 나의 명이 다한 것은 아니었다. 어느 날 열이 내리고 상태가 좋아졌다. 조금씩, 조금씩 기운을 되찾았다. 그리하여 나는 다시 재교육 수용소로 옮겨와 나머지 회복 기간을 보내게 되었다.

∫

돌아온 지 얼마 되지 않은 어느 날 오후였다. 숙소 안 짚단 깔개 위에 누워있는데 어디서인가 아련히 음악 소리가 들렸다. 귀를 기울여보았다. 도대체 누가 한참 일해야 할 이 대낮에 수용소 안에서 음악 연주를 할 수 있단 말인가? 나는 숨소리마저 죽이고 가만히 두 귀를 곤두세웠다. 아코디언 소리였다. 무슨 일인지 알고 싶어 일어나 밖으로 나갔다. 우리 수용소 소장 티엔이 마당한 구석에 서 있었고 예술인들이 그를 뱅 둘러싸고 있었다.

"준비 완료, 자, 그럼, 오늘 저녁에"라고 말하는 그는 마치 엘시뇨르 성에 막 도착한 연극 배우들을 향하여 "어서 오시오, 어르신네, 모두 대환영이오!" 라고 말하던 햄릿이라고 해야 할까?

티엔 소장은 원래 교사였던 분이었고 지성인이었다. 그는 베이징의 예술학교 학생들이 이 지역에 오게 된 기회를 잘 활용하여 장자커우시 주변의 모든 수용소를 돌며 연주할 순회공연단을 조직하기로 결정했다. 그리하여 소장은 성악가, 무용수, 악기연주가 몇 명씩을 뽑았다. 그러나 불행히도 이로 인하여 그는 나중에 소장에서 물러나야만 했다. 이유는 그가 투철한 혁명정신의 소유자가 못 된다고 고발당했기 때문이었다. 나도 그를 고발했던 이들 가운데 한 사람이었다.

다음 날, 모두들 들판에 일하러 나간 후, 나 혼자 수용소 안을 이리저리 걸어다니던 중, 멀찍이 탁자 위에 놓인 아코디언이 보였다. 어제 연주 연습에 쓰였던 바로 그 아코디언이었다. 나는 아코디언으로 다가갔다. 그것은 오래되어 건반에 때가 끼고 가죽끈이 닳아 있는 아코디언이었다. 하지만 이 을씨년스런 건물들 한가운데에 웬 악기라니, 이는 누군가가 나에게 보낸 그 어떤 표시가 아닐 수 없었다. 이 좋은 기회를 놓치지 않아야 했다.

주위를 돌아보니 마침 아무도 없었다. 나는 악기를 잡고서 건반 몇 개를 스치며 연주해보려고 했다. 아무 소리도 나지 않았다. 어디 한 번 진짜 연주를 해볼까 그런 생각이 들었다. 몸이 이렇게나 아프고, 욕구불만의 세월을 보내고 나니 너무나도 연주가 하고 싶었다. 하지만 무얼 연주할 것인가? 오른손만 놀릴 수 있는 작품이 필요했다. 나는 머릿속에 간직한 레퍼토리 가운데서 마땅한 곡을 찾기 시작했다. 아, 찾았다! 다름이 아니라 쇼팽의 「두 번째 연습곡, 작품 10번」이었다. 이 곡은 오른손을 위한 작품이라고 할 수 있을 정도로 왼손 연주는 아주 간단한 것이었다. 그러므로 옥타브 몇 개가 모자라긴 하지만 아코디언으로 연주하기엔 이상적인 곡이었다. 나는 그날 오후 내내 같은 곡을 끝없이 타고 또 탔다. 다음 날, 그 다음 날, 그 다음 다음 날도, 악기 연주자들이 떠날 때까지 계속 연주했다. 나는 그동안 음악의 힘이 어떤 것인지 잊어버리고 있었다. 그런데도 음악은 나를 잊지 않고 다시 찾아와 주었다.

∫

그해 가을이 오자 우리는 지금까지 있었던 야오잔바오의 수용소를 떠나게 되었다. 여기서 50킬로 가량 떨어진 칭수이허로 옮겨 갔다. 이송의 공식적 이유는 우리가 쓰고 있던 건물들을 병사들에게 돌려주어야 한다는 것이었다. 하기야 높은 언덕의 야오잔바오는 강가 평지에 자리 잡은 칭수이허와는 비교가 안 될 정도로 훌륭한 보초소를 제공해주는 병영이었다. 그러나 사실은 우리가 한곳에 너무 오래 머무르게 되면 근방의 민간인들과 교제할지도 모른다는 염려에서였다.

칭수이허의 수용소 생활은 야오잔바오에서보다 더 힘들었다. 숙소는 단 두 곳뿐이었다. 남자용 하나와 여자용 하나였다. 소장은 엄격하고 딱딱한 데다 한 치의 여유도 없는 사람이었다. 그는 규칙 준수에만 철두철미했으며 단 한 번도 미소 짓는 법이 없었다.

새 수용소에 옮겨온 지 얼마 되지 않은 어느 날, 우리는 근방의 수용소에 있던 한 여성 대학교수의 사례에 대하여 알게 되었다. 그 여교수는 마오 주석을 향한 충성심에서 예외적인 본보기를 보여준 사람이라는 것이었다. 베이징에 있는 어린 아들이 위독하니 급히 집으로 돌아와야 한다는 전보가 연달아 두 번이나 날아왔었는데, 그때마다 여교수는 지금 맡아서 기르고 있는 새끼 돼지도 아프기 때문에 돼지를 돌봐주어야 한다고 답했단다. 세 번째 온 전보는 아들이 죽었다는 통지였다. 여교수는 눈물 한 방울도 흘리지 않았다. 며칠 후 새끼 돼지가 죽자 여교수는 눈물을 흘리며 돼지의 죽음을 슬퍼했다는 얘기였다.

우리는 모두 어안이 벙벙해졌다. 마오 주석의 사상에 충성하기 위하여 그렇게까지 하지 않을 수 없었단 말인가? 하지만 처음 당황했던 순간이 지나자 우리는 하나둘 머리를 끄덕이기 시작했고, 얼마 지나지 않아 대부분이 그 여교수가 존중할 만한 분이라고 생각하게 되었다. 돼지는 많은 사람들에게 양식이 되는 반면, 자기 자식에 대한 집착은 부르주아적인 감정이 아니고 무엇인가. 내 주변에 있던 젊은 엄마들이 전적으로 찬동할 수는 없다며 몇 마디 토를 달긴 했지만 결국 모두 같은 생각이었다. 그러나 모두가 정녕 그렇다고 믿어 의심치 않았던 것일까? 참으로 냉철하게 의문을 제기할 수 있게 되기까지 나는 아직 5년이 더 필요했다. 5년이란 긴 세월을 수용소에서 지내고 나서야 비로소 의심을 받아들일 수 있게 되었으며 명석한 이성 같은 것이 조금이나마 머릿속에 떠오르기 시작했다.

겨울이 왔다. 온세상이 눈에 덮여 꽁꽁 얼어붙었다. 더 이상 밖에서는 일을 할 수 없게 되자 우리는 엄청나게 큰 곳간에 틀어박혀 옥수수에서 알갱이를 뽑아내는 일을 했다. 1970년 새해가 밝아왔고 얼마 후 봄이 다시 찾아왔다. 이젠 계절이 우리 생활의 박자를 정해 주었다. 몇 달이 흘러갔지만 바뀐 것 하나 없이 똑같은 생활이었다. 한없이 힘겨운 논밭 일, 가혹하기 짝이 없는 주위 자연환경, 비좁은 숙소에서 노상 똑같은 얼굴의 동지들과 오글오글 섞어 지내야 하는 생활…. 게다가 또, 앞날에 대한 전망은 전혀 보이지 않는 지루하기 그지없이 단조로운 하루하루였기에 나는 순간순간 일분일초를 세고 있었다. 날이 갈수록 내가 왜 이렇게 잡힌 몸이 되어 있는지, 왜 이곳에 있는지 나 자신도 알 수 없었다.

어느덧 우리 가운데 몇 명이 떠나도 좋다는 허가를 받았다. 그들은 집으로 돌아갔고 남은 우리는 그대로 수용소에 머물러 있었다. 그러자 내 마음속에 처음으로 반항심이 솟아올랐다. 너무도 부당한 처사가 아닐 수 없었다. 아코디언을 만질 수 있었던 그날 일을 잊을 수가 없었다. 병사들을 위하여 음악을 연주하라며 우리 가운데 어떤 이들은 뽑히고 어떤 이들은 뽑히지 못했던 일이 떠올랐다. 왜? 어찌하여 누구는 특별 취급을 받고 누구는 그렇지 못하단 말인가? 내 가슴은 원한으로 부글거리며 좀처럼 누그러들지 않았다.

바로 그 무렵 사건이 하나 터져 상황이 아주 달라졌다. 우리 가운데 결혼한 지 얼마 되지 않는 젊은이가 어떠한 위험을 무릅쓰고라도 아내를 다시 만나고 싶어서 도망가기로 작정했던 것이었다. 하지만 이내 붙잡히고 말았다. 때문에 그는 공개석상에서 오랜 시간 동안 자기비판을 받아야 했고, 그럼에도 저지른 과오를 면죄받지는 못했다. 훗날 수용소에서 해방되어 직장에 복귀하기 위하여 누구나 받게 되는 직무임용 때, 그는 자신의 전과로 말미암아 호된 값을 치러야만 했다.

　　이 사건이 있고 난 다음 나는 다시 곰곰 생각하게 되었다. 도망가다 잡힐 경우, 자기비판을 당하는 것쯤이야 이미 나는 이력이 나 있었다. 하도 여러 번 겪었기에 한 번 더 당하든, 덜 당하든 아무 문제가 되지 않았다. 그러나 수용소를 떠나는 날 받게 될 직무임용에 대해서는 신중하게 생각하지 않을 수 없었다. 하지만 수용소를 떠날 그날이 언제 오려나? 전혀 현실감이 느껴지지 않는 멀고도 먼 미래의 일로 떠오를 뿐이었다. 도대체 이런 상황에서 그 누가 자유니 해방이니 하는 말을 꺼낼 수나 있단 말인가? 그즈음 어머니가 베이징의 집으로 돌아와서 쓴 편지가 왔다. 어머니는 몸이 너무 쇠약해져 도저히 수용소 생활을 견딜 수 없게 되자 당국에서 집으로 돌아가게 하는 편이 낫겠다고 판단했던 것이었다. 나는 수용소 친구 둘에게 도망 계획에 대해 터놓고 얘기했다. 둘 다 나와 같은 생각을 품고 있음을 나는 잘 알고 있었다. 수용소 밖으로 빠져나갈 틈이 있는 곳을 알아내었다. 그곳은 공동변소였다. 변소는 지붕이 없는 데다 수용소 외벽에 닿아 있었다. 나는 친구 둘에게 나를 따라 모험을 해보지 않겠냐고 물었다. 그래? 좋아! 그럼, 다음 주 정도면 모든 계획이 빈틈없이 짜일 것 같으니 다음 주에 날을 잡아서 행동에 옮기기로 했다.

그날 새벽 다섯 시에 우리는 살그머니 공동변소로 들어갔다. 아무도 보이지 않았다. 우리 셋은 서로가 서로에게 손과 어깨로 발판을 대어 주며 벽을 뛰어넘었다. 그리고는 기차역으로 쏜살같이 달려갔다. 몇 시간 후 우리는 베이징으로 달리는 기차에 앉아 1년 너머 만에 처음으로 맛보게 된 자유의 순간순간을 흠뻑 들이마셨다. 창밖으로 풍경이 휙휙 지나가는 동안 우리는 마음속에 세운 중대한 계획에 대해 서로 얘기를 나누었다. 중대한 계획이란 마오 주석의 부인이자 우리를 재교육 수용소에 보낸 장본인, 장칭 여사에게 편지를 쓰자는 것이었다. 장 여사에게 이장자커우 주변에 있는 여러 수용소의 실태에 관하여 상세히 써 보낼 일이 급선무였다. 누구는 떠나고 누구는 못 떠나는 부당한 처사와 참된 혁명정신이란 찾아볼 수 없는 현실에 대하여 장 여사는 전혀 모르고 있을 뿐 아니라 우리의 이야기를 믿으려 하지도 않겠지만, 무능한 현장 집행요원들 때문에 재교육 자체가 엉망이 되어가고 있으니 장 여사께서 나서주셔야 한다고 우리는 함께 입을 모았다. 시베리아의 강제수용소 굴락에 갇힌 죄수들이 하루하루 살아가는 실태를 낱낱이 있는 그대로 묘사했던 솔제니친은 수용소의 진상에 대해 스탈린 자신은 아무것도 모르고 있음을 확신했다고 했다. 우리도 강제수용소의 죄수들이나 다를 바 없었다. 우리는 장 여사를 전적으로 믿고서, 베이징에 도착하는 바로 다음 날 편지를 쓰기 위하여 함께 모일 시간과 장소를 정했다. 장 여사께서 우리의 편지를 읽고 나면 비로소 수용소의 현실에 대하여 눈을 뜨게 되리라고 생각했던 것이다.

∫

베이징의 거리는 우리가 떠나던 그때보다 더욱 더 텅 비어 있었다. 나는 텅 빈 거리를 가로질러 집으로 가는 골목길로 들어섰다. 집은 변함없이 그대로였다.

"아이고! 샤오메이, 이게 웬일이냐?"

어머니는 몸무게가 빠져 힘이 없고 마른 모습이었다. 복통을 누그러뜨리는 데 효과가 있다고 온몸에 붕대를 칭칭 감고 계셨다. 채식만 하던 어머니는 수용소에서 날마다 급식으로 주는 돼지비계를 도저히 먹어낼 수가 없었다. 쇠약할 대로 쇠약해진 어머니는 어느 날 아침, 밭에 나가 일하던 그 자리에서 쓰러져 정신을 잃고 말았다. 그날 해가 저물어 누군가가 어머니를 찾으러 올 때까지 그대로 의식을 잃은 채 쓰러져 있었다. 그러자 상부에서 어머니를 집으로 돌려보내라는 결정이 내렸던 것이다. 그리고 어머니는 입을 닫았다. 수용소에 관해서는 더 이상 아무 말도 하지 않았다. 나도 수용소에서 겪었던 고초를 어머니께 말하지 않았다. 내가 그즈음부터 아저씨, 아줌마라고 부르던 이웃집 관씨 내외분 덕분에 어머니의 수용소 생활에 관하여 좀 더 알게 되었다. 어머니가 들판에서 주워 왔던 어미 고양이 이야기도 관씨를 통하여 듣게 되었다. 그 어미 고양이는 얼마 전 새끼 다섯 마리를 낳았는데, 낳자마자 사람들이 새끼 다섯을 모조리 들고 가 버렸다고 했다. 어머니가 들판에서 돌아오던 저녁때마다 고양이는 쪼르르 뛰어나와 어머니를 맞이했다. 고양이는 어머니의 가슴팍에다 자기 몸을 비벼대며, 어머니가 쓰다듬어 주는 손길에 몸을 내맡긴 채, 빼앗긴 새끼 다섯 마리가 그리워 슬피 우는 듯 소리를 내곤 했다. 덩달아 어머니도 딸 다섯을 생각하며 울었다. 고양이는 어머니가 왜 우는지 알지 못했지만 어머니는 고양이의 슬픔을 모르지 않았다.

하루하루가 잇달아 지나갔으나 아무도 나를 잡으러 오지 않았다. 이틀에 나는 중앙음악학교에까지 가볼 용단을 내렸다. 맨 처음 마주치게 된 사람은 바이올린 선생님이었다. 수용소로 가기엔 건강이 좋지 못하다는 이유로 학교에 남아 있게 된 몇몇 선생님들 가운데 한 분이었다. 선생님과 나는 그간의 이야기를 나누기 시작했다. 갑자기 어떤 생각이 머리에 떠올라 나는 선생님께 불쑥 물어보게 되었다.

"어디로 가야 악보를 찾을 수 있을지 혹시 아시는지요?"

이런 말을 입 밖에 꺼내면 위험하다는 사실을 익히 알고 있었지만 나는 도저히 참을 수가 없었다. 야오잔바오의 수용소 마당에 있었던 낡은 아코디언이 그동안 파묻혀버렸다고 생각했던 음악에 대한 욕구를 다시 일깨워주었다. 훌륭한 혁명 열사로서 새 사람이 되겠다고 다짐했던 내 마음 한 구석에 깊이 묻혀 있었던 음악에의 열정이었다.

선생님은 놀란 얼굴을 하시며 슬그머니 내 눈을 훔쳐보셨다. 나의 질문이 얼마나 진지한 마음에서 우러나온 것인지 가늠하고 계셨다. 내가 혹시라도 올가미를 치는 것이나 아닌지, 걱정스레 의아해하시는 선생님을 나는 이해하고도 남음이 있었다. 선생님은 얼마 동안 망설이시더니 이윽고 목소리를 죽이며 대답하셨다.

"3층에 가면 작은 방이 있는데 악보가 거기 가득 들어 있단다. '문화대혁명' 초기에 우리 선생들이 악보를 있는 대로 감출 수 있는 한껏 그 방에다 숨겨놓았지. 그러고 나서는 아무도 감히 그 방에 발걸음을 한 적이 없었을 거야. 거기라면 네가 원하는 악보가 있을 것으로 짐작돼."

그러고 나서 선생님은 혹시 우리 둘이 속삭이는 소리를 듣고 있는 사람이라도 없는지 확인하기 위하여 주위를 한 번 빙 둘러보시고 나서 덧붙여 말해주셨다.

"네가 원한다면, 오늘 저녁에 우리 둘이서 그 방으로 올라가 보자. 10시쯤 다시 와. 너하고 나밖엔 아무도 없을 거다."

나는 선생님께 감사드렸다. 그리고 저녁이 되어 약속 장소로 갔다. 건물들은 모두 텅 비어 있었고 이상야릇한 침묵이 감돌 뿐이었다. '음악 없는 중앙음악학교'는 이제 '학생 없는 중앙음악학교'가 되어 있었다. 여러 차례 거듭된 탈바꿈의 마지막 단계였던가.

바이올린 선생님이 손전등을 들고 우리는 함께 건물의 3층으로 올라갔다. 악보가 들어 있는 방에 이르자 선생님은 출입문 위쪽에 나 있는 작은 창문을 비추며 말했다.

"내가 손이랑 어깨로 발판을 대어줄 테니 저 위 창으로 올라가서 안으로 들어갈 수 있을 거야."

나는 손전등을 받아 쥐고 보물이 가득한 방으로 교묘하게 빠져 들어갔다. 방 안은 아닌 게 아니라 악보로 가득했다. 가까이 있는 것들부터 뒤지기 시작했다. 악보 하나를 집어 들고 페이지를 넘겨보았다. 하나 더. 또 하나 더….

"자, 이제 보고 싶은 걸 찾았느냐?"

내 손에 들어온 악보란 악보는 쿠바의 춤곡뿐이었다. 춤곡이나 뚱땅거리자고 이 위험한 짓을 무릅쓰다니! 결국 약간의 악보를 움켜잡고는 다시 위 창문으로 빠져 나왔다. 빈손으로 집에 돌아갈 수는 없는 일이었다.

나는 집에 오자마자 피아노를 숨기느라 몇 년 동안 겹겹이 덮어놓았던 담요를 모두 걷어내었다.

"우리 불쌍한 피아노여, 우리 다시 만남을 축하하고 싶은데 그대에게 들려드릴 음악이 이런 것뿐이라오."

피아노가 쿠바 음악을 정말 좋아하는지 나는 장담할 수 없었지만, 그 후 며칠 동안 우리 집에서는 하루 온종일 쿠바 음악 소리가 울려 퍼지게 되었다. 어머니는 혹시 이웃 사람들이 고발이라도 할까봐 걱정이 된 나머지 추위를 무릅쓰고 집 앞에서 망을 보고 계셨다. 조금이라도 위험스런 기미가 보이면 내게 알릴 수 있게끔 바깥에 서서 오후 나절을 보내었다. 그리고 며칠이 지난 어느 날, 우리 집으로 오는 병사 두 사람의 모습이 창문으로 보였다. 어머니가 두려운 마음을 억누르고 태연한 얼굴로 나가 문을 열었다.

"주샤오메이 학생을 찾으러 왔소이다. 여기 있소?"

"있어요."

병사들은 나더러 왜 수용소에서 도망쳤느냐고 다그쳐 물었고 어머니에게도 같은 질문을 했다. 나는 내가 잘못했음을 알고 있지만 어머니를 꼭 다시 보고 싶었기 때문이라고 그들에게 간곡하게 설명했다. 병사들은 마치 나를 이해하는 듯이 표정을 지었다. 그들은 지금이라도 함께 수용소로 돌아간다면 벌 받지 않도록 해주겠다고 약속했다.

나의 탈출은 이렇게 끝났다. 칭수이허로 돌아오자마자 나는 자기비판을 당해야 했다. 이미 각오가 되어 있었던 만큼 나는 당황해하지 않았다. 그러나 공개적인 자기비판 회합이 끝나고 같은 숙소의 친구들끼리 모여 앉게 되었을 때, 나는 그들이 묻는 말에 일일이 답해 주면서 베이징에 머무르는 동안 했던 일에 대하여 소상하게 얘기했다. 잠자코 아무런 반응을 보이지 않는 이들도 있었고, 나더러 잘했다며 부러워하는 이들도 있었다. 뭔가 변화가 일어나고 있었다. 느린 변화였으나 서서히 변하긴 변하고 있었다. 나는 들판에 나가 다시 농사일을 하기 시작했다.

그 해 여름 우리는 또 다시 수용소를 옮겼다. 이번에는 취쩌장이라는 마을의 농민들 사이에서 어울려 살게 되었다. 마을 사람들에게서 징집해놓은 외양간 몇 채가 우리의 숙소이자 군사기지였다. 외양간은 습기로 축축하고 끈적거리는 곳이었다. 마을 사람들은 그날그날 겨우 몸에 걸친 옷과 먹을 것밖에 없었는데, 먹을 것이라고는 적은 쌀을 많은 물에 불린 멀건 죽뿐이었다. 그들은 논밭에서 일하여 거두는 생산량을 기준으로 산정한 점수에 따라 쌀을 배급받고 있었다. 생산량이 많으면 많을수록 점수가 올라가 더 많은 쌀을 탈 수 있도록 만들어 놓은 제도였다.

그런데 우리에겐 형편없는 음식이긴 했으나 한껏 먹고 싶은 대로 퍼주었다. 때문에 제각기 먹을 수 있는 양보다 두 배로 더 달라고 하여 여분을 모두 마을 사람들에게 갖다드리면 어떨까 하는 생각이 떠올라 이를 실천에 옮겼다. 그랬더니 병사들은 별로 따지지 않고 우리가 달라는 만큼 퍼주었다. 왠지 영문을 몰라 따지지 않는 이들도 있었고, 우리와 생각이 같기 때문에 물으려 하지조차 않는 이들도 있었다. 병사들은 대부분이 가난한 농민의 자식들로서 아직 나이도 얼마 되지 않은 젊은이들이었기에 이 마을 사람들과는 대번에 연대감이 맺어지게 되었다.

생활조건이 조금 나아졌고 노동시간도 약간 누그러진 템포로 진행되었다. 그리하여 한숨 쉴 시간이 조금 더 생겼다. 읽을 수 있는 책 선택의 범위도 늘어났다. 대여섯 해가 지나도록 『마오주석어록』 말고는 못 읽게 했었는데, 이젠 다른 두 작가의 작품이 우리 손에 들어오게 되었다. 두 작가의 이름은 레닌과 마르크스였다. 그때부터 마르크스의 『자본론』은 우리의 바이블이 되었다. 그러나 이를 읽어내기에는 우리의 교육 수준이 너무 낮았다. 내 머리로는 이해할 수 없는 개념과 어휘가 너무 많았다. 나폴레옹이라는 인물이 언급되어 있는데 나는 한 번도 들어보지 못한 이름이었다. 그래도 배우고 싶어 하는 나의 학구열은 정녕 엄청난 것이었다. 나는 책을 꽉 붙들고 씨름하기를 그치지 않았다.

그러자 같은 숙소의 친구가 도와주겠다고 했다. 그 친구의 아버지는 홍콩의 중국은행에서 근무하는 인텔리였다. 그분은 모범적인 공산주의자로서 당으로부터 능력과 충성심을 인정받았을 뿐 아니라, 이곳 수용소에서 우리와 상대하는 사람들보다는 훨씬 자유로이 자기의 의견을 표명할 줄 아는 교양인이었다. 자기 아버지라면 책 속의 어려운 대목에 관해 설명해주실 수 있을 것이라고 친구는 분명히 말했다. 그리하여 희한하게도 나는 머나먼 홍콩에 사시는 알지도 못하는 분과 편지를 주고받기 시작했다. 내 편지는 가끔 10쪽이나 되도록 긴 글이었지만 친구의 아버지는 언제나 참을성 있게, 또 친절하게 답해 주셨다.

세상살이가 조금 수월해지고 있다는 또 하나의 기미가 보였다. 장자커우 오페라단에서 '양판희'[13] 공연을 준비하고 있다면서 우리의 협조를 요청해 왔다. 피아니스트로서는 나와 황안륜이 뽑혀가게 되었다. 황의 아버지는 미국 예일 대학에서 공부한 바 있는 이름난 지휘자요 위대한 음악가였다. 그리하여 나는 다시금 피아노 공부를 할 수 있게 되었다. 가끔은 대여섯 시간을 잇달아 방해받지 않고 연습할 수 있기도 했다. 악보가 없긴 했지만 기뻤다. 이상하게도 아주 어린 시절에 배운 곡들은 악보 없이 기억만으로 얼마든지 연주할 수 있었던 반면에, 반 선생님의 지도 아래 공부했던 레퍼토리는 너무 여러 해를 묵혔기 때문인지 기억해낼 수가 없었다. 중심 테마는 기억이 나는데 세세한 부분은 잊어버린 대목이 너무 많았다. 아무튼 피아노를 다시 칠 수 있게 되어 나는 너무너무 행복했다. 너무나도 행복했었기에 다시 또 논밭에 나가 일하기 위하여 피아노 연습을 중단해야 했을 때 나

---

13 양판희에 관해서는 앞서 제5장 마지막 대목 참조.

는 다시 음악 없는 세상의 욕구불만 속에 갇히고 말았다. 그리하여 전보다 훨씬 견디기 힘든 불만의 겨울이 계속되었다.

∫

그 무렵 재교육 수용소 생활에서 얘기하기에 가장 괴로운 일이 벌어졌다. 그것은 사회체제에 의하여 조작되고 있었던 비인간화 과정의 마지막 단계가 아니고 무엇이었던가.

어느 날 저녁 들판에서 일을 마치고 돌아오던 길로 나는 수용소 소장에게 불려 갔다.

"네가 필요해서 불렀다. '516 운동'이라는 비밀조직이 우리 정치체제를 뒤엎으려 음모를 꾸미고 있다는 정보가 들어왔다. 조직원들은 갖가지 문화 영역에서 아주 적극적으로 활동하고 있다. 첼로 연주자 사오화가 조직원들 가운데 한 사람이라는 고발이 들어왔다. 그러니까 앞으로 그녀를 잘 감시하여 자백하도록 이끄는 일을 네가 해주어야겠다."

소장의 요청을 거절한다는 것은 물론 생각조차 할 수 없었다. 나 역시 거절하겠다는 생각은 하지도 않았다. 이는 그저 해를 거듭하여 쉬지 않고 진행되었던 자기비판 및 고발 집회의 논리적 결과로 터진 것이었다. 소장 또한 심각한 이유 없이 누군가를 문책할 사람도 아니라는 것을 나는 잘 알고 있었다.

나는 그리하여 살금살금 그녀를 감시하기 시작했다. 아주 사소한 행위에까지 신경을 쓰며 수상한 기미를 잡으려고 애썼다. 그러던 어느 날, 반쯤 열린 사무실 문틈으로 그녀가 기밀 서류를 뒤지고 있는 모습이 내 눈에 띄었다. 훗날 그녀가 말해주어 알게 되었는데, 그녀는 자기를 고발해놓은 편지들을 찾고 있던 참이었다. 하지만 그때는 그 사실을 몰랐다. 나는 그 순간 깊이 생각하고 싶지 않았다. 스파이를 잡았으니 가면을 벗기고 싶을 따름이었다.

나는 병사 한 사람에게 달려가 본 대로 말해주면서, 증거가 손에 잡힌 만큼 다음 고발모임 때 사오화로 하여금 꼼짝없이 실토하도록 하면 어떨까 하고 제안했다. 병사는 내 의견에 찬성했다. 드디어 고발모임의 시간이 다가왔다.

수용소 인원 전부가 한 사람도 빠짐없이 모여 앉았다. 사방에서 공격이 쏟아졌다. 사오화는 파랗게 질린 얼굴로나마 버티며 하나같이 아니라고 반박했다. 그러자 갑자기 한 여성 동지가 불쑥 일어나 사오화의 뺨을 때렸다. 나는 차마 견딜 수가 없었다. 숨이 끊어지는 것 같았다. 마치 무슨 악몽에서 깨어난 듯했다. 견딜 수 없이 혹독한 폭력행위, 이렇게 되도록 원인을 제공한 사람이 바로 나 자신이었다는 것! 사오화 또한 그날 저녁에 받은 충격으로 인하여 1주일 동안 귀가 들리지 않았다고 했다.

사오화와 나는 아직도 1년을 더 같은 숙소에서 함께 살아야

했다. 우리는 모르는 사람처럼 서로 말 한마디 건네지 않고 지냈
고, 둘 다 마지막까지 수용소에 남아 있다가 제일 늦게야 방면되
었던 인원이었다. 운명이었는지 우연의 장난이었는지 우리는 공
교롭게도 베이징으로 돌아가는 기차 속에서까지 또 한 번 마주
치게 되었다.

대나무 숲 그윽이 홀로 앉아
거문고 타며 목청 높이 노래하니
아무도 찾지 않는 깊은 숲속
달님 홀로 찾아와 비춰 주시네

- 왕웨이, 「죽리관」

12
다시 만난 나의 벗

1971년이 밝아오자 우리는 다시 네 번째 수용소로 옮겨갔다. 이번 수용소 이름은 다위(大獄)였다. 그곳은 정녕 이름 두 글자가 뜻하는 그대로 '큰 감옥'이었다. 높이 솟은 담 위에 가시철망이 삐죽삐죽 솟아 있었다. 나는 새라 할지라도 감히 새어나갈 수 없을 것만 같았다. 밖으로 나갈 수 있는 문이 딱 하나뿐이었기에 우리가 들락날락할 때마다 쉽게 점검할 수 있었다.

우리는 지겹고 우울하기 그지없는 나날을 보내고 있었다. 내 머릿속에서는 라흐마니노프 「피아노 협주곡 제2번」의 선율이 끊임없이 올리고 있었다. 그가 절망적인 우울증에서 가까스로 헤쳐 나오게 되었을 때 작곡했던 그 작품이야말로 우리가 갇혀 있는 이 장자커우 주변의 끝없이 황량한 풍경을 그대로 표현해 주는 음악이었다.

음악은 나를 붙들고 놓지 않았다. 머릿속이 온통 음악뿐이었다. 다시 찾은 나의 음악이 내 마음에 자연스레 불러일으켜 준 당연한 결과가 아니고 무엇이랴. 어느 날 우연히 발견한 아코디언으로 탔던 쇼팽, 연립주택의 칙칙한 잿빛 지붕 사이로 올렸던 쿠바의 춤곡, 장자커우 오페라단과의 공연 연습. 그렇게 다시 찾게 된 음악으로 향한 열망은 내 마음 한가운데에 자리 잡고서 부글부글 끓어오르기 시작했다. 이렇듯 밤낮으로 음악만을 생각하며 지내던 어느 날 감히 미친 짓이라고 해야 할 그 어떤 생각이 마음 깊은 곳에서 솟아났고, 생각은 곧 구체적인 계획이 되어 이리저리 궁리를 하기 시작했다. 그것은 베이징의 집에 있는 피아노를 이리로 옮겨 오겠다는 계획이었다.

나는 가까운 친구들에게, 특히 수용소에 악기 하나라도 있었으면 하고 간절히 꿈꾸고 있던 황안룬에게 슬그머니 털어 놓았다. 모두가 말도 안 된다고 했다. 그런 생각을 하다니 수용소에 몇 년이고 더 붙들려 있고 싶어 그러냐? 재교육이 전혀 제대로 되지 않았다는 확실한 증거가 아니고 무엇이랴? 게다가 수용소에서 해방되는 날 어떤 곳에 배정을 받게 될지도 모르는데, 왜 평생을 두고 후회할 일을 자초하고 있느냐? 그 따위 위험한 짓을 하는 사람은 나중에 호된 값을 치르게 되리라는 것이었다.

나는 친구들의 말을 귀담아 들으면서도 속으로는 끊임없이 생각했다. 양판희를 연습하려니 피아노가 필요해서 그렇다고 설명한다면 안 될까? 양판희라는 이름의 프로파간다 오페라는 우리가 의무적으로 연주해야 할 음악이 아닌가? 그래도 친구들은 너무 위험하니 그만두라는 말만 계속했다. 그들은 나를 말리면서도 한편으로 걱정스러워했다. 그러던 어느 날 한 친구가 좋은 아이디어가 생겼다며 나를 찾아왔다. 우리 수용소 근처 외딴 오두막에 살고 있는 어떤 어른을 만나게 되었는데, 원래 영화배우였으나 1950년대에 자신의 정치노선으로 인하여 감옥에 갇히고 가족과도 헤어지는 운명이 되었다고 했다. 이제 세월이 흘러 감금 조건이 조금 나아져 외딴 곳에 혼자 살 수 있는 허가를 받았고 감시망도 느슨해졌다는 얘기였다. 친구가 그분을 믿고 내 피아노 얘기를 털어 놓았더니 자기 집에 옮겨 두도록 하라는 것이었다. 얘기가 이렇게 된 마당이니 머뭇거릴 이유가 없었다. 나는 당장 어머니께 편지를 썼다.

엄마, 여기에 피아노가 있었음 얼마나 좋을까! 정말이지 너무너무 치고 싶어. 어떻게 해서라도 피아노를 이리로 좀 보내줄 수 없을까요? 피아노를 여기다 옮겨오기 위한 만반의 준비를 다 해 놓았어요. 엄마만 믿고 기다려 볼래. 빨리 답 좀 해줘요!

샤오메이

나는 사실 어머니께 불가능한 일을 해달라고 보채기만 했을 뿐, 어떻게 피아노를 여기까지 운반해야 할지 아무런 대책이 없었다. 어머니는 답장에서 나를 위해서라면 무슨 일이든 못하겠냐만 피아노를 그 먼 데로 보내달라니, 도가 좀 지나친 부탁이라고 하셨다. 하지만 나는 포기하지 않았다. 편지를 잇달아 띄우며 편지마다 졸라댔다. 죽어도 피아노를 여기 갖다 놓아야겠으니, 제발 생각해 낼 수 있는 온갖 대책을 알아보라고 보챘다. 드디어 어머니는 내 등살에 두 손 들었다고 하셨다. 병치레하던 몸을 이끌고 베이징역으로 가서 부피가 큰 화물을 장자커우로 수송하는 데 필요한 정보에 대해 은근슬쩍 알아보셨다. 중국 철도공사에서는 무엇이든 비용만 내면 전국 각지에 운송해 주고는 있지만 화물이 어떤 상태로 배달될지, 얼마나 걸릴지, 물건의 손상이나 도착 기한을 보장할 수 없다는 것이었다. 그러니 어떻게 우리 피아노를 보낼 수 있겠느냐? 보내는 것이 어디 피아노뿐이냐? 우리 가족의 소중한 장면들이 간직되어 있는 피아노를 어떻게 그렇게 위험스런 결과를 무릅쓰고 보낼 수 있단 말인가? 어머니는 다시 내게 편지를 보내며 자기로서는 도저히 못하겠다고 하셨다.

그래도 나는 피아노가 갖고 싶다고, 피아노를 치고 싶다고 어머니께 애원했다. 다시 한 번 어머니는 내 애걸복걸에 양보하셨다. 그래. 위험을 무릅쓰고라도 보내도록 하자. 만약 피아노가 망가져서 도착한다 해도 할 수 없지. 피아노 운송이라는 엄청나게 힘겨운 일을 두고 이제 어머니는 주저하지 않으셨다. 알고 있는 일꾼들에게 부탁하여 피아노를 포장하도록 했다. 포장된 물건이 무엇인지 몰라보도록 겹겹이 싸고 또 쌌다. 사실인즉 담요 여러 겹으로 가려지던 시절부터 포장에는 이력이 나 있었던 우리 피아노가 아니던가! 드디어 일꾼들이 베이징역으로 싣고 가서 철도공사 직원에게 물건을 맡기게 되었다.

사링쯔 역은 수용소에서 우리의 일터인 들판으로 가는 길에 있는 작은 기차역이었다. 내 이름을 대고 찾아야 할 화물이 도착할 곳은 바로 이 역이었다. 마침 우리가 매일같이 일하러 오가며 지나는 길이었기에 그때마다 들러서 혹시 내 이름 앞으로 도착한 물건이 있는지 묻기를 계속했다. 아니, 아무것도 없는데, 하기야 그럴 수밖에, 피아노가 여기까지 오려면 한참 동안은 기다려야지. 그러나 나날이 하루하루 흘러가면 갈수록 뻗쳐오르던 희망이 무너져 내리는 것 같았다. 내 피아노가 거미줄처럼 얽힌 중국 철도망 속 어딘가에 내동댕이쳐진 채 잊힌 것일까? 머나먼 내몽고 지역의 어느 창고 안에서 영원히 홀로 썩어갈 운명에 처해 있지 않을까? 아니면 그보다 더 나쁜 처지에 떨어졌나? 이 기막힌 소식을 어머니께 전해야 할 것인가를 고민하다 보니 나는 미칠 것만 같았다. 벌써 3주일이 흘러가 버렸다.

그리고는 기적이 일어났다. 매일 똑같은 물음에 철도역 직원의 대답이 그날은 달랐다.

"그래, 무슨 물건인지 네 이름으로 와 있네. 역 건물 뒷마당으로 가 봐라.”

내 피아노가 왔다니, 몇 분 안에 만나게 된다니, 나는 가슴이 마구 뛰기 시작했다. 직원이 뒷마당이라고 한 곳을 찾아서 달려갔다. 그야말로 끝없이 평퍼짐한 땅 위 멀찍이 무엇인지 모를 조그마한 시커멓고 볼품 없는 덩어리 같은 것이 보였다. 아니, 저게, 저 작고 시커먼 것이 내 피아노라고? 말도 안 돼, 안 되고말고. 나는 목이 메었지만 그래도 가까이 다가갔다. 맨 겉포장을 풀었다. 다음 포장, 그 다음 포장, 겹겹이 차례차례 풀었다. 드디어 나무 표면이 보였다. 아, 내 피아노로구나! 보다시피 피아노는 증기기관차의 석탄에 파묻혀서 여기까지 온 것이었다. 그래도 용케 다친 데 하나 없이 건강한 몸으로 도착했구나!

나는 피아노에 몸을 기대어 낮은 소리로 말했다.

“내 다시는 너와 헤어지지 않을 것이야! 맹세코 다시는, 다시는 헤어지지 않아!”

황량한 평지에 홀로 선 채 피아노를 바라보았다. 피아노 주위를 한 바퀴 돌았다. 피아노를 어루만졌다. 내 나이 세 살 때 엄마 아버지 방 안으로 운반되었던 그때, 첫눈에 엄청나게 커다랗게 보이던 바로 그 피아노가 여기 이곳에선 어쩜 이리도 조그맣단 말인가! 나는 마치 자석에 끌어당긴 듯 피아노에 붙어선 채 떠날 수가 없었다. 나는 알았다. 나의 삶이 앞으로는 전과 같지 않으리라는 것을.

지금은 그런 생각하고 있을 때가 아니었다. 빨리 행동에 옮겨야 했다. 피아노가 망가지기 전에 운반할 일이 급했다. 나는 다시 피아노를 포장 담요로 가려 놓고는 수용소로 달려가 친구들에게 도움을 청했다. 친구들은 바로 나를 따라나섰다. 피아노가 왔다니, 여기 이 세상 끝자락 황무지에, 어디서 솟아난 것처럼 이 땅 위에 자리 잡고 서 있다니…. 그리하여 친구들에게 다시 한 번 담요 포장을 걷어 보였다. 몽골 국경에서 멀지 않은 이 누리끼리하고 생기 없는 땅을 배경으로 내 피아노는 그 빛나는 모습을 드러내었다. 모두 할 말을 잊은 채 피아노를 바라보았다. 우리 눈앞에 벌어진 광경은 이상야릇하면서도 매혹적이었다. 마치 하늘에서 지금 막 내려온 피아노 같았다. 내가 느낀 감격을 친구들 또한 조금도 다를 바 없이 느끼고 있었다. 모두가 한결같은 감격에 젖어 한순간 말없이 피아노만 우러러 보고 있었다.

우리는 모두 힘을 합하여 갖고 간 수레에 피아노를 실었다. 말이 끄는 그 수레는 수용소 부엌에서 일하는 친구가 빌려준 것이었는데 원래는 식량보급용이었다. 우리는 곧장 옛날 영화배우였던 허 어른의 오두막집으로 향했다. 도착하자 우리는 피아노를 내리고 포장을 풀고는 조심조심 집 안으로 모셔 들였다. 나는 다시 피아노를 한 바퀴 돌며 좀 더 자세히 살펴 보았다. 나무 몸체는 부서진 데 없이 그대로인데 기계의 작동상태는? 기계작동이 제대로 되고 있는지를 쉽게 알아볼 수 있는 방법이 있었다.

나는 피아노 앞에 앉았다. 그러나 한순간 마음이 너무나 흔들린 나머지 무얼 쳐야 할지 눈앞이 까마득했다. 힘들게나마 모차르트의 「피아노 협주곡 제23번」의 느린 악장은 쳐보았다. 이상했다. 내가 알고 있던 그 피아노 소리가 아니었다. 피아노가 감기든 것처럼, 병들어 신음하는 듯 괴상한 소리가 났다. 내가 걱정하던 일이 벌어지고 만 것이었다. 피아노 뚜껑을 열고 들여다보았더니 줄이 20개 남짓 깨져 있었다.

얼마나 고생고생해서 여기까지 모셔오는 데에 성공하자마자 바로 이 순간에 다시 주저앉고 말란 말인가? 천만에, 말도 안 되는 소리! 나는 끊어진 줄 하나하나 풀었다. 다음 날 쉬는 시간이 되자마자 장자커우 시내로 달려가 악기상점마다 들러 물어보았다. 이런 모양의 쇠줄? 여긴 그런 거 없다는 답뿐이었다. 주변에 있는 여기저기 공장마다 직접 찾아가서 물어보는 수밖에 없다고 했다. 그리하여 공장을 하나씩 둘씩 찾아다니기 시작했다. 가는 곳마다 헛걸음을 거듭하던 어느 날 드디어 행운의 여신이 나에게 미소를 던졌다.

"이런 모양의 쇠줄이라? 아, 그래, 여기 있지. 몇 개나 필요한데?" 그 공장 직원은 굵기와 길이가 다른 갖가지 쇠줄 전부를 나에게 공짜로 주셨다. 그분 못지않게 나도 어찌된 영문인지 묻고 싶은 호기심을 참기가 어려운 지경이었다. 나는 가벼운 마음으로 돌아와 깨어진 피아노 줄을 하나하나 정성을 다하여 갈아 끼웠다. 결과는 별로 신통하지 못했다. 더군다나 높은 음에 이르면 듣기 괴로운 소리를 내긴 했지만 나는 그래도 행복했다. 망치 소리를 내던 건반이 이젠 제대로 음정을 잡은 것이었다. 내 피아노는 약간 다친 몸이긴 하지만 이제 나와 함께 이곳에서 살 수 있게 되었다. 앞으로 나는 피아노와 함께 다시 나의 길로 나아갈 수 있었다.

그때부터 나는 수용소 즉 감시가 느슨해지자마자, 주로 저녁때 공동변소를 통하여 살그머니 빠져나와 허 어른의 집으로 갔다. 그분의 집에서 이제 치고 싶은 음악을 마음껏 아무 걱정 없이 칠 수 있었다. 그분께서도 나더러 안심하고 피아노 치라고 일러주셨다.

"이 근방 농민들은 모두가 글자 하나 배워 본 적이 없는 문맹이다. 네가 무슨 음악을 치는지 아무것도 모르기 때문에 널 고발할 리가 없어."

그분 말대로 아무도 나를 고발하지 않았다. 그리하여 나는 끊어졌던 내 피아노와의 인연을 다시 잇게 되었다. 나에게 피아노는 그저 하나의 악기라는 테두리를 훨씬 넘어 평생의 벗, 헤어졌다 다시 만나게 된 나의 벗이었다. 이 내 벗과 함께 지냈던 순간순간을 다시 돌이켜 생각해보았다. 어머니가 들려주었던 슈만의 「트로이메라이」, 중앙음악학교 시절, 담요에 가려진 채 대자보 뒤집어쓰고 숨어 있어야 했던 시절, 쿠바의 춤곡. 이렇듯 잃어버렸다고 생각했던 내 삶의 한 부분이 나의 피아노와 함께 되살아 온 것이었다. 피아노를 보면 볼수록 나는 힘이 솟아올랐다. 그래, 눈앞에 희망이 있다. 내 인생이 이 황량한 땅 장자커우에서 멈추지는 않을 거야!

그동안 수용소에는 새 소장이 부임해 왔다. 우리는 소장마다 별명을 지어 불렀는데, 이번에 새로 온 소장은 별명이 '억만 땀방울'이었다. 그는 소장 자리에 앉자마자 우리 모두에게 좋은 교훈이 된다며 어떤 농부의 구슬땀 이야기를 들려주었다. 얼마나 열심히 구슬땀을 흘리며 일했던지 농부가 흘린 땀방울 억만 개가 모여 물웅덩이가 되었다는 얘기였다.

'억만 땀방울'은 우리가 첫 번째로 만났던 티엔 소장처럼 지성인은 아니었다. 그렇다고 해서 다른 여러 수용소에서 볼 수 있었던, 속이 엉큼한 소인배도 아니었다. 아주 단순하고 직설적인 남성으로서 어떤 누구랑 이야기하든 상대방의 머릿속에 속셈이 따로 있다는 것을 결코 눈치채지 못할 사람으로 보였다. 때문에 우리는 그를 한 번 떠봐야겠다는 생각을 하게 되었고 생각은 갈수록 억누르기가 어려워졌다. 그리하여 몇몇 친구들이 소장에게 찾아가서 의심의 여지가 없어 보이는 계획안을 내밀었다.

"양판희 연주 연습을 무척 하고 싶은데 다들 악기가 제대로 없어요. 우리 손으로 악기를 마련해오면 안 되겠습니까?"

양판희 연습을 하겠다고? '억만 땀방울'은 안 된다고 하지 않았다. 그가 우리에게 올가미를 치는 것인지, 우리 계획에 정말로 속아 넘어간 것인지, 어느 쪽인지는 끝내 알 수 없었다. 아무튼 그리하여 수용소에 하나씩 둘씩 악기가 등장하기 시작했다. 리커는 이제 어딜 가든 첼로를 들고 다녔다. 일터인 들판에서조차 나무 아래에서 첼로 연주를 계속했다. 몇몇 친구들이 피아노 두 대를 성공적으로 구입했다. 이처럼 우리가 나름대로 꾀를 부려 성사시킨 일, 이를 지켜보는 수용소 간부들은 호기심이 섞인 미심쩍은 큰 눈초리를 보이긴 했지만 별 말 없이 우리가 하는 대로 내버려 두었다. 우리가 노린 주안점은 그뿐이었다.

나는 그래서 내 피아노를 우리 수용소에 옮기기로 마음먹었다. 친구들은 모두 수용소 울타리 안에서 연주하며 연습하는데 난들 왜 못하겠는가? 때마침 외진 곳에 있는 작은 방이 하나 눈에 띄었다. 그곳이라면 간섭 받지 않고 편안하게 연습할 수 있을 것으로 생각했다. 그리하여 나는 몇몇 친구의 도움을 받아 피아노를 옮겨다 놓았다.

옮겨 온 그날로 나는 저녁 식사가 끝나자마자 피아노 방으로 갔다. 그런데 깜짝 놀랄 일은 방안 온도가 겨우 한 자리 숫자 아래로 머물러 있는 터에 피아노 연습실이라기보다는 '냉장고'라고 해야 할 곳이었다. 추위를 해결할 수 있는 방법은 한 가지뿐이었다. 방 안에 작은 난로가 있으니 어서 빨리 땔감을 구해다가 불을 넣어야만 했다. 그때까지는 내 물건이 아닌 것에는 한 번도 손을 대지 않았었다. 하지만 재교육 수용소 생활 3년 만에 나는 석탄 도둑이 되고 말았다. 기찻길가에서 갖고 온 석탄이 동나자 병사들의 숙소 앞에 쌓인 석탄 더미에서 덜어왔다. 병사들은 어째서 석탄 더미가 햇볕에 눈 녹듯 줄어드는지 알지 못했다. 아무도 모르게 나는 피아노 방 마룻장을 뜯고 우묵하게 구멍을 파서 훔쳐온 석탄을 재어두었다.

공식적으로는 우리 모두 양판희 연습을 하고 있었다. 또한 베토벤의 「열정 소나타」를 레닌이 좋아했다는 사실이 최근에 밝혀졌기 때문에 우리는 이 곡도 마음 놓고 칠 수 있게 되었다. 그래도 악보는 턱없이 부족했다. 어떻게 하면 다른 여러 음악가의 악보를 우리 수중에 넣을 수 있을 것인가? 그 많던 악보는 중앙 음악학교의 마당에서 모조리 시커먼 연기로 사라져 버렸으니.

나는 생각이 하나 떠올랐다. 나에게 마르크스의 『자본론』에 대하여 설명해 주셨던 홍콩의 인텔리 조 선생님, 그분이라면 악보를 구입해서 우리에게 보내주실 수 있지 않을까 싶은 생각에서 나는 그분의 딸인 내 친구를 찾아 가 얘기했다.

친구는 곧장 아버지께 편지를 썼다. 그러나 수용소로 악보를 보낸다는 것은 계급투쟁 및 프롤레타리아 독재에 관한 해설서를 보내는 것보다도 훨씬 더 위험스런 일이었다. 우리는 어느정도 짐작하고는 있었다. 서양음악은 금지되어 있었고 출판물에 대한 검열도 엄격했다. 조 선생님은 그래도 부탁을 거절하지 않았다.

더욱이 그는 효과적으로 일을 성사시켜주셨는데 악보를 한두 번에 그치지 않고 여러 차례 끊임없이 자꾸자꾸 보내는 작전을 폈다. 대부분은 물론 우리 손에 들어오지 못했지만 그 가운데 몇몇 꾸러미는 기적적으로 검열관의 가위 사이로 빠져나와 우리에게로 도착했다. 이는 정녕 우리 모두를 위한 문예부흥이었다. 우리는 잃었던 보물을 되찾은 듯 악보를 둘러싸고서 한참 동안 바라보았다. 하지만 이제 악보를 어딘가에 감추어 둘 일이 급했다. 만약 발각된다면 무슨 일이 닥칠 것인가? 모두 그런 생각은 하지 않기로 마음먹었다.

그렇게 하여 가위질당하지 않고 살아남은 악보 꾸러미에는 바흐의 「평균율 클라비어곡집」 제1권, 쇼팽의 「스케르초」와 「발라드」, 베토벤의 「첼로 소나타」, 그리그의 「피아노 협주곡」, 차이콥스키의 「피아노 협주곡 제1번」이 고스란히 들어 있었다. 그리고 또, 말할 수 없이 우울한 나날을 보내야 했던 지난 겨울 머릿속에서 떠나지 않고 울리던, 가슴을 에는 듯한 선율이 담긴 라흐마니노프의 「피아노 협주곡 제2번」도 들어 있었다. 어떤 악보라도 도착하기만 하면 손에 쥐기가 무섭게 나는 근처에 보이는 아무 탁자에나 놓고 손가락을 놀리기 시작했다. 협주곡일 경우 오케스트라 부분을 입으로 노래 부르며 손으로는 피아노 부분을 연주했다.

너무도 귀한 악보인지라 서로 다투어 갖고자 싸움이 날 지경이었다. 사용 시간표를 짜놓고 돌려가며 연습하는 것도 괜찮긴 했지만 우리 모두가 악보 전부를 자기 소유로 갖고 있을 수 있다면 오죽 좋으랴 싶었다. 이번엔 어머니께 오선지를 좀 구해서 보내달라고 부탁했다. 어떻게 하여 손에 넣을 수 있었는지는 모르겠지만 아무튼 어머니는 오선지를 보내주셨다. 그리하여 나는 들킬까 봐 떨면서도 악보를 하나하나 몰래 베끼기 시작했다. 귀한 오선지를 최대한 아끼기 위하여 내 눈으로 알아볼 수 있는 한껏 음표를 다닥다닥 붙여서 베꼈다. 특히 바흐의 「평균율 클라비어곡집」 제1권을 베끼는 일에는 내 모든 정성을 다 바쳤다. 위대한 다성음악을 촘촘한 짜임새로 얽어나가는 각각의 성부를 하나하나 또렷이 자리매김하고 싶었다.

그리하여 우리 수용소와 주변은 어느 날부터인지 바흐, 쇼팽, 라흐마니노프의 음악이 울려 퍼지기 시작했다. 무슨 음악 소리냐고 묻는 군인들도 있었다. 우리는 저게 바로 양판희를 연습하는 소리라고 답해주었다. 그리고 또 알바니아 음악도 연주한다고 하며 병사들을 안심시켰다. 미심쩍은 눈빛을 보이는 이들이 있긴 했지만 아무도 겉으로 혐의를 드러내지는 않았다.

또한 황안륜은 월터 피스톤의 작곡법에 관한 이론서 몇 권을 가까스로 입수할 수 있었다. 피스톤은 파리에서 나디아 블랑제에게 배웠다. 그가 쓴 음악이론서는 우리 모두에게 신화적인 책이었다. 그리하여 또다시 친구 덕분에 화성학과 대위법과 악곡 분석을 새로 붙잡고 열심히 공부하게 되었다. 친구에게서 '푸가' 형식의 작곡법을 배운 나는 나름대로 작품을 하나 써 보았다. 그리고 내 첫 작품과 「평균율 클라비어곡집」을 비교해 본 결과, 저절로 다음과 같이 명백한 결론에 이르게 되었다. 작곡가가 되겠다는 야망을 한시 빨리 버리고 '냉장고'로 돌아가 피아노 공부에 전념할 것!

함께 길을 가는 사람이 셋이면
그 가운데 반드시 나의 스승이 있다.

- 공자

13
빌라 메디치

'냉장고'는 이제 나의 피난처였다. 위험하기도 했고 몹시도 추웠지만 행복했다. 그곳에서 나는 비로소 오직 즐거운 마음만으로, 앞날에 대한 걱정 없이 치고 싶은 곡을 마음껏 칠 수 있었다. 나와 피아노의 관계는 순수했다. 피아노를 치고픈 갈증은 마르지 않았고 레퍼토리를 늘리고자 하는 호기심 또한 끝이 없었다. 아무런 스트레스 없이 나는 오롯이 마음의 안정을 얻게 되었다. 자기가 하는 일에 대한 목적이나 이해타산에서 완전히 초연해진 마음 상태에 이르러서만이 느낄 수 있는 균형감과 충만감에 흠뻑 젖을 수 있었다.

테크닉을 쌓기 위하여 나는 많은 시간을 할애하며 노력했다. 피아노 기교는 이미 베이징중앙음악학교 시절부터 반 선생님 덕에 열심히 공부했던 터였다. 그러나 학교에서의 교수법은 아주 강제적이었다. 언제나 누군가가 옆에 붙어서 이런저런 작품은 나에게 잘 들어맞는 것 같으니까 공부하도록 하고, 또 이런저런 작품은 나와는 잘 맞지 않으니까 건드리지 않는 편이 낫겠다는 식이었다. 바흐, 쇼팽, 리스트, 라흐마니노프를 치면서 부딪치는 어려움을 어떻게 하면 이겨나갈 수 있을지 해결책을 찾고자 혼자 애썼다. 특별히 리스트의 「헝가리 광시곡 제6번」에서 계속 옥타브로 쳐나가야 하는 대목은 까다롭기로 유명한데, 이 부분을 칠 때 나는 손가락을 될 수 있는 한 건반 가까이에서 놀림으로써 타건 소리가 한결 부드럽게 들리도록 하는 기교를 익혀 나가기 시작했다. 정말 열심히 그리고 오래오래 연습했다. 이 곡에 도전한다는 마음도 없지 않았다. 왜냐면 베이징중앙음악학교의 선생님들한테서 나는 손이 작아서 리스트를 잘 치기는 불가능하다는 얘기를 늘 들었기에 말이다. 나는 이제 황안륜과 함께 이 「헝가리 광시곡 제6번」의 연속 옥타브 부분을 한껏 최고로 빠르게 연주하면서 참으로 즐겁기 그지없는 시간을 보내게 되었다.

그렇게 홀로 나 자신의 기교를 배우고 익히던 그때야말로 정녕 놀라운 경험의 시절이었다. 다시 모든 것을 새로이 배우기 위하여 만사를 다 잊어버린 채 가벼운 기분으로 피아노 앞에 앉아서, 어려움에 닥쳐 혼자 해결책을 더듬으며 찾아내었던 것, 내 신체적 능력이 미치는 한도 안에서 성공적 결과에 이르게 되었던 것, 다시금 음악의 진리가 저절로 내 눈에 뚜렷이 보였다는 것, 이 모든 것이 먹고 마시는 일과 다름없이 마침내 자연스런 행위가 되었다는 것, 내 스스로의 힘으로 배웠다는 것, 이 모든 것을 나는 장자커우에서 깨닫게 되었다. 한 시간의 독서로 잊어버릴 수 없는 괴로움은 없다고 한 몽테뉴의 말을, 내 경우로 빗대어 표현하고 싶다. 한 시간의 음악으로 잊어버릴 수 없는 괴로움은 없다고.

1971년이 저물던 어느 날 저녁 나는 몇몇 친구와 함께 콘서트를 열기로 했다. 수용소에서 음악 연주회라니! 전무후무한 일이었다. 공식적으로는 양판희와 알바니아 음악이 연주 곡목이라고 했다. 우리의 뒷생각을 눈치채지 못한 듯, 소장 '억만 땀방울'은 별 말 없이 그러라고 했다.

연주회 날 저녁이 되자 스무 명 정도로만 고르고 고른 끝에 뽑힌 친구들이 서둘러 나의 '냉장고'로 몰려들었다. 불과 몇 달 전만 해도 상상조차 할 수 없었던 이벤트가 아닌가! 황안룬이 진짜 연주 곡목을 발표했다. 차이콥스키의 「피아노 3중주」, 드보르자크의 「첼로 협주곡」, 라흐마니노프와 차이콥스키의 「피아노 협주곡」, 모든 곡이 그지없이 낭만적일 뿐 아니라 우리 모두가 더할 나위 없이 애호하는 레퍼토리였다. 마지막 화음이 울려 퍼지고 난 다음에 주위를 빙 둘러 보았다. 얼굴마다 억누를 수 없는 감동의 봇물을 간신히 추스르고 있는 듯했다. 눈동자마다 똑같은 물음을 읽을 수 있었다. 왜 우리에겐 앞날이 막혀버렸나? 도대체 무얼 잘못했기에 음악인으로서 살 권리를 박탈당한 채 수용소 우리

안에 갇힌 신세가 되었단 말인가? 아무도 북받치는 감정을 입 밖으로 나타낼 수 없었다. 그렇다고 이대로 자리에서 일어나 서로 헤어질 수도 없었다. 그날 밤 우리는 억눌리고 뒤얽힌 감정을 술로 달래며 지새웠다. 잃었던 음악을 되찾음으로써 맛보게 된 행복감, 이럴 수도 저럴 수도 없는 무력감, 그때문에 가슴에 이는 불안감, 젊은이의 앞길이 막혀버렸다는 절망감, 이 갖가지 감정의 파도를 우리는 술잔에다 실어 보내었다. 이렇듯 '억만 땀방울'은 우리에게 그때까진 접근이 불가능했던 세계를 멋모르고 얼핏 들여다볼 수 있게 놓아줌으로써, 우리 마음 가운데 자기로서는 짐작도 못하던 노여움의 불씨를 낳게 한 것이 아닐까? 우리의 신세는 이제 견딜 수 없는 지경으로 치닫고 있었다.

똑같은 수용소 생활이 그 다음 날로 다시 시작되었다. 논밭에서의 일은 계속 우리를 지치게 만드는 한편 언제나 심고 거두고 심고 거두는, 단조롭기 끝없는 나날만이 이어지고 있었다. 주변에서 삶과 죽음의 리듬을 계속하는 동물 무리 덕분에 우리는 세월이 흘러간다는 것을 현실로 느낄 따름이었다. 개 한 마리가 죽었다. 강아지 다섯 마리가 태어났다. 그러나 우리는 언제나 똑같은 신세였다.

갈수록 우리는 지금 하는 일에 대한 믿음이 없어졌다. 『마오주석어록』을 집단적으로 공부하는 시간이 되면 우리는 읽으라고 명령이 내려진 책을 읽는 시늉만 했을 뿐, 실제로는 작업복 속에 숨겨온 악보를 들여다보고 있었다. '자유'는 이제 모두에게 일종의 강박관념이 되다시피 했다. 우리 머릿속엔 '분배', 즉 수용소에서 해방되는 날 어디에 어떤 직무에 임용될 것인가에 대한 생각밖에 아무것도 없었다. 그즈음 수용소 근처 농가에서 암캐 한 마리가 새끼 두 마리를 낳았다. 우리는 두 강아지에게 각각 이름을 지어 주었다. 한 마리는 펀(分), 또 한 마리는 페이(配)라고 불렀다.

근방의 수용소에서 누군가가 자살하려고 했다는 소식이 들렸다. 어떤 화가가 두 번이나 팔목의 핏줄을 끊었다고 했다. 또, 같은 방 친구 리띠가 임신하게 되었다. 성관계는 수용소 생활에서 엄중하게 금지되었기 때문에 리띠는 낙태를 해야 했고, 만인이 지켜보는 앞에서 자기비판을 하는 수모를 당했다. 하지만 우리에게 그따위 자기비판은 더 이상 아무런 의미가 없어졌다. 우리는 이제 그런 식으로 쉽게 넘어갈 어린 백성이 아니었다. 우리도 남자요 여자가 아니란 말인가? 짝지을 나이에 이른 인간이 아니었던가? 자기비판 모임이 끝나 모두가 흩어지자 리띠는 수용소 마당 한 구석에서 울고 있었다. 혁명 투사의 딸로서 오랜 동안 모두가 본받아야 할 모범 학생이라고 칭송 받던 리띠가 이제 와선 저토록 꼴사납게 시달리고 모욕당하고 병든 몸이 되어버린 것이었다. 불쌍하기 짝이 없는 그녀를 어떻게든 위로해주고 싶은 마음에서 우리는 제각기 조금씩 돈을 거두어 닭 한 마리를 선물로 주었다. 첫 아기를 낳은 아낙에게 하는 암탉 선물은 중국의 전통적 관습인 터였다. 그러나 우리의 선물은 결국 쓸데없는 바보짓이었다는 것을 우리는 너무 뒤늦게야 알게 되었다. 가여운 여자, 리띠는 훗날 지워버린 아이의 아버지와 결혼하긴 했지만 그 후로는 한 번도 임신하지 못했다.

∫

수용소에서 해방되어 떠나는 동지들이 드문드문 있긴 있었다. 누군가 떠난다는 것은 나처럼 수용소에 계속 웅크리고 있어야 했던 이들에겐 마치 제 처량한 신세를 알아차리라고 일러주는 신호와도 같았다. 1972년 초 무렵 리커가 떠나게 되었다. 그와 함께 열었던 첫 연주회로부터 불과 며칠 지나지 않은 날이었다. 떠나면서 그는 베이징에 도착하는 대로 나의 처지를 밝히어 조속한 해방을 위하여 힘써 주겠노라고 약속했다. 하지만 나는 마음속으로 아마도 내가 마지막으로 떠나게 되리라는 짐작이 들 따름이었다.

그가 떠난 바로 다음 날, 나는 의기소침하여 풀이 죽어버린 마음을 가누기 힘겨웠지만 애써 무거운 발걸음을 옮겨 피아노 연습을 위하여 나의 '냉장고'로 갔다. 방문을 열었다. 아아, 눈앞에 펼쳐진 광경이란…! 엄청나게 커다란 부대 여러 개가 마룻바닥을 거의 다 덮을 정도였다. 내게 땔감을 넉넉히 마련해주고 싶다던 리커가 떠나기 전에 수용소에서 슬쩍 가져다 놓은 석탄 부대였다. 나는 될수록 친구 생각을, 그와 함께 일을 꾸미던 순간을, 그와 함께 연주했던 음악 작품 생각을 그만하려고 무척 애썼다. 짓누르는 절망감을 이겨내기 위해서는 오직 한 가지 약밖에 없었다. 피아노 연습을 하는 것이었다. 하고 또 하는 것이었다.

어머니는 언제나 나를 밀어주시고 힘이 되어 주셨다. 나는 어머니에게 지금 연습하는 악보 가운데 외국어로 적힌 몇몇 지시사항은 이해하기가 힘들다고 편지했다. 편지를 보낸 지 얼마 지나지 않은 어느 날 조그마한 수첩 하나가 내게 배달되었다. 그것은 어머니 손수 아름답고 품위 있는 글씨로 적어주신 음악용어 사전이었다. 도대체 어떻게 하여 입수하신 것인지 나로서는 알 길이 없었으나, 어머니는 아직도 베이징 여기저기에 아주 드물게, 또한 비밀리에 나돌고 있었던 음악용어 사전 한 권을 손에 넣을 수 있었다. 그리고는 이탈리아어도, 독일어도, 프랑스어도, 러시아어도 모르는 어머니 손으로 하나하나 베껴 쓰신 것이었다.

∫

1972년 11월 어느 날 갑자기 피아노를 다른 방으로 치우라는 명령이 떨어졌다. 옮긴 곳은 완전히 북향이었기에 전보다 더 추웠다. 온도가 섭씨 영도 위로는 오르지 않았다. 이번엔 그야말로 진짜 '냉장고'였다. 건반에다 손을 대었더니 마치 얼음장 같았다. 그래도 나는 피아노를 치기 시작했다. 아주 세게.

아주 빠르게 두드렸다. 분명히 손이 좀 더워지리라는 희망으로 쳐나갔다. 그러나 얼마 못 가서 손가락이 곱아 감각이 없어지는 통에 건반에서 손을 떼지 않을 수 없었다. 손을 좀 녹여 보려고 밖으로 나가 수용소 마당을 뛰어 돌았으나 아무 소용이 없었다. 그러자 오래 전에 반 선생님께서 하신 말씀이 생각났다. "손가락을 덥히는 제일 좋은 방법은 바흐의 「평균율 클라비어곡집」에서 '푸가'를 하나하나 연습하는 일이다. 다성음악의 각 성부가 뚜렷이 들리도록 잘 소화해 내면 된다."

느린 박자의 '푸가'를 연습한들 어떻게 손가락이 더워질 수 있단 말인가? 하지만 이 역시 나의 첫 스승께서 하신 말씀이 옳았다. 나는 「제4번 푸가 올림 A단조」, 그리고 「제21번 푸가 내림 B단조」를 끝없이 연습했다. 이 두 곡은 전체 「평균율」 제1권 가운데 둘 밖에 없는 5성부 구성의 작품이었다. 특히 제4번 올림 A단조는 '테마'가 셋이었다. 높낮이가 다양한 여러 화음의 짜임새가 마치 광물질 같다고나 해야 할 정도로 빽빽이 높은 밀도를 유지하고 있을 뿐 아니라 깊은 생각을 가지게 하는 명상적 음악이었다. 이 최고조로 다성적인 다성음악의 각 성부를 하나하나 명상하듯 음미하려니, 이토록 촘촘한 짜임새에 꽉 들어찬 힘과 아름다움을 남김없이 소화해내려고 하니, 두 손이 일종의 부동

자세를 유지하고 있어야 하는 경우가 잦은데도 이와 동시에 열 손가락으로 하여금 놀라울 만큼의 균형, 유연성, 독립성, 프레이징을 발휘하도록 이끌어 나가야만 했다. 그러자 이와 같은 연습의 효과를 나는 대번에 몸으로 느낄 수 있게 되었다. 마음이 차분히 가라앉으면서 손가락 하나하나에 더 많은 힘이 스며들었고 나머지 몸 전체에도 기운이 뻗쳐나가는 것이었다. 이렇듯 일종의 부동성(不動性)에서부터 음악이 생겨났다. 마치 태극권 무술의 평형감각이 균형과 정신 집중에 근거하듯, 음악이 '움직임 없는 움직임'에서 피어오르고 있었다. 그 어떤 내면적 힘이 내 안에서 조금씩 솟아오름을 느낄 수 있었다. 그날에 비로소 깨닫게 되었다. 나긋나긋한 손가락 놀림이란 물리적인 운동보다는 정신력에 관계된 일이라는 것을.

이 수용소에서 나는 음악인들 사이에서만 지내지는 않았다. 뛰어난 화가 푸 어른과도 우정을 맺게 되었다. 우리의 첫 수용소였던 야오잔바오에 도착하자 그는 마오 주석과 혁명의 영광을 기리는 대형 프레스코화를 그렸다. 우리들은 그림을 쳐다보며 그 아름다움에 입을 벌린 채 감탄해마지 않았다. 그는 나에게 렘브란트와 반 고흐에 대해 얘기해주셨으며 내 쪽에서는 그를 음악의 세계로 인도했다. 저녁마다 나의 '냉장고'에 들러 내가 연주하는 베토벤의 열정 소나타와 바흐의 음악을 경청해 주셨다.

어느 날 저녁, '냉장고'로 나와 함께 수용소 마당을 가로질러

가던 중 그가 갑자기 발을 멈추고 물었다.

"저 하늘 색깔이 몇 개로 보이냐?"

나는 눈자위에 주름이 지도록 주의 깊게 쳐다보았으나 색깔은 하나밖에 보이지 않는다고 했다. 그러자 그분도 하늘을 눈여겨 살펴보셨다.

"제 눈엔 일곱으로 보이는데요."

내가 아무리 오래 바라보아도 하나뿐인 걸 어찌하느냐며 절망적인 표정을 지었더니 그분은 다음과 같이 얘기하셨던바, 이는 앞으로 평생 내 마음에 새겨두게 된 충고 말씀이었다.

"매일같이 저녁이면 눈을 들어 하늘을 바라보되 유심히 관찰하도록 해봐. 그러면 어느 날엔가는 네 눈에도 일곱 가지 색깔이 보일 것이다."

나는 그분 말씀에 따라 난생 처음 저녁 하늘을 유심히 관찰하기 시작했다. 그때까지는 모든 것이 그저 있는 그대로 눈에 보이는 것뿐이었다. 사람이든 물건이든, 또는 어떤 사실이든 좋지 않으면 나쁜 것이고 검지 않으면 흰 것이었다. 그런데 마음으로 하늘을 바라보는 습관을 기르면서 차츰차츰 세상이 흑백논리로 되어 있지는 않다는 것을 조금씩 깨닫게 되었다. '뉘앙스'라는 이름으로 알려진 그 무엇인가를 알아본 것이었다. 아무런 뉘앙스도 보이지 않던 나날도 있었다. 그럴 땐 마음을 인내심으로 단단히 다져놓고서 다음 날 저녁에 또다시 주의 깊게 관찰하곤 했다. 그리하여 어젠 보이지 않았는데 오늘 저녁엔 무엇인가가 드러나 보이는 것이었다.

그리고 물론, 화가이신 그분께서 내게 말해주고 싶었던 깊은 뜻이 무엇인지를 깨닫게 되었다. 즉, 하늘의 색깔은 바라보는 이의 감성에 따라 변한다는 것을.

∫

또 한 사람 수용소에서 알게 된 각별한 친구는 텅원지이다. 그는 베이징영화학교의 학생이었다. 첫 번째 수용소의 온수 당번 궈바오창과 함께 둘 다 훗날 중국의 이름난 영화제작인이 되었다. 작은 키에 믿기 어려울 정도로 생기발랄한 텅은 아주 뛰어난 연극 배우이기도 했다. 세상 끝에 내쳐진 감옥 같은 수용소 안에서도 우리를 웃게 할 수 있는 인물이었다. 그는 나를 영화의 세계로 인도해 주었다. 20세기 초엽 러시아 연극계를 주름 잡았던 두 인물 스타니슬랍스키와 메이에르홀드, 두 거장 사이에 빚어졌던 논쟁에 관하여 그는 열을 올리며 재미있게 이야기해 주었다. 스타니슬랍스키는 '액터스 스튜디오(Actor's Studio)[14]' 설립에 원동력을 불어넣었던 인물로서, 연극 배우는 자기가 역할을 맡고 있는 등장인물의 감정을 자기 것으로 소화해 내어야 그 인

---

14 미국 뉴욕에 본부가 있고 헐리우드에 지부를 둔 연극인 양성소

물을 무대 위에 재현할 수 있다는 연출 이론을 주장했다. 반면에 메이에르홀드는 전자의 자연주의에 대항하여 양식화된 연기를 선호했다. 이름난 극작가 안톤 체홉이 그에 대하여 언급하기를 "삶을 그대로 모방하지 않기 위하여, 현실만 제외하고 무엇이든 지 그는 한껏 상상력의 나래를 펴나간다"라고 했단다. 텅은 나름 대로의 생각을 나에게 설득시키고 싶어 했다.

"난 전적으로 스타니슬랍스키 편이야. 그 사람 편이 안 될 수가 없거든. 연기를 하려면 그 인물 속으로, 그 속으로 들어가야만 해! 무슨 뜻인지 알겠어?"

그는 또 자기가 좋아하는 영화 이야기를 여러 편 들려주었다. 그 가운데 특히 에이젠슈테인의 명작 「알렉산데르 네프스키」에 나오는 '얼음의 호수[15]'에서의 전투장면을 바로 내 눈앞에서 선 채로 생생하게 재현해 주었다. 전투 장면의 시작에서부터 영상 배치를 어떻게 한 것이며, 무사들을 모조리 덮어 누르는 기세의 무시무시한 하늘이며, 거장만이 부릴 줄 아는 편집 기술이며, 저절로 자아내는 서사시적 감흥이며, 이 모든 설명을 너무나도 생동감 있게 들려주는 통에 영화의 장면 장면이 내 눈앞에 그대로 보이는 것 같았다. 튜턴족의 무사들이 가느다란 눈구멍만

---

15 에스토니아와 러시아 사이에 위치한 호수. 이 호수의 이름은 러시아어, 에스토니아어에서 각각 다르게 적히고 읽히고 있다. 원서의 프랑스어로는 러시아어 표기에 의거하여 'Tchoudsk'라고 적힌 반면에, 우리말로는 에스토니아어 'Peipsi'에 근거한 영어 'Lake Peipus'를 기준으로 '페이푸스호'로 알려져 있다. 1242년 4월 5일 여기에서 일어난 슬라브족과 튜턴족 사이의 전투는 대부분이 얼어붙은 호수 위에서 벌어졌기에 이 전투를 달리 일컬어 '얼음의 호수 위 전투'라고도 한다.

두 줄로 패인 투구를 쓴 채 쓰러지는 장면을 얘기할 때엔 무사들이 마치 그와 나를 덮치며 우르르 내리 떨어지는 것 같은 느낌이 들 정도였다. 무시무시하기 이를 데 없었다.

텅도 나의 피아노 연주를 들으러 오는 몇 사람 가운데 하나였다. 어느 날 그는 이렇게 말했다.

"내가 이제 와서 음악 공부를 시작하기는 너무 늦었구나. 하지만 우리 모두 해방되고 나서 나한테 아들이 생기면 네가 우리 아들에게 음악을 가르쳐주어야겠다."

그는 수용소로 출발하기 직전에 결혼했지만 아내가 다른 수용소에 배치되었던 관계로 서로 멀리 떨어져 살아야 했다. 그렇듯 온갖 역경에도 불구하고 우리의 모임은 차츰차츰 일종의 빌라 메디치[16]로 변모하게 되었다. 우리는 중국 땅 끄트머리 어딘가에 잊힌 예술인 공동체가 되어가고 있었다. 우리는 "함께 길을 가는 사람이 셋이면 그 가운데 반드시 나의 스승이 있다"고 하신 공자님의 가르침을 실천하는 공동체였다.

1973년 여름이 끝나가던 무렵 어머니에게서 온 편지를 읽고 나는 깜짝 놀라지 않을 수 없었다. 그동안 배가 아픈 증세가 더욱 심해졌고, 그래서 이젠 딸들을 더 이상 못 보게 되지 않을까 걱정이라는 내용이었다. 나는 어찌할 것인가를 재빨리 결정했

---

16 '빌라 메디치(Villa Medici)는 로마에 있으며 원래는 피렌체의 은행가 집안 메디치 가의 로마 거주를 위한 별장이었다. 19세기 초 나폴레옹 치하의 프랑스 정부가 이 건물을 구입하여 '로마대상(Prix de Rome)'을 수상한 예술가들의 숙소로 사용하게 했다.

다. 이미 한 번 도망했던 몸, 이제 한 번 더 해야 할 일이었다 이른 아침을 틈타 수용소의 공동변소를 통하여 밖으로 빠져 나가자마자 역으로 달려가 베이징으로 가는 기차를 탔다.

우리는 헤어진 지 5년 만에 서로 다시 만나게 되었다. '문화대혁명'이 모든 것을 변혁시킨 것은 아니었다. 마음속 감정을 그다지 밖으로 드러내지 않는 중국 사람들의 생활 태도는 예나 지금이나 그대로였다. 우리는 다시 만나게 된 기쁨을 축하하지도, 불만을 털어놓지도, 동정하는 말도 나누지 않았다. 그럴 겨를도 없었다. 당장 어머니가 수술을 받아야 하는 급박한 상황인 데다가 아버지는 아직도 수용소에서 옴짝달싹도 못하는 신세였다. 그러니 우리끼리 일을 처리해 나가지 않으면 안 되었다. 수술 담당 의사는 별로 희망이 없다고 했다. 어머니가 암이시니 기껏해야 1년 정도밖에 더 살지 못하리라는 진단이었다. 어머니는 우리가 알아차리지 못하던 사이에 얘기를 다 들어버리시고서 나에게 차분히 말씀하셨다.

"할 수 없는 일이지 뭐. 항암치료는 받지 않으련다. 그런 힘겨운 치료는 관두고 날 그냥 조용히 지내게 해주라. 지금 나에게 오직 하나 소원이 있다면 다시 한 번 상하이에 가보고 싶구나."

어머니의 수술이 끝나고 상하이로 떠날 날을 기다리며 집에서 회복 중이시던 어느 날, 당시로서 아주 획기적인 일이 있게 되었다. 마오 주석의 부인 장 여사의 초청으로 유진 오먼디가 이

끄는 필라델피아 오케스트라가 '문화대혁명' 이래 미국 관현악
단으로서는 처음으로 중국에서 공연하게 되었다는 소식이었다.
장 여사가 연주곡목을 손수 골랐고 필라델피아 오케스트라는 베
토벤의 전원 교향곡을 중심으로 사흘 저녁을 잇달아 공연할 예
정이었다.

세계 정상급 관현악단이라는 명성이 중국에 자자한 필라델
피아 오케스트라! 그들의 연주를 직접 듣는다는 것은 당시로서
꿈같은 얘기였다. 하지만 혼자서만 음악 공부를 할 것이 아니라
더욱 폭 넓게 배우고 싶은 마음, 어떤 방식으로 음악을 해석하
고 연주해야 하는지 그들로부터 배우고 싶은 마음이 간절해졌
다. 연주회장은 물론 엄선된 관중, 즉 병사, 노동자, 그리고 농민
만으로 제한되어 있었다. 입장권을 합법적으로 구한다는 것은
생각도 못할 일이었다. 그래도 나는 운수를 믿고 어찌하든 한 번
애를 써보고 싶었다. 이런 기회는 가까운 장래에 다시 오지 않을
테니까.

첫날 공연장 홀 앞에는 엄청나게 많은 관객이 모여 있었다.
나는 마치 입장권을 갖고 있는 관객인 것처럼 짐짓 늠름한 얼굴
을 하고는 줄 서서 기다리는 사람들 속에 끼어들었다. 입장 시간
이 되어 줄이 움직이기 시작했고, 관객들은 출입구에서 일일이
표를 점검받고서 안으로 들어가고 있었다. 내 차례가 되기 전에
나는 서둘러 연주회장을 떠날 수밖에 없었다. 밖으로 나오자마

자 나는 건물을 한 바퀴 돌면서 혹시 다른 문이 있지 않나 하고 살펴 보았지만 문이란 문은 모두 누군가가 지키고 서 있었다. 두 시간이 흐른 다음 멀찍이 들려오는 박수 소리는 내 희망이 고스란히 무너져 내렸음을 알려주었다.

이튿날 저녁 나는 더욱 단호한 마음으로 무장하고서 다시 연주회장으로 갔다. 그러나 모차르트의 오페라 「마술 피리」에서, 두 번째로 자라스트로의 신전 입구 앞에 서게 된 타미노가 그랬듯이, 연주회장으로 들어가는 문은 모두 닫혀있었다. 공연이 끝나고 관객들이 쏟아져 나오기 시작했다. 아! 그런데 공연이 끝난 입장권이라며 표를 바닥에 던져버리는 사람들이 눈에 띄었다. 그 순간 나는 아이디어가 하나 떠올랐다. 버려진 표 쪽지를 하나 주워서 내 친구인 화가에게 갖고 가면, 날짜를 바꾸어 위조 입장권을 만드는 것은 그가 어렵지 않게 할 수 있으리라 짐작했다.

친구는 입장권 위조를 거의 마무리하면서도 또 한 번 같은 질문을 되풀이했다.

"너 정말로 위험을 무릅쓰겠단 말이지?"

"그렇게라도 하지 않고는 배길 수가 없는걸. 내가 지금 무슨 짓을 하는지는 누구보다 내가 잘 알고 있어."

"좋아. 하지만 붙잡히는 날엔 내가 이걸 만들었다고 불면 안 돼." 그는 농담하면서 일을 끝내주었다.

이튿날 저녁 다시 연주회장으로 가는 나는 몹시 들뜨긴 했지만 한편 떨리는 마음이었다. 내 계획은 적어도 관객 한 사람이 오지 않아야 성공할 수 있었다. 나는 입장권 점검을 통과하자마자 화장실로 향했다. 기다리기가 제일 좋은 곳은 화장실이었다. 얼마 후 관객이 모두 입장한 듯 화장실 밖에서 들려오는 소음이 줄어들자 나는 문이 닫히기 직전에 연주회장 안으로 들어갔다. 재빨리 눈을 확 돌려보니 맨 뒷줄에 빈자리가 하나 있어서 곧장 달려가 앉았다. 지휘자가 무대에 등장했다. 관중을 향하여 절하고는 지휘봉을 들었다. 그렇듯 오케스트라의 연주를 직접 듣는 것은 나에게 난생 처음이었다. 놀라운 음향! 현악기와 관악기에서 흘러나오는 기적적인 아름다움! 한마디로 놀라움 그 자체였다. 하지만 나는 다시 겁이 나고 불안하여 견딜 수가 없었다.

슬그머니 주위를 살펴보았다. 누군가 나를 잡으러 온다면 경찰에 무어라고 둘러댈 것인가? 나 때문에 부모님에게 또 어떤 일이 닥칠 것인가? 그런저런 걱정 때문에 나는 음악을 제대로 감상할 수가 없었다. 나는 결국 연주회장을 떠나고 말았다. 마음속은 실망이 가득했지만 그래도 훌륭한 음악수업을 받았다는 생각도 들었다. 얼마나 놀라운 오케스트라였던가! 얼마나 아름다운 연주였던가!

그렇게 해서 두 번째 베이징에 머무는 동안 나는 오래전 헤어졌던 분과 다시 만나는 기회도 갖게 되었다. 반 선생님께서 수용소로 돌아가야 할 날짜를 앞두고 며칠 동안 베이징에 들릴 허가를 받으셨다는 소식이 들렸다. 나는 곧장 중앙음악학교로 가서 선생님 숙소의 방문을 두드렸다. 아무 대답이 없었다. 바로 옆에 있는 세탁장 문이 열려 있었다. 반쯤 열린 문틈으로 머리를 기웃거려 보니 빨래를 하느라 등을 구부리고 서 있는 낯익은 분의 뒷모습이 보였다.

"반 선생님!"

선생님은 하던 일을 계속할 뿐, 내가 부르는 소리를 듣지 못했다. 나는 좀 더 큰 소리로 다시 불렀다. 선생님이 몸은 돌렸다. 나를 보시고는 깜짝 놀라 충격을 받은 듯했다. 한순간이 지나자 밝은 미소가 얼굴 가득히 넘쳐흘렀다.

"주샤오메이!"

"선생님께 인사드리러 왔어요."

선생님은 가까이 다가오시어 내 얼굴을 살펴보시더니 이윽고 말을 시작하셨다.

"'문화대혁명'이 시작되고 난 이래 옛제자가 나에게 인사하러 온 일은 지금까지 한 번도 없었는데, 네가 처음이구나."

선생님과 그날 오후를 함께 보냈다. 그는 이제 두 아이의 아버지가 되었다고 하셨다. 재교육 수용소에서 지내는 동안 일어났던 일에 대해서도 얘기해주셨다. 선생님 또한 '516 운동'에 가담했다는 자백을 강요당하여 잠을 못 자게 만드는 고문 끝에 허위 자백을 할 수밖에 없었다는 것이었다. 내가 피아노를 장자커우의 수용소에까지 옮겨 왔다는 얘기를 했더니 선생님은 내 앞일이 걱정스럽다고 하셨다. 나는 말했다.

"전 언제나 선생님께 깊이 감사하는 마음이에요. 피아노를 칠 때마다 선생님 생각이 나요."

그는 내가 연주하는 곡목에 대해 물으셨다. 이렇듯 선생님께 나는 이제 숨김없이 모든 걸 터놓을 수 있다는 확신이 들었다. 그리하여 나는 중앙음악학교에서 나 또한 자기비판을 하라고 강요당했던 일, 지금 생각하니 까마득한 옛이야기를 선생님께 털어놓았다.

"기억하세요?"

"내 어찌 그 일을 잊을 수가 있었겠냐? 난들 그 모임에 안 갈수가 없었지. 전혀 내키지 않는 일이었다. 하지만 그날 널 지켜보면서 난 마음속으로 혼잣말했지. 저 학생이 아마도 어느 날엔가는 진짜 예술인이 되리라고, 그럴 능력을 지닌 아이라고."

선생님과 나는 작별 인사를 나누었다.

"네 몸을 네가 알아서 잘 살피도록!" 선생님은 발길을 돌리는 나에게 덧붙여 말씀하셨다.

어머니는 상하이에서 아주 다른 모습이 되어 돌아오셨다. 고향에서 지낸 덕분에 마음의 안정을 되찾으신 것이었다. 마치 다나으신 얼굴 같았다. 나는 그래서 다시 수용소에 돌아가기로 마음먹었다. 이번에는 아무도 나를 찾으러 오진 않았지만, 내 미래가 걱정되었기 때문이었다. 사실 내가 만족할 만한 품행을 보인 다면 수용소를 떠나 괜찮은 일자리도 얻을 수 있을 것이라는 말도 들은 적이 있었다. 지금 돌아가지 않는다면 내 인생이 이 대로 장자커우에서 끝나 버리는 것이 아닌가 싶어 퍽 걱정이 되었다.

수용소에 돌아와 보니 엄했던 규율이 햇볕 아래 봄눈 녹듯 느슨해져 있었다. 몇 달이 지나는 사이에 떠나는 이들의 수가 점점 더 늘어났다. 남은 이들 사이의 관계도 전과는 눈에 띄게 달라졌다. 누군가 떠난다 해도 지난날처럼 질투하지도 않을 뿐 아니라 이별을 축하해 주느라 조촐한 파티까지 열기도 했다. 그런 한편, 친구들이 하나씩 둘씩 떠날 때마다 나는 풀이 죽곤 했다. 나는 무리에서 빠지고 처져버린 사람 같았다. 날이 갈수록 의기소침해졌고 혼자 남은 외톨이라는 느낌뿐이었다. 지금까지 우리는 힘을 모아 함께 싸워나갔었고, 그러던 사이에 서로서로 깊은 우정을 나누게 되었던 것이다. 그런데 누군가 떠날 때마다 그토록 끈기 있게 쌓아올린 우정의 탑이 조금씩 허물어지고 있었다. 처음 다위 수용소에 옮겨왔을 때 우리 인원은 백 명이 넘었었는데 이제 남은 사람은 겨우 열 명 정도뿐, 불행히도 나는 그 열 명 남짓하게 남은 이들 가운데 하나였다.

이토록 뒤쳐진 이유에 대하여 아무도 어떠한 설명도 해주지 않았지만, 왜 몇 년씩이나 더 오래 수용소에 남아있어야 했는지 나 스스로 얼마든지 짐작할 수 있었다. 나는 우선 출신성분이 좋지 못한 데다 두 번씩이나 도망을 쳤고, 사실상 감금 상태에 있는 옛 영화배우의 집에 들락날락했던 일도 수용소 측에서 눈치 못 챘을 리가 없었다. 게다가 물론 음악에 대하여 내가 겉으로 꾸민 태도도 문제시되지 않을 수 없었다. 공식적으로 양판희 연습을 한다니까 별 말이 없긴 했지만 수용소 감시인들이 우리 생각처럼 그렇게 쉽게 속아 넘어갈 사람들은 아니었다.

∫

드디어 1974년 겨울 어느 날 나는 수용소 행정관으로부터 그 해 가을 학기에 맞추어 내가 임용받을 자리가 났다는 통지를 받았다. 베이징 변두리에 위치한, 별로 재미없는 도시 스자좡의 사범학교 교사직이었다. 내게 맡겨진 임무는 피아노 학습을 선택과목으로 택한 초보자를 가르치는 일이었다. 리커는 베이징중앙음악학교에, 황안룬은 전통창극을 공연하는 경극단에 임명되었다. 그는 마오의 부인 장 여사가 각별히 아끼는 공연기관에서 일하게 된 덕택에 멋진 옷을 입고 다니며 개선된 식사에다 맛좋은 과자까지 먹을 수 있었다. 하지만 나에게 떨어진 일자리는 상상하기도 힘든 그야말로 최악의 조건이었다. 나는 애써 항의해 보았다. 도대체 그런 데서 무얼 하며 지낼 것인가? 행정관의 대답은 단호했다.

"두 번씩이나 도망을 쳤던 너한테 일자리를 준 것만 해도 감지덕지하게 생각해야 돼! 만약에 이 자리를 거절하겠다면 월급도 식품 배급표도 없다는 걸 알아야 한다." 건강이 계속 좋지 못하신 어머니를 보살펴 드리기 위해 나는 다시 베이징으로 떠났다. 도착하는 대로 나는 어머니와 상의했다.

"거절해 버려라. 식품 배급표는 나 한 사람 몫으로 우리 둘이 나눠 쓰면 돼."

나는 베이징에 석 달 동안 머물렀다. 그러고 나서 소지품을 챙겨오기 위하여 장자커우로 돌아갔다. 그곳 수용소에 남은 인원은 이제 일곱 명뿐이었다. 때는 1974년 겨울의 끝 무렵이었다. 나는 내 인생의 5년을 수용소에서 보낸 것이었다.

장자커우를 떠나게 된 것은 기뻐해야 할 일인데도 앞일을 생각하니 눈앞이 캄캄할 따름이었다. 이 지나간 5년 내내 나는 자유를 되찾겠다는 목적 하나뿐이었다. 이제 나는 그 자유를 되찾았다. 그러나 도대체 무엇을 할 수 있단 말인가? 나는 일자리도 없고 봉급도 없고, 식품 배급표도 없이 어머니에게 얹혀 먹고 살아야 할 신세였다. 허약해진 어머니의 건강 때문에라도 나는 더욱 베이징에 머물러 있어야 했다.

장자커우에선 모두가 똑같은 처지였지만 이제는 달라졌다. 좋은 자리에 임용되어 진짜 직위를 누리게 된 이들이 있었나 하면, 수용소 생활로 인하여 몸이 망가져 변해버려서 다시는 무대에 설 수 없게 된 무용가들처럼 예술가의 길이 완전히 막혀버린 경우도 있었으며, 나처럼 조국이 나를 저버렸다는 느낌을 갖게 된 이들도 있었다.

그렇다. 나는 자유의 몸이었다. 하지만 마음속은 괴롭고 쓰디쓰기 짝이 없었다. 나는 지나온 길을 돌아보았다. 그리고 생각했다. 잃어버린 그 세월을, 연주하지 못했던 음악을, 읽지 못했던 책들을, 가족과 나누지 못했던 사랑을, 홀로 쓸쓸히 돌아가신 외할머니를, 스파이가 아니었나 하고 의심했던 아버지를 생각했다. 그리고 또 땔감 도둑질이며 내가 저질렀던 범행도, 인간적 품위마저 앗아 갔던 재교육 수용소도 돌이켜보았다.

아름다움이란 오직 하나뿐,
진실에서 저절로 드러나는 아름다움이다.

- 로댕, 「예술론」

14
마오를 떠나 모차르트에게로

"피곤하지 않아? 그럼 계속해."

나는 「열정 소나타」를 끝내고 이내 라흐마니노프의 「피아노 협주곡 제2번」을 연달아 치기 시작했다. 연주가 끝나자 반 선생님이 웃으며 말씀하셨다.

"네가 왜 피곤해하지 않는지 그 이유를 나는 알아. 네가 음악 속에 들어가 있지 않기 때문이다. 너는 지금 음악을 마음으로 연주하지 않는다. 그러니까 네 마음이 감동하지 않는 게야. 상상력을 발휘하며 연주해야 한다고 내가 예전에 그렇게 가르쳤는데, 기억하니?"

며칠 전 나는 옛스승과 다시 만날 수 있었다. 그분도 이제 수용소 생활을 마감하고 집에 돌아오신 참이었다.

"선생님을 다시 뵈었으면 하는데요. 장자커우에서 연습했던 걸 보여드리고 싶어서요. 언제 한 번 찾아뵐 수 있을까요?" 하고 여쭈어보았다. 그분의 지도 아래 마지막으로 피아노 연주를 한 지 11년 세월이 지나서야 나는 다시 그분과 마주 앉게 되었다.

"이제부터 다시 공부하도록 하자. 하지만 아무도 모르는 곳에서 비밀리에 해야 한다. 골치 아픈 일은 당하고 싶지 않아. 중앙음악학교 건물 한 곳에 작은 스튜디오가 하나 있는데, 거기라면 안심할 수 있을 게다. 방을 지금 보여줄 터이니 앞으로 거기서 만나도록 하자. 비밀을 지켜야 한다."

선생님은 내가 수용소에서 해냈던 피아노 공부의 성과에 대해 진정으로 기뻐하시는 한편, 내가 좀 기계적인 면에 치중하여 연습했다고, 예전에 비해 더 세게 더 빨리 연주한다고 지적하셨다.

"라흐마니노프도 좋긴 하지만, 그보다는 더 단순하면서도 동시에 더 어려운 작품으로 되돌아가도록 하자. 바흐의 「반음계적 환상곡과 푸가」, 그리고 또 스카를라티가 좋겠다."

흠을 잡아 고쳐주시되 마음이 상하지 않도록 배려하시는 스승님의 가르침은 '문화대혁명'을 거친 지금에 와서도 조금도 달라지지 않은 옛날 그대로였다. 그분과 다시 공부할 수 있게 되어 나는 정녕 행복했다. 또 하나의 행복은 장자커우에 있던 내 피아노를 되찾게 된 것이었다. 한 친구가 그 먼 곳에서 베이징까지 실어 보내는 수고를 해주었고 피아노가 도착하자 나는 수리할 수 있는 부분을 고치도록 했다. 이 두 가지 행복을 제외하면 나의 베이징 생활은 어두운 하루하루였다. 작은언니와 동생들은 아직도 수용소에서 돌아오지 못했다. 아버지도 마찬가지 신세였다. 이제 한 달에 한 번씩 짧게 가족 방문이 허락되긴 했지만, 아버지는 집에 와서도 묵묵히 지낼 뿐 거의 입을 열지 않았다. 아버지는 삶에서 한 발 물러서 버린 사람 같았다. 훗날 수용소에서 풀려나 집에 돌아온 아버지에 대한 감시는 그치지 않았다.

나는 어머니 몫으로 나오는 식품 배급표에 기대어 근근이 살아가고 있었다. 그래도 나는 마음 깊이 굳은 결심을 했다. 매일매일 열심히 끊임없이 연습하고 공부하기로, 잃어버렸던 10년 세월을 되찾으려니, 지난 10년 동안 배우지 못한 것을 다 배우려고 하니 일분일초도 헛되이 보낼 수 없었다. 음악 공부를 영원히 포기해 버리고 고향으로 내려간 학우들이 너무 많았다. 나는 비참한 처지이긴 했지만 베이징에 머물러 있는 한 음악이론 공부에서부터 영어 공부까지 모든 것을 새로 배우고 익히며 깊이 파고들 수 있는 행운이라도 누리고 있었다. 공부하고 공부하여 언제 있을지도 모르는 선발시험에 대비할 것, 내 머릿속엔 오직 이 생각뿐이었다. 가까운 친구들 모두가 이 엄청나게도 무모한 계획을 지지해주었다. 반 선생님은 물론이거니와 변함없는 벗 황안룬과 그의 아내 오우얀, 그리고 리커, 모두가 나를 밀어주었다.

베이징무용학교에 직장을 잡은 오우얀은 나를 그곳 반주자로 취직시키기 위하여 발 벗고 나섰다.

"너 말이야, 아무런 생계 수단도 없이 계속 그렇게 살 수는 없어!"라고 나를 볼 때마다 말하는 것이었다.

　오우얀은 로비활동에도 재주가 있었는지 학교 측에다 계속해서 내 얘기를 하고 또 해대었다. 한편, 아버지가 일하던 대학의 라오 학장께서도 나서주셨다. 이미 아버지를 위해서도 여러모로 도와주셨는데 이번엔 나를 위하여 두루 힘을 써 주셨다. 덕분에 1975년 여름 어느 날 나는 베이징무용학교에 일자리를 얻게 되었다. 내가 맡은 일은 어린 학생들이 대여섯 시간 동안 무용연습을 할 때 피아노 반주를 해주는 것이었다. 학생들은 아직 청소년이라고도 할 수 없을 정도의 아주 어린 아이들이었다. 매일매일 다른 음악, 새로운 프로그램을 만들어서는 끝없이 되풀이하는 일이었다. 그래도 이젠 적어도 먹고 살 밥벌이가 생긴 것이었다.

　베이징무용학교에서 일하기 시작하고부터 몇 달이 지난 어느 날 나는 친구 웨이짜오와 마주치게 되었다. 친구는 내게 들려주고픈 소식이 하나 있다고 했다. 바로 얼마 전에 친오빠와 언니가 바다를 가로질러 헤엄을 쳐서 홍콩으로[17] 망명했다는 얘기였다. 사람들이 그렇게 모험을 해서라도 중국을 떠나고 있다는 말을 그때 처음으로 들었다. 훗날 알게 된 사실은 그런 험난한 모험에 뛰어드는 사람이 하루에 몇백 명도 더 된다는 것이었다. 그때부터 이 이야기는 내 머릿속을 떠나지 않았다. 나도 망명에 대

---

17 '홍콩'의 일반 중국어 발음은 '샹강(香港)'이다. 로마자 'Hong Kong'은 그 지역의 광둥어(cantonese)에 근거한 것이다.

해 깊이 생각하지 않을 수 없었다. 아무도 모르게 정보를 알아보았다. 중국 대륙과 홍콩 사이에 놓인 해협을 헤엄쳐서 건너려면 수영선수라도 여섯 시간이 걸린다고 했다. 여섯 시간이 지나면 밀물이 들어오기 시작하여 헤엄쳐야 할 거리가 더 늘어난다는 것이었다. 원래 운동에는 재능이 없다는 사실을 나는 중앙음악학교에서 무용 수업을 받던 시절부터 잘 알고 있었다. 그렇긴 하지만 수영 훈련을 아주 단단히 받는다면 나라도 혹시 성공할 수 있지 않을까?

이런 일은 미리미리 준비를 해야 되는 것이었다. 나는 그래서 수영강습을 받기 시작했다. 매일 아침 6시에 수영장으로 가서 세로로 왔다 갔다 헤엄치는 훈련을 받았다. 나는 또 영어 공부를 하기로 마음먹고는 갈수록 더 열심히 공부했다. 흑판을 하나 사서 날마다 새 단어를 20개 정도 써놓고 외우며 배워 나갔다. 나는 어린아이들의 무용 연습에 따른 반주자로서 평생을 보내고 싶지는 않았다. 이리저리 어떻게 해서라도 떠나리라고 작정했다.

내가 탈주 계획을 세워나가던 즈음에 반 선생님은 어떤 다른 생각을 품고 계셨다. 선생님 곁에서 연습하고 있던 어느 날 이런 말씀을 하셨다.

"기억하니? 중앙음악학교에서 너의 첫 리사이틀을 준비하던 그때 말이다. 일이 생각대로 되지 않아서 그만 포기할 수밖에 없었지. 그러니까 이제 곧 리사이틀을 열도록 하자. 베이징무용학교엔 널따란 연주실이 있고 그랜드 피아노도 있다. 거기라면 리사이틀을 할 수 있을 거야."

나는 어안이 벙벙해졌다. 나의 첫 리사이틀은 원래 13년 전에 열렸어야 했다. 그때 선생님과 함께 준비하고 있었던 연주곡목이 다시 머리에 떠올랐다. 베토벤의 「비창 소나타」, 모차르트의 「피아노 협주곡 제23번」, 그리고 쇼팽의 「에튀드, 제3번 작품25」. 특히 모차르트의 곡은 선생님과 둘이서 연습하고 또 연습하기를 수없이 반복했던 것이었다. 그런데 서양 고전음악은 아직도 금지된 품목이 아니던가? 하지만 나는 선생님을 믿었다. 연주 곡목은 스카를라티의 소나타 몇 곡, 베토벤의 「소나타 제18번」, 리스트의 「에튀드」, 프랑크의 「교향적 변주곡」이었다. 나는 열심히 연습했고 가까운 친구들에게만 알려주었다.

"리사이틀은 4시에 비밀리에 열릴 예정이니까 비밀을 꼭 지키도록."

1976년 어느 봄날 오후 베이징무용학교의 연주실은 빈자리 하나 없이 꽉 차 있었다. 베이징에서 연주회가 열린다는 소문이 비밀리에 이 사람 입에서 저 사람 귀로 확 퍼져 나갔다. 정황을 알 만한 사람들은 '문화대혁명' 이후 처음 있는 일이라고들 입을 모았다. 그처럼 음악에 목말라하는 청중을 위하여 연주했던 적이 지금껏 한 번이나 있었던가?

음악을 연주하고 음악을 듣는 일에는 우리 모두가 만사를 제쳐놓고 매달리며 열광하게 되었다. '문화대혁명' 동안 레코드가 있는 대로 모조리 다 파괴된 것은 아니라는 얘기가 사람들 사이에 오가고 있었다. 보물 몇 가지를 건져낼 수 있었던 분들의 주소, 특히 베이징대학 교수 한 분의 주소가 돌고 돌았다. 황은 음반 수집가로 변신하여 레코드란 레코드는 손안에 넣을 수 있는 대로 남김없이 사들였다. 나도 나름대로 모아두었던 돈을 탈탈 털어서 오디오를 샀다. 그리고는 파괴당하지 않고 살아남은 레코드를 찾아서 베이징 시내를 이리저리 뛰었다. 특히 힘차면서도 동시에 빼어난 감수성이 스며든 피아노 솜씨의 에밀 길렐스, 한때 스비아트슬라프 리흐테르의 그늘에서 좀 힘들어 한 적도 있었던 그의 연주는 참으로 감탄스럽기 그지없었다.

오래오래 납 뚜껑 아래 눌리고 갇혀 있던 예술의 세계가 들끓기 시작한 것 같았다. 그때문에 피아노가 한밤중에 나를 깨운 것이었던가, 아니면 우리 모두에게 무엇인가를 미리 알려준 것이었던가? 7월 28일 밤 내 피아노가 이상야릇한 소리, 낮고 둔탁한 소리를 내었다. 놀라 일어나보니 피아노가 저 혼자 방 한가운데로 옮겨가 있었다. 아버지 어머니도 잠이 깨셨다. 밖에서 웅성거리는 소리가 점점 크게 들려왔다. 지진이다! 모두가 집 밖으로 달려 나가는 동안에도 나는 함께 데리고 나가지 못하는 내 피아노 생각이 간절했다. 하지만 다행스럽게도 우리 집은 지진을 견뎌냈다.

탕산에서 일어난 지진으로 헤아릴 수 없는 인명피해가 났다. 한편 수많은 중국 사람들이 이번 지진은 그 뒤에 일어난 대대적인 사건, 왕조가 바뀌는 일대변혁을 미리 알려준 신호라고 생각했다. 사실인 1976년 9월 9일 오후 베이징무용학교에 갔더니 다음과 같은 공식 발표를 이 배포되고 있었다.

"우리 당, 우리 군, 우리나라에 살고 있는 만방의 인민을 위한 위대한 영도자이시며, 압제에 신음하는 세계 노동계급과 민족과 인민의 스승이신 존경스럽고 경애하는 마오쩌둥 동지께서 서거하셨다…."

해질녘 집에 돌아오니 아버지가 누워계셨다. 파리한 얼굴에다 숨을 헐떡거리는 모습이 마치 심장마비라도 일어난 것이 아닌가 싶을 정도였다.

"두렵구나. 지난날과 똑같은 일이 죄다 다시 또 시작될 게야."

아버지는 집에 돌아오시긴 했지만 엄중한 감시 아래 놓인 몸이었다. 마오 주석은 확실히 죽었다. 그렇다고 딴 생각은 품지 말라고 단단히 경고받은 참이었다. 나는 아버지를 진정시키려 애썼다. 그때 밖에서 문을 두드리는 소리가 들리자 아버지는 깜짝 놀라 틀림없이 자기를 체포하러 온 것이라고 하셨다. 나는 아버지 방 불을 끄고 발소리를 죽여 출입문으로 갔다. 도대체 누가 이 시간에 우리 집에 찾아온단 말인가? 우리 식구 가운데 아무도 기다리는 사람이라곤 없는데. 문 뒤에서 가느다란 목소리가 들렸다.

"나 황안룬이야."

나는 문을 열었다. 친구가 아내와 함께 서 있었다.

"술 좀 있어? 우리 축하주 한 잔 하자고!"라고 그가 속삭였다. 나는 활짝 웃으며 말했다.

"어서 들어와!"

∫

마오의 죽음 후 정국은 팽팽한 긴장이 날로 드세지고 있었다. 화궈펑과 사인방 사이에 벌어진 정치투쟁, 특히 마오의 미망인 장여사와의 정권 쟁탈 싸움은 결국 사인방의 체포로 끝을 맺게 되었다. 하지만 이 긴장의 시기는 또한 개방과 개혁의 시기이기도 했다.

1977년 전국의 대학은 오랫동안 잊고 있었던 기능을 되찾았다. 대학 입학시험이 다시금 적성과 능력에 따른 기준으로 치러지게 되었다. 이제 출신성분이나 정치적 기준은 더 이상 고려되지 않았다. 베이징중앙음악학교도 입학 시험이 있을 것이라는 예고가 났다.

나는 한순간도 머뭇거리지 않았다. 중앙음악학교에 돌아가서 학업을 마쳐야겠기에. 이런 기회가 오기까지 얼마나 오랜 세월을 기다려 왔던가! 지난 몇 년 동안 쌓였던 욕구불만이 한꺼번에 터져 나왔다. 수용소에서는 저마다 악보를 갖지 못하여 몰래 베끼거나 친구들끼리 시간표를 짜서 돌려보지 않으면 안 되었다. 반 선생님과의 피아노 공부도 비밀장소에서 몸을 숨겨 가며 해야만 했고, 연주회도 남몰래 열어야 했었다. 레코드 한 장 없이, 연주회 한 번도 없이 여러 해를 보내야 했었다. 지난 세월 동안 딱 한 번 필라델피아 오케스트라의 공연에 갈 수 있긴 했지만, 그 얼마나 말못할 사연으로 바늘방석에서 지켜본 연주회였던가! 이제 중앙음악학교에 다시 들어가면 모든 것이 달라질 터이고, 수용소에서 돌아와서부터 지금까지 나의 고생살이는 머지않아 보람을 찾게 될 전망이었다.

나는 입학지원서를 받고자 중앙음악학교로 달려갔다. 그런데 안 된다는 것이었다. 입학 연령이 25세까지로 제한되어 있었다. 실망이 이만저만이 아니었다. 지난 몇 년을 내내 고생고생하며 공부했는데, 만사를 제쳐 놓고 피아노 공부를 하느라고 웬만한 것들은 죄다 희생하고 살았는데…. 아예 입학시험조차도 못보게 가로막다니 기가 막힐 노릇이었다. 나는 반 선생님에게로 달려갔다.

"문화부에 찾아가서 청원해라. 끈질기게 버텨야 한다. 네 주장이 관철의 때까지 절대로 자리를 뜨지 말도록"이라고 하시며 선생님은 힘차게 용기를 돋구어 주셨다.

나와 같은 처지에 놓인 학우 네 명과 함께 우리는 문화부 건물 안에 들어가서 연좌시위를 벌였다. 우리의 슬로건은 간단한 것이었다.

"우리의 실력이 연소자들과 같은 수준이라면 연소자들을 뽑고, 우리가 그보다 우수하다면 우리를 뽑아주시오!"

우리는 무슨 일을 당하든지 끝까지 버틸 각오로 기다렸다. 우리 각오가 얼마나 심각하게 보였던지 문화부 측에서 드디어 청원을 들어주기로 했다. 그리하여 우리는 상급반 입학시험에 응시할 수 있다는 허가를 받았다. 나는 다시 생기를 되찾았다.

시험 날짜가 3개월 앞으로 다가왔다. 지난 10년 동안 잃어버린 것을 되찾으려는데 3개월뿐이라니! 제각기 연령별로 모두가 치열한 경쟁 속에서 똑같은 시험을 치러야 했다. 화성학, 대위법, 악곡 분석에다가 중국어, 고전 중국어, 영어, 정치학까지 필기시험 과목에 들어 있었다. 나는 밤낮을 가리지 않고 공부했다. 교과서가 모자랐지만 중앙음악학교의 선생님들이 고맙게도 달라는 대로 거저 주셨다. 여러 해 전에는 화장실 청소부 노릇을 해야 했던 선생님들이셨는데 이제 우리를 위하여 못해 줄 것이 없다고 하셨다. 중앙음악학교의 선생님 가운데 드물게도 독일에 유학하셨던 여교수님과 함께 나는 베토벤의 소나타 전곡을 세밀하게 분석했다.

"넌 되겠어"라고 어느 날 그분께서 말씀하시는 것이었다.

그분의 고무적인 말씀에 나는 더욱 기운이 솟아올랐다. 베이징무용학교에서 반주자 일을 하면서도 한쪽으로는 영어와 정치학 책들을 읽었다. 시간을 한순간도 낭비하지 않도록 어머니가 내 점심을 날라다 주셨다. 그렇듯 시간을 쪼개가며 시험공부에 매달리는 내 모습이 아무래도 무슨 사연이 있는 사람처럼 보였든지 어느 날 선생님 한 분이 내 처지를 이해하시고는 이렇게 말씀하셨다.

"집에 가서 시험공부 하도록 해라. 우리끼리 반주 없이 연습하면 돼."

반 선생님께서 매일같이 레슨을 해주셨고 친구들도 모두 나를 밀어주었다. 대부분이 중도에서 음악 공부를 포기해버렸음에도 불구하고. 시험 날 아침이 밝았다. 나는 아버지 어머니께 시험 일자가 언제라고 밝히지 않았다. 나의 실기시험 곡목에는 슈만의 「환상곡」과 황안룬이 작곡한 「전주곡」이 들어 있었다. 황의 작품은 '문화대혁명'으로 몸과 마음이 산산이 부서져버린 친구, 즉 출신성분이 좋지 못했던 벗에게 바친 곡이었다. 처음 그 작품을 나에게 주면서 황은 이렇게 말했다.

"사실 우리 속에 갇혀 사는 동물을 묘사한 음악이야."

이 곡이 실기시험에 포함되어 있다는 사실에 나는 이제 아무도 나를 이기지 못할 것 같은 자신감을 느낄 수 있었다. 우리 세대 전체가 이 곡을 통하여 반항의 함성을 소리 높이 내지르고 있었다. 이 곡을 연주하며 내가 어찌나 힘을 쏟아 부었던지 생전 처음으로 중앙음악학교에 있는 스타인웨이 피아노의 줄 하나가 끊어져버렸다. 그러자 실기시험 중에는 어떠한 의사표시 행위도 절대 금지라는 규율을 깨고 2층 중간 관람석에서 박수 소리가 터져 나왔다. 내 친구들 모두 그곳에 줄줄이 앉아 있었다. 그들은 내가 우리 모두의 이름으로 표출하고자 했던 우리 마음속 깊이 울부짖는 소리를 알아들었던 것이었다.

합격자 발표는 바로 다음 날이었다. 네 사람의 이름이 적힌 붉은 색종이가 중앙음악학교 출입문 한쪽 벽에 붙어 있었다. 나는 가까이 다가갔다. 내 이름이 다른 세 사람의 이름 가운데 딱 들어 있었다. 이겼다! 수용소에서 풀려나올 때 받았던 일자리를 거절한 내가 옳았다. 돈벌이를 박차버리고 가난을, 남몰래 공부해 나가기를 고집했던 나의 선택이 승리를 거두었다. 그토록 완강히 버틴 덕분에 나는 이제 하던 공부를 계속할 수 있게 된 것이었다. 나는 아버지 어머니께 알려드리려고 곧장 집으로 달려갔다. 그런데 두 분 다 시험 날짜에 대해 일부러 아무 말도 하지 않았던 나의 잔꾀에 넘어가진 않았었다. 이미 중앙음악학교에 나 몰래 두 분이서 다녀오셨던 참이었다. 어머니가 축하 잔치로 성대한 저녁상을 차려 놓으셨다.

"네가 정말 자랑스럽구나!"하고 아버지가 말씀하셨다.

드디어 딸자식 하나라도 고등교육을 받아 장차 나라 안 명예로운 직위에 앉을 수 있게 되었다는 소식은 아버지에게 그동안 맺혔던 한이 온통 다 풀리는 기쁨이 아닐 수 없었다.

∫

교육기관이 차차 정상적 기능을 되찾고 있었던 한편, 문화 예술 분야에서도 개방정책 덕분에 상황이 좋아진 분들이 늘어났다. 재교육 수용소에서 돌아온 지식인들이 서로 모여 활동하며 흔히 2중의 뜻을 지닌 글들을 발표했다. 황안륜의 소개로 나는 출판업계의 인사들과 알게 되었는데, 그 가운데 특히 샤오친이란 여성 편집인과 대번에 친해졌다. 그분은 시인이기도 했다. 나에게 자기 작품을 읽어주기도 하고 내 연주를 들으러 와주기도 했다. 그리고 민주주의를 중국 땅에 심고자 투쟁하는 동료 지식인들도 소개해 주었다. 그녀는 또한 프랑스 사람과 사랑에 빠져 있었으며 그와 결혼하여 프랑스로 떠나 살고 싶어 했다.

서양의 책들도 시중에 다시 나오고 있었다. 화가 친구에게 2년 동안 피아노 레슨을 해주는 조건으로 나는 그에게서 로댕의 『예술론』의 번역본을 받아 읽기 시작했다. 이 책은 조형예술을 얘기하고 있지만 로댕의 설명은 음악에 대하여 내가 경험한 바와 완전히 일치하는 내용이었다. 미술에 관한 그의 견해를 음악에 옮겨와서 생각할 수 있었기에 많은 것을 배워나갈 수 있었다. 예를 들면 다음과 같은 대목이었다. "진실로 아름다운 그림이나 양식이란 보는 사람이 찬미하고자 생각조차 품지 않게 되는 것이다. 그림 자체가 자아내고 있는 재미에 온통 사로잡히기 때문이다. 색깔에 대해서도 마찬가지다. 아름다움이란 오직 하나뿐, 진실에서 저절로 드러나는 아름다움이다." 텅원지는 첫 영화작품 「삶이 떨리는 소리」를 제작하고 있었다. 그는 마오의 부인 장여사 때문에 서양음악이 중국 땅에서 겪었던 엄청난 문화적 재해를 목격했던 증인으로서 과감히 모든 것을 숨김없이 보여주고자 했다. 장자커우에서 바라던 아들이 태어나 아주 유순한 소년으로 자란 이제, 장자커우에서 소원했던 대로 내가 아들에게 피아노를 가르치게 된 만큼 그와 나는 더욱 더 자주 만날 수 있게 되었다. 나는 중국을 떠나는 것이 꿈이라는 얘기를 종종 그에게 털어놓았다. 그러나 그는 떠나지 말라고 했다

"여기서 할 일이 얼마나 많은데…!"

다른 친구들도 마찬가지였다.

"나라를 사랑해야지. 떠나면 안 돼."

나는 내 나라를 사랑하지만 내 나라는 나를 사랑하는 것 같지 않았다.

닉슨 대통령의 중국방문[18] 후, 미국의 영향이 날로 증가했다. 국내 배포가 허가된 미국 영화 가운데 「러브 스토리」와 「갈매기의 꿈」은 우리 세대의 젊은이들에게 지울 수 없는 깊은 인상을 남겼다. 위대한 예술 작품이라고는 할 수 없었지만 두 영화는 우리가 더 나은 세상을 꿈꾸게 해주었다. 두 영화가 각각 같은 제목의 소설을 각본으로 제작되었으며, 두 소설 또한 번역본으로 읽을 수 있게 되었다. 그리하여 우리는 영화를 보고 또 보았고, 소설책도 읽고 또 읽었다. 특히 『갈매기의 꿈』, 여느 새들처럼 살려 하지 않고 더 높이, 날다가 죽을지라도 더욱 높이 날아오르고 싶어 한 어느 새의 이야기는 내 마음을 감동으로 온통 뒤흔드는 것이었다. 미국이라는 나라는 내 머릿속에 오직 아름다운 감상, 아름다운 생각만을 불러일으키는 곳이었다. 미국에 살고 있는 사람들은 얼마나 복 받은 이들일까 싶었다.

　필라델피아 오케스트라가 다녀간 다음 차례로 보스턴 심포니 오케스트라의 중국공연이 이루어지게 되었다. 지휘자는 세이지 오자와였다. 그는 물론 일본 사람이었지만 만주에서 태어났다는 사실로 중국 관객들에겐 중국 사람으로 여겨지고 있었다. 그가 중국 현대음악 작품들을 하나 같이 악보 없이 지휘해내자

18　1972년 2월에 있었던 미국 대통령의 중국 방문은 당시 냉전 상태에 있었던 두 나라 사이의 접근을 이루어냄으로써 전 세계를 놀라게 했던 획기적인 사건이었다. 그 후 80년대에 와서 한국이 중국과 수교하게 되었다.

청중은 감탄을 연발했다. 공연 끝에 중국 측에서 그에게 경의의 표시로 예고 없이 중국의 전통악기 연주를 했을 때 그는 눈물을 흘리기까지 했다.

1979년 유명한 바이올리니스트 아이작 스턴의 중국 방문으로 음악 분야에 있어서 미국의 문화적 영향이 최고조에 이르게 되었다. 그가 베이징중앙음악학교에서 여러 번 마스터클래스를 베풀어 주었던 경험을 바탕으로 「마오를 떠나 모차르트에게로」라는 제목의 영화가 제작되었고, 이 영화는 서양에서 대대적인 성공을 거두었다. 바이올린 수업을 진행하는 동안 스턴은 매우 엄격한 선생님이었다. 중국 학생들의 서양음악 연주 방식을 심하게 비판하면서 학생들이 하는 곡 해석의 뜻을 이해하지 못했고 그들이 감정적으로 그렇게밖에 느끼지 못하는 정당한 이유에 대해서도 미처 알아듣지 못했다. 왜 그랬을까? '문화대혁명'이 우리의 모든 것을 부수어버렸기 때문이었다. '문화대혁명'을 겪지 않았던 아주 어린 학생 몇 명만이 그의 비판을 받지 않았다는 사실 자체가 바로 그 증거였다. 스턴 자신이 모차르트의 바이올린 협주곡 중에서 한 곡을 연주했을 때 그와 학생들 연주와의 격차는 눈부실 정도로 분명히 드러나 보이는 것이었다. 마치 내 귀에다 대고 직접 말하듯, 너무도 감동적인 연주였다. 중국을 떠나 서양의 거장들 곁에서 공부하고 싶은 나의 꿈은 갈수록 부풀어 오르기만 했다.

아이작 스턴의 방문은 하나의 전환점이 되었다. 앞으로 중국의 음악학도에게는 외국 체류를 보장해줄 만한 어떤 연줄이라도 있으면 외국 유학의 가능성이 열리게 된다는 소식이 우리 모두에게 알려지게 되었다.

나는 떠나고 싶었다. 미국으로, 자유의 나라로.

중앙음악학교에서는 나를 붙잡아 두고자 했다. 중국이 다시 일어서려고 하는 이 시점에 방금 배출해 놓은 음악가들이 나라를 떠나게 내버려 둘 수는 없다고, 여기 머물러 있어야 한다고들 했다. 나는 떠날 것을 고집하며 몇 주일이 지나도록 계속 밀고 나갔으나 당국은 허가를 내주지 않았다. 그래도 나를 위하여 참으로 다행스럽게도 고위 관직 집안의 자제분들이 나와 같은 생각으로 외국 유학을 준비하고 있었다. 확실히 이들 젊은이에게만큼은 당국이 아무것도 거절하지 않을 것이었다. 그리하여 나는 어느 날 이 젊은 학도들 틈에 끼어서 바라고 바라던 유학 허가를 받게 되었다. 첫 관문은 이렇게 통과했다. 다음 관문들도 하나씩 둘씩 차례로 통과해야만 했다. 홍콩에 거주하는 어머니 쪽 친척의 아들 천이 로스앤젤레스에 이민 가서 살고 있는데, 그분이 나를 자기 집에 맞아들이겠다는 반가운 소식이 왔다. 다음은 비자를 받기 위한 절차로서 미국 학교의 추천서가 필요했다. 내가 쓸 수 있었던 단 하나의 녹음기로 나의 연주 녹음테이프를 만들어 캘리포니아 예술대학에 보내어 추천서를 받아 내었다. 그런데 그때부터 일이 진척되지 않고 질질 끌리기 시작했다. 추천서를 승인해 주어야 할 중국 행정 당국에서 서류 처리를 미루고 또 미루었기 때문이었다. 한 주, 두 주, 몇 주일이 속절없이 흐르는 동안 나는 하도 애가 끓어오르는 통에 어느 날 앓아눕기까지 했다. 그 다음으로는 또 미국 대사관 측에서 내 속을 태우기 시작했다. 기다리고 기다려도 일은 제자리걸음이었다. 할 수 없이 나는 어느 날 이판사판이란 생각으로 있는 수단 없는 수단을 모조리 동원하여 닥치는 대로 수소문해 보기 시작했다.

호주에서 온 어떤 친구가 나를 위하여 애써준 결과로 방금 미국 대사와 전화 연락이 닿았으니 나더러 직접 얘기해보라는 통지를 받자마자, 나는 생각해 볼 겨를도 없이 수화기를 붙잡고는 서투른 영어 몇 마디를 늘어놓았다.

"꼭 좀 도와주세요. 몇 주일이나 기다렸어요. 비자가 몇 번이나 거절되었어요. 대사님을 직접 찾아가 뵙고 싶어요."

바로 그 이튿날 나는 미국 대사관 집무실에 가 앉게 되었다.

"제가 지금까지 어떻게 살았는지 하나도 모르시겠지만…."하고 내가 말을 꺼내자 대사는 중간에서 가로막으며 완벽한 중국어로 말했다.

"다 압니다. 알고말고요. 이 나라에 무슨 일이 일어나고 있는지, 당신이 어떻게 그 모든 것을 참고 견디었는지 잘 알고 있으니 자초지종을 얘기할 필요가 없어요. 비자는 지금 당장 내드리지요."

그날 저녁 집으로 돌아오는 나는 무어라 표현할 수 없는 안도감으로 날아오를 것 같은 기분이었다. 마음이 온통 승리감에 젖어 다른 일에 대해서는 모조리 잊어버리게 되었다. 나는 온 얼굴 가득히 밝은 미소를 지으며 기쁜 소식을 알렸다.

"엄마, 드디어 나왔어! 비자가 나왔어! 성공이야!"

그러나 어머니는 웃음을 짓지 않았다. 대답조차 하지 않았다. 한마디 말도 없이 그저 내게서 등을 돌릴 뿐이었다. 하지만 나는 한순간에 깨달았다. 그리고 어머니의 심정을 잊고 있었던 나 자신이 원망스러웠다. 물론 어머니는 내가 떠나기를 권장하셨고 수속 절차를 밟는 동안 내내 나를 힘껏 뒷받침해 주셨지만, 막상 눈앞에 닥친 현실은 어떠했던가? 나는 자유를 얻었지만 어머니는 자식을 잃게 되었다는 잔인한 사실이었다.

사정이 그렇긴 했으나 떠나려는 나의 결심은 조금도 흔들리지 않았다. 음력 설날이 며칠 앞으로 다가오고 있었지만 나는 출발 날짜를 설 뒤로 미루고 싶지 않았다. 하루라도 빨리 떠나고 싶었다. 이 나라에서 달아나고 싶었다. 영원히.

비자가 나오긴 했지만 로스앤젤레스까지 비행기 값을 어떻게 마련할 것인가? 홍콩의 친척에게 드릴 선물도 장만해야 하겠는데 우리 집엔 돈이 너무 쪼달리는 형편이었다. 그러던 어느 날 저녁, 한창 떠날 준비를 하고 있는데 어머니가 말을 꺼내었다.

"생각해 봤는데 말이다. 비행기 표 문제를 해결할 방법은 딱 하나밖에 없는 것 같다. 피아노를 팔도록 하자. 피아노 가격이 오르기 시작했다. 모두 또다시 음악을 배우고 연주하고 싶어 하는데 피아노는 공급이 드문 반면에 수요가 아주 많아졌거든."

어머니와 나는 베이징 시내 몇 군데에 연락해 보았다. 아닌 게 아니라 우리는 어렵지 않게 피아노를 사겠다는 사람을 찾아낼 수 있었다. "그럼, 다음 월요일 저녁에 와서 운반하도록 하지요"라고 피아노 구입자는 우리와의 거래를 결론짓고 말했다.

예고된 날 저녁 7시에 피아노를 사기로 한 사람이 일꾼 세 명과 함께 우리 집에 왔다. 손에는 우리와 합의를 본 금액이 든 봉투를 들고 있었다. "아뇨, 도저히 안 되겠어요"라고 어머니가 그들을 향하여 단호한 말을 던진 것이었다. 그리고는 나에게로 얼굴을 돌리며 말씀하셨다.

"저 피아노는 바로 너다! 네가 가고 없는데 피아노마저 가버린다면 너를 잃어버리는 슬픔이 두 배가 되지 않느냐. 차마 그렇게는 못할 노릇이다."

그리하여 피아노는 우리 집에 그대로 남아 있게 되었다. 어머니가 피아노를 팔자고 했을 때 나는 어찌하여 아무 생각 없이 순순히 어머니 말에 따를 수가 있었던가! 장자커우 기차역에서 다시는 헤어지지 않겠다고 맹세까지 했던 나의 벗, 수용소 포로 시절의 벗을 팔겠다고 하다니. 내 어찌 그럴 수가 있었단 말인가! 비행기 값은 홍콩에서 몇 달 정도 일해서 벌면 간단히 해결될 일이었거늘.

떠날 날이 다가왔다. 어머니는 나를 배웅하러 역까지 갈 기력이 없으셨다. 내가 그래도 음력설만큼은 가족의 품에서 쉬지 않을까, 이별을 앞두고 며칠만이라도 더 집에 함께 있어주지 않을까 하는 생각을 어머니는 마지막까지 버리지 않고 계셨었다. 하지만 내 머릿속엔 비자가 취소당하지나 않나 하는 걱정뿐이었기에 하루라도 빨리 떠나고 싶었다. 내가 집을 나서려고 하자 그때까지 도무지 한마디도 없이 잠자코 계시던 아버지가 내게 말문을 열었다.

"미국에 머물러 살도록 해라. 돌아올 생각은 하지 마라. 여긴 정의가 아니라 불의만 판을 치는 곳이다. 네가 미국에서 산다는 건, 적어도 우리 가족 가운데 한 사람이나마 언젠가 구제된다는 희망이다."

더 이상은 아무 말도 하지 않으셨다. 미풍양속에 충실한 우리 가족 사이에는 잘 가라니 잘 있으라니 하는 말도, 두 팔을 벌려 껴안는 법도 없었다. 한 친구가 역까지 따라가 주었다. 나는 친구와 작별 인사를 나누고서 객차에 올랐다. 미국 사람인 듯 보이는 어떤 서양인 승객의 맞은편 좌석에 자리를 잡고 앉았다. 그러자 기차는 홍콩을 향하여 출발했다.

나는 목이 메고 울음이 터져 나오려는 순간 어머니가 늘 하던 말씀이 생각났다.

"절대로 울지 마라. 도저히 참을 수 없다면 적어도 얼굴은 감추고 남몰래 울어야 해."

나는 주위를 한 번 돌아보았다. 나 혼자라는 느낌이 들 정도로 좌석은 거의 다 비어 있었다. 내가 아는 사람도 나를 아는 사람도 아무도 없었다. 창 너머로 베이징의 교외 풍경이 사라지고 있었다. 아아, 이젠 끝이로구나! 갑자기 참았던 울음의 봇물이 터지고야 말았다. 나는 그대로 눈물의 바다 속에 잠겨버렸다. 줄줄 흘러내리는 눈물을 참지도 닦지도 않았다. 울고, 울고, 또 울었다. 마치 한 번도 울어보지 못한 사람처럼, 어린애처럼 울었다.

때는 1980년 2월 1일이었다.

고향은?
난 고향이 없어.
가족은? 난 몰라.
난 따돌림받는 외톨이야.

- 리처드 바크, 「갈매기의 꿈」

15
홍콩의 갈매기

나는 울고 또 울어 얼굴이 온통 눈물바다가 되었다. 주위 사람들 마저 가만히 앉아 있을 수만은 없다고 생각했던지 앞 좌석의 미국 사람과 객차 종업원 여성이 다가와 나를 위로해 주려고 했지만 아무 소용이 없었다. 내가 그리도 끊임없이 흐느끼는 통에 옆에 다가온 두 사람의 눈에도 눈물이 고이기 시작했다. 나는 흐느낌 사이사이로 그들에게 나의 지나온 이야기를 조금씩 들려주었다. 둘 다 아무 말 하지 않았으나 그들의 따뜻한 눈길이 내 마음을 알아주고도 남는 것 같았다. 나는 창밖 풍경을 하염없이 바라보았다. 마지막으로 중국 땅을 볼 수 있는 기회였던 만큼 너무 늦어버리기 전에 머릿속 깊이 새겨두어야 했다. 어머니가 작은 가방에다 내가 좋아하는 갖가지 먹을거리를 만들어서 챙겨 넣어주셨다. 나를 위해 마지막으로 만들어줄 수 있었던 음식, 앞으로 두 번 다시 만드는 일이 없을 음식이었다. 하지만 나는 아무것도 삼킬 수가 없었다. 할 수 없이 옆에 있던 두 사람에게 내밀어드렸다.

나는 다시 떠오르는 생각 속으로 깊이 빠져들었다. 아버지가 하신 말이 올랐다. "돌아올 생각은 하지 마라. 적어도 우리 가족 가운데 한 사람이나마 언젠가 구제된다는 희망이다." 그렇듯 아버지는 나를 떠나라고 밀어 보내셨지만 우리 가족은 모두 어떻게 되려나? 나 또한 가족을 떠나 어떻게 살아나갈까? 그리고 또 국경을 무사히 통과할 수 있을지 걱정이 앞섰다. 만약에 붙잡히고 체포되어 감옥에 갇힌다면? 불길한 예감이 불쑥 들었다. 이윽고 해가 지고 어둑어둑해지면서 창밖 풍경에 장막이 드리워졌다. 바깥 경치가 내 귀에다 대고 "중국 풍경을 봐, 영원히 사라지고 있잖니."라고 속삭이는 듯했다.

꼬박 하루 동안의 낮과 밤이 지난 다음 날에야 기차는 국경에 도착했다. 기차에서 내려 경찰의 검사를 통과한 다음, 중국과 홍콩 사이에 놓인 다리를 걸어서 지나야 할 일이 눈앞에 다가왔다. 필요 없는 말 한마디 더 한다든가 부자연스런 몸짓이나 미심쩍은 발걸음을 보였다가는 만사가 끝장날 수도 있다고, 내 운명이 제비뽑기나 다름없이 그때 운수에 달려 있다고 나는 여러 사람으로부터 단단히 경고받았던 터였다.

나는 중국 쪽을 마지막으로 한 번 더 바라보았다. 이 나라에서 태어나고 살아왔던 30년을, 어린이 음악학교와 중앙음악학교와 장자커우에서 보냈던 지난날을 다시 한 번 생각했다. 얼마 후 일이 모두 순조롭게 진행되기만 하면 그 다음부터는 만사가 지난 30년 세월과는 완전히 달라질 판국이었다. 일이 모두 순조롭게 진행되기만 한다면…. 나는 숨을 한 번 크게 들이쉬고 내쉰 다음 다리를 향하여 중국 측 검문소 쪽으로 걷기 시작했다. 사람들과 눈길이 닿기를 피하면서 앞만 내다보며 걸었다. 중국 경찰관들 앞에 도착했다. 그들은 내 서류를 보더니 한마디 말도 아무런 표시도 신호도 없이 서류를 돌려주었다. 저 사람들은 도대체 머릿속에 무슨 생각을 품고 있는가? 경찰관들 앞에 서 있던 때로부터 서류를 돌려받고서 등을 돌려 걸어 나가던 동안 내내, 1초 후 다음 순간이면 저들이 나를 되불러 세우고 길을 막아버릴 것 같은 초조한 마음을 떨쳐버릴 수 없었다.

아! 천만에, 나는 벌써 국경을 지나왔던 것이다.

가장 어려운 단계가 끝났다. 마지막 남은 단계는 어렵지 않으리라 짐작하며 나는 홍콩 경찰관 앞으로 갔다.

"그 배낭 좀 열어볼 수 있을까?"

짐이라곤 딱 하나 메고 온 배낭을 내밀었더니 경찰이 속속들이 뒤지기 시작했다.

"이게 뭐요?"

경관은 내가 미국의 육촌인 천에게 선물로 주려고 산 물건을 꺼내 들었다.

"무술에 쓰는 칼인데 선물할 거예요."

"이건 위험해. 못 간다. 여기서 기다려."

경관은 특정 물품에 관한 지시 사항을 찾아봐야 한다면서 안으로 들어가더니 한참이 지나도록 아무도 나타나지 않았다. 나는 참다못해 동료 경관에게 말했다.

"문제가 된다면 두고 갈 테니 가지세요."

동료 경관은 내 말을 들은 척도 하지 않았다. 배낭을 뒤지기 시작한 지 세 시간이 지난 다음에야 상관 한 사람이 나와서는 칼을 살펴보고 말했다.

"괜찮아, 가도 돼."

명령이 떨어지자마자 나는 쏜살같이 밖으로 나왔다. 하지만 밖으로 나오고 보니 빽빽한 인파 속에 섞여 들어 어디가 어딘지 도무지 분간을 할 수 없었다. 바로 옆에서 걸어가는 사람들에게 물었다.

"뤄후 다리가 어딘지 아세요?"

그들은 황당하다는 얼굴로 나를 보며 말했다.

"다리는 우리 등 뒤에 있지요. 여긴 홍콩이요. 댁은 자유의 몸이요."

결국 나는 알지도 못한 사이에 중국 땅을 떠났던 것이다!

나는 곧장 택시를 잡아타고는 아주 자신만만한 말투로 외갓집 친척의 주소를 대었다. 택시 운전사에게 조금이라도 우물거리는 태도를 보였다가는 감옥으로 직행할 수도 있다는 경고를 친척 부부에게서 단단히 받았던 터였다. 홍콩 해협을 헤엄쳐서 건너오는 불법 이민자들이 매일같이 헤아릴 수 없이 많기 때문이라고 했다.

∫

얼마 후 나는 높은 아파트 건물의 15층에 있는 외갓집 종숙(從叔)댁 초인종을 눌렀다. 당장에 문이 열리고 외삼촌, 외숙모께서 어서 들어오라며 열렬하고도 수다스럽게 나를 맞이했다. 집 안으로 들어가서 채 10분도 되기 전에 숙모가 내리는 절대적 명령에 따라야 했다.

"만사를 제치고 너 옷부터 갈아입어야겠다. 다음으로는 미장원에 가야 한다. 얘기는 나중에 하기로 하고."

외숙모가 하라는 대로 나는 곧장 방으로 들어가서 난생 처음으로 몸에 꼭 맞는 셔츠에 청바지를 입었다. 바뀐 옷차림을 보고야 숙모는 안심하시는 듯했다. 그러고는 내가 입고 왔던 엷은 자주색 스웨터를 집어 들고 방에서 사라지셨다. 어머니가 손수 짜주신 스웨터였기에 중국을 떠나기 전날 내 딴엔 마음을 써서 골라 입고 온 옷이었다. 뿐만 아니라, 여행 중에 먹으라고 어머니가 정성껏 만들어 넣어주신 음식 몇 가지에 사진 몇 장과 함께 그 스웨터는 어머니에 대한 추억으로 내가 지니고 떠나올 수 있었던 유일한 기념품이었다. 일이 어떻게 돌아가는 것인지 내가 미처 알아채기도 전에 스웨터를 들고 나갔던 숙모가 다시 들어오며 말했다.

"쓰레기통에 밀어 넣어버렸다. 그런 스웨터를 입고 밖에 나갔다간 네가 중국 본토에서 온 사람이라는 게 대번에 들통나게 돼. 골치 아픈 일은 미리 막아놔야지."

다음 날 아침부터 나는 홍콩 시내를 돌아다니며 이것저것 구경하기 시작했다. 나로서는 그때까지 상상조차 할 수 없었던 가지가지로 넘쳐흐르는 물질의 세계, 지나치게 남아도는 기회의 가능성이 줄줄이 눈앞에 널려 있었다. 나는 여기저기에 초대받았고 이런저런 조언과 충고도 받게 되었다. "여기서 자리 잡고 살도록 해. 피아노 레슨으로 돈을 벌어 가족을 도와야지." "프로 연주자로 경력을 쌓는 건 절대로 불가능해." 한편 삼촌과 숙모님은 내게 신랑감을 물색해 줘야 한다는 나름대로의 생각을 품고 있었다. 그런저런 가능성을 두고 나는 의구심에 사로잡혔다. 어떻게 해야 할 것인가? 일을 해서 돈을 벌어 다달이 집에 부쳐 드려야 하나? 아니면 내 장래의 계획에 집착하여 미국으로 떠나야 하나?

마음의 결정을 기다리는 동안 어느 무용학교의 반주자로 일자리를 얻었다. 그처럼 많은 봉급을 받아보기란 난생처음이었다. 그만큼이나 되는 돈을 벌리라고는 상상도 하지 못했었다. 나는 주위 사람들이 사는 모습을 두루 지켜보았다. 모두들 편리한 생활을 하고는 있었지만 나 같으면 금방 싫증이 날 생활이기도 했다. 홍콩의 피아노 교육 기관에 정보를 알아보았으나 수준이 너무 낮았다.

두 가지 가능성을 두고 오로지 내 자유의사로 선택을 한다는 것이 또한 나에겐 난생처음이었다. 선택은 얼마 가지 않아 결정되었다. 홍콩에 온 지 한 달 만에 나는 마음의 결정을 내렸다. 나의 결정은 종종 그랬듯이 합리적이고 논리적이라기보다는 더욱 직감적이고 무의식적인 것이었다 해도 좋았다. 이치나 논리를 따지는 일은 언제나 나의 관심 밖이었다. 나는 여느 세상 사람들과는 달리 생각하고 싶었다. 불가능의 세계가 훨씬 내 마음을 드높은 곳으로 들어 올려주고 있었기에.

홍콩은 나의 적성에 맞는 생활의 터전이 아니었다. 나처럼 음악과 문학과 영화와 그림을 포함한 갖가지 문화생활에 심히 목말라하는 사람에게 홍콩은 문화행사라곤 거의 없었다. 평생을 부잣집 응석받이 아이들에게 피아노 레슨 해주는 일로 벌어먹고 산다는 것, 그것도 오직 돈 때문에, 나는 인생을 그렇게 살고 싶진 않았다. 세상엔 돈보다 소중한 것이 많고도 많은데! 공산주의자들이 돈을 멸시하는 그 점에 있어서는 정말이지 나는 그들이 옳다고 생각했다. 아니다! 내 길을 끝까지 가야지, 반쯤 밖에 오지 못한 이곳 홍콩에서 멈추어 선다는 것은 아무 의미도 없었다. 서른 살이 지난 이 시점까지 살아오는 동안 내가 이룬 것이 무엇인가? 아무것도 없었다. '문화대혁명'은 나와 우리 세대 모두에게서 청춘을 빼앗아 가버렸다. 나는 잃어버린 시간을 되찾고 싶었다. 나아가 나의 가능성이 무엇인지, 어디까지 뻗어나갈 수 있을지 알고 싶었다. 국제 피아노 콩쿠르에 도전하기에는 이미 너무 늦었다는 것을 모르지 않았으나, 그건 어차피 할 수 없는 일이었다. 피아노는 내 인생에서 그 무엇과도 바꿀 수 없는 소중한 것이었다. 예술가로서의 삶을 성공적으로 살아가기 위하여 나는 어떤 희생이라도 각오하고 있었다. 미지의 세계로 깊숙이 들어가 무엇 하나 없이 지내면서도 힘껏 애쓰고 노력할 각오가 되어 있었다. 가족을 다시 만나는 것도 나 자신의 가정을 이루는 것도 이미 포기했다. 실패하지 않으리라고 장담할 수는 없었지만, 나는 그래도 마음 깊이에서부터 행운의 별을 믿고 있었다. 훗날 돌이켜 볼 때 나의 이러한 결정은 자기중심적이었다고 생각될 수도 있으리라. 하지만 지금 이 시점에서 주사위는 이미 던져졌다. 나의 선택은 명명백백한 것이었다. 즉, 로스앤젤레스까지의 비행기 값을 모으기만 하면 곧장 떠나기로 했다.

1980년 3월 말이 되자 떠날 준비가 빠짐없이 갖추어졌다. 나는 비행기 표를 손에 쥐고 있었고 천이 공항에 마중 나오기로 했다. 나는 외갓집 친척 부부를 비롯하여 두 달 동안 홍콩에 살면서 사귀었던 친구들 모두에게 작별을 고했다.

어느 날 아침 공항으로 가면서 나는 『갈매기의 꿈』 이야기를 생각했다. 다른 여느 새들보다 더 높이 날아오르기를 꿈꾸었던 그 새를 생각했다. 캘리포니아가 나를 기다리고 있었다. 자유와 풍요로움의 나라, 가능성의 나라 미국이 나를 기다리고 있었다.

제2부

서양에서

최상의 선은 흐르는 물과 같다.
물은 만물을 이롭게 하면서도 아무하고도 다투지 아니한다.
사람들이 꺼리는 낮은 자리로 흐르면서도
물은 도와 가장 가까이 있다.

- 노자

16
자유의 나라에서

"노자가 누군데요?" 하고 나는 내 무식을 고백하는 수밖에 없었다.

비행기가 이륙하고서 얼마 후 나는 옆 좌석에 앉은 승객과 인사를 나누게 되었다. 연신 웃음을 머금고 있으면서도 조용한 분이었다. 식사 전에 나온 붉은 색깔의 음료수는 피가 아니라 토마토 주스이니 안심하고 마셔도 된다고 친절하게 일러주었다. 호랑이 그림이 그려진 황금색 종이에 싸인 조그맣고 네모난 물건을 처음 본 나는 그것이 호랑이 기름인 줄 알았는데 그게 아니라 '버터'라는 음식이라고 가르쳐주셨다. 그러다가 내 식사 쟁반이 그분의 옷 위로 엎어져 쏟아지는 황당한 일이 벌어졌다.

"괜찮아요." 그분은 나를 안심시켜 주었다. 이리하여 우리는 본격적으로 터놓고 얘기하기 시작했다. 그분은 미국 어느 대학에서 중국학을 강의하는 교수님이셨다. 노자가 누구냐고 되묻는 나에게 그분은 여러 가지 다른 발음을 해보였다.

"라오-찌? 라오-쯔? 라오-지?"

아무리 발음을 이리저리 굴려본들 소용이 없었다. 문제는 그분의 발음이 나빠서가 아니라 노자라는 이름을 지금까지 한 번도 들어보지 못한 나에게 있었기 때문이었다.

"문화대혁명 동안 벌어졌던 여러 가지 사정을 생각해 보면 이해가 되는군요."

그리하여 중국 사람인 내가 모르는 노자에 대하여 미국 선생님이 설명해 주셨다.

"노자는 철학자들 가운데 가장 위대한 분입니다. 이건 내 개인적인 생각이긴 하지만요. 노자의 생애는 신비에 싸여 있을 뿐, 알려진 게 거의 없어요. 기원전 6세기에 살았고 '춘추시대'에 주나라 궁정의 문서기록관이었다고 합니다. 임금에게 조언하는 참사관이 되고 싶었지만 뜻대로 되지 않았지요. 그러자 관리가 되겠다는 그 따위 허영심일랑 깨끗이 버리는 것이 참된 지혜에 이르는 길임을 깨닫고는 주나라를 떠나 방랑의 길로 나섰답니다. 노자가 국경에 이르렀을 때에 어떤 국경 수비대원이 그를 알아보았지요. 그 수비대원이 노자에게 스승님께서 닦으신 학문의 정수를 가르쳐주시기 전에는 제발 떠나시면 안 된다고 간절히 빌었답니다. 노자는 수비대원의 청을 받아들여 『도덕경』이란 책을 썼고, 책을 남긴 후에는 영원히 사라지고 말았답니다. 노자는 고대 그리스 철학자 헤라클레이토스와 같은 시대, 플라톤 보다는 1세기 앞서 살았던 인물이지만 이들 서양 철학자에 비해 너무도 덜 알려져 있어요. 난 강의 시간에 노자에 대해 많이 얘기해요. 노자가 서양에 좀 더 널리 알려졌으면 좋겠어요. 정말이지 폭력이 난무하는 우리 이 세상은 노자를 절실히 요구하고 있어요."

플라톤, 헤라클레이토스가 누구인지는 노자보다 더 모르는 이름이라고 내가 말하기도 전에 그분은 자리에서 일어나더니 가방에서 작은 책 한 권을 꺼내왔다.

"여기 내가 제일 좋아하는 구절 하나 읽어 줄게요. '최상의 선은 흐르는 물과 같다. 물은 만물을 이롭게 하면서도 아무하고도 다투지 아니한다. 사람들이 꺼리는 낮은 자리로 흐르면서도 물은 도와 가장 가까이 있다.'"

나는 깜짝 놀라지 않을 수 없었다. 인생이란 투쟁의 연속이 아닌가. 무엇보다도 성공을 향하여 남들과 경쟁하는 것, 나도 성공을 목표로 지금 미국으로 가는 중인데, 노자의 말씀이 도대체 무엇을 뜻하는지 정말 알 수 없었다. 내가 얻고자 하는 자리가 이 세상에 있다면 그건 제일 높은 첫째 자리이지 "사람들이 꺼리는" 낮은 자리는 분명코 아니었다. 옆자리의 탑승객은 나의 속마음을 알아차린 듯 미소를 지으며 덧붙여 말했다.

"두고두고 잘 생각해 보도록 해요. 언젠가는 지당한 말씀이란 걸 알게 될 거예요."비행기 착륙 시간이 다가오자 그분은 내가 입국심사 서류에 제대로 기입하게끔 옆에서 도와주신 다음 자기 집 주소와 연락처도 적어주셨다.

"난 로스앤젤레스에서 멀리 떨어진 곳에 살지만, 주저하지 말고 전화하세요. 전화할 땐 꼭 수신자 부담으로 하도록 해요."

비행기가 착륙했다. 출구로 나가야 하는데 도대체 출구가 어디에 있단 말인가? 무척이나 큰 비행장에 엄청나게 큰 도시가 바로 이런 데란 말인가! 어쩌다 보니 나는 승객 무리에서 떨어져 나와 있었고 나아갈 길을 잃어버리고 말았다. 에스컬레이터를 탔더니 카페테리아 쪽으로 왔는데 어디로 걸음을 옮겨야 할지 도무지 알 수 없었다. 마침 엄청나게 커다란 종이컵을 앞에 놓고 앉아 있는 어떤 중국 남자가 보였다. 중국 사람을 보자 마음이 좀 놓여서 나는 이내 그에게로 다가갔다.

"저, 실례합니다만 제가 길을 잃었거든요. 에스컬레이터를 타고 올라왔는데 출구가 어딘지 안 보이네요."

중국 분은 종이컵에 꽂힌 빨대에서 내키지 않은 듯 입을 떼더니 나를 위아래로 훑어보고 난 다음 이윽고 대만 사투리 억양이 강하게 풍기는 중국어로 말했다.

"생각을 해보쇼! 올라오는 에스컬레이터가 있으면 내려가는 에스컬레이터도 있을 것 아니오?"

같은 중국 사람이 왜 이런 식으로 나를 대하는지는 금방 알 수 있었다. 내가 중화인민공화국에서 왔다는 숨길 수 없는 사실이 눈에 드러나는 만큼 그 사람에게 좋은 인상을 줄 리가 없었다. 나는 그만 자신이 없어졌다. 나는 노자가 누군지, 토마토 주스가 무엇인지, 공항 밖으로 나가는 출구가 어딘지 아무것도 모르는 바보 같았다. 그러고도 계속해서 한참 동안 헤매고 나서야 누군가 멀찍이서 나에게 손을 흔들고 있는 모습이 보였다. 외갓집 재종천이 두 딸과 함께 마중 나와 나를 기다리고 있던 것이다.

얼마 후 우리는 천의 집이 있는 동네, 헐리우드 근처에 위치한 '비치우드'라는 동네로 향하고 있었다. 천은 차를 몰면서 내게 경고의 말을 한마디 했다.

"알다시피 '문화대혁명'이 끝난 이후로 중국 사람들이 대거 미국에 이민 와서 살고 있는데 말이야. 여기서 살아가는 생활 태도를 보면 영 실망스러워. 많이 벌어서 잘 살고 싶어는 하면서도 일은 하기 싫어하지 뭐야."

나는 한순간 아버지 생각이 났다. 평생 그리도 힘써 일했지만 돈은 한 번도 제대로 벌지 못한 우리 아버지…. 나는 천에게 그 점에서는 안심해도 된다고 말했다.

"난 내 손으로 일해서 살 거야. 여기 중국 사람들처럼 살진 않겠어. 내 앞길은 내 힘으로 해결할 거야."

얘기하는 동안 창밖으로 잇달아 보이는 집들을 보니 감탄의 소리가 절로 나왔다. 집 하나하나가 모두 궁전 같았다.

천의 아내 에이미는 용모가 뛰어난 여자였다. 막내둥이 아기를 팔에 안고 문턱에서 나를 기다리고 있었다. 처음 보는 미국 집은 넓은 공간에 세련된 가구로 장식되어 있었다. 하지만 정돈이 하나도 되어 있지 않았다. 장식이라곤 전혀 없이 텅 빈 벽, 비좁은 방에서만 살았던 나는 머리가 빙빙 돌 지경이었다. 하나, 눈에 확 띄는 광경은 바닥이 온통 장난감으로 널려 있는 것이었다. 사방에 나뒹구는 장난감은 죄다 새 것, 아니면 새 것이나 다름없는데도 마치 내동댕이쳐버린 듯했다. 나는 장난감이라곤 한 번도 가져 본 적이 없었다. 하기야 마오 주석께서 중국의 어린이 모두가 손에 쥐고 있기를 원했던 물건, 즉 붉은 깃발로 장식된 조그마한 창(槍)은 예외였다.

나는 중국에서 갖고 온, 부모님이 힘들여 마련한 돈으로 산 선물을 내밀었다. 어머니가 정성껏 골라 주신 옥 귀걸이 세트를 에이미는 한 번 힐끗 보기만 할 뿐이었다. 홍콩에서 자칫하면 국경 통과조차 못 할 뻔했던 무술용 긴 칼은 내가 그 집에 머물러 있는 동안 내내 한 번도 칼집에서 나온 적이 없었다. 외갓집 재종 부부는 그런 선물보다는 딴 데 신경 쓸 일이 많은 것 같았다.

30분 후 당분간 내 방으로 쓰라고 일러준 침실에서 내려온 나는 애들 장난감을 정돈하여 치워놓겠다고 제안했다. 사실 장난감을 만져보고 싶은 마음도 있었고 정리 정돈을 해야겠다는 생각도 다분히 있었다. 이것저것 집어서 돌리고 또 돌려보니 참

재미있었다. 그러자 천이 웃으며 말했다.

"갖고 싶은 대로 몽땅 다 가져, 우리 애들은 장난감이 너무 많아."

마침 조그만 헝겊 가방이 눈에 띄었다. 천이 다시 말했다.

"그래그래, 맘에 들면 그 안에 넣어서 다 가지라고!"

저녁 식사 후에 모두 텔레비전 앞에 앉았다. 마침 이란 주재 미국대사관에서 인질 사건이 벌어져 한참 시끄러웠던 때였기에 카터 대통령의 대국민 연설이 방영되고 있었다. 나는 애써 대통령이 하는 말을 알아들으려고 해봤지만 영어 실력이 턱없이 모자랄 따름이었다. 갑자기 천이 내게 묻는 것이었다.

"지금 저 말, 알아들었어?"

나는 아니라고 사실대로 대답할 수밖에 없었다.

"'헬프 미'라고 했잖아. 못 알아들었단 말이야? 저렇게 쉬운 말도 못 알아들으면서 어떻게 미국 학교에서 공부하겠다는 거야? 너, 영어 공부부터 시작해야겠다."

"영어 공부는 어떻게 해야 하지?"

"우리처럼 하는 거야. 텔레비전을 봐야 돼. 그리고 우리 집에 영어로 녹음된 동화 카세트가 있거든. 빌려줄 테니까 밤마다 자면서 듣도록 해. 애들 이야기라 그다지 어렵지 않은 영어야."

천의 아내가 한마디 했다.

"여기서 공부를 하겠다는 생각은 안 하는 게 좋겠어. 공부보다는 피아노 레슨으로 돈을 벌어서 부모님께 보내 드리도록 해야지."

그러자 천이 옆에서 거들었다.

"아니면 우리 진료소에서 간호보조원으로 일할 수도 있어. 미국에서 산다는 것이 말이야, 젊은이들에겐 일자리가 많지만 노인들에겐 아주 힘들어. 가족이랑 떨어져서 홀로 살고 있는 노인들이 많거든. 그런 이들을 돌봐줄 간호보조원이 지금 아주 많이 필요한 실정이야. 게다가 돈벌이도 좋거든."

미국에 온 첫날 저녁부터 이런 소리를 듣기란 쉽지 않은 일이었다. 하지만 나는 이해할 수 있었다. 외갓집 재종 부부는 나와는 다른 세계에 사는 사람들이었다. 천은 중국 본토를 떠나 홍콩으로 이주한 가정에서 자란 전형적인 세대였다. 그의 아버지는 아들을 미국 대학으로 유학 보내기에 앞서 중등교육 과정 전부를 영국 학교에서 공부시켰다. 천은 그 후 미국 유학 중에 대만에서 온 생물학도와 만나게 되었다. 그리하여 둘은 결혼했고 로스앤젤레스에 자리 잡았던 것이다. 로스앤젤레스는 화교가 많은 도시이므로 중국 원래의 문화와 관습을 그대로 충실히 지키며 살 수 있었다. 그는 또 무료로 침술을 가르치고 있었다. 집에서는 중국어로 얘기하고 중국 음식만 먹고 지내지만 미국 사회에 적응하고 동화하는 데에는 아무 문제가 없는 가정이었다.

뜬 눈으로 하룻밤을 보낸 이튿날 나는 근처에 있는 언어학교에 갔다. 미국으로 몰려든 이민자들이 영어를 배우게끔 무상교육을 제공하는 학교였다. 나는 온통 멕시코 사람들에게 둘러싸여 모두 무슨 소리를 하는지 한마디도 알아들을 수 없었다. 도와주는 사람도 없었다. 집으로 돌아오는 길 내내 도로변을 따라 아름다운 꽃들이 줄줄이 이어지는 광경은 참으로 감탄스러웠다. 내가 그리도 자주 꿈꾸어왔던 미국, 이곳은 지상낙원 같았다. 하지만 나는 이방인이란 느낌만 들 뿐, 과연 여기에 내가 발붙이고 설 자리가 있을까 의아해하지 않을 수 없었다. 사실로 말하자면 재교육 수용소에 처음 도착했던 그날로부터 지금까지를 돌이켜 봐도 이다지 힘든 인생 경험은 처음이었다.

며칠 후 영어 학교 우리 반에 중국 학생이 새로 들어왔다. 나이는 젊은데 깡마르고 핏기 없는 얼굴에다 겁에 질린 것 같은 표정이었다. 우리는 서로 눈이 마주했다. 어디선지 이미 본 얼굴이었다.

"도라 아니니?"

"어머, 날 기억해?"

베이징중앙음악학교 교장의 딸, 내가 자살을 시도했다는 이유로 고발되었던 사건 다음 날 내 얼굴을 보겠다고 어머니를 따라와 교장실에 앉아 있었던 어린 소녀, 내 어찌 그 아이를 잊을 수 있단 말인가? 미국으로 이민했다는 소문은 들었지만 이렇게 만나게 될 줄이야 꿈에도 짐작하지 못했다. 그런데 도라는 당장에라도 나락으로 떨어질 듯 위태위태해 보였다.

"나, 말도 못해, 친척 집에 있는데 먹을 걸 하나도 안 주는 거야. 그런데도 밥 달라는 소리를 못하겠거든. 배가 고파 죽겠어. 쓰러질 것 같아."

그날 저녁으로 도라의 딱한 사정을 천에게 얘기했더니 당장에 이리로 데리고 오라고 했다. 그리하여 도라는 건강이 회복될 때까지 나와 같이 지내기로 작정하고 천의 집으로 옮겨왔는데, 결국에는 몇 달 동안 우리와 한식구가 되어 살게 되었다.

나는 어머니께 첫 편지를 썼다. 어머니와 나는 약속을 했었다. 앞으로 미국에선 내가 쓸 돈도 턱없이 모자랄 터이니 부모님께 돈은 보내지 못하지만 대신 1주일에 한 번씩 꼭 서로 편지를 주고받기로 말이다. 첫 편지에서 나는 잘 있다고, 모든 일이 다 잘되어 간다고 했지만 실은 그렇지가 못했다. 내 마음은 무겁고 답답했다.

우선 먼저 해야 할 일을 끝낸 나는 〈L.A. 타임스〉의 구인 광고를 자세히 읽기 시작했다. 캘리포니아 예술대학은 9월이 되어야 학기가 시작할 것이고 그때까지는 뭔가 일거리를 찾아 나서야만 했다. 아기 보는 일이나 가정부 일이 내가 할 수 있는 일이었다. 그러나 처음 몇 군데 걸어본 전화는 완전히 실패로 끝나고 말았다.

"뭐라고? 누굴 찾는 거요? 누구요?"

내 영어를 도무지 알아들을 수 없었던 데다 조금이나마 알아들으려고 애써 볼 생각도 없었던지 상대방은 전화를 받고 몇 초도 안 되어 이내 수화기를 놓아버리는 것이었다. 해결책은 하나뿐, 면접을 신청하는 것이었다. 직접 얼굴을 보고 얘기하게 되면 일이 한결 수월해지리라 생각했다.

그리하여 오렌지카운티에 위치한 양로원에서 처음으로 면접을 받게 되었다. 멀리 떨어진 곳이라 나는 교외 버스를 타고 가야 했다. 그러나 면접은 전화 통화나 다름없이 그저 한순간에 끝나버렸다.

"당신은 영어를 정말 너무 못하네요. 그래 가지곤 아무 일도 할 수 없어요. 쏘리."

돌아오는 버스에 앉은 나는 앞길이 캄캄해졌다는 걱정에 짓눌려 있던 데다가 영어 동화 카세트를 듣느라고 며칠째 잠을 제대로 못 잔 탓에 기진맥진하여 모르는 사이에 그만 잠이 들어버렸다.

"어이! 일어나쇼!"

"다 왔어요?"

"여긴 버스 종점이요. 어디 가는데?"

"비치우드요."

"저런! 거기 정류소는 한참 전에 지나왔는데!"

운전사는 아주 난처하다는 표정이었다. 그도 그럴 것이 버스 안에는 운전사와 나, 단 두 사람밖에 아무도 없었다. 때는 벌써 저녁 9시였고 나는 내려야 할 정류소를 한참 전에 놓쳐버린 것이었다.

결국 나는 그날 밤 자정에 가까워서야 집에 돌아오게 되었다.

"아니! 도대체 무슨 일이 있었던 거야? 걱정이 돼서 죽는 줄 알았네!"

나는 먼 길 다녀온 얘기를 털어놓았다.

"그러지 말고 이 동네 근처에서 일을 찾아 봐. 우릴 이토록 걱정시키는 짓은 두 번 다시 하지 말고."

재종의 말이 옳았다. 나는 좀 더 신중하게 처신해야 했다. 그러자 이웃에서 가정부를 찾는다는 소식을 듣게 되어 나는 당장 그 집으로 뛰어갔다. 주인은 의사였고 마나님은 빼어난 미모를 갖춘 여인이었다. 둘 다 "중국 광"이라고 하는 사람들이었다.

"영어를 잘 못한다고? 괜찮아요. 우린 둘 다 중국 사람이면 아주 대환영이지요. 자, 일 얘길 합시다. 월요일에서 금요일까지 닷새 동안 일하기로 하고 한 달에 300달러 줄게요."

300불이라니, 세상에! 나는 가슴이 뛰기 시작했다. 중국에서 마오 주석이 하던 말이 생각났다. 중국 사람 한 사람이 한 달에

300위안, 즉 40불 정도의 돈은 벌도록 하라던 말. 나는 숨을 가다듬고 말했다.

"왜 닷새만이에요? 중국에선 1주일에 엿새나 일했어요. 여기서도 엿새 동안 할게요."

"오케이, 좋도록 해요. 내일부터 시작하도록 하고, 오늘은 집 구경이나 해요."

마나님을 따라 거실로 들어간 순간 나는 깜짝 놀라 숨이 막히는 듯했다. 콘서트용 스타인웨이 그랜드 피아노가 거실 한가운데 떡 자리 잡고 있었다. 도대체 이 집 주인은 돈을 한 달에 얼마나 벌기에 저토록 값나가는 귀중품을 사들일 수 있었단 말인가? 아마 중국 땅을 통틀어도 베이징에서 상하이 사이에 기껏해야 네다섯 대밖에 없을 터인데, 이렇게 개인집 거실에 들어앉아 있다니…! 언젠가 나도 한 번 저 피아노를 쳐 볼 수 있으려나?

그런 생각은 얼토당토 않은 헛된 꿈이었다. 가정부 일은 한 순간도 쉴 틈이 없었다. 다섯 개나 되는 욕실마다 벽이란 벽은 온통 거울로 덮여 있었기에 나는 하루 종일 그 많은 거울 표면을 윤이 나도록 깨끗이 닦아야 했다. 게다가 세탁기를 하루에 세 번 돌려야 했고 세탁이 끝나면 그만큼 다림질도 산더미였다. 식사 때마다 접시를 네 번씩이나 갈았기에 설거지를 끝내고 나면 시간은 이미 자정이 지나 있었다. 게다가 수영장 청소도 내가 할 일이었다. 수영장 주위에서 먹고 마시며 노는 파티가 셀 수도 없이 자주 열렸다.

리무진 승용차가 줄줄이 도착하면 초대 손님들이 차에서 내려 정원을 이리저리 거닐며 얘기를 나누기 시작했다.

"날씨 참 좋죠?"

"정말 아주 좋은데요."

"정말이지 집이 너무 멋있네요!"

"지난 주말은 어디서 지냈어요?"

모두가 1년 내내 일하지 않고 놀며 지내는 사람들 같았다. 그런 한편 별로 할 얘기도 없는 이들이었다. 내가 음료수 쟁반을 내밀면 나한테는 눈길 한 번 흘낏하지도 않았다. 그럴 때마다 나는 모자라는 영어 실력으로 저들이 하는 얘기를 제대로 못 알아듣는다는 사실이 마음에 조금도 거리껴지지 않았다. 들어도 그만 안 들어도 그만인 시시한 소리뿐이었다.

피아노를 두고 내가 할 수 있는 일이란 먼지나 닦아주는 것이 고작이었다. 두세 번인가 쳐볼 수 있긴 했지만 주인 어른과 마나님은 내 피아노 솜씨보다는 집안일 하는 솜씨에 더 많은 점수를 주었다. 다른 무엇보다도 내가 중국 사람이라는 사실이 주인 부부에겐 떠벌리고 싶은 자랑거리였다.

"우리 집 가정부는 진짜 중국 사람이야!"

이렇게 그들은 기회 있을 때마다 놓치지 않고 얘기했다.

그런 한편 너그러운 배려도 베풀 줄 아는 사람들이었다. 내가 이민자들을 위한 언어학교에 가서 영어 공부를 계속할 수 있게끔 매일 아침 2시간씩 자유시간을 주셨다.

그러던 어느 날 천과 그의 아내가 조용히 따로 얘기 좀 하자고 나를 불렀다.

"너 하루 종일 웃는 얼굴을 보이는 적이 없어. 그러니 애들이 힘들어 하지 뭐야. 애들에겐 주위 분위기가 명랑하고 즐거워야 하거든. 도대체 뭐가 어떻게 되어서 그런 거야?"

뭐가 어떻게 되었냐고? 나는 이 나라에 살고부터 마음이 도무지 편하지 않았다. 지나친 낭비에다가 속이 텅 빈 내용 없는 얘기들 하며 돈에만 악착같이 달라붙는 마음가짐에 넌더리가 날 지경이었다. 더군다나 날이면 날마다 엄청나게 쏟아지는 갖가지 선택사항 중에서 하나를 골라야 하는데 나는 무엇인가 결정하는 일에는 전혀 익숙하지 않았다. 자유란 그런 것인가? 아무튼 그런 자유는 내가 추구하는 자유가 아니었다. 하지만 이런 내 마음속 사정을 어떻게 설명할 수 있단 말인가?

어느 날 저녁 재종 부부의 중국 친구들이 나를 즐겁게 해주려고 디즈니랜드에 모두 함께 놀라가자고 했다.

"가보면 알게 돼. 기분이 썩 좋아질 거야."

주말이 오자마자 약속은 그대로 이행되었다. 중국 친척과 친구들은 내가 그 엄청나게 큰 공원 전체의 오락물 하나하나를 빠짐없이 구경하고 즐길 수 있게끔, 감동적이라고 해야 할 정도의 끈질긴 고집으로 밀고 나가기 시작했다. 나는 미키랑 악수한 데이어 도날드 하고도 일일이 손을 잡아주어야만 했다. 끝내 지칠 대로 지친 나는 재교육 수용소에서의 생활은 물론 힘들긴 했지만 적어도 이런 식으로 억지 춘향 노릇해야 하는 정신적 고문은 없었다고 분명히 잘라 말했다. 그런데 그들은 내 말을 듣고 전혀 기분 나빠하지 않았다. 오히려 전보다 더 나를 불쌍히 여기게 되었다. 내가 얼마나 공산주의에 물들고 병들어 세뇌가 되어버렸으면 기분 전환해주는 놀이조차 즐길 줄을 모를까. 그래도 내가 언젠가는 공산주의 때문에 걸린 병에서 낫게 될 터이니, 어느 날 이곳에 다시 와서 어린애처럼 즐거이 놀게 되리라고 그들은 힘주어 말했다.

디즈니랜드 같은 곳은 내 취향에 맞지 않는다는 것을 경험하고 난 후 나는 여가 활동 문제를 내 손으로 해결하기로 작정했다. 그러자 할리우드볼에서 베토벤의 「제9번 교향곡」이 연주될 것이라는 광고 기사를 〈L.A. 타임스〉에서 읽었다. 나는 5불짜리 표를 두 장 사서 천네 집 가정부를 함께 가자고 초대했다. 제9번 교향곡의 연주를 한 번도 들어본 적이 없었던 나는 로스앤젤레스 필하모닉의 연주회 날 저녁이 되자 마음 깊이 온통 기대감으로 벅찼다.

막상 가보니 교통이 엄청나게 혼잡한 곳이라 그런지 경찰관들이 여기 저기 곳곳에 배치되어 있었다. 나는 정신을 차릴 수 없는 지경이 되어 이대로 그냥 집으로 돌아가 버리려는 순간, 옆에 있던 동반자가 내 팔을 꽉 붙잡고는 우리 자리로 끌고 갔다. 자리에 앉아 주위를 둘러보니 깜짝 놀라 입이 딱 벌어질 따름이었다. 축구 경기장처럼 어마어마하게 큰 계단식 좌석으로 된 연주회장에는 2만 명에 가까운 관객이 싸갖고 온 음식을 먹으면서 마치 소풍 나온 사람들처럼 시끄러운 소리로 떠들어대며 공연이 시작하기를 기다리는 것이었다. 또다시 디즈니랜드에 온 것 같은 느낌이었다. 그날 저녁 내 귀에 「제9번 교향곡」은 첫 번째 '포르티시모' 소절에서부터 시작되었을 뿐, 원래의 시작인 '피아니시모' 소절은 전혀 들리지 않았다. 주위에 앉은 사람들이 이번 여름 바캉스 계획에 관해 서로들 얘기하는 소리 때문이었다.

어릴 적에 외할머니랑 구경 갔던 '경극'이 머리에 떠올랐다. '경극' 관람객들도 싸들고 간 음식을 먹으며 구경하긴 했지만, 적어도 눈앞에 벌어지는 구경거리를 좋아하고 공연 내용과 한마음 한 몸으로 움직이던 사람들이었다. 그런데 여기서는 세계적으로 가장 널리 알려진 음악 작품이 그저 하나의 배경음악으로 변질되어 버렸다. 내겐 정말이지 쇼크였다. 도대체 이 많은 사람들은 자기들이 얼마나 행운아들인지 알기나 하는 걸까? 오직 경건한 마음가짐으로 음악을 들었던 나에게는 거룩하고도 거룩한 그 무엇이 눈앞에서 산산조각이 나버리는 것 같았다.

∫

세월은 계속 흘러가는데 나는 더 이상 참을 수 없는 상태로 치닫고 있었다. 도대체 내가 미국 땅에 가정부 노릇을 하러 왔단 말인가? 다행히도 주인집 개가 구렁에서 허우적거리는 나를 건져주는 구원자 역할을 하게 되었다. 브라운이란 놈은 아주 늙은 개였다. 사실인즉 그 개의 잘못은 물론 아니었으나 내 몸이 개털에 굉장한 알레르기 반응을 보인 것이다. 몇 주간이 지나자 나는 온몸에 두드러기가 솟았고 어떠한 약도 효과가 없었다. 천도 집 주인도 어떻게 치료할 방도를 찾지 못했다. 해결책은 하나뿐이었다. 개와 한 지붕 아래 살기를 그만 두어야만 했다.

바로 그즈음에 나는 전화 한 통을 받았다. 내 인생을 다시 한 번 바꾸게 해준 전화였다.

"너 절대로 계속 그러고 살 순 없어! 다시 피아노 공부를 해야 돼. 여기 보스턴에 와서 오디션 받으라고, 일은 내가 맡아서 해줄게."

리커의 목소리는 두말 말고 당장 오라는 듯 아주 단호했다. 참으로 옳은 말이었다. 미국에 온 지 두 달이 지났건만 그동안 내가 한 일이라곤 아기 보는 일, 가정부일 뿐이었다. 언젠가는 내 본업으로 돌아가야지 이러고 살 수는 없는 노릇이었다. 그리하여 서둘러 보스턴행 비행기 표를 샀다. 표값은 300불, 즉 가

정부 일로 버는 한 달 급료였다. 하지만 진짜 문화도시 보스턴에 가는데 그까짓 돈이야 아무래도 좋았다. 중국에 있을 때 갔던 보스턴 심포니 오케스트라의 연주회, 너무도 인상 깊었던 지휘자 세이지 오자와가 다시 생각났다. 리쿠의 아내 샤오훙은 그때 보스턴 심포니 오케스트라와 중국 중앙교향악단이 공동으로 베풀었던 연주회에서 바이올리니스트 메리-루를 알게 되었고, 그녀의 도움을 받아 둘은 미국으로 이주하게 되었다. 내가 오디션을 받게 될 학교 뉴잉글랜드 음악원을 나는 이미 머릿속에 그려 보기 시작했다. 곧이어 어머니께 "아주 신나는 일이 일어날 것이다!"고 편지했다.

뉴잉글랜드 음악원에서의 오디션은 마치 꿈처럼 더할 나위 없이 이상적으로 진행되었다. 다음 1월 학기 개학 때 입학하도록 승인받은 데 이어 장학금까지 받는 기적이 일어났다. 나는 기뻐서 어쩔 줄을 몰랐다. 로스앤젤레스, 그리고 캘리포니아 예술대학이여 안녕히! 보스턴에서 훨씬 나은 삶을 누리게 되리라는 확실한 예감이 들었다.

나는 날아오를 듯 가벼운 마음으로 로스앤젤레스행 첫 비행기를 탔다. 드디어 내 앞길에 진짜 좋은 전망이 열리게 되었다는 이 기쁜 소식을 재종 부부에게 알릴 마음이 급했다. 그런데 기쁜 마음이 넘쳐나 넋을 잃었던 것인지 나는 그만 여행 가방을 잃어버렸다. 천은 어안이 벙벙해졌다.

"가방을 몽땅 잃어버리다니, 도대체 어찌 그럴 수가 있단 말이야! 정신을 어디다 빼놓고 다니는 거야? 갈아입을 옷 하나 없잖아."

천의 아내가 자기 옷 몇 가지를 챙겨 주면서 나더러 근처에 있는 교회에 가보라고 했다. 교회에는 가난한 이들을 위하여 수집된 의복이 있으니 그중에서 몇 점 얻을 수 있으리라는 얘기였다.

교회? 나는 교회라는 곳에 한 번도 들어가 본 적이 없었고 그리스도교는 종교에 대해서도 아주 희미하게 들었던 기억뿐이었다. 베이징을 떠나기 전 한 친구가 중국에 금지되어 있는 책, '성경'에 대하여 얘기했던 적이 있었다.

"성경책을 살 수 있게 되면 한 권 사서 나한테 좀 보내줘. 너무나 읽고 싶은 책이야."

성경에 관하여 내가 가진 지식의 범위는 중국을 떠나면서 나누었던 대화 몇 마디에 그쳤다.

나를 맞아들인 목사님은 따뜻하고 인정이 넘치는 분이었다. 내 처지를 말씀드렸더니 옷가지 몇 벌을 주셨다. 그리고는 모임이 진행되고 있는 옆방을 보여주시며 들어가 참석하지 않겠느냐고 권해 오셨다.

"'바이블 스터디'라고 하는데 성경에 관하여 공부하는 모임이지요"라고 설명해 주셨다.

나는 모임에 들어가 자리를 잡고 앉았다. 어떤 교인이 일어나 말하기 시작했다.

"형제 여러분, 예수님의 은혜 덕분에…."

나는 열심히 들었다. 그런데 들으면 들을수록 머릿속에 옛 기억이 떠오르는 것이었다. 비슷한 말투 때문인지 옛날의 악몽이 되살아나 당황스러울 정도였다. 마치 홍위병이 하는 말을 듣고 있는 듯한 착각이 들었다.

"학생 여러분, 마오 주석의 은혜 덕분에…."

여기 모인 교인들에게 나는 길 잃은 양일 수밖에 없었다. 그런 한편 호기심도 있었고 감사하려는 뜻에서, 그리고 또 마음이 약해지기도 했던 이유로 나는 그날 모인 이들과 함께 아주 조금이나마 같은 교인으로서의 길을 가게 되었다. 또한 기도하면 어떻게 되는지 보고 싶은 마음에서 기도 몇 마디도 중얼거리기 시작했다. 신의 존재를 시험해 보고자 내가 생각해낸 방법은 아주 구체적인 것이었다.

"신이여, 만약 존재하신다면 앞으로는 아무에게도 돈 달라고 손 내밀지 않고도 뉴잉글랜드 음악원에서 연주자 학위를 따게 될 것이라고 말씀해 주소서."

나는 대답을 기다렸다. 아무 소리도 들리지 않았다. 그러나 신이 내 기도를 들었다고 나는 확신했다.

무한의 세계로 나아가려 한다면
먼저 유한의 세계를 두루 살펴보라.

- 괴테

한 가지를 깊이 아는 것이
만 가지를 아는 것보다 낫다.

- 중국 속담

17
서양의 스승

12월이 저물어가던 어느 날 나는 외갓집 재종 부부와 작별했고 로스앤젤레스와도 영원히 작별했다. 리커와 그의 아내, 그리고 메리-루가 보스턴 공항에 마중 나와 주었다. 메리-루의 2층 저택은 로스앤젤레스 근방의 집들과는 비교도 안 될 만큼 우아한 모습이었다. 그녀는 중국인 부부가 이미 신세지고 있는 자기 집에 당분간 나도 함께 지내도록 배려해 주었다.

나는 메리-루의 조언에 따라 뉴잉글랜드 음악원에서 대단히 존경받고 있는 교수의 피아노 클래스에 등록했다. 그녀가 감탄해 마지않는다는 그 교수의 이름은 가브리엘 초도스였다. 그분은 아르투르 슈나벨의 몇 안 되는 제자 가운데 한 사람 밑에서 공부한 피아니스트였다. 그런데 그분에게 피아노 지도를 받으려면 먼저 음악이론 시험을 치루고 난 다음이라야 했다.

시험은 저녁 8시에 시작되었다. 나는 조그만 교실에 앉아서 다른 외국인 학생들과 함께 시험지를 받았다.

"시험 답안지는 3시간 후에 거둘 예정입니다."

하지만 나는 문제의 절반도 이해할 수 없었다. 큰일났다 싶어 난처한 얼굴을 하고 있었더니 여자 시험감독 하나가 다가와서 말했다.

"저 뒤쪽에 사전이 몇 권 있으니 사전을 참고하도록 해요."

나는 당장 일어나 사전을 한 권 집어왔다. 거의 한 시간이 지났지만 문제를 풀어나가는 데는 별로 진전이 없었다. 다음과 같이 괴상한 음악사 문제에 부딪쳤다.

"「4분 33초의 침묵」의 작곡자는 누구인가?"

틀림없이 내가 모르는 말이 있을 것이라고 생각되어 나는 초초하게 사전을 마구 뒤졌다. '사(四)'? '분(分)'? '침묵(沈默)'? 이처럼 쉬운 말 몇 마디뿐인데 그 몇 마디를 함께 모아놓은 문제의 뜻은 도무지 내 머리로 짐작이 안 되는 것이었다. 세상에 어떤 작곡가가 「4분 33초의 침묵」이라는 작품을 쓸 수 있단 말인가!

어느새 3시간이 흘러가 버렸고 나는 답안지를 거의 백지로 낼 수밖에 없었다. 나는 울면서 뉴잉글랜드 음악원을 나왔다. 시험을 망쳤으니 장학금도 못 받을 것이고 초도스 교수와 피아노 공부도 못하게 되고 말았다는 생각뿐이었다. 때는 저녁 11시가 지난 시간이었다. 지하철 정거장으로 내려간 나는 정신 나간 사람처럼 눈앞에 다가오는 전동차 속으로 그냥 휩쓸려 들어가 버렸다. 전동차는 다시 출발했는데 나는 계속해서 시험문제, 백지상태의 답안지, 낙방해버렸구나 하는 쓸데없는 생각에만 푹 빠져 있었다. 한 정류장, 두 정류장이 지나가는데 정신을 차리고 보니 올 때 지나온 정류장 같지 않았다. 나는 지하철 지도를 봐야겠다는 생각에 세 번째 정류장에서 내렸다. 그러나 메리-루의 집 근처 지하철 정류장 이름이 죽어도 생각나지 않는 것이었다. 나는 다시 다른 전동차에 올라타는 수밖에 도리가 없었다. 잊어버린 정류장 이름은 여전히 떠오르지 않은 채 나는 어느덧 종착역에 도착하게 되었다. 마지막 전동차 운행이 끝나는 시간이었다.

"여기서 뭘 하는 거요?"

키가 큰 흑인 운전사가 손님이 모두 내렸는지 확인하느라고 객차마다 점검하던 중이었다. 지하철 안에는 그 운전사와 나 단 두 사람뿐이었다. 자정이 지난 시간이라 겁이 나기도 했다.

"저. 길을 잃었어요. 친구네 집에 살고 있는데 내려야 할 정류장 이름을 그만 잊어버렸거든요."

"그러니 난들 어떻게 하겠소?"

나는 아무 말도 하지 못하고 어찌할 바를 모르겠다는 얼굴로 그를 쳐다보고만 있었다. 그는 목소리를 한 층 더 높여 말했다.

"어디 사는지 집 주소는 알 것 아니오?"

나는 그 사람이 점점 더 무서워졌고 그 또한 눈치를 챈 것 같았다.

"나도 도와주고 싶은데, 댁이 어디 사는지 모르니까요."

그는 머리를 긁적거렸다.

"정류장 이름 첫 글자라도 모르겠소?"

"E로 시작하는 이름 같아요."

"좋소, 그럼 도로 시작하는 정류장마다 서 줄 터이니 내려서 거기가 거긴지 확인해보죠"라고 명령하는 목소리는 두말 말고 자기 말대로 하라는 듯 단호했다. 그리하여 운전사와 나, 단 두 사람을 태운 전동차는 왔던 방향을 거슬러 다시 달리기 시작했다. 드디어 맞는 정류장을 되찾은 시간은 새벽 1시였다. 그처럼 업무시간을 연장하기까지 하면서 나를 도와주었던 그 운전사는 결코 잊지 못할 분이었다. 그날 저녁에 어물어물 뇌었던 "감사하다"라는 한마디로는 내 마음을 꽉 채우다시피 했던 감은(感恩), 그 만분의 일도 제대로 전달할 수 없었다. 하지만 그 후로는 한 번도 그분을 다시 만나지 못했다. 지금도 나는 꿈을 버리지 않고 있다. 그분을 다시 만나게 되는 기적이 일어나기를, 혹은 또 이 책이 그분의 손에 쥐어지는 일이 일어나기를….

∫

다음 날 아침 식사 중에 나는 메리-루에게 물었다.

"영어로 「4분 33초의 침묵」이 도대체 무슨 뜻이죠?"

"왜 그런 질문을?"

"어제 시험에 난 문제였는데, 그게 무슨 뜻인지 통 몰라서요."

메리-루는 깔깔 웃음을 터뜨렸다.

"존 케이지의 이름난 작품이지!"

내가 그런 미국 작곡가에 대해 무식하다는 사실은 그다지 나쁜 결과를 가져온 것 같지 않았다. 며칠 후 초도스 교수에게 첫 레슨을 받도록 학교 측 인가가 나왔다. 몇 달씩이나 남의 집 가정부로 일하면서 기다리고 기다려왔던 피아노 수업을 메리-루가 침이 마르도록 얘기하던 교수에게서 받게 된 순간이 온 것이다. 쉰 살쯤 되어 보이는 그분은 작지만 다부진 체격이었다. 몸에서는 무어라 표현하기 어려운 어떤 힘, 약간의 불안감마저 일으키는 힘이 풍겨나오는 것 같았다. 머리를 뒤로 빗어 넘긴 덕분에 그의 잘생긴 얼굴과 슬픈 눈길에 깃든 깊은 지성미가 환히 드러나 보였다.

"무슨 곡을 준비해 왔어요?"

"슈만의 「환상곡」인데요."

"자, 시작하시오."

나는 정녕 낭만적 열정의 기념비적 걸작이라고들 하는 제1악장을 연주하기 시작했다. 이어서 피아니스트 누구나 두려워하는 소절, 손을 왔다 갔다 옮겨 놀리기가 난해하기로 이름난 제2악장의 마지막 부분을 하나도 틀리지 않고 쳐내었다. 그리고 제3

악장을 꿈결처럼 이어나갔다. 연주 시간 30분 내내 교수는 아무 말이 없었다. 나는 연주를 끝까지 마친 다음에야 얼굴을 교수에게로 돌렸다. 그는 두 손으로 머리를 감싼 채 눈을 감고 있었다. 계속해서 몇 초 동안 가만히 그대로 말없이 앉아 있는 통에 내게는 그 몇 초 동안이 마치 영겁(永劫)인 듯 길고도 길게 느껴진 시간이었다. 이윽고 말씀이 들려왔다.

"손가락 놀림은 참 좋은데 아무런 의미가 없네요."

나는 얼굴이 빨개졌다. 지금껏 미국에 살면서 이런저런 충격에 부딪치며 갖가지 불쾌한 일들을 참고 견딜 수 있었던 것은 그래도 내가 여기서 언젠가는 예술가로서 성공할 수 있으리라는 생각, 오직 그 한결같은 생각에만 매달려온 덕분이었다. 그런데 나는 이 한순간에 얼굴을 떨어뜨리고 말았다. 뿐만 아니라 발 아래 땅이 꺼지고 세상이 끝장나는 것 같았다. 피아노 공부고 뭐고 다 집어치우고 싶은 마음밖에 없었다. 그렇게 계속 몇 분 더 실의에 빠져 괴로워하고 있던 중에 다시 선생님의 목소리가 들렸다.

"우리 함께 공부해 나갑시다."

아주 자신감 있는 목소리였다. 그러자 중국 청소년 바이올리니스트들에게 아주 엄격하게 대하던 아이작 스턴이 연상되면서 나는 곧 희망을 되찾았다. 이제 내 앞에 길이 하나 열렸다는 것을 깨닫게 되었다. 내가 원하는 곳까지 가려면, 더 오래오래 가야할 멀고도 먼 길, 그 길로 나아가려면 초도스 교수를 믿고 따라 가야지 다른 길이 없다는 것을.

나의 선택은 후회 없는 것이었다. 그분은 참으로 위대한 음악가이며 우수한 교육자인 동시에 생각이 아주 뚜렷한 예술가이셨다. 그분의 지도 아래 나는 아주 많은 것을 배웠다.

나는 초도스 선생님의 피아노 독주회에 처음으로 가게 되었다. 선생님의 독주회는 내게 위대한 음악가를 발견하게 해줌과 동시에 그분의 예술세계를 오롯이 드러내 보여준 계시의 순간이었다. 연주 곡목은 베토벤과 슈베르트, 두 작곡가의 작품뿐이었다. 나는 대번에 그 깊고 황갈색을 띤 듯 섬세한 음질에 강한 인상을 받았다. 연주는 내가 아직 한 번도 들어보지 못했던 슈베르트의 소품 「알레그레토 C단조」로 시작되었다. 슈베르트의 생애 마지막에 작곡된 이 곡은 불과 몇 분 만에 끝나는 소품이지만 그 몇 분 안에 슈베르트가 겪은 온갖 아픔과 슬픔이 송두리째 쏟아져 내리는 듯한 음악으로, 이를 들려주는 초도스 선생님의 그날 저녁 연주는 지극히 감동적이었다. 그것은 엄청난 감동을 주면서도 또한 단순하기 이를 데 없는 작품이었다. 양손이 함께 같은 음정을 짚어나가는 소박한 멜로디가 작품의 거의 대부분을 이루고 있었다. 그처럼 단순한 곡으로부터 어찌 그리도 풍부한 감정이 흘러나올 수 있단 말인가? 반대로 훨씬 더 복잡한 곡을 연주할 때는 자연스럽고도 명료하기 그지없었다. 복잡해 보이는 곡의 단순성을 나타내줌과 동시에, 단순해 보이는 곡의 복잡성을 나타낼 줄 아는 솜씨, 대가의 가르침이란 바로 그런 것이었다.

그분이 그토록 훌륭한 음악 교육가요 지도자라는 사실을 나는 많은 세월이 흐른 지금에 와서 더욱 깊이 깨닫곤 한다. 그 당시엔 사실 그렇게 무정한 사람은 다시 없다 싶을 정도로 한결같이 엄격한 교수법으로 일관하셨다. 자연스럽고 솔직한 반 선생님과는 달리 초도스 선생님은 얼음처럼 차가웠다. 피아노 공부를 계속하려면 투쟁해야 했다. 레슨을 받고 나올 때마다 나는 피아노 공부를 집어치워 버리고 싶을 정도였다. 그 점에서도 반 선생님과는 정반대이긴 했으나 준엄한 지도 아래 노력한 결과는 과연 보람이 있었다.

선생님과 나는 바흐의 「평균율 클라비어곡집」 제1권의 마지막 곡 「전주곡과 푸가 B단조」로 공부를 시작했다. 이 곡은 반음계의 전체 12음정이 모두 '푸가'의 주제로 나타나는 그야말로 「평균율」 제1권 전곡의 절정이라고들 일컫는 작품이다. 이는 또한 내가 재교육 수용소에서 몰래 베꼈던 악보로 여러 해를 거듭하여 연습하고 또 연습했던 곡이기에 내가 그 누구보다도 속속들이 잘 알고 있다고 생각한 곡이었다. 그래도 다시 초도스 선생님의 지도 아래 줄곧 여섯 달에 걸쳐 공부해야만 되었다! 초도스 선생님과 공부할 때는 하나의 전제조건이 있었는데, 그것은 악보에 대한 절대적인 존중이었다.

"작곡자에게 충실할 수 있는 단 하나의 방법은 악보를 철저히 들여다보는 것 보는 것뿐"이라고 그분은 거듭거듭 말씀하셨다.

또한 그분은 정확한 판본의 악보를 갖고 있지 못한 학생에겐 레슨을 거절하는 선생님이셨다. 악보에 적혀 있지 않은데 조금 느리게 친다거나 혹은 음량을 점점 줄여 연주하는 학생에게는 아주 호되게 꾸중하며 고치게 하셨다. 악보에 적혀 있는 것 모두를 하나도 놓치지 않고 읽어내려면 확대경이 있어야 한다는 선생님의 말씀에 따라 나는 확대경을 하나 사서 손에 들었다. 그러고는 예를 들어 '스타카토'라고 표시된 음표 하나하나마다 혹시라도 잘못 치는 일이 없도록 악보마다 자세히 검토했다.

악보 읽기의 단계가 끝나자 초도스 선생님은 음악 연주에서 두 가지 기본이라고 여기고 계신 '프레이징'[19] 그리고 작품과의 일체감에 관하여 집중적으로 가르쳐주셨다.

연주자가 '프레이징'에 온 주의력을 쏟아야 한다는 것, 선생님은 이를 무엇보다도 중요시하셨다. 그래서 어떤 한 작품의 악보에서 각각의 가로줄마다 '프레이즈'가 어디에 있느냐고 물어보셨다. 소절선(小節線)이나 이음줄을 표시해 놓은 여러 기호들의 테두리 너머 '프레이즈'는 정확히 어디서 시작하여 어디서 마감하고 있나? '프레이즈'의 정점은 어디에 있나? 또한 왜 그런가? 선생님은 또 절대로 박자를 세지 말라고 하셨다.

"박자를 세면 열 배로 무거워진 음악이 돼버려. '프레이징'으

---

19 선율의 흐름이 시작하고 끝나는 '악절(樂節, phrase)'을 뚜렷이 나타내는 연주기법

로 템포를 나타내도록."

그리하여 선생님은 하나의 '프레이즈'가 끝날 때마다 반드시 건반에서 손을 떼어 올리며 연주를 멈추도록 하라고 강하게 명령하시다시피 하셨다.

"숨을 들이쉴 때와 같은 것이지. 음악 속으로 공기가 들어가도록 해야 돼."

그러나 바흐의 「전주곡과 푸가 B단조」는 참으로 끊이지 않고 이어지는 작품이라 그런지, 이를 선생님의 지시대로 군데군데 건반에서 손을 떼어가면서도 전체 음악의 흐름을 깨지 않고 연주하려니 정말로 힘이 들 뿐 아니라 괴롭기 그지없었다. 하지만 과연 선생님의 말씀이 옳았다. 다른 어떤 음악보다 바흐의 작품은 더할 나위 없이 복합적인 구조에 촘촘한 짜임새로 이어져 있기에 '프레이즈'의 시작과 마침이 뚜렷할 뿐 아니라—마치 위대한 시(詩) 낭송에서처럼 비록 듣는 사람들에겐 끊이지 않고 이어지는 흐름인 듯싶지만—앞뒤 이음새의 마디마디가 유기적으로 연결된 비길 데 없는 걸작이기에 그러했다.

작품과 일체감을 느끼도록 가르치는 데에 있어서 초도스 선생님은 반 선생님과 의견은 같았지만 방식이 달랐다. 연주자는 애초부터 작품 속 깊이 들어가 있어야 한다고, 그리하여 자아의 범위를 최대한 초월하여 자기의 모든 것을 다 내어주어야 한다고 말씀하셨다.

"아낌없이 모든 것을 다 내어주는 마음가짐이야말로 음악가가 지녀야 할 가장 위대한 품성이지."

함께 공부하던 어느 날 선생님은 내가 중국 사람이라 그런지 어째 좀 너무 명랑한 소리를 낸다고 지적하셨다. 그런 다음 내가 더욱 교향악적인, 다층적인 소리를 찾아내도록 끊임없이 도와주셨다. 또한 언젠가 이런 말씀을 하셨다.

"뱃속으로부터 에너지를 끌어 올리도록."

나는 놀라서 선생님께로 얼굴을 돌렸다. 거의 20년 전에 반 선생님이 하신 말씀과 같은 내용이기 때문이었다. 하지만 선생님의 부인이 일본 여성이라는 사실을 두고 생각하면 그다지 놀랄 일은 아니었다. 중국 사람처럼 일본 사람에게도 배는 신성하리만큼 특별한 신체 기관이기 때문에 하고많은 동북아시아 사람들이 배를 따뜻하게 하느라고 복대를 두르고 있지 않은가 말이다!

연주자가 연주하는 작품과 한마음 한 몸이 되는 훈련에 더욱 강도를 높이기 위하여 초도스 선생님은 나더러 뉴잉글랜드 음악원의 동료 교수가 가르치는 재즈 강의를 수강하라고 하셨다. 세상에 재즈만큼 중국문화와 동떨어진 음악이 또 있을까 싶었지만 나는 시키는 대로 했다. 강의를 맡은 교수는 재즈에 어울리는 분위기를 조성하기 위하여 강의실 조명을 어슴푸레하게 해 놓았다. 나는 그 어슴푸레한 불빛 아래 앉아 즉흥연주를 하느라 애써 보았다. 사실인즉 나는 그저 변변치 못한 '재즈 플레이어'에 불과했지만 나를 둘러싼 음악가들로부터 많은 것을 배우게 되었다. 제한된 테두리 안에서 한껏 자유로이 즉흥연주를 들려줄 수 있는 능력, 연주하는 동안 혼신의 힘을 송두리째 쏟아부을 수 있는 능력, 독특한 '무드'를 창출해 낼 줄 아는 재능, 이 모든 것은 앞으로 내가 잊지 않고 간직해 나갈 배움이었다.

초도스 선생님은 다음 단계로 슈만의 「다비드 동맹 춤곡」과 베토벤의 「피아노 소나타 제2번」, 이 두 작품만 당분간 연습하라고 하셨다. 선생님은 특히 베토벤의 소나타 한 곡을, 그중에서도 느린 악장을 잘 공부해야 한다고 고집하시며 일종의 경고까지 해주셨다.

"이 곡은 연주자의 능력을 최종적으로 판가름하는 작품이다. 하이든이나 모차르트나 슈베르트의 소나타 작품에서 느린 악장들은 어떻게 보면 더 단순하고 더 선율적이고 더 직접적이라고 할 수 있지만, 베토벤의 작품은 감수성이 다분히 배어 있는 더욱 추상적인 음악, 여러 개의 미세한 단위로 이루어진 음악이라 하겠다. 연주하는 학생이 무엇인가를 말해줄 수 있는지 없는지 판가름해 주는 요소가 바로 이 작품 속에 들어 있지."

선생님의 말씀이 옳았다. 베토벤 작품의 느린 악장은 지금도 내겐 최종적 시금석이라는 느낌을 준다. 그런데 이 악장을 그저 되는대로 지루하게, 아무런 의미 없이 텅 빈 소리만 내는 연주자들이 얼마나 많은가 말이다. 베토벤의 느린 악장이야말로 모든 국제 피아노 콩쿠르의 최종 과정에 포함되어야 할 것 같다.

슈만에 대하여 선생님은 생각이 달랐다. 나의 '터치'가 어쩐지 중립에 머물러 있다고 하셨다. 이를테면 물이 흐르듯 어느 편으로도 치우치지 않는 중립성, 이는 중국인에겐 미적 기준이라 할 수 있겠지만 서양인에겐 그렇지 않았다.

"위대한 배우처럼, 자기가 좋아하는 곡뿐만 아니라 갖가지 성격의 음악을 모두 다 연기할 수 있어야 해. 이제부턴 슈만의 작품을 연습하도록. 다양한 기분의 변화를 가장 효과적으로 가르쳐 주는 작품은 슈만의 「다비드 동맹 춤곡」이다."

나는 안 그래도 슈만의 「사육제」를 공부해보는 것이 꿈이라고 감히 한마디 했다. 그랬더니 선생님은 내 말을 그저 간단히 물리치셨다.

"사육제와는 비교도 안 된다는 걸 곧 알게 될 거야. 내 생각이긴 하지만 「다비드 동맹 춤곡」이 훨씬 더 의미심장한 작품이지."

다시 한 번 선생님의 말씀이 옳았다. 「다비드 동맹 춤곡」엔 「사육제」에 등장하는 '내성적인 오이제비우스(Eusebius)'와 '격정적인 플로레스탄(Florestan)'의 개념을 훨씬 뛰어넘는 전폭적인 세계가 있었다. 선생님과 나는 그 드넓은 세계를 서서히 시간을 들여가며 답사하기 시작했다. 악보의 한 줄을 공부하는 데에 한 시간이 걸렸다.

"이 곡을 연주할 때는 안정된 자세를 지속적으로 유지하도록 해야 한다. 템포의 변화라든가 지나칠 정도로 세게, 혹은 약하게 치는 등 초보적인 단순 효과는 피해야 돼. 안 그랬다간 모든 것이 무너져버리니까. 오직 연주의 손놀림, 터치만으로 다양성을 발휘하도록 노력해. 다양한 터치를 통해서만 감정이 표현되도록 유념해라."

위대한 연주가이며 훌륭한 교육자이신 초도스 선생님은 참된 음악가들 모두가 그렇듯 겸손한 분이셨다. 스스로 신성하다고 여기는 음악 앞에서 언제나 겸허한 자세였다. 독주회를 열 때에는 일주일 전부터 강의를 중단했다. 독주회 하루 전날이면 먹지도 않고, 피아노에 손대지도 않으며 하루 온종일 정신 집중에 쏟는 것이었다. 연주하기 전에 결혼반지와 시계를 손에서 풀었다. 또한 선생님은 가장 훌륭한 스승들만이 보이는 마음가짐, 즉 자기 자신은 뒤로 물러나고 학생들을 내세워줄 줄 아는 분이셨다.

"하이든이야 나보다는 네가 더 잘 알잖아." 어느 날 하이든의 음악에 관하여 얘기하던 중에 선생님이 하신 말씀이긴 했지만, 내 귀에는 그분이 하이든을 별로 좋아하지 않는다는 뜻으로 들렸을 따름이었다.

그로부터 몇 년 후 내가 프랑스 파리에 살고 있을 때 그분의 진면목을 알게 된 기회가 있었다. 그토록 위대한 예술가이면서도 거룩한 연주회에서 극도로 신중하고 겸허한 태도를 지니고자 여러모로 애쓰시는 모습을 보며 나는 다시 한 번 그분의 사람 됨됨이에 깊은 인상을 받았다. 그때 나는 '콘서트 기획자'라는 짧게 끝났지만 어렵고 힘든 경력에 막 뛰어든 참이었다. 초도스 선생님은 도착한 그날로 호텔을 세 번이나 바꾸었다. 한 곳은 더운물이 안 나오고 또 한 곳은 너무 시끄럽고, 세 번째는 바닥 카펫이 깨끗하지 못하다는 것이었다. 결국 선생님은 내가 아는 한 친구의 집에 묵게 되었다. 그런데 연주회장으로 갈 교통수단이 또 문제였다. 프랑스 택시 기사들은 너무 불쾌하다 하셨고 지하철은 또 너무 시끄러워 안 된다고 하셨다.

"그럼 어떻게 해요? 저는 차가 없는데…."

"차가 있는 친구에게 운전을 부탁하되, 운전해 줄 사람더러 연주회장에 도착할 때까지 절대로 입을 열지 않도록 각별히 주의시켜 놓게!"

연주회 날 저녁 선생님과 나를 실은 자동차는 마치 장례 행렬인 듯 침묵 가운데 프랑스 '음악저작권협회(SACEM)'의 공연장을 향하여 출발했다. 공연장에 도착하자 선생님의 마지막 지시가 내렸다.

"휴식 시간 동안 아무도 만나고 싶지 않을 뿐더러 연주가 끝나도 이런저런 코멘트니 어쩌니 하는 소리는 전혀 듣고 싶지 않으니 그리 알아서 해주게."

다분히 어린애처럼 상처받기 잘하는 예민한 감수성 외에도 그날 저녁 나를 더욱 감동시킨 것은 연주가 끝난 후 선생님이 내게 던진 질문이었다. 때는 막 슈베르트의 「즉흥곡 작품 142번」, 그리고 그 자신이 모든 피아노 작품의 최고봉이라고 믿어 의심치 않는 베토벤의 「피아노 소나타 작품 111번」을 더할 나위 없이 아름답게 들려주고 난 참이었는데 선생님 자신은 의아해하시며 나에게 이렇게 묻는 것이었다.

"내가 정말 독주회 연주자로서의 능력이 있다고 생각하니? 이대로 계속해도 되는 걸까?"

이렇듯 그분의 의구심은 참으로 감동적이라고 하지 않을 수 없었다. 내가 생각하기에 위대한 피아니스트란 바로 선생님 같으신 분들, 쇼팽은 들먹일 필요도 없이 라흐마니노프, 슈나벨, 제르킨, 길렐스, 리파티, 캠프, 이들 모두가 이름난 피아니스트이지만 스스로는 능력이 무르고 약하다고들 생각하지 않았냐고 대답해 드리고 싶었다. 또는 그즈음 내가 꽤 깊이 배워 알고 있었던 노자의 다음 글귀를 인용해 드리고도 싶었다. "견강(堅强)한 자는 죽음의 제자요, 유약한 자는 삶의 제자"라는 구절, 하지만 그 순간엔 너무 감동한 나머지 나는 그저 짧게 대답했을 뿐이었다.

"연주를 그만두신다면 불행해지실 거예요."

초도스 선생님으로부터 나는 특히 다음의 가르침을 깊이 새기게 되었다. 피아노와 음악에 대한 배움은 다양하게 여러 작품을 두루 섭렵하기보다는 하나의 작품을 끝까지 철저하게 공부함으로써 날로 깊어지는 것이라고, 오래오래 정해진 하나의 주제를 깊이 천착함으로써 가장 중요한 점을 발견하게 될 뿐 아니라, 다음 단계로 다른 모든 주제를 연구하게 해줄 방법을 펼치게 된다는 것, 이는 위대한 학자라면 누구나 다 알고 있는 진리였다.

무엇이든 한 가지 속에 있는 보편성을 꿰뚫어 보는 것, 유한의 세계를 참을성 있게 탐구함으로써 무한의 세계로 나아가기를 힘쓰는 것, 이는 정녕 두고두고 생각해 보아야 할 가르침이었다.

아무도 들어주지 않고,
아무도 거들떠보지 않는데,
개 몇 마리만 늙은 악사 주위를 맴돌며
으르렁대고 있네.

- 슈베르트, 「겨울 나그네」[20]

20 「겨울 나그네」는 모두 24곡으로 된 슈베르트의 연가곡이다. 위 인용구 마지막 곡 「거리의 악사」의 한 부분
인데, 가사는 슈베르트의 또 다른 연가곡 「아름다운 물방앗간 아가씨」와 같이 독일 낭만파 시인 빌헬름 뮐러
의 시에 곡을 붙인 것이다.

18
멍멍이랑 둘이서

보스턴에 내가 몸담을 곳을 찾아봐야 했다. 메리-루가 아무리 인심이 좋은 사람이긴 해도 이미 리커 부부가 신세지고 있는 집에 나까지 얹혀살 수는 없는 노릇이었다. 다행히 보스턴 심포니 오케스트라의 중국 공연 이후로 단원들 사이에 중국인에 대한 호감이 상당히 높아져 있었다. 그리하여 플루트 연주자 한 분이 나를 자기 집에 맞아들이기로 했다. 뛰어난 예술가 도미니크는 방이 아홉이나 되는 3층 넓은 집에 '올리버'라는 개 한 마리와 살고 있었다.

　이사한 첫날 밤 2시에 나는 외마디 고함 소리에 잠이 깨었다.

　"아니야! 아니야! 안 돼, 안 돼!"

　개가 죽어라고 짖어대는 소리도 들렸다. 놀라서 뛰어 일어나 방을 나와 보니 노발대발한 도미니크가 플루트를 손에 쥔 채 서 있었다. 사실은 아무것도 아니었다. 아무 일도 일어나지 않았고 그저 도미니크의 플루트 연습 시간일 뿐이었다. 매일 밤 같은 광경이 되풀이되었다. 내가 신세지게 된 집의 주인은 플루트 소리가 자기 마음에 꼭 드는 소리가 될 때까지 쉴 새 없이 밤낮을 가리지 않고 연습하는 사람이었다.

집주인은 식생활에서도 극도의 엄격주의를 고수했다. 식사라고는 하루에 딱 한 끼, 그것도 관현악단의 연습 시간 사이에 틈을 내어 12시에 먹는 아주 간단한 점심뿐이었다. 나머지 영양 보충은 약국에서 사 온 비타민 몇 알로 해결했다. "굶으면 에너지가 쌓인다"라는 표어가 그분의 생활신조였다.

멍멍이도 어쩔 수 없이 엄격주의 체제 아래에 놓여 있었다. 주인이 주는 밥의 양이 너무도 적은 탓에 하루 온종일 먹을 것을 찾아 집 안을 헤매고 다니는 가련한 짐승이었다. 하루는 절망한 나머지 냉장고 앞에 달라붙어 악착같이 힘 쓴 결과, 드디어 냉장고 문을 여는 데 성공했다. 즉시로 가혹한 처분이 내렸다. 그날부터 냉장고는 마치 침범할 수 없는 성역인 듯 자물쇠로 단단히 채워졌다. 허구한 날 텅텅 비어 있는 냉장고인데 무엇 때문에 그렇게 잠금장치까지 해야 하는지 알 수 없는 노릇이었다.

올리버는 아주 잘 생기고 영리한 개였다. 하지만 제대로 얻어먹지 못한 만큼 삐쩍 말라 있었다. 중국에서는 집 안에 개를 두는 경우가 드물었다. 나는 로스앤젤레스에서 처음으로 개를 경험했고 개털 때문에 심한 알레르기 현상을 겪기도 했었다. 그래서 이번에도 처음엔 조심스럽게 대했지만 차츰 친해지면서 개가 좋아졌다. 형편없이 적은 밥을 얻어먹으며 가련하게 살면서도 주인에 대한 충성심이 한결같은 개가 감탄스럽기까지 했다. 도미니크는 저녁이 되어 집에 돌아오면 사람인 나보다 개에게 먼저 이제 왔노라고 인사했다. 하기야 지극히 당연한 일이었다. 나에겐 그러지 않아도 제 주인에겐 모습이 보이자마자 반갑게 뛰며 짖어대는 개가 아닌가.

도미니크에겐 감히 아무 말도 할 수 없었지만 나 역시 늘 배가 고팠다. 올리버도 나도 약국에서 비타민을 사댈 만한 여유가 없는 신세였다. 그러던 어느 날 초도스 선생님께 배고픈 사정을 털어놓고 얘기하게 되었다. 선생님은 재미있다는 듯이 웃으셨다.

"배고파 죽겠다는 학생을 만난 일은 내 평생 처음이구먼. 당장 집 주인에게 사실대로 밝혀야 돼! 미국 사람들은 아주 직선적이야. 뭔가 안 되는 일이 있으면 입 밖에 내놓고 얘기를 해야 하는 것이지."

중국에서는 사정이 미국과 달랐다. 우린 아무것도 요구하는 법이 없는 사람들인지라 주변 사람들이 눈치를 챌 때까지 참고 기다릴 따름이었다.

그날 저녁 집에 돌아오자 나는 용기를 있는 대로 끌어모아 입을 열었다.

"며칠 전부터 말해야지, 말해야지 하면서도 감히 입 밖에 내지를 못했는데…실은 저…배가 고파서….”

“저런, 나에게 좀 더 일찍 말하지 그랬어! 지금 당장 시장에 다녀올게.”

얼마 지나지 않아서 돌아온 도미니크는 의기양양하게 말했다.

“이거면 한껏 배불리 먹을 수 있을 거야”라고 말하며 통밀빵 한 덩어리를 내어놓았다. 그러고 나서 도미니크가 플루트 연습 하러 위층으로 올라가자마자 나는 빵 덩어리를 거머쥐고 삽시간 에 다 삼켜버렸다. 그런데 다음 날 아침 아래층에 내려오니 도미 니크가 펄펄 뛰며 난리라도 난 듯 야단이었다.

“이런 세상에! 빵 한 덩어리를 몽땅 다 먹은 거야?”

나는 하도 창피하고 당황한 나머지 대답도 못하고 쩔쩔맸다.

“그렇게 많이 먹다간 금방 배탈이 난단 말이야. 배탈이 나면 의사한테 가야 되고 진찰비에 치료비에 약값은 의료보험이 있는 사람이라도 얼마나 비싼지 말도 못해. 내가 빵은 더 사다 주겠지 만 하루에 빵 두 조각 이상은 절대로 먹으면 안 돼.”

바로 그날부터 보스턴 심포니 오케스트라 단원들 사이에 희 한한 소문이 떠돌기 시작했다. 서양에서는 중국 사람들이 쌀을 좋아한다고 그러는데 실은 그렇지가 않더라고, 진짜 중국 사람 은 통밀빵을 더 좋아한다고.

나는 근처에 있는 교회에 다녔다. 교회에는 그래도 예배가 끝나면 뭔가 입에 넣고 우물거릴 것이 항상 있었다.

바로 그 교회에서 나는 지체부자유자 한 분을 알게 되었다. 마침 그분이 자기 집에 와서 도와줄 일손을 찾고 있다며 수고비는 1주일에 25불이라고 했다. 주당 25불이면 배를 주리지 않고 넉넉히 먹고 살 수 있는 돈이 아닌가! 나는 당장 그날 저녁에 도미니크에게 다른 곳에 일자리가 생겼으니 여길 떠나겠다고 말했다.

"그렇다면 우리 집에 그대로 있으면서 집안 일이나 거들고 청소나 대강 해주면 안될까? 나는 주당 30불 주겠어."

너무나도 당황한 나는 그저 입속으로 우물우물 말했다.

"15불이면 충분할 것 같은데⋯."

사실이 그러했다. 한 주간의 식비는 15불로 해결되었다. 계란, 쌀, 홍당무 약간씩만 사오면 나 혼자 먹고 지내기에 충분했다. 홍당무는 가련하기 짝이 없는 멍멍이랑 나누어 먹었다. 15불을 받고 해주는 집안일의 수준이 별로 신통찮은 때가 있었던 것을 생각하면 더욱 그 돈이 낮은 임금이라고 할 수는 없었다.

그러던 어느 날이었다. 도미니크의 딸이 휴가를 얻어 며칠 동안 엄마 집에 와서 함께 지내던 중이었다. 갑자기 주인 마나님이 목청껏 고함을 내지르는 소리가 내 귀에 들렸다.

"어머나, 내 블라우스가 타버렸네! 샤오메이가 다림질 하다가 블라우스를 태워버렸구나! 연주회에 입고 갈 옷인데, 이 일을 어쩌면 좋아? 어떻게 해?" 라고 소리치더니, 나를 향하여 "블라우스 값은 샤오메이가 물어내야 돼, 알았지!"라는 것이었다.

내가 실수를 저지르긴 했었다. 다리미를 블라우스 위에 놓고 딴 일에 정신을 팔고 있었기 때문이었다. 그 순간 도미니크의 딸이 달려와 내 편을 들어 주었다.

"엄마, 말도 안 되는 소리 그만 해. 엄마가 오히려 샤오메이한테 사과해야 돼. 엄마는 아무것도 모른단 말이야. 샤오메이를 어떤 식으로 부려먹고 있는지 엄마 머리로 짐작이나 해?"

도미니크는 돌처럼 차가운 표정으로 서 있었고 딸은 계속해서 같은 소리로 퍼부어댔다. 그렇게 모녀가 싸우는 동안 나는 사르르 뒤로 빠져나와 내 방으로 올라왔다. 한 30분이 지나자 이번엔 딸이 냅다 고함지르는 소리가 내 방까지 들려왔다.

"그렇다면 좋아. 내가 여기서 없어지면 그만이야! 죽어도 이집에 다시 발을 들여놓는 일은 없어!"

문이 쾅하고 닫히는 소리가 나더니 이후로는 잠잠했다. 나는 큰마음 먹고 내려가 보았다. 도미니크가 어찌할 바를 몰라 하는 얼굴로 거실 한가운데 서 있었다.

"아까 일은 미안해. 내 딸 말이 옳았어. 지나간 시절 얘기 하나 해줄까? 젊은 나이엔 나도 부모님 집을 뛰쳐나간 적이 있었어. 내가 아버지더러 자기 회사 사원들에게 사업을 물려주도록 하라고 졸랐었는데 아버지는 내 말을 안 듣고 거절해 버렸거든."

나는 말없이 잠자코 있었지만 마음속으로는 도미니크를 이해하고도 남았다. 젊은 나이에는 누구나 으레 부모를 힘들게 하는 일을 저지르기 마련인데, 대개는 젊은 마음에서 솟아나는 이상주의에서 비롯되는 것 같았다. 다림질을 하다 실수를 저지른 장본인은 나 자신이었다. 그렇지만 도미니크의 딸은 딸대로 좀 너무했다는 생각도 들었다. 아무튼 나는 실질적인 방향으로 생각하기로 했다. 즉, 주당 15불짜리 일자리를 계속 유지하는 것이었다.

∫

도미니크가 때때로 식사에 손님을 초대하면 나에게 요리를 맡겼다. 그리하여 나의 첫 요리사 경험은 어떤 현악4중주단을 위하여 베풀어진 만찬 때였다. 실내악 연주회 입장권이 나에겐 사치품이나 다름이 없었던 만큼, 도미니크는 이번 기회에 현악4중주단과 알아 놓으면 언제 한 번 연주회에 초대될지도 모를 일 아니냐고 넌지시 비추기까지 했다. 나는 정성을 다하여 맛 좋은 음식을 만들었고 식사 시중도 성의껏 해드렸다. 모두들 맛있게 잘 먹는 것 같았다. 식사가 끝난 후 나는 용기를 발휘하여 실은 나도 음악 공부하는 사람인데 언제 한 번 선생님들 연주회에 가볼 수 있겠느냐고 감히 물어보았다. 답은 그야말로 간단명료했다.

"연주회에 오고 싶으면 표를 사야지요."

다행히 초대 손님 모두가 똑같지는 않았다. 어느 날 저녁 식사에 오신 손님은 나이가 꽤 드신 부유층 부부로서 보스턴 근교에 살며 빈곤층 자녀들을 위해 학교를 설립한 분들이었다. 나는 그분들이 하는 얘기를 하나하나 귀담아 들었고 그분들이 겪었던 갖가지 경험담에 홀딱 빠져들기까지 했다. 그리하여 지난 시절 중국에서 겪었던 나의 경험담도 그 자리에서 그분들께 털어놓고 했다. 10년이란 세월이 흐르도록 아무것도 배우지 못하고 아무런 공부도 할 수 없었던 그 캄캄했던 시절의 이야기를 들려드렸다. 나와 같은 세대의 젊은이들에게 그 텅 비어버린 10년 세월의 공백이 얼마나 견뎌내기 힘든 것이었던가를 설명해 드렸다. 갑자기 이야기 도중에 소용돌이처럼 치밀어 오르는 격한 감정의 파도, 참을 수 없이 다시 살아나는 괴로운 기억들을 억누르지 못하여 나는 하던 이야기를 잠시 중단하지 않을 수 없기까지 했다. 또한 어느 날 나도 중국에 학교를 세우려는 꿈을 간직하고 있다고 털어놓았다. 두 부부는 내 이야기를 귀담아 들어주셨다. 이틀 후 내게 편지가 한 통 배달되었다. 어느 날 내게 속에 품은 계획이 이루어지게 된다면 그 일에 조건 없는 협조를 약속한다는 내용이었다.

　그러나 미국에서의 생활은 한 주일에 15불로 해결되지 않았다. 뉴잉글랜드 음악원의 장학금은 첫 학기 수업료만 전액이 충당되는 금액이었고 다음 학기부터 반으로 줄어들게 되어 있었다. 이 사실을 항상 염두에 두어야 했다. 나는 음악 공부를 계속하기 위해서, 또 먹고 살기 위해서도 일자리를 찾아야 할 형편이었다.

　미국에서는 큰일이든 작은 일이든 모두 돈이 들었다. 뉴잉글랜드 음악원에서는 피아노 레슨에 드는 비용 외에도 누군가의 자동차를 함께 타고 가야하는 일, 악곡 분석 숙제를 영어로 써 내려니 몇몇 미국 학생들의 도움을 받지 않을 수 없는 일, 이렇게 모든 일에 돈이 필요했다. 나는 자라온 가정교육과 문화적 배경이 돈을 멸시하는 편이었던 데다가, 내 손으로 해주고 당연히 받는 내 노동의 대가조차 돈을 받을 때는 언제나 마음이 거북해지는 사람이라 그런지, 늘 여기가 내 세상이 아니라 어떤 다른 세상에 와버린 것 같은 느낌이 들었다. 하지만 또 한편 생각해 보면 이해하지 못할 것도 없었다. 뉴잉글랜드 음악원의 학비는 비싼 데다 부모에게서 학비와 생활비를 받지 못하는 학생들도 많았다. 때문에 여름 방학 내내 일하여 번 돈으로 한 해 두 학기 동안 먹고들 살아가는 형편이었다. 그런저런 학생들의 처지를 이해한다 하더라도 나는 지금까지 놀던 물과는 완전히 다른 물로 잘못 빠져든 사람처럼 여전히 마음이 편하지 못했다. 미국에서든 중국에서든 사람들이 돈에 대하여 갖는 느낌은 불건전했다. 어떤 의미에서든지 도가 지나친 것이었다. 아무튼 지금 내 입장에서는 우선 중국 식당 여기저기로 일자리를 찾아 나서는 것이 문제 해결을 향한 단 하나의 길이었다.

내가 처음으로 일자리를 얻은 곳은 고급 중국 식당이었으나 며칠도 못 가서 해고되고 말았다. 늦게 왔다고 이미 한 번 경고 받았던 참에 어떤 상류사회의 귀빈 내외를 접대하다가 치명적인 잘못을 저지르고 말았다. 나의 서투른 영어 발음이 그분들의 귀에 몹시 거슬렸던 모양이었다. '수프(soup)'를 드시겠냐고 물어야 했었는데 나는 도무지 혀가 돌아가지 않는 통에 한사코 '소우프(soap/비누)'라고 발음할 수밖에 없었던 것이었다. 식당 경영진은 도저히 가망이 없다고 판단하여 나를 그 자리에서 해고해 버렸다. 몇 군데 다른 식당을 찾아보긴 했지만 경영주들이 종업원 채용에 안목이 있는 사람들인지라 내 영어가 너무 짧다는 이유로 가는 데마다 거절만 당했다. 결국 보스턴의 중국 식당 전부를 다 돌아본 끝에 드디어 나는 평판이 좋지 못한 거리, 즉 홍등가의 식당에서 일하게 되었다. 적어도 그런 데서는 영어 발음이 서툴러도 별 문제가 되지 않았기에 나는 재빨리 일자리를 얻을 수 있었다. 그때까지 나는 매춘부니 '섹스-숍'이니 하는 것을 생전한 번도 본 적이 없었다. 그런데 이제 홍등가에서 일하게 된 만큼 지금껏 몰랐던 내용을 빠른 시일 안에 따라잡을 수 있게 되었다. 내가 일하는 식당의 손님이란 손님은 거의 모두가 마약중독자 아니면 매춘부였으니까.

처음 며칠은 별다른 일 없이 무사히 흘러갔다. 홍등가 여자들은 돈 씀씀이가 너그러웠다. 괜찮은 밤손님을 맞이했던 날이면 나는 아주 두둑한 팁을 받았다. 팔고 남은 음식만 해도 혼자 얼마든지 배부르게 먹을 수 있을 정도로 풍성했다. 단골손님 가운데는 직업 어부들도 있었다. 그런데 그들은 배의 갑판에 닿았던 생선의 한쪽 면을 먹으면 운수가 사납게 되니까 절대로 건드려서는 안 된다는 오랜 미신을 아주 조심스레 지키는 사람들이었다. 그런 연유로 손대지 않은 생선 부위는 내 몫이 되었기에 나는 어부들 사이에서 '배고픈 중국 아가씨'로 통했다.

그러나 식당에서 접대하는 일은 몹시도 힘들었다. 몇 시간이고 선 채로 왔다갔다 해야 했기에 시간이 지날수록 발이 퉁퉁 부어올랐다. 일이 끝나는 시간까지 발이 아프지 않게 지탱하려니 내 치수보다 3단계나 큰 치수의 신발을 사 신어야만 했다. 자주 드나드는 마약중독자와 술꾼들은 틈만 있으면 내 몸에 손을 대며 놀려대기를 그치지 않았다. 그런 식으로 치근대지 못하게 하면 돈도 내지 않고 가버리기 일쑤였다. 밤 11시쯤이면 나는 무섭고 불안해졌다. 식당에서 제일 가까운 지하철 정류장까지 가려면 홍등가 중에서도 제일 지저분한 구획을 가로질러야 했다. 처음 며칠 동안 나는 식당에서 정류장까지 최고 속력으로 달렸다. 그러자 뛰고 달리면 남들 눈에 잔뜩 겁먹은 여자임을 보여주는 것이나 다름없다는 생각이 들었다. 그리하여 나는 생각을 고쳐먹고서 거리에 어슬렁거리는 이들과 눈이 마주치지 않도록 조심하면서 천천히 걷기로 했다. 그러던 어느 날 밤 자정이 가까운 무렵이었다. 식당에서 막 나와 지하철 쪽으로 걸어가고 있는데 누군가가 뒤에서 따라오고 있다는 느낌이 들었다. 나는 발걸음을 재촉하면서 뒤를 흘끗 돌아보았다. 남자 셋이 뒤에서 다가오고 있었다. 나는 어찌할 바를 모르는 마음에 마구 뛰기 시작했다. 그랬더니 뒤에서도 뛰는 소리가 들려왔다. 이를 어쩌나? 어찌 하면 좋단 말인가? 기도를, 그래, 누구에게든 상관없이 기도해야지! 나는 곧장 예수 그리스도를 부르며 기도했다. 그런데 이번엔 대답이 들린 것이었다.

"너는 가호 받고 있어. 아무 일도 일어나지 않을 것이다."라는 속삭임이 내 귀에 들려왔다.

옳은 말씀이었다. 나는 드디어 지하철 정류장에 다다랐고 마지막 전동차 안에 몸을 실을 수 있었다. 자리에 털썩 주저앉아 숨을 가다듬고 정신을 차리며 나는 차근차근 생각하기 시작했다. 내가 지금 인생을 어떤 방향으로 끌고 가는 것인가? 계속 이런 식으로 살 수는 없는 노릇이었다. 날이 갈수록 피아노 칠 힘도 마음도 사라지고 있었다. 내가 가진 바흐와 베토벤의 악보는 간장 냄새가 배어들고 있었다. 홍등가 식당 일을 그만두지 않는다면 나는 결코 내가 좋아하는 음악 연주가로서 내 본연의 자세, 나의 소리를 일구어내지 못하리라….

그 며칠 후 주방에서 칼부림이 일어났다. 한 요리사의 머리가 찔려 깨졌고 부엌은 온통 피바다가 되고 말았다. 나는 더 이상 망설일 것이 없었다. 이 식당에 전화를 걸어 그만두겠으니 다른 사람을 구하라고 말했다. 그러나 안심이라는 느낌도 잠깐뿐, 나는 곧바로 다른 일자리를 찾아 나서지 않을 수 없는 처지였다.

이번엔 보스턴 심포니 오케스트라 공연장의 좌석 안내원으로 일하게 되었다. 좌석 안내원이라니! 다만 어떠한 연주회에도 입장할 수 없다는 사실만 제외한다면 이는 정녕 꿈같은 일자리였다. 연주가 시작되자마자 나는 밖으로 나와야 한다는 엄명을 받았다. 정해진 곡목 연주가 끝난 후 '앙코르' 연주 때에, 제일 먼저 밖으로 나오는 관객이 보이자마자 그 순간에만 나는 안으로 슬쩍 들어갈 수 있었다.

그러던 어느 날 블라디미르 호로비츠의 공연이 다가오고 있음을 알게 되었다. 나는 그분의 이름만 들어도 가슴이 뛰었다. 그러므로 이번만큼은 '앙코르'만으로 만족하고 있을 수는 없는 일이었다. 입장권 발매가 시작되자마자 30불짜리 좌석표를 샀다. 좌석이 300불이라 해도 마다하지 않을 심산이었다. 공연 날짜가 다가오면 올수록 더욱 가슴이 뛰고 마음이 들떠 올랐다. 그런데 공연 날짜를 불과 며칠 앞둔 어느 날, 피아노 실기 시험 날짜가 하필이면 호로비츠의 독주회 바로 그날 오후 시간이라는 예고가 나붙었다. 학생들은 이름의 알파벳 순서에 따라 차례로 시험장에 오게 되어 있는 만큼 내 이름(Zhu)은 거의 마지막 시간에 불릴 운명에 처해 있었다. 이에 나는 위험을 무릅쓰고 과감한 도전을 해보기로 마음먹었다. 시간 전에 실기 시험장에 도착하여 문을 두드렸다. 심사위원들이 놀란 눈으로 나를 쳐다보았다.

"아직 학생의 차례가 아니에요. 차례가 되면 이름을 부르겠지만 원칙적으로 학생은 저녁 무렵까지 기다려야 해요."

"제발 제 얘기 좀 들어주세요. 오늘 저녁에 있을 호로비츠의 독주회 표를 사느라 그동안 모아놓은 돈을 탈탈 다 털었단 말이에요. 저녁까지 기다릴 수가 없어요. 호로비츠를 들으러 가야 해요."

가끔은 과감한 도전이 승리할 때도 있었다. 심사위원장은 웃음을 띠며 내가 맨 처음으로 실기시험을 보게 해주었다. 뿐만 아니라 나의 시험성적이 그해 뉴잉글랜드 음악원 전체에서 수석을 거둔 것이었다. 그해 최우수 학생이 되었다는 사실은 과감하게 도전하여 승부 겨루기를 시도했던 것과는 아무런 상관이 없었다. 그러나 호로비츠의 피아노 독주회는 실망스러웠다. 생각해보건대 그날 저녁 하늘로 날아오를 것 같은 기분에 들떠 있었던 탓인지 이 세상 피아니스트 모두가 내 발밑에 있는 듯한 느낌 때문이 아니었을까 싶다.

도미니크가 나의 서투른 영어를 더 이상 참을 수 없다고 판단하게 된 것은 그 무렵이었다. 더군다나 내가 여러 가지 가정용품 세제를 혼동하여 저지른 실수 때문에 잔뜩 화가 나 있던 참이기도 했다. 초도스 선생님도 피아노 레슨을 해주실 때마다 번거롭게 사전을 들춰보아야 했기 때문에 나더러 영어 공부를 좀 더 집중적으로 해야 하겠다고 말씀하셨다. 여름이 다 가오자 도미니크는 버몬트 주에 위치한 '국제 학교(School for International Training)'의 집중 언어연수 과정에 등록하도록 해주었다. 동부 뉴잉글랜드 지역에서는 최고 수준의 영어교육 기관이라고 했다.

올리버는 내가 떠나는 모습을 보자 아주 큰 소리로 짖어대었다. 나도 그에게 작별 인사를 했다. 나랑 둘이서 늘 배고파하던 가여운 멍멍이, 너를 결코 잊지 않으리라고.

나그네로 왔다가,
다시 나그네로 떠나야겠네.

– 슈베르트, 「겨울 나그네」

19
사랑의 행위

영어 공부를 하겠다는 목적으로 브레틀보로에 온 피아니스트는 세상에 나 혼자뿐인 듯했다. 버몬트 주에 위치한 이 도시는 무엇보다도 세계적으로 명성이 높은 '말보로 음악제'와 밀접하게 연결된 곳이었다.

'말보로 음악제'는 2차 대전 후 유럽의 거장 음악가 몇 분이 세운 음악축제이자 사적 기관이었다. 당시 미국으로 망명해 있었던 피아니스트 루돌프 제르킨, 바이올리니스트 아돌프 부슈, 플루티스트 마르셀 모이즈가 설립자들이었다. 해마다 여름이면 이곳은, 원로 음악가들의 마스터클래스와 실내악 연주회를 통하여 아직 새파란 나이의 젊은이들이 거장 음악가들과 가까이에서 생활함으로써 끝내 잊을 수 없는 추억이 가득한 만남의 장소로 탈바꿈했다. 낮 동안은 연주연습장으로, 저녁이면 연주회장으로 이어지는 작은 마을 말보로는 세계 어디에서도 볼 수 없는 독특한 풍취를 자아내고 있었다.

그런데 저녁 연주회마다 맨 뒷줄 좌석에 조용히 앉아계신 분, 키가 크고 약간 머리가 벗어진 이마에 가느다랗고 둥근 테 안경을 쓰신 분이 연주가 시작되면 음악을 듣기 위해 매번 눈을 감고 있었다. 그분이 누군지 궁금하여 나는 어느 날 옆에 앉은 한 친구에게 물어보았다.

"어머나! 저분이 누군지 모른다고? 그 유명한 루돌프 제르킨 이셔. 내일 저녁에 다시 오라고. 하이든의 「피아노 3중주」가 연주될 차례거든."

피아니스트의 전설적 인물 루돌프 제르킨이 바로 저 맨 뒷줄 에 앉은 분이라니! 그런 분께서 젊은 동료의 연주를 듣고자 자기 보다 한참 나이 어린 피아니스트인데도 마치 본인의 스승인 듯 겸허한 자세로 앉아계신 것이었다. 그다음 날 저녁엔 무대 위 피 아노 앞에 앉아 하이든을 연주하고 있었다. 어린애처럼 장난기 어린 연주 솜씨에 산전수전 다 겪어본 노익장의 유머가 함께 어 울린 연주, 그렇듯 기막힌 연주를 나는 예전에 한번도 들어본 적 이 없었다. 나는 마스터클래스와 독주회를 빠짐없이 찾아가 들 었고 그분의 레코드를 듣고 또 들었다. 그분은 내가 평소에 음악 인으로서 모름지기 갖추어야 한다고 생각해 왔던 두 가지 자세, 즉 음악 앞에서 자신을 낮추고 비우는 겸허함과 완벽함을 온몸 으로 보여준 피아니스트다. 그리고 언젠가 내가 참석했던 그분의 마스트클래스에 대해서도 얘기해야 하겠다. 수업 내용은 베토벤의 「함머클라비어 소나타」와 작품번호가 111번인 「피아노 소나타 제32번」이었다. 어려운 대목을 조금이나마 쉽게 넘어가고자 원래의 악보를 나름대로 약간 편곡한 연주를 들려준 학생을 향하여 그분은 아주 호통을 치셨다.

"그런 연주는 베토벤을 속이는 것이오. 뿐만 아니라 학생 스스로를 속이고, 나아가 신을 속이는 짓이오!"

나는 놀라지 않을 수 없었다. 베토벤의 작품 깊숙이 스며있는 위대한 형식미를, 내 귀로는 한 번도 들어본 적이 없는 감동과 열정을 불어넣어 줌으로써 그 내부에서부터 되살아나게 하는 그분의 연주기법, 열정과 함께 어우러진 음악적 건축미라고 해야 할까, 그것은 정녕 감탄에 감탄을 자아내게 할 따름이었다. 연주의 어려움을 어떻게든 피해 가려는 생각에서 베토벤의 악보에 조금이라도 손질하는 불손한 행위를 그분은 절대로 용서하지 않았다. 나는 저런 분 밑에서 피아노 공부를 해야겠다고 단단히 마음먹었다. 그러나 도저히 그분께 다가갈 용기가 나질 않았다. 그런데 옆에서 친구들이 부추겨주었다.

"그러지 말고 용기를 내야 돼. 누구든 그분 앞에서 피아노를 쳐 보이겠다고 하면 들어주시기를 거절하는 적이 한 번도 없으셔. 잘 친다고 기교 부리는 피아니스트를 아주 싫어하시거든. 그래도 친절하게 들어는 주시지만 듣고 나선 만면에 미소를 띠우

시면서 그것뿐이라는 걸 알아차리게 해주시지. 너라면 정말 주
저할 이유가 하나도 없어."

루돌프 제르킨이 친절하고 너그러우신 분이라는 얘기를 들
으면 들을수록 나는 그런 분께 감히 내 피아노 솜씨 좀 들어달라
고 나서기가 더욱 망설여질 따름이었다. 나의 여름방학은 끝내
그분을 만나지 못한 채 끝이 나버렸다.

가을학기가 시작되어 말보로에서 돌아온 나는 다시 가브리
엘 초도스 선생님께 레슨을 받게 되었다. 그런데 선생님께서 나
의 연주를 들으시더니 전과는 비교할 수 없을 정도로 좋아졌다
는 것이었다. 얼마 안 되는 동안에 어쩌면 그리도 달라질 수 있
는지 놀라지 않을 수 없다고 하셨다. 생각해보면 말보로에서 그
어떤 깨달음의 빛이 번쩍하고 내 머릿속을 스쳤다. 루돌프 제르
킨 그리고 함께한 연주자들의 음악을 귀담아 들음으로써 나는
내 손놀림에 결정적인 어떤 요소를 가미해야 한다는 것을 깨닫
게 되었다. 결정적인 요소란 다름이 아니라 음악을 전달해주는
즐거움, 나의 음악이 듣는 이의 음악이 되도록 듣는 이에게 넘겨
줄 수 있는 즐거움이었다.

남은 학기는 그리하여 별 탈 없이 지나갔고 나는 드디어 뉴
잉글랜드 음악원을 졸업했다는 증명서, 즉 학위기를 수여받았
다. 23세에 받았어야 할 학위기를 33세 나이에 받은 것이었다.
나는 다시금 지나간 나날을 생각하지 않을 수 없었다. 잃어버렸

던 그 길고 긴 시간을, 빼앗겼던 젊음의 시절을 돌이켜 보았다. 음악교육 자체가 금지되었기에 머나먼 이국 땅 이곳까지 와야 했던 처지에 저 갖은 고생과 굴욕감을 참고 견딘 끝에 얻어낸 학위기, 드디어 이 학위기를 손에 쥐고 보니 이제 나는 장애물을 하나 더 넘었다는 느낌이었다. 아마도 예수께서 내 기도를 들어주신 것인가? 알 수 없는 일이었다. 그래도 혹시나 싶어 나는 마음을 모아 예수께 감사를 드렸다.

∫

보스턴의 이른 여름은 며칠 동안 날씨가 좋았다. 공원마다 사람들이 붐비는 가운데 다람쥐들이 졸래졸래 뛰어다니고 있었다. 길거리를 이리저리 거닐던 중, 불현듯 나 스스로에게 그동안 수고했다는 보답으로 선물을 하나 해주어야겠다는 생각이 들었다. 나는 어릴 적부터 갖고 싶다고 꿈꾸어 온 물건이 하나 있었다. 가져도 될 만한 나이엔 아무도 사주질 않았고, 그 후로는 쌀 한 봉지가 당근 한 꾸러미에 비해 너무 비싼 탓에 나에게는 지불 능력이 없었다. 그런데 한 친구가 일러주기를 '할인점'에 가면 단돈 4불에 살 수 있다고 했다.

　뉴잉글랜드 음악원의 졸업장을 받은 나 자신에게 4불짜리 선물쯤이야 응당 해줄 만했다. 나는 곧장 '할인점'으로 달려가 보았다. 과연 4불이라는 가격이지만 아주 괜찮고 예쁜 것들이 널려 있었다. 나는 한참 동안 이것저것 살피다가 이윽고 하나를 골라잡았다.

내 인생 처음으로 갖게 된 인형이었다.

뉴잉글랜드 음악원에서 받은 학위 덕분에 드디어 내 본업인 피아니스트로서 밥벌이를 할 수 있는 길이 열렸다. 지난여름 브래틀보로에 있을 때 나는 피아노 독주회를 열어 수익금 전액을 암에 걸렸으나 가정형편이 병원비를 감당할 수 없었던 한 학생에게 기증했던 적이 있었다. 그 후로 내 이름이 이 사람 저 사람에게로 알려지게 되었다. 브래틀보로 음악학교의 교장 케서린이 피아노 교사를 찾는데 나더러 생각이 있느냐고 물어왔다. 처음으로 의뢰가 들어온 일자리를 어찌 놓칠 수 있으랴! 나는 당장에 수락했고 이어서 채용계약을 마쳤다.

내가 주거비를 절약할 수 있도록 캐서린은 자기 집 지하층에 있는 작은 방으로 이사 들어오라고 했다. 지하에 위치한 관계로 어둡고 축축하긴 했지만 방세를 내지 않아도 되는 데다, 멋진 그랜드 피아노가 있는 집인 만큼 일 끝난 시간이면 얼마든지 바흐와 리스트를 연습할 수 있게 되었다.

그러나 나의 첫 일자리는 먹고사는 데에 턱없이 부족한 것임을 금세 알아차리게 되었다. 월급은 내 피아노 수업에 오는 학생 수에 따라 오르락내리락 변동이 있으며 기껏해야 한 달에 80불을 넘지 못했다. 그야말로 '베이비시터'를 다시 시작한 것이나 다름없었다.

얼마 후, '크리스천 사이언스 교회'에서 주일 예배 동안 오르간 반주자를 찾고 있다는 소식을 듣게 되었다. 수당은 예배시간 당 30불이라니 어찌 마다할 수 있단 말인가? 하지만 나는 오르간 연주자가 필수적으로 익혀야 하는 기교, 즉 페달 건반을 밟아본 적이 없었다. 우선 시작부터 해놓고 보자 싶은 마음에 한두 차례 연주해 보았으나 신자들의 표정이 일그러지는 것이었다. 위층에 설치되어 있는 오르간 건반 앞에 앉아 있으니 말할 수 없이 겁이 나고 불안했다. 행여 페달을 잘못 밟아 틀린 소리가 나기만 하면 교인 모두가 한꺼번에 올라와 내 멱살을 움켜잡고 늘어질 것만 같았다. 특히 페달을 잘못 밟아서 나는 소리는 정말이지 참을 수 없는 불협화음인 만큼 교인들이 집단 폭행을 한다 해도 할 말이 없었다. 예배가 끝나자 목사님이 온화한 얼굴을 하고 내게로 올라와 말씀하셨다.

"오르간 연주를 가르쳐 줄 선생을 구해볼 작정이오."

그리하여 나는 어떤 나이 드신 오르간 주자와 함께 페달 건반 연주법을 배우고 익혀 나갔다.

바로 그 무렵이었다. 브래틀보로에 있는 어떤 레스토랑에서 피아니스트를 구한다는 소문을 듣고서 나는 곧장 달려갔다. 내가 꿈꾸던 전문직과는 거리가 먼 일자리이긴 했지만 적어도 피아노를 칠 수 있는 기회를 놓칠 순 없었다. 음식점 경영주 톰과 그레그 두 사람 모두 두 팔 벌려 나를 환영해 주었다. 수당은 한 시간에 5불이라고 했다. 그러니까 1주일에 이틀씩 저녁나절 동안 일하면 주일 예배 시간에 오르간 반주자로 버는 수입과 맞먹는 금액이었다. 당장에 그날 저녁부터 일하기 시작했다. 멘델스존, 쇼팽, 그리고 슈베르트를 당분간 나의 레퍼토리로 정했다.

그런데 내가 피아노를 치려고 하던 그 순간에 어떤 종업원이 빈 유리병을 하나 피아노 위에 놓는 것이었다. 웬 유리병인가? 무얼 담으려는 걸까? 종업원은 아무것도 넣지 않고 가버렸다. 몇 시간이 지났다. 일찍 왔던 손님들이 일어나 문 쪽으로 걸음을 옮기기 시작했다. 그런데 피아노 옆을 지나면서 1불짜리 지폐 한두 장을 유리병에 넣고 가는 것이었다. 손님들이야 내 마음을 알 도리가 없겠지만 나는 유리병에 돈이 한 장 두 장 담길 때마다 참을 수 없는 모욕감을 느꼈다. 마지막 손님이 떠나자마자 나는 주인장에게 달려가 말했다.

"이러면 안 돼요. 이런 조건으로는 더 이상 일할 수 없어요."

경영주 두 사람은 어안이 벙벙하다는 듯 나를 쳐다보며 말했다.

"팁을 받지 않는다면 피아노 치는 일이 도대체 무슨 소용이 겠어요?"

유리병은 그 다음 날로 사라졌다. 대신 톰과 그레그는 내게 시간당 10불을 지급하기로 결정했다.

이듬해 어느 봄날, 내 방이 물에 잠겨버렸다. 눈이 녹아 흐른 물이 지하층 내 방으로 새어든 것이었다. 침대며 소지품들이 둥둥 떠다니고 있었다. 내 직장인 음악학교로 옮겨와 피난살이를 할 수밖에 없었다. 그래도 불행 중 다행이라고나 할까, 학교 안 교실에서 지내게 되었으니 저녁이면 혼자 마음껏 피아노 연습을 할 수 있었다.

하지만 그것은 일시적 해결책에 지나지 않았다. 삶의 이런저런 고비가 끊임없이 나를 찾아왔고 이를 헤쳐 나가지 않을 수 없었다. 나는 지난 한 해 동안 자그마치 서른다섯 번이나 거처를 옮겨야 했다.

"샤오메이의 연락처를 주소록에 넣으려면 이름 다음에 적어도 세 페이지 정도는 비워둬야 돼."라는 농담까지 친구들 사이에 오갈 정도였다.

그 얼마 후 브래틀보로 음악학교에 정교사 자리가 났으므로 학교 측에서는 나를 채용하기로 결정했다. 이는 곧 '그린카드'라고들 하는 미국 영주권을 받을 수 있는 기회였다. 외국인이라면 누구든 영주권이 없으면 미국에서 지속적으로 일할 수 없게 되어 있는 만큼, 영주권은 정말 필요불가결한 것이었다. 그리하여 정교사로 임용되자마자 이민국 사무소로 달려갔다. 담당 직원이 내 서류를 찬찬히 훑어보더니 다른 자료를 조회해야 한다며 자리에서 일어났다. 뭔가 잘못된 것이라도 있는 듯 직원은 잠시 사무실을 비웠다. 나는 혼자 앉아 기다리려니 일각이 삼추 같기만 했다. 얼마 후 직원이 되돌아와 말했다.

"안됐군요. 중국인 이민은 이미 금년도 할당량이 꽉 차버렸기 때문에 더 이상 '그린카드' 발급을 해줄 수가 없습니다. 내년에 다시 신청하는 수밖에요. 일찌감치 1월이 되자마자 일을 시작하도록 하세요."

담당 직원은 여권을 내게 돌려주려고 집어 들고는 한 번 더 여권에 눈을 돌렸다.

"아! 안 됩니다. 비자 유효기간이 사흘밖에 남지 않았네요. 이젠 어떻게 해볼 도리가 없어요. 중국으로 돌아가야 합니다."

중국으로 돌아가라고? 중국에 가서 가족들에게 내가 미국에서 피아노 치는 일보다 훨씬 더 많은 시간을 청소하고 접시 씻는 일로 지냈다고 얘기하란 말인가?

나는 황급히 교장 선생님께 달려가서 문제를 얘기했다. 교장은 당장 그 자리에서 상원의원인 한 지인에게 전화를 걸어 논의해 보았으나 대답은 분명했다. 사흘밖에 남지 않은 현 시점에서는 도리가 없다는 것이었다. 교장은 다시 법률 전문가에게 전화를 걸었다. 이번에는 제법 길게 얘기하고 난 다음 머리를 끄덕이더니 전화를 끊고 나를 돌아보았다.

"한 가지 해결책이 있는데, 뭔가 하면 미국 사람이랑 결혼하는 거야."

나는 기가 막히고 어안이 벙벙해져 "말도 안 되는 소리!"라고 하며 교장의 얼굴만 쳐다볼 뿐이었다.

일이 이렇게 되어 버렸으니 중국으로 돌아가는 것이 피할 수 없는 길이라면 순순히 받아들일 수밖에 없었다. 하지만 떠나기 전에 그동안 나를 도와준 분들 모두에게 감사의 뜻으로 우정의 연주회를 꼭 베풀어주고 싶었다. 다음 날 저녁 피아노 리사이틀이 열린 작은 교실은 관객이 꽉 들어차고도 넘칠 지경이었다. 나의 기막힌 이야기가 온 도시로 퍼져나갔던 모양이었다. 리사이틀이 끝나자 친구들은 하나하나 내게로 다가와 작별의 인사를 나누며 어떻게 해서 하도 도와줄 길이 없을까 하고 묻기를 그치지 않았다. 그런 가운데 톰과 그레그가 조용히 따로 할 얘기가 있다고 했다.

"둘이서 곰곰이 생각을 해 봤는데 말이야. 우리 두 사람 중에서 아무하고라도 결혼해서 일이 해결된다면 그렇게 하는 게 어떨까? 서류상으로만 하는 결혼이긴 해도 그렇게 하면 중국으로 떠나지 않고 여기서 계속 살 수 있잖아. 우리 둘 중 누구랑 결혼할지 좋은 대로 고르기만 하면 돼. 생각해 보고 대답해줘."

결정을 내리려니 참으로 난감했다. 이러지도 저러지도 못할 궁지에 빠진 느낌이었다. 한쪽엔 중국, 앞날에 대한 불안감, 유학에 실패하여 가족 앞에 얼굴도 들 수 없는 부끄러움이 도사리고 있었고, 다른 쪽은 위장결혼이라는 거짓말 노름뿐 아니라, 거

의 아무것도 모르는 사람에게 내 운명을 던져야 하는 위험천만
한 것이었다. 생각하고 생각한 끝에 집으로 돌아가 부끄럽고 두
려운 낯으로 가족을 대해야 하는 일만큼은 죽어도 못 할 짓으로
밀쳐버렸다. 나는 두 친구의 집으로 되돌아가 그들의 제안을 받
아들이기로 했다고 말했다.

"좋아, 그럼 우리 둘 중 누구랑 결혼할래?"

세상에 이런 질문이 어디 또 있으랴! 어떻게 누구를 고른단
말인가? 분명히 나의 선택 기준은 여느 여자들이 세우는 그런 기
준은 아니었다. 나는 단지 그레그네 가족의 성을 제대로 발음하
려니 도저히 내 혀가 안 돌아간다는 이유에서 그레그를 제치고
나머지 톰을 택할 수밖에 없었다. 두 사람 모두 두말없이 나의
선택을 받아들였고 이어서 톰이 말했다.

"됐어, 그럼 한시가 급한 일이니 빨리 서둘러야 해."

맞는 말이었다. 이민국 담당 직원들의 눈에 미심쩍게 보이지
않으려면 아주 소소한 데까지 하나하나 신경을 곤두세워야 했
다. 우선 결혼식 주례 목사를 어떤 분으로 모시느냐 하는 문제부
터 해결해야 했다. 다음으로는 목사님께 자초지종을 터놓고 말
씀드리는 것이 최선의 길이라고 생각되었다. 그리하여 만나게
된 목사님은 우리 이야기를 주의 깊게 듣고 난 다음, 무슨 생각
을 저리도 곰곰이 하시나 싶을 정도로 내 얼굴을 한동안 살펴보
고 있었다. 우리 두 사람이 떠나려고 하자 목사님은 잠깐만 기다

리라고 하시며 내 곁으로 다가와 말씀하셨다.

"걱정 마세요. 어떤 심정으로 내게 오신 것인지 짐작이 가고도 남습니다. 사실 두 분은 지금 자유를 위한 행동을 실행에 옮기고자 하는 것입니다. 그런 뜻에서 두 분의 결혼식은 내가 지금까지 주례한 결혼식 중에서 가장 훌륭한 의식이 될 것 같습니다."

그러나 톰도 주례 목사님도 안절부절 못하는 내 마음을 가라앉혀주지 못했다. 결혼식 날짜가 하루 앞으로 다가오자 나는 극도로 두렵고 불안해지는 마음을 도무지 어떻게 가누어 볼 길이 없었다. 갖가지 생각이 환상인 듯 눈앞에 떠오르는 것이었다. 눈앞에 갑자기 지금 있는 그대로의 내 모습이 보였다. 내 나라 내 가족을 떠나 머나먼 미국 땅 어느 지방 도시 한 구석에 홀로 외톨이가 된 채 피아노도 없고 비자도 없이 어떤 한 남자의 이름을 내 이름과 맺으려고하는 내 모습이었다. 그 남자와 내가 가정을 이루는 일은 해가 서쪽에서 뜬다 해도 절대 일어나지 않을 것인데 말이다. 나를 받아준 나라, 이 나라 행정당국을 속여먹기 위한 수단으로 이런 어처구니없는 짓거리를 해야만 한다. 베이징, 장자커우, 홍콩, 로스앤젤레스가 차례로 내 머릿속을 스쳐 지나가고 있었다. 서른세 살이나 된 나이에 겨우 손에 쥔 졸업장이란 뉴잉글랜드 음악원에서 받은 학위 하나뿐이 아닌가. 지인들이나 모인 곳에서 조촐하게 치른 연주회 몇 번밖엔 이렇다 할 경력도 쌓지 못한 신세에 이젠 만사가 헛일이 되고 만 것 같았다. 다음 날 아침 톰이 나를 데리러 왔을 때 나는 겨우 용기를 내어 그를 따라갔을 뿐이었다.

그런데 교회에 도착하자 나는 뜻밖에도 눈이 휘둥그레지지 않을 수 없었다. 톰과 그레그 쪽 가족과 친지들이 나에 관한 이야기를 듣고는 셀 수도 없이 많이들 몰려와 앉아 있었다. 모두들 두 팔에 선물을 가득 안고서 나에게 유리하도록 거짓말하기 위하여, 그리고 우리의 결혼이 진짜 결혼임을 입증해 주기 위하여 몰려온 것이었다. 나는 어안이 벙벙해지는 동시에 몹시 흥분하기도 했다.

결혼식 배경음악으로 내가 골라놓았던 포레의 「레퀴엠」 선율에 발맞추어 우리는 교회 안으로 들어갔다. 주례석을 향하여 입장하면서 주위로 눈을 둘러보았다. 모여 앉은 사람들의 눈빛이 젖어 있었다. 목사님은 더없이 적절하고도 섬세한 주례사를 들려주셨다. 이윽고 목사님의 축복을 받고서 우리 두 사람이 퇴장할 때에는 레퀴엠의 마지막 곡 「인파라디숨」이 흘러나오고 있었다. 조금 전만 해도 눈빛이 젖었던 사람들 모두가 눈물을 줄줄 흘리며 울고 있었다. 마치 결혼식이 아니라 장례식인 듯 착각할 정도였다. 다행히 그날 저녁 연회장은 품질 좋은 포도주 여러 병에다가 그랜드 피아노 모양을 한 엄청나게 큰 '웨딩 케이크' 덕분에 기쁨과 즐거움이 넘쳐나는 분위기였다.

이렇게 첫 단계는 무사히 지나왔다. 이제 이민국의 조사 인터뷰라는 쉽지 않은 관문을 통과해야 할 막중한 일이 남아 있었다. 이민국 담당 직원의 눈에 우리의 결혼은 어느 모로 보나 당사자 둘이 속닥거려서 맺어진 위장결혼처럼 보이기가 쉬웠기 때문이었다. 이민국의 질문은 만만치 않을 것이니 준비를 단단히 해야 한다고 우리 측 변호사가 미리 알려주었다. 톰과 나는 각자 다른 방으로 따로따로 불려 들어간 다음, 서로 같은 내용의 질문 하나하나에 두 사람의 대답 또한 서로 일치해야 한다는 것이었다. 이를테면 톰이 입고 다니는 셔츠의 상표 이름 하나라도 틀리게 기억했다가는 도로아미타불이 될 판이었다. 나는 시험 준비를 단단히 했다. "내 인생의 반려"가 되려는 사람에 관한 갖가지 생활 사항을 극히 세세한 데까지 하나도 빠짐없이 샅샅이 훑어 외웠다.

인터뷰 날이 오자 톰이 나보다 더 긴장했다. 그도 역시 최악의 경우가 일어나지 않을까 두려워하는 것 같았다. 그래도 톰은 실제로 인터뷰에서 하나도 틀리지 않고 옳게 대답해내었다. 하마터면 큰일 날 뻔했던 아슬아슬한 순간은 내 입에서 나온 작은 실수 때문이었다. 어느 교회에서 결혼했느냐는 질문 갑자기 교회 이름이 생각나지 않았던 것이었다. 당황했던 나는 'Unitarian & Church'라고 대답했어야 옳았는데 그만 "Vegetarian Church"라고 대답해버렸다. 다행히 담당직원은 "채식주의자(Vegetarian)의 교회"에 별다른 관심이 없었는지 나의 대답을 아무 말 없이 그대로 기입했다.

드디어 일이 성사되었다. 나는 영주권을 얻어 미국에 계속 살며 피아니스트로서 경력을 쌓을 수 있게 되었다. 그리하여 차츰차츰 마음을 조금씩 가다듬고 다시금 나의 삶을 살아 나가게 되었다. 그런데 이렇게 하여 성사된 위장결혼이 과연 그리도 사리에 어긋난 것이란 말인가? 생각건대 결국 이는 위기에 처한 사람을 구해내고자 달려와 주었던 또 한 사람의 이야기가 아닌가? 그가 한 행위야말로 나름으로는 진정으로 사랑에서 우러나온 행위가 아니었던가?

바로 그 무렵 아버지에게서 편지가 한 통 날아왔다.

‘있음(有)’이 이로운 것은,
‘비어 있음(無)’으로 해서 ‘쓰임(用)’이 되기 때문이다.

– 노자

20
'비어 있음(無)'의 힘

어머니와 나는 1주일에 한 번씩 편지를 주고받고 있었지만 아버지로부터는 내가 미국 땅에 막 도착했던 당시 쓴 편지 한 통밖엔 없었다. 하지만 그때 그분 한 통의 편지는 내 마음 깊숙이 와닿은 내용이었다. 아버지는 아들이 없는 자기의 신세를 무던히도 섭섭하게 생각했다고 하셨다. 하지만 지금껏 시련을 견디고 버티어내며 용기를 갖고 이겨나가는 나를 통하여, 예전엔 오직 남자 아이만이 지닌 자질이라고 생각했었는데 이토록 어엿하게 살아가는 딸자식을 보니 이젠 든든한 아들을 하나 둔 것이나 다름없이 되었다는 것이었다.

그 후로는 다시 편지 한 통 없이 몇 해가 흘러갔지만 나는 아무 말도 하지 않았다. 편지를 쓰며 세상에 흔적을 남기는 일이란 쓸 데 없는 짓이라고 여기는 분이 바로 우리 아버지이심을 나는 누구보다 잘 알고 있었기 때문이다.

때문에 어느 날 편지함에 아버지의 글씨가 적힌 봉투를 보고
는 더욱이나 놀라지 않을 수 없었다.

샤오메이에게,

지난번 너에게 편지 한 번 보낸 이후로는 내 쪽에서 따로 소식을 보
내야 하겠다는 필요를 느끼지 않았다.

너와 엄마 사이에 오가는 편지 내용으로 네가 잘 지내고 있다는 것,
모든 일이 잘 되어나간다는 소식은 알고 있다. 모든 일이 잘 되어나
간다는 네 말이 사실 무슨 뜻인지 짐작이 가는구나. 그곳에서 하루하
루 살아가기가 분명히 쉽지만은 않을 것이라고 생각한다. 네가 지금
하는 일이 어떤 것인지 이렇게 멀리 베이징에 있는 나로서 자세히는
알 수 없다만, 나는 아무튼 너를 믿는다. 내 딸을 아는 아버지이니까
말이다.

나로 말하자면 나이 예순을 흘려보내고 나니 이제 도의 신비에 가까
이 다가온 것 같은 느낌이다.

내가 고문헌에 관해서 학식을 좀 쌓은 사람임을 기억해준 한 친구 덕
분에 나는 그동안 운 좋게도 티베트 불교의 고대 '대장경'의 편집출
판 위원으로 뽑혀 일하게 되었단다. 그리하여 그 유명한 경문을 읽으
면서 나는 비로소 삶의 의미를 깨달은 것 같았다. 지금까지 나의 삶
이란 그저 실의에 빠져 허우적거리기만 했었다. 아무 죄도 짓지 않았

는데 온갖 고생으로 시달리고 이루 말할 수 없는 치욕을 당해야만 했었다.

그런데 이렇게 불경을 읽어내려감으로써 나는 많은 것을 이해하게 되었다. 일상생활의 테두리에서 벗어나야 한다는 것, 욕망이나 돈에 끌려다니지 말아야 한다는 것, 출세하겠다고, 또 명성을 얻겠다고 아둥바둥하지 말고 오직 자기 자신으로 되돌아가야 한다는 것을 깨닫게 되었다. 그리하면 비로소 도의 신비에 가까이 다가가며 진리가 보이는 것이다.

진리에 다다르게 되고 안 되고는 각자에게 주어진 운명이다. 네가 선행을 하며 바르게 살아왔다면 진리에 다다르게 될 것이고 그렇지 못하다면 아직은 고생을 좀 더 해봐야 된다는 뜻이리라 생각하면서, 진리를 찾아서 쉬지 않고 나아가야 할 것이다. 하지만 내가 이렇게 너를 설득할 생각은 없다. 언젠가 너도 이 진리를 찾게 될 날이 오리라는 것을 나는 굳게 믿고 있다.

나는 더 이상 아무것도 아쉽지 않게 되었고, 이제는 정말 행복하다는 사실을 알아다오.

아버지.

나는 아버지의 편지를 몇 번이나 거듭해서 읽었다. 읽으면 읽을수록 당혹감이 점점 더해만 갔다. 이런 편지를 쓰신 분이 어린 시절 내내 그토록 찌푸린 얼굴에다 엄하기 짝이 없던 아버지,

자식들을 마구 때린 적이 한두 번이 아니었던 바로 그 아버지라
고는 믿어지지 않았다.

그런 한편, 다시 여러 번 찬찬히 읽어내려 가는 동안 뭔지 알
수 없는 신비스러움 저 너머로 나를 부르고 있는 어떤 부드러운
손길이 느껴졌다. 그것은 머나먼 타향에서 힘겹게 살고 있는 딸
을 향하여 함께 위대한 중국 문학의 지혜를 찾아 나서자고 부르
는 아버지의 손길이었다. 위대한 중국 고전의 세계를 깊이 탐구
하며 아버지가 밟아온 발자취를 따라 진리를 찾아 함께 나아가
자고, 저 멀리 넓고 넓은 바다와 대륙 너머에서부터 아버지가 내
손을 잡아주신 것이었다. 나 또한 아버지를 따라가기로 마음먹
었다. 그리하여 아버지처럼 마음의 평정을 찾고 싶었다. 이 세상
사람들 가운데서 그 누구보다 심한 비관주의자이셨던 아버지,
만사를 체념해버리고 의기소침의 낭떠러지 아래 사셨던 아버지
였는데, 얼마나 마음 깊이 내면의 평정에 이르게 되셨으면 딸
에게 알려주기 위해 손수 편지까지 쓰게 되었을까? 나 또한 언젠
가는 그러한 마음의 평정을 찾게 되지 못하리라는 법이 어디 있
으랴 싶었다.

그때부터 나는 따로 시간을 내어 중국 고전 가운데서도 가장
기본이 되는 경서를 읽어나가며 공부하는 동시에 한편으로 깊이
명상하기 시작했다. 그러면서 나도 모르는 사이에 마음속에 조
금씩 변화가 일어나게 되었다. 아득히 멀리 계신 아버지와의 공

감인 듯, 아니 그 이상의 느낌이었다. 한때 내가 마음을 상하게 해드렸던 아버지, 그 아버지와 다시 만난 것 같은 느낌이었다. 동시에 나도 마음이 조금 더 잔잔해지고 가라앉게 되었다.

이렇듯 무엇인가를 찾아내고자 애쓰지 않으면서도 생활 속에서 무리 없이 고전 읽기를 끊임없이 실천해 나간 연후에 이르러, 나는 정확히 언제 어떻게 무엇을 깨달았다고 말할 수는 없더라도 조금씩 삶이 꿰뚫어 보이고 세상 사물이 돌아가는 이치를 가늠할 수 있을 것 같았다. 명확한 말로 꼭 설명해야 할 필요가 없으면서도 가슴에 뚜렷이 와닿는 그 어떤 느낌, 이는 다름 아닌 중국철학의 본질이 아닐까 싶었다. 중국인의 사고방식은 서양인과 아주 다르다. 서양인보다 더욱 직관적인 한편, 엄격한 이성적 추리에 있어서는 서양인보다 덜 이성적이라고 하겠다. 많고 많은 세상일이 중국인의 눈에는 단순히 있는 그대로 자연스럽고 당연하기에 일일이 설명할 필요가 없는 것이다. 흔히 무엇이든 실천하기 위해서는 먼저 이해부터 하고 보자는 서양인과 달리 중국인은 실천의 길을 통하여 이해에 다다르게 된다. 어떤 대가를 치른다 하더라도 끝까지 이상이나 진리를 추구하고자 하는 서양인의 태도에 대하여 중국인은 조심스럽게 거리를 두는 편이다. 위대한 성현 석가모니의 이야기가 이를 완벽하게 보여주고 있다. 여러 해 동안 그는 인생의 의미를 찾고자 방황하고 다녔으나 허사였다. 그러던 어느 날 찾기를 단념해 버리고 나자, 그제야 인생의 의미가 자연스레 있는 그대로의 모습으로 눈앞에 나타났다.

내가 지금 공부하고 있는 서양음악에 대해서도 생각해 보았다. 이 또한 나는 언어의 장벽 때문에 여느 서양인처럼 잘 설명하진 못할 것 같다. 중국 사람이기 때문에 열등감을 느낀 적도 종종 있었다. 입 밖에 내지는 않았지만 외국인이, 중국 사람이 어찌 바흐와 베토벤을 제대로 깊이 이해할 수 있을까 하는 의아해하는 눈빛을 많은 이들의 얼굴에서 읽을 수 있었다. 나는 하나의 음악 작품에 대해 공부를 시작할 때마다 절대로 잘못 연주하지 않도록 그 작품이 녹음되어 있는 레코드나 카세트는 있는 대로 죄다 구입하여 꼭 들어본다는 원칙을 세웠다. 이를테면 캠프의 연주를 자세히 들어보지 않고 베토벤의 소나타를 연주한다든가, 쇼팽 연주가로 이름난 루빈스타인의 연주 기법을 탄탄히 귀에 익혀놓지 않은 채 쇼팽의 작품에 뛰어든다는 것은 꿈에도 생각조차 하지 않았다. 초도스 선생님의 가르침 또한 음악 작품에 대한 나의 경외심을 한층 더 높여주었다. 선생님은 한 음악 작품을 놓고 깊이 이해하는 과정에서 시작하여 하나하나 뜯어보고 살피는 면밀한 분석에 이르기까지 철저히 구조적인 접근방식으로 일관하셨다. 음악에 대한 선생님의 접근방식은 사실 그가 신처럼 받들어 모시는 작가 토마스만과 다름없이 아주 근본적으로 지적인 작업이었다.

그런데 중국철학의 진리가 설명을 통하여 파악될 수 있을 뿐 아니라 마음을 다하여 실천함으로써 이해될 수 있는 것이라면, 음악의 진리 또한 이와 마찬가지가 아닐까?

이렇듯 생각에 생각을 해나가는 동안 음악 작품에 다가가는 나의 접근방식도 모르는 사이에 달라지고 있었다. 한 작품 전체를 분석한 다음 결코 무리하지 않고 작품의 의미를 대번에 이해하려고 덤비지도 않으면서 규칙적으로 악절 마디마디, 음표 하나하나가 내 마음에 들고 좋게 느껴질 때까지 열심히 연습을 계속했다. 그러는 동안에 어느 순간부터인지 저절로 자연스럽게 직관적으로 작품을 이해하게 되었다. 이런 방식으로 작품에 다가가는 동안 나는 한 작품의 이해에 기본이 되는 첫 단계는 템포라는 것을 깨달았다. 음악 작품이 살아 숨 쉬는 기관인 듯 작품에 부담을 주지 않으면서 작품과 함께 호흡을 맞춤으로써 적당히 알맞는 템포가 어느 순간 저절로 도출되는 것이었다. 이는 나와 작품 사이를 유기적으로 맺어주는 기분 좋은 느낌이었다. 이처럼 어느 순간에 진리로서 나타난 이 템포에서 조금이라도 벗어나 버리면 당연히 거북한 느낌이 들게 된다.

이는 호흡과 생명과의 상관관계라고 할 수 있지만, 또한 템포와 머릿속 생각과의 상관관계로 볼 수도 있을 것 같다. 삶에 있어서나 음악에 있어서나 할 얘기가 많을 때에는 그 많은 얘기를 소리 내어 말할 시간이 충분해야 한다. 악보에 새겨진 그 모든 아름다움을 하나도 빠트리지 않고 그대로 온전히 솟아나오도록 해야 한다. 바로 그런 목적으로, 그 아름다움이 들리도록 하기 위하여 작곡가는 작품을 쓴 것이다. 그러나 여기엔 한계가 있다. 바로 듣는 이들 편에서 중심이 흐트러져 버릴 위험, 나무들 사이를 헤매느라 숲을 파악하지 못할 위험인데, 이는 단순히 듣는 이들 생각의 흐름에 비하여 템포가 너무 느려졌기 때문이다. 그러므로 적당하고 알맞은 템포란 누구든 편안히 자연스럽게 숨 쉬는 박자이어야 할 뿐 아니라, 머릿속 생각으로 하여금 전체와 세부를 동시에 파악할 수 있도록 해주는 박자가 되어야 한다.

그러나 이는 아직 음악 작품의 이해에서 초보에 지나지 않는 단계이다. 어떻게 보면 가장 단순한 단계이기도 하다. 가장 어려운 단계는 작품을 통하여, 작품 속에서 의미를 찾아내는 데에 있다. 작품의 의미를 파악하고 나면 기교에서 오는 갖가지 어려움은 해결책이 보이게 마련이다. 의미를 찾는 것이야말로 핵심을 찾는 것이다. 16분음표가 연달아 이어진 악절은 매우 빠르게 연주해야 한다고? 그 가운데에도 다른 음표들보다 비중이 높은 음표들이 어김없이 들어있으므로, 이를 찾아낸 연후에는 어떻게 연주해야 하는지도 알게 마련이다. '상스(sens)'라고 하는 프랑스 말에는 여러 가지 뜻이 담겨 있는데, 특히 이 맥락에서는 '의미'와 더불어 '방향'이라는 두 가지 뜻이 동시에 사용되었음을 밝혀 두고 싶다.

그리하여 나는 갈수록 더욱, 한 작품의 '의미(sens)'란 그 작품이 나아갈 '방향(sens)'과 밀접하게 이어져 있다는 생각이 머릿속에 뚜렷이 자리 잡게 되었다. 음악에 생명력을 부어주는 저음부, 그 저음부 음표에 의하여 추진되고 조각되는 음악의 수평적 나아감, 그리고 이 수평성이야말로 결국에 가서는 수직성보다 더욱 중요한 것으로 생각되었다. 그렇다고 한 작품의 수직성과 화음(harmony)이 나타내는 본질적 특성을 저버리라는 뜻은 물론 아니다. 저음부는 작품의 맥박이나 다름이 없는 것이다. 아니, 그보다는 악보에 그려진 소절선(小節線) 너머로 음악이 추진되고 나아가는 방향, 그 방향이 가리키는 이런저런 선을 찾아야 할 필요성이야말로 그 무엇보다도 핵심적인 일이 아닐까 싶었다. 초도스 선생님께서 내가 몇 달에 걸쳐 공부하도록 강력히 권장하셨던 음악의 '프레이징', 그러니까 '프레이징'이 곧 선을 뜻한다. 여기에 나아감, 흐름, 움직임, 변모, 이렇듯 지극히 중국적 사유에 공존하는 몇 가지 요소가 차례로 더해지는 것이다.

앞으로는 절대로 더 이상 피아노와 씨름을 하지 않게 된 것 또한 내가 이즈음에 배우고 익혔던 바, 내 명상의 결실이었다. 내가 어떤 처지로 살든, 어떤 기분에 잠겨 있든, 피아노는 이제 나의 영원한 벗이 되었다. 그렇게 생각하고서부터 나는 피아노가 가르쳐주는 무한히 풍부한 세계를 더욱 잘 일구어나갈 수 있었으며 내가 추구하고 있던 '터치'와 음색에 조금 더 가까이 다가가게 되었다. 이 점에서는 『장자』에 나오는 백정의 소 잡는 이야기가 내 눈을 뜨게 해주었다고 하겠다. 양 나라 혜왕 문혜군에게 빼어난 칼솜씨로 이름난 백정이 있었는데, 어찌하여 소 잡는 기술이 그리도 기가 막힐 지경이냐고 묻는 임금의 물음에 백정은 다음과 같이 대답했다.

"제가 귀하게 여기는 것은 도이기에, 도를 따르며 칼질하는 기술을 키워나갔습지요. 제가 처음 소를 잡을 때는 눈에 보이는 것이 온통 소뿐이었습니다. 3년이 지나자 소의 전체 모습은 눈에 띄지 않게 되었지요. 지금은 정신으로 소를 대할 뿐 눈으로 보진 않습니다. 훌륭한 포정(庖丁)은 1년에 한 번 칼을 바꾸는데 그것은 살을 베기 때문이고 보통의 포정은 한 달에 한 번 칼을 바꾸는데 그것은 뼈에 칼이 부딪히기 때문입니다. 지금 제 칼은 19년 동안 한 번도 바꾸지 않고 써온 것입니다."

그때부터 나는 힘들이지 않고 음악 속으로 점점 더 깊이 잠겨 들어갈 수 있게 되었다. 수많은 성현들이 침묵 가운데 명상하기 위하여 세상을 멀리 떠나 산 속에 은거했던 것처럼, 나도 한 작품을 연주하기에 앞서 아무 잡념 없이 고요한 정신에 이르도록 옛 성현들과 같은 길을 밟아야 한다는 것을 깨달았다.

이처럼 사물의 본질을 관조한다는 것은 중국인에게는 전혀 낯설지 않은 방식이다. 이를 설명하기 위하여 흔히 물의 이미지를 예로 들고 있다. 수면이 고요하고 잔잔해야 연못의 바닥이 보이는 법이며, 수면이 잔잔하면 잔잔할수록 더욱 깊은 곳까지 보이게 마련이다. 우리의 정신도 이와 마찬가지로 맑으면 맑을수록, 세상사에서 초연하면 할수록 더욱 깊이 꿰뚫어 볼 수 있는 것이다.

이렇듯 나를 완전히 지우고, 마음을 완전히 비워버리고 나서야 비로소 음악의 진리에 다다를 수 있으리라 생각되었다. 내 뜻을 굳히려 애쓰지 말고, 듣는 이에게 무엇인가를 무리하게 요구하지도 말고, 나 자신과 결코 씨름하려 들지도 말고 오직 작곡자 뒤로 사라져버리는 연주자의 마음가짐이 되고자 노력했다.

나는 『도덕경』을 읽으며 명상하기를 멈추지 않았다. 그 깊고 그윽한 진리가 조금씩 머리에 들어오기 시작했다. 마음을 비운다는 것, '비어 있음(無)'의 본질에 대하여 노자만큼 훌륭히 표현해 준 이가 세상에 다시 있을까 싶었다. 특히 제11장을 끊임없이 읽고 또 읽었다.

서른 개의 바퀴살이 바퀴통에 모여 있는데,

바퀴통 속이 '비어 있음(無)'으로 해서

수레로서의 쓰임이 생긴다.

그릇을 만드는데,

가운데가 '비어 있음(無)'으로 해서 그릇으로서의 쓰임이 생긴다.

문과 창문을 내어 방을 만드는데,

방 안이 '비어 있음(無)'으로 해서

방으로서의 쓰임이 생긴다.

따라서 '있음(有)'이 이로운 것은,

'비어 있음(無)'으로 해서 '쓰임(用)'이 되기 때문이다.

내가 지금 연습하고 또 연습하는 작품 하나하나에 노자의 가르침이 암시해 주는 방식을 적용해 보았다. 언제나 뚜렷이 이해했던 것은 아니었으나 그래도 조금씩 멈추지 않고 계속해 나갔다. 그때부터 나의 하루 일과는 두 번씩 거듭하여 맛보는 즐거운 시간, 말할 수 없이 행복한 순간의 율동이었다. 첫 번째는 아침마다 갖는 명상의 시간이었고, 두 번째는 나의 "피아노 명상"이라고 불러야 적당한 표현이지 싶다. 일을 한다는 것, 아무 목적 없이 꾸준히 일한다는 것, 이는 다름이 아니라 중국철학의 위대한 미덕이 아닐까? 또한 내가 피아노와 더불어 하고자 했던 바로 그 일, 즉 연습하는 일이었다.

끊임없이 꾸준히 연습하는 가운데 음악의 진리를 찾고자 하는 목적 이외에는 아무 다른 목적이 없는 일이었다. 나는 여태 별다른 경력을 쌓지 못했기에 경력에 얽매여 의무적으로 해야 할 일도 없었다. 그러니까 예정된 독주회의 연주 곡목을 준비하느라 바쁜 일도 없었고, 정해진 날짜에 맞추어야 할 속박도 없었다. 나 홀로 내가 원할 때면 언제든지 연습할 수 있었고 내가 치고 싶은 곡이면 무엇이든 다 칠 수 있었다. 이렇듯 "피아노 명상"을 통하여 나는 아침 명상 시간에 잠기어 맛보는 만족감과 조금도 다름없는 충일감에 넘쳐흐르며 즐거워했다.

당시를 돌이켜 생각해 볼 때 정말 아주 힘들게 살았던 고생스러운 시절이었지만 실은 나에게 엄청난 혜택을 안겨 주었던 행운의 계절이었다. 서른 살에 이르러 한편으로 경력을 쌓아 나가면서도 홀로 고요히 피아노와 더불어 즐거이 명상의 시간을 가질 수 있는 피아니스트가 과연 몇이나 될까? 아무 별다른 목적 없이 홀로 즐거워하는 가운데 어느 날 공개석상에서 연주하리라고는 상상도 못 할 작품과 더불어 오직 그 작품의 진리를 찾으려 탐구해 나가던 여유로운 시절이었다. 인생을 사는 동안 일하는 만큼 받을 노동의 대가에 대해서는 신경을 쓰지 않고 일할 줄 알아야 한다고 생각되었다. 피아노와 함께 명상하던 시절 내내 진짜 방청객 앞에서 독주회를 열게 되리라고는, 정말로 레코드 녹음을 하리라고 나는 결코 한 번도 상상해 본 적이 없었다. 인생에는 이처럼 아무런 이해타산 없이 가장 순수한 마음에서 우러나온 행위가 가장 풍부한 결실을 맺게 되는 일이 없지 않은 것 같다.

어느 날 도둑 두 놈이 '여름 궁전'에 들어갔지요.
한 놈은 있는 대로 모조리 뒤져 훔쳤고, 다른 놈은 불을 질렀지요.
우리 서양에선 승리라고들 하는데, 사실은 도둑질이지요.

– 빅토르 위고

21
파리를 꿈꾸며

나는 파리에 대해 생각하고 있었다.

브래틀보로에선 음악학교로 고급 레스토랑으로 이리로 저리로 뛰어다니며 벌어도 들어오는 돈이 나가는 돈을 감당해 낼 수 없었다. 톰과 그레그는 둘 다 내게 너무도 잘 해주는 경영주였지만 내가 그들에게 짐스런 존재임은 어쩔 수 없는 사실이었다. 그리고 또 미국 친구들도 훌륭하고 좋은 사람을 여럿 사귀었지만 미국 생활은 따분해지기 일쑤였다.

나는 파리를 동경하고 있었다. 나와 파리는 인연의 끈이 오랫동안 끊이지 않고 이어진 도시였다. 오래되고 가느다란 끈이긴 했지만 내가 세상에 나오기 훨씬 전부터, 우리 가족이 상하이의 프랑스 조계 안에 있었던 푸싱 공원 근처에 살던 시절부터 굳게 이어져 내려온 인연의 끈이었다. 내가 아주 어린 아이였던 그당시 어머니는 루브르 미술관에 대해, 세계에서 제일 아름다운 미술관이라며 자주 얘기해 주셨다. 어머니는 파리의 향기가 담긴 작은 병을 소중히 오래도록 간직하고 있었다. 베이징의 우리 집에 홍위병들이 들이닥쳐 향수병을 낚아채더니 바닥에 그대로 쏟아버린 그 순간 온통 퍼져나 왔던 그 은은한 향기는 지금도 변함없이 내 머릿속에 간직된 추억의 향기였다. 그리고 화가 친구에게 2년 동안 피아노 레슨을 해주는 조건으로 얻어 읽었던 책, 중국어 번역판 로댕의 『예술론』이 나를 프랑스로 끌어당기고 있었다.

지금의 나는 프랑스에 살고 있으며 린위탕 선생의 책을 읽은 덕분에 프랑스와 중국을 잇는 여러 가지 유사점에 대하여 이해의 폭이 훨씬 더 넓어졌다. 린 선생은 상하이의 '성 요한 대학', 미국, 그리고 독일의 라이프치히—바흐의 이름과 영원히 맺어진 도시가 아닌가—등지에서 공부한 후, 동양 문화와 서양 문화를 이어주는 다리 역할을 하는 일에 헌신했던 분이셨다. 그분의 저서 『The Importance of Living』[21]에는 중국과 프랑스 사이의 유사관계가 대략 세 가지 점으로 나열되어 있다. 첫째는 유머 감각이요, 둘째는 감수성, 그리고 셋째는 인생을 예술적으로 살아나가는 그들 나름의 독특한 생활 태도라는 것이었다.

프랑스는 또, 세계 모든 혁명의 어머니로 여겨지는 '프랑스

---

21 이 책은 1937년 미국에서 초판이 나온 이후로 끊임없이 거듭 출판되었을 뿐 아니라 세계 여러 나라말로 번역되었다. 우리말 제목은 "생활의 발견", 중국어 제목은 "生活的(생활의) 예술"이다. 개화기 중국이 낳은 위대한 자 린위탕((林語堂)에 관하여 조금 더 알고자 한다면 옮긴이의 『밖에서 본 우리말, 우리글(경인문화사, 2014년 개정판)』, 122~126쪽의 내용을 참고하기 바란다.

대혁명'을 일으켰던 나라가 아닌가? 그런 나라에 대하여 알고 싶고 가보고 싶은 마음을 어찌 억누르고만 있을 것인가?

나의 생각을 몇몇 친구에게 털어놓았더니 모두 말도 안 되는 소리라고 했다. 이곳에서 아직 이렇다 할 경력조차 쌓지 못한 주제에 어느 날엔가 파리 무대에서 연주할 수 있겠다고 생각하는 것 자체가 정신 나간 사람이나 할 소리라고들 했다. 친구들 가운데 파리 국립음악원의 이브 나트와 공부한 적이 있는 피아니스트 한 사람은 내 얘기를 듣자마자 한사코 손사래를 치며 말렸다.

"거긴 절대로 가지 말아야 해. 피아니스트에겐 파리처럼 살기 힘든 데가 세상에 다시없을 거야. 음악비평가 모두가 인정머리라곤 손톱만큼도 없는 사람들이니까."라고 하더니, 여기에 이름을 밝히진 않겠으나 아무튼 현재 살아있으며 명성이 높은 피아니스트를 들먹이며 얘기를 계속했다. "그분 연주회 다음 날 프랑스 비평가들이 뭐라고 썼는지 알아? '그는 쇼팽의 작품으로 독주회를 열었다. 왜 그랬는지 의구심이 든다.' 그런 식으로 딱 두 문장뿐이었지 뭐야! 그놈의 나라, 정말이지 무시무시해. 어디서나 재치 있는 말을 할 줄 모르면 입도 벙긋하지 못하는 곳이지. 그런 데를 왜 간단 말이야? 가지 마."

일리가 없는 말은 아니었다.

그래도 용기를 북돋아주는 친구는 수 플레이서 한 사람뿐이었다. 수는 내가 영어공부를 목표로 브래틀보로의 국제 학교에 학생으로 왔을 그 학교의 사무직원으로 일하고 있었다. 우리는 만나자마자 가까운 친구가 되었다. 수는 미국으로 이주하기에 앞서 2차 대전 당시 독일점령군 치하의 프랑스에서 살았던 데 다, 유태인이었기 때문에 이루 말할 수 없이 고생스런 나날을 견 디어야 했지만, 그럼에도 프랑스는 그녀의 마음속에 세상에서 제일 아름다운 나라로 깊이 각인되어 있었다.

어느 날 나는 그녀에게 어떤 종교를 믿고 있는지 물어보았 다. 그녀의 대답은 지금까지도 내 기억 속에 잊혀지지 않고 새겨 진 한 마디였다.

"종교 얘기는 하지 말자고. 사람들 사이에 싸움만 벌어지게 만드는 것이 바로 종교 아니겠어?"

수는 내가 프랑스에 가면 일이 잘 풀릴 것이라며, 파리에서 나의 첫 연주회가 열리는 날이면 자기는 꼭 오겠노라고 약속했 다. 과연 그럴 일이 있게 될까? 생각해 보면 너무나 황당하게 느 껴지는 통에 둘이서 한바탕 마음 놓고 웃었다.

∫

나의 출발 계획은 하나둘 자리를 잡아 나가고 있었다. 그러자 프 랑스처럼 한때 식민지주의 열강으로서 세력을 떨쳤던 나라가, 정복되어 무릎을 꿇어야 했던 여러 타민족에게 악영향을 끼쳤던 역사에 대하여, 나는 의아한 마음을 품고서 좀 더 알아보기 시작했다. 중국의 경우, 민중 전체가 저항했던 것이 아님은 명백한 사실이었다. 하지만 '여름 궁전'[22]에 침입하여 약탈과 파괴를 저질렀던 사건은 어마어마한 폭력행위였다. '여름 궁전'은 내가 베이징에 살던 시절 내내 자주 산책하고 다니던 곳이었다. 지금은 폐허가 되어버려서 부서지지 않고 남은 건물마저 초목 덤불에 가려 잘 보이지도 않았기에, 이 아름다운 궁전이 서양 세력의 침략으로 파괴되기 전엔 어떤 모습이었을까 하는 몽상에 잠기던 곳이기도 했다.

이 끔찍한 사건의 자초지종은 빅토르 위고가 쓴 한 통의 편지에 생생하게 담기어 오늘 우리에게 전해지고 있다. 프랑스에서는 이 편지에 대해 알고 있는 사람이 드물 것으로 짐작된다. 하지만 중국에서는 마오 시대에 학교를 다닌 학생이면 누구나 수업 시간에 읽으며 제국주의 침략 세력의 엄청난 범죄행위의 구체적 본보기로서 배웠기 때문에 모르는 사람이 없을 만큼 유명한 편지가 되었다. 사건이 끝난 후 영국 해군 함장이었던 버틀러가 그 당시 영불해협에 위치한 섬에서 망명생활 중이던 이 프랑스의 문필가에게 논평을 부탁해 왔었고, 위고의 편지는 영국 해군 장교의 청탁에 대한 답신이었다.

---

22 중국 청나라 때 베이징의 북서쪽에 있었던 별궁으로서 원래 명칭은 '원명원(圓明園)'이었다고 한다. 서양에는 영어 명칭 'Old Summer Palace', 프랑스어 명칭 '팔레 데테(Palais d'été)로 알려져 있다.

귀하께서는 중국 원정에 대하여 제 소견을 묻고 계십니다. 중국 원정을 명예롭고도 훌륭한 업적이라고 평가하신 다음, 제 의견도 참작하시어 귀하의 평가에 덧붙이고자 하시니 귀하는 제게 좋은 기회를 베풀어주시는 충직한 분이십니다. 빅토리아 여왕과 나폴레옹 3세 황제의 보호 아래 두 나라의 국기를 달고 진행된 중국 원정은 프랑스와 영국이 나누어 가질 영광이라고 말씀하셨습니다. 그리고 이 두 나라가 거둔 승리에 대해 제가 얼마만큼 인정하고 또 칭송하려는지에 대해서도 아시고자 하십니다.

귀하께서 정녕 제 생각을 알고 싶으시다 하시기에 저는 다음과 같이 말씀드리는 바입니다.

옛날 옛적, 세상 저편에 '여름 궁전'이라고 불리던 신기로운 건축물이 있었습니다. 예술에는 두 가지 원리가 있지요. 하나는 이상이고, 또 하나는 몽상입니다. '이상'은 유럽 예술을 낳았고 '몽상'은 동양 예술을 낳았습니다. '파르테논 신전'이 이상적 예술의 극치라면 '여름 궁전'은 몽상적 예술의 극치라고 하겠습니다. 인간의 세계 저 너머에 사는 듯 꿈꾸는 백성의 상상에서 솟아올 수 있었던 것 모두가 '여름 궁전' 안에 있었습니다. '여름 궁전'은 그렇다고 '파르테논 신전'처럼 세상에 하나밖에 없는 희귀한 예술작품이 아니라, 몽상의 어마어마한 본형(本形)—몽상에도 본형이 있을 수 있다면—이라고 표현해야 할 것 같습니다.

무어라고 딱히 말하기 힘든 그 어떤 축조물, 이를테면 달나라의 궁전을 지었다고 상상해 보십시오, 그것이 바로 '여름 궁전'입니다. 꿈의 궁전을 지었다고 상상해 보십시오. 대리석에 옥과 청동, 자기류로 장식하고 거대한 삼나무 목재로 틀을 짜고 갖가지 보석으로 꾸미고 비단으로 뒤덮고 나서, 이쪽엔 사당을 저쪽엔 후궁을 또 다른 한쪽엔 보루를 지은 다음, 신주도 모셔놓고 괴상한 몰골의 짐승들도 모아놓고, 칠을 바르고 칠보를 박고 금박을 입히고 분도 발라 주십시오. 시인과 건축가들을 있는 대로 동원하여 '천일야화'로 꿈나라를 지어 올려 보십시오. 거기에 정원도 만들어 분수가 솟아오르며 물보라를 내뿜는 연못엔 백조와 따오기와 공작이 노닐게 하십시오. 한마디로 환상의 동굴이라고나 할까요? 눈이 휘둥그레질 수밖에 없는 인간적 환상의 세계, 신전인 듯 궁전인 듯 보이는 꿈의 건축물, 그것이 다름 아닌 '여름 궁전'이었습니다. 이를 만드는 데에 두 세대에 걸친 세월과 힘과 땀이 소요되었습니다. 궁전 건물은 하나의 도읍처럼 엄청난 규모로 여러 세기에 걸쳐 건설되었던 것입니다. 누구를 위해서였겠습니까? 백성을 위한 것이지요. 왜냐면 세월이 하는 일은 인류의 몫이기 때문입니다. '여름 궁전은 우리 앞 세대의 예술가, 시인, 철학자들에겐 잘 알려진 곳이었습니다. 볼테르도 언급한 바 있습니다. 그리스엔 '파르테논 신전'이 있고 이집트엔 '피라미드'가 있다고 했었지요. 로마에 '콜로세움'이, 파리엔 '노트르담 성당'이, 동양엔 '여름 궁전'이 있다고들 했었지요. 직접 자기 눈으로 볼 수 없었던 사람들은 꿈에라도 가보고 싶다며 그리워했습니다. 형언할 수 없는 어슴푸레한 빛으로나마 멀찍이에서, 마치 유럽 문명 지평 위에 드러나는 아시아 문명의 그림자인 듯, '실루엣'인 듯 겨우 엿볼 수 있었던 신비스럽고 놀라운 걸작이었던 것입니다.

이 신기한 작품이 사라져 버렸습니다.

어느 날 도둑 두 놈이 '여름 궁전'에 들어갔지요. 한 놈은 있는 대로 모조리 뒤져 훔쳤고 다른 놈은 불을 질렀지요. 우리 서양에선 승리라고들 하는데, 사실은 도둑질이지요. 이 엄청난 파괴 행위는 스스로 승리자라고 칭하는 두 나라의 합작으로 저질러진 것이었습니다. 함께 도둑질에 가담했던 이들 가운데엔 엘긴(Elgin)이라는 이름도 들어 있지요. '파르테논 신전'의 진귀한 부분을 얘기할 때 피할 수 없이 들먹이는 그 이름 말입니다. '파르테논 신전'에다 한 짓을 '여름 궁전'에다가도 그대로 한 셈인데 이번엔 더욱 샅샅이 하나도 남김없이 싹쓸이한 것이었습니다. 서양 곳곳에 있는 대성당의 책을 모조리 다 털어내 놓는다 해도 동양의 미술관이라고 일컬어지던 그 신기한 궁전의 어마어마한 소장품엔 버금가지도 못하리라 생각됩니다. 그런데 '여름 궁전'엔 걸작 예술품만 있었던 것이 아니라 값진 금은 세공품이 산더미로 쌓여 있었지요. 두 승리자의 굉장한 성공인 동시에 "웬 떡이냐!" 싶었을 것입니다. 그리하여 한 놈은 자기의 호주머니를 두둑하게 채웠고, 다른 한 놈은 보이는 대로 궤짝에다 꽉꽉 채워 넣었지요. 그러고 나서 둘은 팔짱을 끼고 신바람 나게 유럽으로 돌아왔습니다.

두 도둑이 저지른 노략질의 역사는 위와 같은 내용입니다. 우리 유럽

인은 문명인이고 저들 중국인은 야만인이라고들 합니다. 그렇다면 이는 문명인이 야만인에게 저지른 행위입니다.

훗날 역사의 심판대 앞에서 두 도둑의 이름은 프랑스, 그리고 영국이라 불릴 것입니다. 저는 이에 대하여 항의합니다. 또한 제게 항의할 기회를 주신 귀하에게 감사하는 바입니다. 이런 노략질을 하도록 이끌었던 높으신 양반들이 저지른 범죄가 노략질에 끌려갔던 이들의 잘못이 될 수는 없습니다. 정부는 때때로 도둑일 수 있으나 백성은 결코 도둑일 수 없는 것입니다.

프랑스 제국은 노획물의 절반을 챙긴 다음, '여름 궁전'의 진귀한 보물을 마치 골동품 가게 주인인 양 오늘날 여기저기에다 아무렇게나 벌여놓고 있습니다.

저로서는 언젠가 프랑스가 제국주의 제도에서 벗어나 노략질의 죄과를 깨끗이 씻고 약탈해 온 보물 전부를 약탈당한 중국에게 돌려줄 날이 오기를 바랄 따름입니다.

그날이 오기를 기다리며 현재로서는 두 도둑이 한 패가 되어 노략질을 저질렀다는 사실을 인정하지 않을 수 없습니다.

이상의 내용이 중국 원정에 대해 귀하에게 피력한 저의 소신이자 평가입니다.

빅토르 위고
오트빌 하우스에서[23], 1861년 11월 25일

---

23 프랑스에서 추방당한 빅토르 위고가 15년 동안 가족과 함께 살았던 집으로서 영국 영토이긴 하지만 프랑스 노르망디 해안에서 가까운 건지 섬에 있다. 현재 정원을 포함한 집 건물 대부분이 '빅토르 위고 박물관'이 되어 관람객을 맞이하고 있다.

고결한 정신으로 아로새겨진 이 편지는 내 가슴에 깊이 와닿았다. 자기 자신이 저지른 잘못에 대해 잘못 했다고 시인할 줄 아는 것이야말로 한 개인의 입장에서나 한 나라의 입장에서나 참다운 용기가 필요한 일이 아니겠는가? 그렇게 굳센 용기, 훌륭한 마음가짐을 마오쩌둥은 결코 한 번도 품어볼 생각조차 하지 않았다. 물론 프랑스와 영국만이 중국의 문화유산을 때려부수었던 것은 아니었다.

위고의 편지를 읽으며 곰곰이 생각해보면, '문화대혁명' 동안 정말 끔찍한 악행이 저질러졌었고, 중국의 문화유산 가운데 중요한 부분이 송두리째 없어져버리지 않았던가? 그럼에도 불구하고 만인 앞에 용감하게 나서서 사죄하고 용서를 빌 마음 한 톨이라도 품었던 이가 한 사람이라도 있었던가?

위고의 편지는 진정한 용기가 어떤 것인지를 보여주고 있다. 또한 갖가지 범행을 막아내기 위한 방책으로서 문화와 교육의 역할에 대해서도 암시해 주고 있다. 그토록 훌륭한 문필가를 여럿이나 배출한 나라 프랑스가 나를 아주 힘차게 매혹적으로 끌어당기고 있었다.

드디어 나는 마음을 정했다.

나는 파리에 있는 친구 샤오친에게 편지했다. 그동안 중국에서 사귀던 프랑스 남자와 결혼한 샤오친은 이제 출판에 관계된 일은 그만두고 글쓰기에 전념하고 있었다. 남편은 직장 때문에 다시 중국으로 떠났고, 자기는 두 번째 아기의 출산을 기다리는 중이며 나를 위하여 자기 집 문은 활짝 열려있다고 했다.

　　나는 그리하여 1984년 12월 어느 날 파리로 가는 비행기에 몸을 실었다.

길을 잃고 헤매도,
가다 보면 길은 뚫린다네.

– 슈베르트, 「겨울 나그네」

22
새로운 시작

프랑스 땅에는 샤오친 한 사람밖에 나는 아무도 아는 사람이 없었다. 물론 프랑스 말은 한 마디도 할 줄 몰랐다. 파리 남서쪽 교외 도시 이시레뮬리노에 사는 친구네 아파트에 짐을 풀고 나서도 며칠이 지나도록 혼자서는 도저히 문밖으로 나갈 엄두가 나지 않았다. 그 후로도 한참 동안 파리라는 도시가 나에게는 고작해야 집 근처에 보이는 길거리 풍경이 전부였다.

나를 위한 친구의 배려는 정말 감동적이었다. 한나절에 걸쳐 자기의 지인들에게 전화를 걸어 내 얘기를 들려주며 어떻게든 도울 길이 없겠느냐고 부탁에 부탁을 거듭했다. 그녀는 문필가로서 프랑스에 망명해 온 중국 지성인과 예술가들을 두루 많이 알고 있었다. 그러나 성의가 없는 분들은 아니었지만 지금 내가 어떤 상황에 처해 있는지를 전혀 이해하지 못하는 사람들이 있다. 그들은 내가 미국 사람인지 중국 사람인지 물어본 다음,

피아니스트냐, 가정부냐, 아기 보는 사람이냐, 요리사냐, 정확히 무슨 일을 하려는 사람이냐고 묻는 것이었다. 친구는 2차 대전 직후에 프랑스에 왔던 이름난 중국인 자오우지 화백에게도 전화를 걸었다. 그분이 마침 자기 집에 관리인을 한 사람 찾는 중이라고 하자 친구는 내가 관리인으로 있으면서 화백의 아들을 봐주면 되지 않겠느냐고 물었다. 그러나 자오 화백은 피아니스트에게 어찌 남의 집 관리인으로 일하라 할 수 있겠느냐고 답하더니 그 뒤론 다시 연락이 없었다. 그로부터 많은 세월이 흐른 후에야 나는 처음으로 그분을 만나 뵙게 되었다. 그분은 나의 첫 독주회에 오시어, 자신이 그린 작품 가운데 내 마음에 드는 것 하나를 골라 나의 첫 레코드에 표지 그림으로 쓰도록 베풀어 주셨다.

며칠이 지나자 친구와 함께 나는 파리의 음악세계에 대해 어느 정도 헤아릴 수 있게 되었다. 내가 뉴잉글랜드 음악원에서 받은 학위에 관심을 보이는 사람은 아무도 없었다. 피아노를 치고 연주회를 여는 것이 나의 목적이라면 먼저 영향력 있는 음악가들과 친분을 맺어야 했다. 그러기 위해서는 그분들의 지도 아래 다시 공부하는 절차를 밟는 것이 최선의 길이었다. 그런데 미국을 떠나기에 앞서 내가 드디어 용기를 내어 루돌프 제르킨에게 썼던 편지의 답이 막 도착한 것이었다. 그토록 사려 깊으신 분답게 손수 쓰신 편지는 자기를 직접 찾아오라는 내용이었다. 나는 한순간 인생에 한 번 있을까 말까 한 기회를 놓쳤다는 심정이었다. 이렇게 프랑스로 와버린 것 또한 미친 짓만 같았다. 하지만 여기까지 와서 길을 되돌리기엔 너무 늦었다 싶었다.

친구는 여기저기로 계속 수소문했다. 나는 파리 음악원에 입학하기엔 이미 나이가 지나버렸지만 '에콜 노르말 드 뮈지크'에는 연령제한이 없으므로 입학이 가능하다는 것, 그리고 마리안 리비츠키 선생님이 영어가 통하는 분이라고 하니, 우선 그분을 찾아뵙고 얘기를 나누도록 하라고 강력히 권고받았다.

당장 다음 날 아침에 나는 전화를 걸었다.

"저는 중국 출신 피아니스트인데, 미국에서 공부했고 프랑스엔 바로 요 며칠 전에 왔어요. 선생님을 찾아뵙고 한 곡 쳐 보이고 싶은데 괜찮으시겠어요?"

"물론이죠!"

아주 따뜻하고 열띤 목소리였기에 나는 머뭇거림 없이 통화를 이어나갈 수 있었다.

"언제면 될까요?"

그러자 수첩을 뒤적거리는 소리가 들렸다.

"제일 빠른 날짜는 모레인데, 그럼 모레면 되겠소?"

약속 날짜까지는 연습할 시간이 하루밖에 없었다. 친구네 집엔 피아노가 없는 데다가 나는 그새 2주 동안이나 피아노에 손을 댈 수 없는 형편이었다. 나는 급히 친구랑 둘이서 바그람 거리에 있는 '도데 피아노 판매점'으로 달려갔다. 멋진 스타인웨이 몇 대가 우아하게 자리 잡고 있었으나 나를 위한 피아노는 물론 아니었다. 내 형편으로는 상점 뒤편에 있는 작은 피아노 한 대를 가장 싼 값으로 빌려 연습할 수밖에 없었다. 하지만 내가 준비한 작품 「다비드 동맹 춤곡」을 연습하기에는 그것으로 충분했다. 한시가 급한 상황이었다.

이틀 후 선생님 댁으로 가기에 앞서 그분의 레슨비가 얼마인지 알아봤더니 한 시간에 400프랑이라고 했다. 당시의 내 형편으로는 상당히 큰 지출이었으므로 나는 한 시간 안에 선생님께 인정받도록 해야겠다고 단단히 마음먹었다.

리비츠키 선생님은 직접 얼굴을 대할 때에도 전화에서와 다름없이 따뜻하고 열렬하신 분이었다. 나는 한쪽으로 시간을 계속 점검하면서 선생님 댁에 찾아온 전후 사정을 서너 마디로 줄여 말했다. 그런데 지극히 친절하신 그분은 질문에 질문을 거듭하시는 것이었다. 나는 말 한마디 한마디 할 때마다 주머니에서 돈이 빠져나간다 싶은 통에, 감히 겉으로 나타내지는 못하면서도 속으로는 애가 타올라 미칠 지경이었다. 언제가 되어야 나더러 피아노에 앉으라고 할 것인가? 드디어 한 시간의 절반이 다 지나간 다음에야 본론에 들어가셨다.

"좋아요. 자, 그럼, 피아노 솜씨가 어떤지 무척 듣고 싶은데, 무슨 곡을 치려 하는지?"

"슈만의 「다비드 동맹 춤곡」이에요."

나는 손목시계를 풀어서 피아노 위에 놓았다. 템포를 대단히 중히 여기던 초도스 선생님의 가르침에 충실하려는 의도 때문만은 아니었다. 「다비드 동맹 춤곡」은 연주에 대략 37분이 소요되는 작품이었다. 템포를 조금 빠르게 조정하더라도 남은 30분 안에 끝까지 다 연주하기는 불가능했다. 마지막이 되기 전에 손을 놓아야 했다. 시계를 봐 가면서 멈추어야 할 때에 멈출 수밖에 없었다.

그 다음 이야기는 오늘날에 와서도 선생님께서 자주 웃으며 들려주시는 추억거리가 되었다. 나는 바야흐로 마지막에서 두 번째 곡, 더할 나위 없이 아름다운 곡을 치고 있었다. 그 순간 어김없이 제한된 30분이 다 끝나버렸다. 나는 그 이상은 지불 능력이 없었다. 그래서 갑자기 연주를 멈추었다.

""무슨 일이오?" 하고 선생님이 의자에서 벌떡 일어나 물으셨다.

"저한테 400프랑밖에 없거든요. 한 시간 이상은 지불할 능력이 없어서요."

"맙소사, 정신 나간 사람 같으니라고! 슈만을 내가 한 번도 들어본 적이 없을 만큼 기막힌 연주로 들려주더니만, 한창 좋은 순간에 딱 멈추어 버리다니! 레슨비는 당연히 안 받을 테요. 그보다는 차라리 내가 어떻게 도와주면 좋을지에 대해 얘기합시다."

나는 그리하여 선생님께서 도와주시면 좋을 일이 한두 가지가 아니라고 서슴없이 얘기했다. 그러고는 이어서 파리에 자리 잡고 사는 것이 꿈이라고 체류 비자도 받고 장학금도 받을 수 있다면 꿈이 이루어지는 것이나 다름없으리라고 하며 마음속 생각을 모두 털어 놓았다. 선생님은 심각한 얼굴로 아무 말 없이 내 이야기에 귀를 기울이신 다음, 내게 다시 전화해 주시겠다고 약속하셨다.

그로부터 이틀이 채 지나기 전에 선생님에게서 약속대로 전화가 왔다. 선생님은 단 이틀 사이에 장학금을 받도록 알선해 주셨고, 쉬프랑가에 위치한 건물의 8층 지붕 밑 다락방에 세 들어 살도록 얘기해주셨을 뿐 아니라, 일곱 명의 제자들더러 한 사람이 1주일에 하루씩 돌아가며 나에게 각자의 피아노를 빌려주도록 배려해 주신 것이었다. 정말이지 기적이라 아니할 수 없었다. 예부터 프랑스는 나그네를 환영하는 나라라고들 하던데, 그 말이 전설이 아니라 사실이구나 싶었다.

∫

나는 친구의 아파트를 떠나 새로운 거처로 옮겼다. 나의 작은 방은 가구 하나 없이 텅 빈 공간이었다. 하지만 가구는 내 형편이 좋아질 날을 기다리면 될 것이고 당분간 방바닥에서 자면 될 일이었다. 지금 내게 중요한 것은 살림살이가 아니라 내 일, 즉 피아노 공부였다. 열심히 공부하여 서른여섯의 나이일지언정 나를 세상에 알리리라는 마음으로 다시 한 번 꾸준히 밀고나갈 참이었다. 서른여섯 살에 이른 피아니스트라면 이미 길고 긴 경력을 쌓아 놓은 이들이 대부분인데, 나는 "재교육"이라는 이름 아래 음악교육을 전혀 받지 못했던 그 길고 긴 세월의 대가를 아직까지 톡톡히 치르고 있던 것이었다.

다행스럽게도 리비츠키 선생님이 소개해주신 제자들에게서 나는 많은 도움을 받았고, 그 가운데 참된 우정을 나누게 된 이들도 적지 않았다. 그들 대부분이 나처럼 나라와 가족을 멀리 떠나온 외국 학생들이었기에, 이내 우리 사이에는 역경을 이겨나가고자 서로 힘이 되어주는 작은 공동체가 형성되었다. 사실인즉, 리비츠키 선생님을 만난 기적의 순간이 지나고 보니 파리라는 도시가 때때로 외국인이 살기에 얼마나 힘든 곳인지 차츰 깨닫게 되었다. 그러므로 우리는 굳센 연대감으로 서로 돕기를 마다하지 않았다. 특히 프랑스는 외국인이 반드시 거쳐야 하는 이런저런 행정 수속 절차가 까다롭기로 소문난 나라였던 만큼, 관청에 가야 할 일이 생길 때마다 서로 동행해 주면서 돕는 수고를 아끼지 않았다.

그 가운데서 아주 열렬하고도 엉뚱한 성격의 친구는 '브라즈'라는 이름의 브라질 유학생이었다. 감수성이 극도로 뛰어난 피아니스트인 그는 리우데자네이루의 최상류층 출신이었다. 매달 초에 부모님이 부쳐주는 생활비를 갖고 적어도 그달 중순까지는 부잣집 아들답게 물 쓰듯 하며 살다가, 중순 무렵이 되어 돈이 다 떨어진 다음에는 세 끼 식사도 제대로 못 챙겨먹을 정도였다. 바로 그때 내가 나타난 것이었다. 나는 쌀 조금과 계란 몇 개, 그리고 홍당무와 완두콩으로 솜씨를 부린 결과 그에게 중국요리의 대가로 인정받게 되었고, 그는 다음 달 생활비가 올 때까지 그런대로 끼니를 이어나갈 수 있었다.

그는 피아노 연습하는 방식이 나와 정반대였다. 자기 나름으로 기분이 좋고 날씨가 좋을 때면 연습한다고 했다. 그리고 나더러 피아노 연습을 너무 많이 한다고, 좀 쉬며 하라고 되풀이하기를 그치지 않았다.

어느 날, 지하철 정류장 '퐁뇌프'에서 내려 밖으로 나가는 계단을 올라오면서 눈앞에 나타나는 파리의 풍경이 너무도 아름다워 충격을 받을 지경이더라는 얘기를 그에게 한 적이 있었다. 사실인즉 내가 파리에 온 지도 꽤 시간이 흘렀으나 줄곧 지하철로만 왔다 갔다 했을 뿐, 바깥 거리 구경을 다닐 여유가 없었다. 그러자 브라즈는 어이없다는 듯이 나를 쳐다보며 말했다.

"나라도 옆에서 손을 좀 써야지. 하루도 쉬는 날 없이 일하는 샤오메이를 이대로 그냥 둘 수가 없겠어."

그리하여 나의 첫 파리 관광안내자가 된 그 친구 덕분에 나는 땅 밑 세상에서 땅 위 세상으로 올라오게 되었다.

그는 또 나의 고미다락방[24]에 들러서 내가 사는 환경을 잠시 구경하더니, 다음부터 자기 집에 피아노 연습하러 오는 날이면 피아노뿐 아니라 욕실도 사용하는 것이 어떻겠냐고 했다. 나는 물론 기꺼이 그의 제안을 받아들였다. 하지만 얼마 후 어느 일요일 아침이었다. 어떻게 된 영문인지 그가 내게 맡긴 열쇠로는 도무지 그의 아파트 문이 열리지 않았다. 나는 기를 쓰고 열쇠를 이리로 저리로 마구 돌려봤지만 문은 꼼짝도 하지 않았다. 그래도 계속해서 용을 쓰고 있었는데 갑자기 문이 저절로 덜컹 열리더니 브라즈가 잠에서 덜 깨어난 얼굴을 하고 나타났다.

"샤오메이, 무슨 일이야?"

"피아노 연습하러 왔는데, 미안해! 집에 있는 줄 몰랐어."

"집에 있을 뿐만이 아니라 나 혼자 있는 게 아니야. 일요일 아침인데, 제기랄! 사람이 산다는 게 뭔지, 좀 알기나 해?"

이란에서 온 나지와도 좋은 친구가 되었다. 그는 원래 이란의 왕족 가문에서 자랐던 만큼 그야말로 동방사람 특유의 아름다움과 섬세함과 늘 조심스러워 하는 분위기를 풍기고 있었다. 게다가 나지는 내게 첫 프랑스어 선생이 되어주었다. 이렇게 하여 나지와 브라즈, 그리고 목사와 결혼한 중국 친구 린과 나, 넷은 한

---

24 건물 꼭대기 층에 위치한 다락방은 프랑스어로 "chambre de bonne(하녀의 방)", 즉 옛날 상류층 저택에 고용된 하녀들의 방이었다. 오늘날엔 방세가 싼 이유로 저소득층, 특히 가난한 학생들의 거처로 애용되고 있다. 방 안에는 세면대와 부엌 개수대뿐이며 욕실은 물론 없고 화장실도 바깥 복도에 있으며 같은 층 세입자들과 공동으로 사용하게 되어 있다.

동아리가 되었다. 우리는 종종 호주머니에 돈 한푼 없을 때도 있었지만, 함께 연주회에 다니고 파리 구경도 하며 즐거이 지냈다. 넷이 모인 가운데 한 사람이 돌아가며 소리내어 책을 읽는 독서 모임을 갖기도 했다. 언제나 바삐 움직이며 얼굴엔 언제나 웃음 가득히 우리는 정녕 보헤미안들의[25] 삶을 누리고 있었다.

리비츠키 선생님의 제자들 가운데서 아알람 여사야말로 나를 위하여 크나큰 역할을 해 주신 분이었다. 여든이 지난 나이인데도 스무 살 정도는 젊어보였다. 그분이 살아온 이야기는 있는 그대로 소설책 한 권이 될 만했다. 그분의 아버지는 '이란 혁명'이 일어나기 전까지 팔라비 왕가의 시의(侍醫)였다고 했다. 그분은 스무 살 때 어떤 러시아 출신 바이올린 연주자와 열렬한 사랑에 빠져 집을 뛰쳐나간 적도 있었다니, 어쩌면 우리 어머니와도 비슷한 얘기였다. 훗날 이란에서 처음으로 여학교를 세워 여성 교육에 헌신하고 있던 중에 혁명의 소용돌이를 피하여 프랑스로 망명하게 되었다. 처음으로 인사를 나누자마자 그분은 '파리 대학촌' 안에 있는 '이란 학생관'의 관장으로 일하고 있었을 때에 몇몇 중국 학생들에게 당한 이야기를 나에게 들려주었다. 나이도 얼마 되지 않은 젊은이들이 마오 주석 지지자라고 떠들고 다니면서, 혁명을 피해 파리로 망명해 온 자기의 과거를 들추어내고는 마구 비난의 말을 퍼붓기 시작했다는 것이었다. 하지만 그분은

---

25 가난하게 살면서도 사회적 관습이나 체면에 아랑곳하지 않는 예술인들의 자유분방한 삶의 모습, 이는 푸치니의 오페라 「라보엠」에 잘 나타나 있다.

청년들을 너그러이 자신의 거처로 불러들인 다음 서로 터놓고 대화를 나누도록 해주었다. 그리하여 그날 저녁이 이슥할 무렵 헤어지면서 그들은 서로 친구가 되었다는 것이다. 그렇듯 나로서는 결코 생각조차 하지 못할 만큼, 세상 아무것도 두려워하지 않는 대단한 용기를 지니신 분임을 금세 알아볼 수 있었다.

내가 고미다락방에서 고생스레 살고 있다는 사실을 알자마자 그분은 나를 자기 아파트로 옮겨 살게 해주셨다. 더욱이 그 만장같이 넓은 집에서 스타인웨이도 마음껏 치도록 배려해 주셨다. 그리하여 이사 들어온 다음 날 나는 지금까지 나에게 숙소를 제공해 준 고마운 이들에게 답례로 늘 해왔던 일, 말하자면 집안 청소나 부엌일이라도 조금이나마 돕겠다고 했다. 그랬더니 검은 눈동자를 커다랗게 뜨고 나를 쳐다보며 말씀하셨다.

"천만에, 당치도 않은 소리! 오히려 내가 고용한 가정부더러 우리 집에 오신 손님 피아니스트를 위해 일하라고 할 거에요. 제발 아무 걱정 말고 피아노 연습에만 전념하기를, 난 그 이상 아무것도 바라지 않아요"

정말이지 내 귀로 이런 말을 듣기란 태어나고 처음이었다.

그분은 또 나를 데리고 루브르 미술관으로 안내해 주셨다. 중앙 건물에서 드농 통로 쪽으로 들어가면서 통로 끝 계단 위에 보이는 커다란 석상을 가리키며 말했다.

"자, 보이죠! 그대가 무대에 서게 되는 날엔 저렇게 여신처럼 나타나기를 바랄게요. 모든 것을 이겨낸 승리자의 모습이면서도 동시에 가볍고 우아한 자태 말이죠."

감탄에 감탄을 자아내게 하는 조각의 걸작, 그것은 다름 아닌 사모트라케의 「승리의 여신」이었다. 언젠가는 이런 말씀도 해주셨다.

"샤오메이가 지금까지 어떤 역경을 헤치고 살아왔는지 난 다 이해해요. 그러니 이젠 자신감을 가져야 돼요. 앞으로는 자신 있게 살아 나가도록 해요."

그분이 내 앞날의 성공을 위하여 마음을 써주시는 모습은 동방사람 특유의 방식 그대로였다. 함께 버스를 타고 갈 때면 운전사에게 굉장한 피아니스트를 모시게 되었으니 행운으로 생각하라고 똑똑히 들리게 말하는가 하면, 처방약을 사러 약국에 가서도 약사를 보며 지금 여기 온 손님은 위대한 예술가라고 서슴없이 얘기하는 것이었다. 나는 부끄러워 어디다 몸 둘 바를 모를 지경이었다. 하지만 어느 날 너무나 심각한 얼굴을 하시며 내게 다음과 같이 말씀 해주신 분께 무어라 대꾸할 말이 또 있으랴 싶었다.

"누가 만약 나더러 재교육 수용소에서 몇 해 동안 일하는 대가로 「어린이의 정경」[26]을 당신처럼 훌륭하게 연주할 수 있게 될 것을 보장해 준다면, 나는 10년이라도 마다하지 않고 지금 당장 떠날 테요!"

---

26 모두 13곡으로 된 슈만의 피아노 작품(15번)으로서 그 가운데 제7곡이 잘 알려진 '트로이메라이'이다.

ſ

그로부터 몇 달이 지난 어느 날이었다. 리비츠키 선생님에게서 연락이 온 내용은 나의 폴란드 순회공연이 성사되어 여섯 차례의 공연 날짜가 잡혔다는 것이었다. 아아! 드디어 내가 처음으로 순회공연 길에 오르게 된 순간이었다. 나의 첫 연주 장소는 젤라조바 볼라에 있는 쇼팽의 생가였다. 나는 리비츠키 선생님의 지도 아래 준비했던 일련의 「마주르카[27]」를 들려주었다. 연주가 끝나자 청중들이 대거 몰려와서는 아주 호감이 가는 연주였다며 칭찬을 아끼지 않았다. 나는 그 자리에서 나의 대선배인 중국 피아니스트 후총이 1950년 '바르샤바 쇼팽 콩쿠르'에서 바로 이 곡으로 심사위원 특별상을 받았다는 역사적 사실을 알게 되었다. 그들은 나에게 여러 가지 질문을 했다. 편편이 다양한 마주르카 한 곡 한 곡을 그렇듯 작고 섬세한 그림처럼 들려줄 수 있는 중국인 특유의 어떤 예술 기법이라도 있을까, 이렇듯 질문에 질문을 거듭하며 몹시도 궁금해 하는 청중들이었다.

나는 폴란드가 참 좋았다. 폴란드 청중은 음악에 대하여 남다른 감수성을 보여주었다. 그들은 중국 백성처럼 아직 독재 정권에서 풀려나지 못한 처지였는데도 그랬다. 나는 폴란드 사람들에게 깊은 공감을 느끼며 그들의 마음 속 불만도 함께 나누었다.

---

27 폴란드 민속춤을 바탕으로 작곡된 쇼팽의 피아노 작품. '마주르카'로 제목이 붙은 곡은 상당히 많은데 길이가 짧은 곡에서 긴 곡까지 아주 다양하다.

나의 첫 순회공연은 최고 수준의 개런티로 진행되었다. 여섯 차례에 걸친 공연의 대가는 폴란드 여성 근로자의 2년 치 월급에 상당하는 금액이었다. 불행히도 당시의 폴란드 화폐는 환전이 불가능했기 때문에 나는 그 돈을 폴란드 밖으로 갖고 갈 수가 없었다. 그래서 나는 폴란드 주재 중국대사관에 연락을 취하게 되었다. 대사에게 내 신분을 밝힌 다음 전화 통화의 목적을 얘기했다. 내가 받은 사례금 전부를 여기 대사관에 맡길 터이니 쇼팽의 악보를 대거 구입하여 베이징 음악학교에 전달해 주시면 좋겠다고 말했다. 그런데 처음엔 미심쩍다는 듯 눈치를 살피던 중국대사가 곧장 공격적으로 목소리를 높이더니 마치 죄인 심문이라도 하듯이 온갖 질문을 퍼붓고 나서는 전화를 탁 끊어버렸다. 내 나라와 나를 이어줄 끈이 또 한 번 뚝 끊어지고 말았다. 나더러 조국을 떠나지 말라 하던 텅원지, 그분 말대로 내가 중국에 남아 있었더라면, 하고 생각하니 화가 치밀어 올랐다. 결국 사례금은 그 당시 많은 폴란드 민중의 마음속에 희망을 심어주었던 '자주노동조합연맹(Solidarnosc)'에 기증했다.

∫

파리에 돌아오자 나는 또 다시 새로운 난관에 부딪치게 되었다. 프랑스 정부에서 발급한 학생비자의 유효기간이 얼마 남지 않은 시점이었기에 경찰청 이민담당 부서에 찾아가서 체류 허가를 신청해야 하는 일이 눈앞으로 다가온 것이었다. 처음으로 경찰청 발걸음을 했던 날, 8시간 동안 줄 서서 기다린 연후에 겨우 창구 너머 담당 직원의 모습이 보일락 말락 하자마자 그 순간 경찰청은 업무 마감 시간이 되어 문이 닫히는 것이었다. 다음 날 나는 새벽 5시에 일어났다. 분명히 내가 줄에서 맨 앞자리를 차지하리라 짐작했었는데, 천만에! 4시간을 기다린 끝에 이번에는 한마디 말도 건네 보지 못하고 밖으로 내몰림 당했다. 세 번째, 네 번째, 몇 번이고 똑같은 걸음을 계속해야만 했다. 내가 지금 상대하는 곳은 또 다른 프랑스였다. 공무원들은 하나같이 무뚝뚝하고 적의에 가득 찬 트집쟁이들이었다. 몇 번의 첫걸음 끝에 겨우 얻어낼 수 있었던 분명한 정보는 미국 여권으로 프랑스 국적을 신청하는 것이 중국 여권보다 쉽게 해결되리라는 것이었다. 그러기 위해서는 다시 미국으로 돌아가 살면서 모든 서류가 정식으로 갖추어질 때까지 1년 반 가량을 기다려야 한다고 했다.

파리에 온 이후로 만사가 순조로이 돌아가는 가운데 나는 훌륭한 사람들과 가까이 사귀게 되었고 그럴듯한 공연 경력도 막 쌓기 시작하여 정말이지 행복했던 나날이었는데, 비자 문제 때문에 다시 또 한 번 왔던 길로 뒷걸음질쳐야 하는 신세가 되어버렸다. 나는 맥이 빠지면서 쓰디쓴 한숨을 쉬며 혼잣말했다. 괴나리봇짐을 풀고 들어앉아 살 곳이 내 인생에 과연 생기기라도 하려나? 그러나 달리 어떻게 해볼 여지도 없었다. 몇몇 미국 친구들에게 전화를 걸어 내게 숙소를 제공해 줄 의향이 있는지 알아보았다. 보스턴에 살며 음악이론을 전공하는 재닛이 나를 받아들이기로 했다.

나는 여행 가방에다 옷가지 몇 벌과 갖고 있던 악보를 모두 담고서 보스턴으로 향했다. 그래도 재닛의 집엔 멋진 독일제 피아노가 두 대나 있으니까 그 곳에서 적어도 피아노 공부만큼은 계속해 나갈 수 있으리라 기대했다.

불행히도 음악을 전문직으로 하는 이들 가운데엔 남이 연주하는 음악 소리가 한 지붕 아래에서 들리는 것을 좋아하지 않는 경우가 왕왕 있었다. 단 한 작품만 제외하고….

되돌아간다는 것은 도의 흐름.

- 노자

23
「골드베르크 변주곡」

나로서는 어찌할 수 없는 일이었다. 보스턴에 도착하자마자 나는 재닛 집에 얹혀살면서 피아노 소리로 집주인의 귀를 피곤하게 만들 수 없다는 딱한 처지에 놓이게 되었다. 나는 재닛을 누구보다도 잘 이해할 수 있었다. 음악이론에 관한 학위 논문을 쓰는 한편, 학생들에게 피아노 가르치는 일도 동시에 하고 있었기 때문에 하루 온종일 귀가 따갑도록 피아노 소리에 묻혀 사는 사람인 것을 이해해야 했다. 그러므로 나는 그녀가 집에 없을 때를 틈타서 연습하는 수밖에 도리가 없었다.

그러던 어느 날이었다. 악보 읽기라도 할 만한 곡을 찾으며 수많은 음악 서적이 줄줄이 꽂혀 있는 재닛의 책꽂이를 둘러보다가 아주 두툼한 악보 한 권에 눈이 닿았다. 그것은 바흐의 「골드베르크 변주곡」이었다. 이는 한창 원숙기에 이르렀던 위대한 작곡가의 대작으로서 꽤 흥미로운 유래를 지닌 작품이기도 하다. 드레스덴 주재 러시아 대사였던 카이제를링크 백작이 불면증에 시달리던 끝에 바흐에게 잠이 들게 해줄 음악 작품을 의뢰했고, 백작의 쳄발로 주자로 하여금 저녁에 잠이 오기를 기다리는 동안 연주하도록 했다는 것이었다. 그리고 후세에 이름을 남기리라고는 상상하지 않았던 바흐로서는 드물게 인쇄되게끔 손을 써 놓았던 작품 가운데 하나이기도 했다.

그때까지 나는 이 곡에 한 번도 손을 대어본 적이 없었기 때문에 적어도 한참 동안은 시간을 보낼 가치가 충분히 있어 보이는 작품이리라 생각했다.

나는 악보를 피아노 보면대에 펼쳐놓았다. 주제의 '아리아', 어쩌면 이리도 감미로운 시작일까! 천천히 한동안 같이 거닐어 보자며 다정한 벗처럼 감미로운 손길을 내밀어 주는 음악 속으로 나는 온통 그대로 쏠려 들어가게 되었다. 제1변주곡으로 나아갔다. 이어서 제2변주곡으로, 이렇게 하여 한 시간 반이 흐른 후 처음의 '아리아'로 되돌아가며 전체 서른 개 변주곡을 마감하기에 이르렀다.

그 사이에 재닛 집에 돌아와 있었지만 나는 전혀 느끼지를 못했다. 내가 마지막 음표를 건반에 마무리했을 때에야 그녀가 다가와 말했다.

"그 「골드베르크 변주곡」은 치고 싶을 때 언제든지 쳐도 돼. 그걸 들으면 내 기분이 얼마나 좋아지는지 아무도 짐작 못 하지만, 난 끝도 한도 없이 들을 수 있을 것 같아.”

제발 좀 그래달라고 내 쪽에서 부탁하지도 않았는데, 아무튼 너무나 다행이었다. 나는 그리하여 몇 주일 동안 계속해서, 때로는 하루에 여덟 시간씩 「골드베르크 변주곡」만 붙잡고 연습했다. 재닛은 한마디 군소리도 하지 않았을 뿐 아니라 시작 ‘아리아’의 첫 부분을 듣자마자 얼굴에 미소를 되찾곤 했다. 그녀에게 나는 피아니스트 골드베르크가 되었고 나에게 그녀는 카이제를링크 백작 부인이 된 셈이었다. 그런데 기묘하게도 나는 아직 그때까지 「골드베르크」 변주곡을 완전히 소화하지 못한 상태였다. 그렇긴 했지만, 적어도 내가 연습할 수 있게끔 은혜를 베풀어준 작품이라는 사실만큼은 부인할 수 없었다.

재닛의 박사논문 구두시험 날짜가 다가오게 되자 나는 거처를 옮기기로 결심했다. 「골드베르크 변주곡」이 아무리 좋은 신경안정제가 될지언정 그래도 혼자 조용히 시험 준비를 할 수 있게 해주기 위해서였다. 내가 처음으로 전화를 건 친구는 단칼에 거절해 버렸다.

“전혀 안 될 일이야! 남편이 지금 일을 안 하고 놀고 있거든. 하루 종일 남자 혼자 있는 집에 너랑 단둘이 있으라고 할 수는 없어.”

나는 어안이 벙벙해졌다. 그런 엉뚱한 생각을 한다는 것부터 기가 막힐 노릇인 데다가 그런 말을 또 아무렇지도 않다는 듯 나에게 대놓고 지껄일 수 있다니! 정신 차려, 여긴 중국 땅이 아니잖아. 나는 혼자 중얼거렸다. 중국에서 그런 소리를 했다가는 천하에 다시없는 무뢰한으로 취급받을 일이었겠지만.

두 번째 전화는 성공적이었다. 그리하여 나는 브래틀보로에서 사귀었던 부부 매리와 라이언의 집으로 옮겨 갔다. 매리는 미술학교에서 도자기 제작을 가르치고 있었고 라이언은 보험대리인이었다. 그들은 브래틀보로 근교에 위치한 색스톤 리버에 살고 있었다. 그곳은 아주 작은 마을인데 공공 건물이라고는 시장 겸 상점 하나, 빵가게 하나, 그리고 우체국과 교회뿐이었다. 그러는 동안에도 나는 돈벌이할 곳을 찾아서 계속 수소문했다. 예전에 가르친 경험이 있었던 음악학교에도 알아보았으나 한마디로 거절당했다.

"이미 그만두고 떠나갔잖아요. 여긴 호텔이 아니랍니다."

다음으로 나는 그 지역에서 명성이 높은 스미스 여자대학을 찾았다. 학장에게 나의 피아노 실력을 보이고자 쇼팽의 마주르카, 한 곡을 연주해 보였더니 지금도 결코 잊을 수 없는 찬사를 아끼지 않았다. 학장은 그러나 현재 피아노 교수 자리가 모두 차 있는 상황이기에, 자리를 새로 하나 만들도록 노력해 보겠다고 약속하면서도 지금으로서는 어찌해 볼 도리가 없다고 했다.

나는 구직을 희망하는 편지를 이력서와 함께 작성하여 50통가량을 여기저기 교육기관에 보냈지만 아무데서도 답이 없었다.

워싱턴에 가서 수소문해 보라는 친구들의 말을 믿고서 모아 두었던 돈을 탈탈 털어 비행기 값에 쏟아 부었지만 결과는 헛일이었다.

절망한 나는 동네에 있는 빵가게로 달려가 일자리를 물어보았다. 빵집 주인은 믿기지 않는다는 얼굴로 나를 보더니 매일같이 새벽 4시에 일어날 자신이 있느냐고 물었다. 나는 그래서 새벽에 일어나기로는 재교육 수용소에서 여러 해에 걸쳐 이력이 나 있다고 말했다. 그랬더니 주인은 다시 한 번 나를 가만히 살펴보더니 내 손을 가리키며 말하는 것이었다.

"손이 너무 작아요. 그 손으로 빵 반죽은 못 하겠는데…."

그러자 나는 대번에 반 선생님이 하시던 얘기가 머리에 떠올랐다. "건반에 다 에너지를 전달만 할 것이 아니라 건반에게서 네 쪽으로 에너지를 당기도록 해봐라. 빵 반죽을 한참 주무른다고 상상해 봐. 손과 팔목을 어떻게 놀리느냐에 따라 너와 네 악기 사이가 완전히 달라진다는 것을 너는 곧 깨우치게 될 거야."

그러나 어차피 나를 채용하지 않겠다고 마음먹은 사람에게 옛날 일을 들먹이며 얘기를 계속한다는 것은 시간 낭비일 뿐이었다.

형편이 도무지 풀리지 않았다. 직장은 잡히지 않았고 아무 일거리 제안도 들어오지 않았다. 천만다행으로 매리와 라이언은 나를 저버리지 않았다. 그들의 집에 옮겨 온 지 한 달이 지나자 나는 살림에 조금이라도 보탬이 되려는 마음에 써 100불을 내밀었으나 라이언이 받기를 거절했다. 그는 세상만사에 두루 관심이 많은 사람이었기에 하루도 빠짐없이 나에게 중국에 대하여, '문화대혁명'을 물어보곤 했다. 그는 또 나를 즐겁게 해주기 위하여 무던히도 애를 써주었다. 주말이 오면 함께 스케이트장으로, 혹은 오토바이 타고 바람 쐬러 나가기도 했다. 마음속으로야 오토바이 타기가 그다지 재미있는 것 같진 않았지만 그래도 나는 아주 재미있었다고 말해주었다.

그런가 하면 매리는 내게 정작 무엇이 필요한지를 대번에 알아차리고서, 혼자 조용히 연습에 몰두할 수 있도록 여러모로 신경을 써 주었다. 자기 자신이 예술가인 만큼 침묵이 얼마나 소중한 것인지를 누구보다 잘 알고 있었다. 퇴근해서 집에 들어왔을 때 내가 피아노를 치고 있으면 거실에 사르르 들어와 앉아 나의 연주를 감상하면서 나에게 상관하지 말고 계속 하라는 침묵의 신호를 보내주었다. 자기 집에 놀러오는 친구들에게는 나의 피아노 연습에 방해가 되지 않도록 해야 한다고 따로 일러주었다. 파티를 열게 되면 미리 나에게 양해를 구했다. 그처럼 속 깊은 배려와 존경의 마음에 대하여 나 또한 오롯이 그 마음 그대로 돌려주고자 노력했다.

매리와 라이언이 나에 대하여 이해하기 어렵다고 생각하는 딱 한 가지, 그것은 내가 무엇 때문에 그리도 많은 시간을 피아노 연습에 몰두하느냐는 것이었다. 매리는 부드러운 얼굴로 자주 내게 묻곤 했다.

"넌 지금 피아노 선생으로 일하는 것도 아니고, 연주회를 준비해야 할 상황도 아닌데, 어찌 그리도 쉬지 않고 연습할 수가 있어? 그토록 줄곧 밀고 나갈 수 있는 힘이 도대체 어디에서 솟아나오니?"

그렇게 묻는 말에 나는 무어라 대답해야 할지를 몰랐다. 하지만 내가 모르지 않았던 느낌, 그것은 나의 삶을 송두리째 바꾸어 줄 음악 작품과 만나게 되었다는 사실이었다. 이제 「골드베르크 변주곡」은 나의 존재를 온통 가득 채워주었다. 정녕 삶의 모든 것이 빠짐없이 담겨 있는 음악, 모든 것을 하나하나 내 몸으로 체험해 나가야 할 음악이었다. 제1변주곡은 나에게 용기를 북돋아주었다. 익살스런 제10변주곡은 내 입가에 웃음이 떠오르게 해주었고, 제13변주곡에 이르자 나는 전에 한 번도 느껴보지 못했던 양 차분하게 마음을 가라앉혀주는 멜로디의 흐름을 따라 노래가 저절로 나왔다. 제24변주곡에 이르러서는 '폴로네즈'의 리듬을 따라 함께 춤추고 싶어졌다. 단조로 구성된 제15변주곡, 그리고 제25변주곡은 명상에 푹 잠기게 하는 동시에 마음에 와닿는 느낌이 급기야 눈물을 글썽이게 해주는 것이었다.

그리하여 마지막 제30변주곡에 이르렀다. 이 유명한 '쿠오들리베트(Quodlibet)'[28]가 나의 귓전에 울려 퍼지는 느낌은 그야말로 세상의 영광을 기리는 송가가 아닐까 싶었다. 연습하면 할수록

---

28 대개 민요에서 따온 두서너 멜로디를 대위법으로 조합하여 완성한 음악작품.

나는 더욱 놀라게 되었다. 바흐는 민요 두 곡을 조합하여 변주의 바탕이 되는 골격을 형성해 나감으로써 대위법 예술의 최고봉에 도달한 음악가였다. 민중의 노래에서 거룩한 음악이, 가장 단순한 속요를 바탕으로 가장 절묘한 짜임새의 위대한 대위법 화음이 탄생했다. 어느 날 나는 이 마지막 변주곡에 쓰인 두 민요 가운데 한 곡의 가사를 배워 알게 되었는데 그 내용은 다음과 같았다. "배추랑 무밖엔 먹을 게 없는 집, 난 멀리 떠나버렸다네, 엄마가 고깃국이라도 끓어주었더라면, 조금 더 오래 머물었겠지만." 이처럼 숭고한 음악 속에 갑자기 웬 배추 이야기람. 내가 혼잣말하는 그 순간 재교육 수용소에서 매일같이 밭에 나가 뽑아와야 했던 배추, 저녁마다 먹어야 했던 배추가 머릿속에 떠올랐다. 운명적인 만남이라고 하지 않을 수 없었다. 오늘 이 순간에도 이 마지막 변주곡을 연주하려 들면 그때 그 시절, 장자커우의 침침하고 황량한 벌판이 눈앞에 끝없이 펼쳐지는 것을!

그리고 나서는 애초의 '아리아'로 되돌아간다. 이 끝마무리가 다른 무엇보다도 나를 감동시켰다. 서른 개의 변주곡이 진행되는 내내 작곡자는 인간이 느낄 수 있는 온갖 종류의 감정에 호소하는 가운데 긴장에 긴장을 더하여 오다가 한순간 멈추더니 이윽고 평온하고 잠잠하기만 한, 오직 하나의 음악으로 전부를 마감한 것이었다. 헤아릴 수 없이 많은 고전음악 작품이 강렬한 '크레

셴도[29]'로 끝을 장식하는 것과는 정반대였다. '아리아'는 이제 부드럽게 살며시 무(無)의 세계로 흘러들어 갔다. 아무것도 없다거나 없어져 버린 세계가 아니라 기쁨과 빛이 넘치는 세계로, 음악이 소멸하면 할수록 마음은 더욱 높이 날아오르고 있었다.

나는 그동안 스스로 배우며 익혀왔던 피아노 연습의 원칙을 「골드베르크 변주곡」에 작용하여 끝까지 추진해 나가고자 했다. 이는 결코 쉽지 않은 작업이었기에 때때로 이따금씩만 성공적이었다고 느낄 수 있었을 따름이다.

연주에 앞서 우선 마음을 완전히 비웠다. 다음으로 나에게 알맞은 '템포'를 더듬어 찾아보았다. '템포'를 제대로 찾아내어야만 작품과 호흡할 수 있고, 악보에 나타나 있는 아름다움 모두를 귀에 담을 수 있으며 머릿속 생각 또한 자연스럽게 흘러가게 되겠기 때문이었다. 더욱이 알맞은 '템포'를 찾는다는 것은 음악에서뿐 아니라 인생을 살아가는 데에 있어서도 지극히 중요한 일이라 하지 않을 수 없었다. 이는 곧 작품에 깃든 의미, 그리고 작품의 진리를 찾는 일이었다. 나는 그리하여 음악 뒤로 사라져 없어지고자 했다. 나는 노자와 장자를 읽고 생각함으로써 배웠다. 훌륭한 군주란 백성이 임금의 존재를 인식하지 못하는 인물이라는 것과 마찬가지로 훌륭한 피아니스트 역시 자기의 존재가 작품 뒤로 사라져버린 연주자라는 점을 확신하기에 이르렀다.

---

29 '점점 더 크게' 연주하라는 지시

또한 이 점이 내가 찾으며 다다르고자 하는 목표였다.

　그렇다고 마치 내가 어떤 의문점에 대한 해답을 찾았다거나 자물쇠가 채워진 의문을 풀어줄 열쇠를 발견한 것도 아니었다. 그저 매일매일 꾸준한 연습을 통하여 이 새로운 접근은 저절로 자연스럽게 점점 더 내 본연의 연주 방식이 된 것이었다.

　「골드베르크 변주곡」을 연습하면 할수록 음악의 수평적 전개와 선율적 흐름이 무슨 뜻인지 더할 나위 없이 훌륭히 표현되었다는 느낌을 더욱 뚜렷이 갖게 되었다. 「골드베르크 변주곡」에서도 다른 작품에서도 바흐의 음악은 선율의 흐름이 정지하는 경우가 아주 드물다. 바흐는 무엇보다도 흐름의 음악을, 선율과 선율이 가장 정교한 대위법의 짜임새로 끊임없이 서로 맞물리며 이어져 나아가는 음악을, 가장 돌출된 매듭이 지어진 부분에서조차도 끝없이 이어지며 나아가는 음악을 창조했다. 바흐의 음악이 듣는 이의 마음을 그토록 잠잠히 가라앉혀주는 이유가 바로 여기에 있지 않나 싶었다. 두 「수난곡」의 경우를 제외하고 나면 바흐의 음악은 결코 극적으로 돌아간다든가 부딪쳐 끊어지는 법이 없이 잠잠하고 평온한 흐름만이 계속 이어지기에 말이다.

　동시에 「골드베르크 변주곡」은 이와 같은 수평 진행이 저음부의 리듬에 의하여 탄탄히 유지되어야 함을 너무도 뚜렷하게 보여주고 있다. 변주곡의 '테마'는 최초의 '테마'가 담긴 32개 소절 안 저음부에 그려진 선율로 이루어져 있으며, 이 저음부야말로「골드베르크 변주곡」전체에 생명력을 불어 넣어주는 맥박이요 숨결이 아닌가!

　나는 또한 이「골드베르크 변주곡」에서 내가 자라온 중국 문화의 정수를 재발견하게 되어 참으로 놀라지 않을 수 없었다. 혹시 바흐 자신이 중국 문화에 대한 예감을 생전에 느꼈던 것이었나? 아니면 옛 중국의 위대한 현인 한 분이 바흐로 환생한 것일까? 나에게 바흐는 자신의 기예 모두를 신의 영광을 찬미하고 섬기는 일에 바쳤던 루터교인의 테두리를 훨씬 넘어선 인물이었다. 그는 세계 만민의 음악가였다.

　대위법의 짜임새로 이어져 나가는 바흐 음악의 선율은 나에게 중국의 전통예술인 서예를 연상시켜 주었다. 서예는 무엇보다 먼저 호흡과 명상의 예술이다.「골드베르크 변주곡」을 연습하면서 나는 중국의 위대한 서예가 몇 분을 생각하게 되었다. 그들은 세상을 멀리 떠나 산 속에 은거하여 침묵 가운데 관조하고 명상하는 일밖에는 아무것도 하지 않고 지내다가 어느 날 한순간 작업하기에 이르렀던 은사들이었다. 명나라의 왕족으로 태어났던 주탑(朱耷), 그는 18세 때 이제 막 탄생한 만주족의 청나라를 멀리 떠나 중이 되어 산 속의 외딴 절간에 은거했다. 그렇듯 홀로 가난하게 살면서 거의 평생을 오직 관조에만 몰두하며 지내다가, 아주 늦은 노년에 와서야 수묵화의 걸작 몇 점을 완성하여 불후의 명성을 남긴 것이었다. 마찬가지로 대나무 그림으로 이름난 정판교(鄭板橋)도 40년 넘어 고독한 삶 속에서 명상하는 가운데 작품에 몰두했다. 다음은 그가 남긴 글이다.

> 지금은 아래로 내려간다고 생각하지만,
> 실은 위로 오르고 있네 그려. 그댄 모르고 있지만,
> 지금은 위로 오른다고 생각하지만,
> 실은 아래로 내려가고 있네 그려.
> 일하고 일하라, 꾸준히 쉬지 않고,
> 어느 날엔가 기대하지도 않는 가운데, 그대는 바라던 목표에 이르리.

위대한 두 화가의 이야기는 나에게 용기를 불어넣어 주었다. 두 분 다 가난하고 세상이 알아주지 않는 처지에서 뭇사람들의 멸시조차 꿋꿋이 견디어 낸 위인들이었다. 어쩌면 몸과 마음이 송두리째 부서져 버릴 수도 있었을 상황에서 그들은 오히려 더욱 굳세어진 것이었다.

두 화가를 본받아 나도 생각으로나마 산속으로 깊이 들어가고자 노력했다. 그러한 노력에 힘입어 나는 오래 전부터 추구했던 목표, 즉 작곡가 뒤로 사라져 버리고자 하는 목표에 조금씩 가까이 가게 되었다. 나는 더 이상 존재하지 않는 것처럼 느낌으로써 작곡자와 음악 사이에 내 뜻을 끼워 내세우지 않으며, 오직 작곡자의 천재성만이 두드러져 보이도록 하는 일에 주력했다.

「골드베르크 변주곡」에 깃든 다양한 분위기와 기분의 변화는 중국 사상 가운데 반 선생님께서 누구보다도 먼저 들려주셨던 내용, 곧 "중용"의 덕에 대해 다시금 생각하게 해주었다. 나는 이제 「골드베르크 변주곡」을 통하여 그분이 뜻하신 바를 비로소 깨닫게 된 것 같았다. 그것은 극단으로 치우친 어느 한쪽을 거부하고 타협의 길을 택한다는 뜻이라기보다는, 작품 속에 담겨 있는 갖가지 구성요소 하나하나를 골고루 두드러지게 표현해낼 수 있도록 하는 균형을 의미한다. 바로 이 점에 있어서 「골드베르크 변주곡」은 우리가 삶에서 느끼는 갖가지 감정과 갖가지 생각을 빠짐없이, 참으로 독특하게 들려주는 작품이 아닌가 말이다! 「골드베르크 변주곡」이 인류가 이루어낸 가장 위대한 걸작의 하나로 인정되는 동시에 헤아릴 수 없이 많은 사람의 마음에 호소력을 갖는 이유가 바로 여기에 있지 않을까. 바흐는 「골드베르크 변주곡」에다 인간의 삶 그 자체를, 또한 삶과 함께 끝없이 펼쳐지는 희로애락의 갖가지 요소를 음악으로 탈바꿈하여 담아 놓은 것이었다.

　불상에 나타난 부처의 모습은 모두가 하나같이 언제나 미소를 머금고 있다. 세상만사에, 만인의 삶에 언제나 두 가지 다른 면이 있듯, 오직 하나의 진리만 있는 것은 아니리라. 모두가 현실을 어떻게 보느냐 하는가에 달려 있다. 삶이란 그런 것이다. 「골드베르크 변주곡」 또한 그러하다. 「골드베르크 변주곡」을 통하여 나는 비로소 '다성(polyphony)' 음악이, 그 가운데서는 특히 바흐의 작품이 다른 어떤 음악 작품보다 감동을 주는 연유를 깨닫게 되었다. 다양한 소리를 동시에 들려주는 다성음악만이 우리의 다양한 감정을, 이런 저런 모습으로 서로들 부딪치고 대립하는 감정을 "동시에" 여럿이 울리는 소리를 통하여—그렇다고 한 소리가 다른 소리보다 우세하지도 않으면서—골고루 균형 있게 표현하도록 해주기 때문이다. 그리고 물론 「골드베르크 변주곡」 전체를 열어주면서 또 닫아주는 '아리아'의 신비가 있다. 서양음악의 걸작이라 할 수 있는 여러 작품 중에서 이렇게 시작과 끝이 동일한 방식으로 이루어진 경우는 아주 드물다. 나아가 「골드베르크 변주곡」만큼 그 본질에서 도교적인 작품이 다시 또 있을까 싶다. 삶의 숨결, 생명의 기운에 의하여 흐르고 나아가는 움직임, 우주적이고도 끝없는 이 움직임에 대하여 "되돌아간다는 것은 도의 흐름"이라고 한 노자의 말씀을 어찌 여기에 떠올리지 않을 수 있으랴?

시작 '아리아'의 물에서 솟아나온 강은 서른 개 변주곡으로 이어져 나간다. 강물은 흐르고 흘러 증기로 피어오르며 흩어지다가 다시 가느다란 실비가 되어 땅을 적셔준다. 독일어로 '시냇물' 또는 '강'을 의미하는 바흐, 그 이름이 나타내는 물, 마침 '아리아'의 물은 또한 시작 '아리아'의 물이긴 하나, 동시에 같은 물은 아니다. 이는 영원한 회귀가 아니라 작품으로의 변모인 것이다.

끝이 시작과 다시 만나긴 하나 다른 모습이 되어 있다.

파리의 공기를 들이마셔라.
영혼이 숨을 쉬게 되리라.

- 빅토르 위고, 『레미제라블』

24
보금자리

미국 여권이 나오자마자 나는 숙소를 제공해 주었던 친구 부부와 작별인사를 나누고는 파리로 돌아왔다. 아알람 여사는 나를 친딸처럼 반겨주셨다.

"이제부턴 그대를 정말 제대로 돌봐 주게끔 됐구려!"

파리에 이렇게 다시 두 번째로 도착하고나서 내 인생의 기적이 이어지며 일이 술술 풀려나가기 시작했다. 나는 평생의 벗이 된 분들과 사귀었고, 프랑스 그리고 유럽 여러 나라에서 예술가에 대한 존경심이 어떤 것인지에 대해 구체적으로 알게 되었다.

먼저 나는 파리의 거리를 여기저기로 거닐며 제대로 구경다운 구경을 하기 시작했다. 나는 파리의 날씨가 참 좋았다. 언제나 구름이 끼어 왠지 우수에 잠긴 듯한 하늘색이 아주 마음에 들었다. 센의 강기슭을 따라 걷기도 하고 이곳저곳 길거리를 거닐 때마다 눈앞에 나타나는 아름다운 광경을 바라보며 감탄을 거듭

했다. 특히 도핀 광장, 퓌르스텐베르그 광장, 그리고 위고의 추억이 새겨진 보주 광장이 그러했다. 생-쥘리앵르포브르 성당, 생-제르맹데프레 성당을 비롯하여 셀 수 없이 많은 성당은 안으로 발을 들여놓기만 하면 하늘나라로 인도되어 오르는 느낌을 주었다. 나의 삶에 본보기가 되어준 여성 마리 퀴리가 살았던 집 건물도 찾아보았다. 또한 쇼팽, 피카소 등등의 인물들이 살았던 집들도 가보았다. 가는 곳마다 인류의 역사에 위대한 발자취를 남긴 천재들의 삶 속으로 나의 삶이 어우러지는 것 같은 느낌이 점점 더해만 갔다. 페르라셰즈 공동묘지를 방문하여 '파리 코뮌[30] 병사들의 벽'을 바라보며 그곳에서 벌어졌던 치열한 전투장면을 머릿속에 그려보았다. 여기저기 미술관을 다니며 전시회도 다양하게 둘러보았다. 입장권을 사려고 미술관 앞에 헤아릴 수 없이 길게 늘어진 관람객들을 보며, 세계 어디에서 이런 광경을 또 볼 수 있을까 싶기도 했다. 또한 카페에 앉아 느긋이 여유를 즐기기도 했다. 카페에서 한창 일에 열중하고 있는 사람들, 그 사이로 왔다 갔다 하며 날렵하게 움직이는 '웨이터'들은 마치 무대 위 배우들이나 다름없어 보였다. 파리는 아름다움의 극치라고 해야 할까, 아무튼 무어라 말할 수 없이 아름다운 도시였다. 그런데 그 안에 사는 사람들은 어찌하여 그리도 고독 속에 파묻혀 살고

---

30 프랑스 제3공화국 초기에 일어났던 사회주의자들의 혁명정부로서 1871년 3월에서 5월에 걸쳐 두 달 남짓 정권을 장악했으나, 5월 28일에 이르러 정부군에 의하여 대부분 진압되었다. 공동묘지에 숨어 끝까지 버티던 병사 150명은 정부군과의 치열한 전투 끝에 묘지의 담벼락을 뒤로 한 채 모두 총살되었다.

있는지 나는 놀라지 않을 수 없었다. 종종 무관심한 사람들, 더욱이 거만하게 구는 장사치는 정말 충격적이었다. 그래도 내 마음의 닻을 내릴 아늑한 보금자리로서 여기보다 더 나은 곳이 세상 어디에 있을 것인가?

나는 미국으로 떠나기 얼마 전에 아알람 여사의 집에서 장-뤽 샬뤼모와 그의 아내 에스텔과 친분을 맺었다. 두 사람은 나를 만나자마자 내가 마음속으로만 간직하고 있었던 꿈, 나 혼자만의 지붕을 갖고 싶어 하는 꿈을 대번에 내 얼굴에서 읽어내었다. 그리하여 그분들 덕분에 나는 드디어 내 집 마련의 꿈을 이루게 되었다. 두 부부가 살고 있는 같은 아파트 건물 2층에 위치한 조그마한 아파트였다. 꽤 어두운 쪽을 향해 있긴 했지만 '콩티 강변길'에 위치했으며 무엇보다 집세가 비싸지 않았다. 그곳으로 이사한 것은 1988년 초가을이었다. 나는 이제 태어나서 처음으로 내 집에서 살게 되었다.

그래도 정말 내 집이라고 하기에는 아직도 한 가지 할 일이 남아 있었다. 그랜드 피아노를 한 대 사야 할 일이었다. '스타인웨이'는 물론 내 형편으론 감당할 수 없는 물건이었지만, 아무튼 내가 성실히 연습할 수 있는 악기가 필요했다. 그러다가 드디어 내 작은 집으로 피아노가 배달되는 날이 오게 되었다. 새 피아노와 함께 어찌 그 옛날의 피아노를 생각하지 않을 수 있단 말인가! 내 나이 세 살 때 우리 집으로 배달되었던 '로빈슨', 재교육 수용소 시절 내내 나를 지켜주었던 충실한 벗, 지금 어찌 지내고 있는지? 나는 이제 처음으로 오랜 벗을 저버리게 되었다. 새 피아노로 바꿨다고 고백하는 날이 오면, 나는 옛 벗으로부터 원망을 받게 되려나?

　나는 아파트 건물 이웃들과 금세 친해졌다. 에스텔은 나에게 피아노 레슨을 받으려는 학생 몇 명을 소개해 주었다. 조제트 드뱅은 2차 대전 중 '레지스탕스' 운동에 가담했던 여성이었다. 그분은 나에게 인생의 어떠한 고비에서든 용기를 잃지 않는 정신력을 불어 넣어 주셨다. 정말이지 "두려움의 냄새가 무엇인지 몸소 겪어본" 과거를 뒤로 하고 이젠 당당히 행복하게 살아나갈 수 있다는 것을 그분을 통하여 알게 되었다. 미국에서 온 메리온 파이크는 앙드레 말로와 코코 샤넬 같은 유명인사의 초상화를 포함해 수많은 작품을 그린 화가였다. 자기의 그림 여러 점을 나에게 거저 주셨고, 얼마 후엔 나더러 이 그림들을 팔아서 집세를 내도록 하라고 제안까지 하셨다. 나는 물론 그럴 수는 없는 일이라고 대답했다. 나의 첫 제자 로랑스 루슬로는 여름방학이 되자 프랑스 남쪽 지역에서 바캉스를 함께하자고 초대할 뿐만 아니라 기차표까지 보내 주는 것이었다. 그렇듯 섬세한 마음 씀씀이 덕분에 나는 평생 처음으로 바캉스를 즐기게 되었다.

　안나 캄프는 아파트 건물의 좁은 벽 틈새로 들려온 나의 피아노 소리에 이끌려 서로 친분을 맺게 된 이웃이었다. 안나는 프랑스 문화예술계의 큰 인물이라 할 만한 화가 제라르 프로망제에게 나를 꼭 소개해야 한다면서 만사를 제쳐놓고 적극적으로 나서주었다. 그리하여 이번에는 그 화가분의 소개로 첼리스트 알랭 뫼니에와 만나게 되었다. 알랭은 나를 만난 그 자리에서 당장 시에 나의 '음악 아카데미'에서 자기와 함께 연주할 것을 제의해 왔다. 레퍼터리에는 베토벤의 「첼로와 피아노를 위한 소나타 제5번」이 들어 있었다. 이 작품은 내가 장자커우의 수용소에서 리커와 함께 했던 실내악 연주회 이후로는 한 번도 다시 들여다보지 못했던 곡이었다. 나는 "레(ré)-올림파(fa#)-미(mi)-레(ré), 레(ré)" 하고 치기 시작했다. 나의 옛 피아노 '로빈슨'은 이 높은음 '레(re)'의 현(絃)이 끊어져 버렸기에 쇠줄을 사서 내 손으로 갈아 끼우긴 했었지만 아주 형편없는 소리를 낼 수밖에 없었다. 그러므로 이제 나는 처음으로 제대로 된 음정을 들을 수 있게 되었다.

그로부터 몇 달이 지나자 나는 알랭의 초청을 받아 '파리 국립고등음악원'에서 그와 함께 연주하기에 이르렀다. 알랭의 아내 아니크 구탈은 이름난 향수 제조 전문가로서 아름다운 용모를 갖춘 분이었다. 내 눈에는 프랑스 최고의 멋이 온통 그녀의 몸에 나타나 있는 듯 보였다. 게다가 그분은 우아한 모습만큼이나 마음도 너그러운 사람이었다. 아파트 건물 아래에 사는 거지에게 때때로 자기네 집 욕실에 들러 몸을 씻도록 배려해 주었더니, 거지는 또 감사의 표시로 옆 건물의 꽃집에서 팔고 남은 꽃을 모아 꽃다발을 만들어 갖고 왔더라고 했다. 그분이 가신 지어언 7년이 지났지만 나는 지금도 그분 생각을 멈출 수가 없어 자주 그 집 앞으로 지나다니곤 했는데, 어느 날엔가 거지마저 더 이상 보이지 않게 되었다.

파리에 처음 왔던 시절에는 대부분 외국에서 온 친구들과 어울렸지만, 이젠 순전히 프랑스 사람들과 친구가 되었다. 프랑스 사람 중에서도 어디 보통 사람들인가! 이들 한 사람 한 사람이 저마다 나에게 힘을 북돋아 주었고 내가 자신감을 갖도록 해주었다. 그리하여 어느 날 나는 드디어 파리에서 처음으로 피아노 독주회를 열었으면 좋겠는데 어떻게 좀 도와줄 수 있겠느냐고 에스텔에게 물었다. 순간 머리에 떠오르는 연주 장소는 내가 가장 좋아하는 두 성당, 즉 '생-쥘리앵르포브르'와 '생-제르맹데프레', 둘 중 하나라고 짐작했다. 결국 '생-쥘리앵르포브르' 성당으로 결정했다. 연주 곡은 두말할 필요도 없이 「골드베르크 변주곡」이었다. 지난 몇 해 동안의 연습 끝에 나는 이제 드디어 청중 앞에 나설 준비 태세가 완료되어 있었다. 이는 확실한 느낌이었다.

'생-쥘리앵르포브르' 성당은 파리 한복판에 있지만 마치 시골 성당인 듯 색다른 느낌을 주고 있었다. 둥근 모양의 작은 성당들과 육중한 버팀벽이 아직껏 '로마네스크' 양식의 건축미를 풍기는 성당 건물은 내 머릿속에 저절로 중국 건축의 모양새가 떠오를 만큼 내밀한 분위기, 바흐의 음악과 완벽하게 어우러질 명상의 분위기가 잠잠하게 흐르고 있었다.

　프랑스에서 나의 첫 독주회가 열리게 되면 꼭 오겠노라고 약속했던 수 플레이셔는 몇 해 전의 약속을 충실히 지켜주었다. 수는 시한부 선고를 받은 암 환자였음에도 불구하고 어린 시절 추억의 나라로 달려와 나의 연주회에, 내 곁에 함께 있기로 한 약속을 저버리지 않았다. 뿐만 아니라 연주회 프로그램 제작에도 세심한 도움을 아끼지 않았다. 성당의 역사와 쥘리앵 성인에 관한 설명을 책자에 삽입하되 플로베르의 단편소설집 『세 이야기』 가운데 두 번째 이야기 「쥘리앵 성인의 전설」에 나오는 내용으로 채우라는 조언까지 해 주였다. 플로베르는 베이징중앙음악학교 시절의 자기비판 및 고발 시간 동안 '부르주아 작가'라고 내 입으로 고발해야만 했던 소설가 아니었던가! 다시금 나는 젊은 사냥꾼 쥘리앵을 머릿속에 그려보았다. 사슴의 무리를 모조리 떼죽음으로 몰아버린 쥘리앵을 향하여 "저주, 저주, 저주 받으라! 이 천하에 마음이 목석같은 놈! 네 에미애비까지 네 손으로 죽여 버릴 날이 반드시 오리라!"하고 입에 거품을 품은 커다란 수사슴의 모습도 그려보았다. 그리고 또 아들을 찾아 세상천지를 헤매다가 쥘리앵의 성에까지 다다른 늙은 아버지와 어머니는 "등이 구부러지고 먼지투성이에다 넝마를 걸친 채 지팡이에 몸을 기대고 있는 늙은 남녀 두 사람"이었다. 나는 거의 10년 동안 얼굴도 볼 수 없었던 아버지 어머니를 생각하지 않을 수 없었다. 아아! 아버지 어머니가 내 독주회에 오실 수만 있다면….

　나는 연주회장의 분위기에 흠뻑 젖어들고 싶어 미리 성당을 찾아가 한 바퀴 둘러보았다. 마치 내 집에 들어온 듯 지극히 편안한 느낌이었다. 연주회는 따로 준비할 필요조차 없었다. 이번 만큼은 정말 자신이 있었다.

∫

　그로부터 일주일 후 수요일, 연주회장을 향하여 집을 나섰던 그날의 파리 날씨는 약간 싸늘했다. 성당은 사람들로 꽉 차 있었다. 가운데 통로는 물론이고 좌우 양측의 옆 통로에도 빈자리는 하나도 남지 않았다. 사람들이 성당 바닥에. 무대로 쌓아올린 단에 등을 대고 앉기 시작했다. 그 연주단은 나에 대한 우정의 선물로서 내가 연주할 무대를 꼭 자기 손으로 만들어주고 싶다고 자진하셨던 우리 아파트 건물 관리인 아저씨의 작품이었다. 친구들 모두가 동분서주하며 애써 준 덕분에 신문에 광고도 하지 않았고 벽보 한 장 붙이지도 않았지만 입에서 입으로 퍼져나간 소문만으로도 기적적인 효과를 이룬 것이었다. 그리고 에스텔이 얘기하기를 이곳 본당 신부님들이 내 연주회의 성공을 위하여 기도해 주셨다고 하니, 또 하나의 기적이 일어난 셈이었다.

　9시 30분이 지나자 이제 입장해도 좋다는 전갈을 받고 나는 무대로 나섰다. 피아노에 앉았고 '아리아'를 연주하기 시작했다. 모든 선율이 자연스럽게, 쉽게, 저절로 흘러나왔다. 길고 긴 연습 기간을 통하여 몸소 체험하며 함께 살아온 바, 그 결실의 순간이 왔다. 성당 안 깊숙이 흐르는 침묵은 내가 지금 청중과 한마음 한 몸이 되어 있음을 말해 주었다. 이윽고 마침 '아리아'가 꿈결같이 흘러나왔다. 불혹의 나이에 이르러 처음으로 거둔 본격적인 성공이었다.

이번 독주회를 계기로 '생-쥘리앵' 성당은 나의 보금자리가 되었다. 내 마음을 가라앉혀 주고 따뜻이 감싸주는 가운데 고요히 명상에 잠기게 해주는 곳이었다. 때로 용기가 없다거나 혹은 연주회를 앞두고 긴장이 될 때면 나는 그곳을 찾아서 기도하고 명상하곤 했다. 기도라고 하든 명상이라고 하든 무슨 말로 표현하는 그곳에서 하는 행위는 누구에게나 마찬가지가 아닐까. 꼭 그리스도교 신자라야 그 작은 성당이 감싸주는 분위기를 몸으로 느낄 수 있는 것은 아니었다. 바로 이웃에 위치한 '노트르담'은 장엄한 위풍을 내보이는 대성당이긴 하지만 '생-쥘리앵'에 비하면 친밀감이 훨씬 덜한 곳이었다.

'생-쥘리앵' 성당에서의 독주회는 나에게 구원을 안겨다 주었다. 나는 앞날에 대한 계획을 세울 수 있었을 뿐 아니라 이런저런 연주회에 정기적으로 초청받게 되었다. 그러나 또 이제 프랑스 국적을 취득해야 할 일이 눈앞에 다가왔다. 이번에도 친구들이 관공소로 함께 가주고 수속 절차를 알아봐 주는 등 제각각 성의껏 도와주었다. 나지는 새벽 5시에 일어나 나랑 둘이서 6시간 동안 줄 서서 기다려 주기도 했다. 이처럼 복잡다단한 행정절차는 프랑스에 살고자 한다면 누구나 피할 수 없이 거쳐야 하는 관문이라고들 했다. 또 다른 친구 블랑딘 그라브로가 정성을 기울여 작성해 준 나의 프랑스 국적 신청서류는 너무도 훌륭하게 작성된 나머지, 파리 경찰국 담당부서 직원들 사이에서 모범서류의 기준으로 취급되기에 이르렀다. 아알람 여사는 또 그분 특유의 중동 사람다운 방식으로 일을 해결해야 한다고 나섰다. 그리하여 나에 관한 서류심사를 맡은 공무원들에게 구찌 가방 하나씩 선물로 주는 것이었다.

이렇듯 가까이 지내는 우리 동아리 가운데 한 친구의 도움으로 어느 날 내가 꿈에 그리던 피아노 스타인웨이가 드디어 내 작은 집으로 들어오게 되었다.

나의 아파트에 처음으로 피아노 조율사를 불러야 했던 날이 왔다. 조율사는 피아노를 보자마자 아주 딱 부러지게 말했다.

"미안하지만 두 번 다시는 오지 않겠습니다. 보세요, 난방기 바로 곁에 피아노를 두다니, 저런 데서 어떻게 피아노가 버티겠습니까! 저런 꼴로 들어앉은 피아노를 보면 내 속이 상해서 견딜 수가 없어요."

나는 조율사가 떠나자마자 난방을 꺼버렸다. 나야 겨울 내내 감기로 고생할지언정 내 피아노만큼은 건강하게 지내라는 생각에서였다. 시간이 흘러 다시 조율할 때가 되었다. 이번에 온 조율사 헬무트 클렘은 순박하고 수수한 사람이었다. 대부분 이름난 음악가들의 집으로 드나드는 단골 조율사였지만 내 피아노도 봐주겠다고 수락했다. 그가 처음 방문했던 날 둘이서 이런저런 대화를 나누던 가운데 이야기가 「골드베르크 변주곡」으로 번지게 되자, 그는 지갑에서 「제21번 변주곡」의 악보 사본을 꺼내 보여주면서 자기는 어디를 가든 언제나 이를 몸에 지니고 다닌다는 것이었다. 그리하여 별다른 얘기를 길게 나눌 필요도 없이 우리 사이엔 긴밀한 우정이 싹트게 되었다.

1990년에 또 하나의 기적이 있었다. 어떤 음반 회사에서 나의 「골드베르크 변주곡」 연주를 앨범으로 만들어 주겠다는 제의가 들어온 것이었다. 친구들 모두가 제의를 수락하라고 부추겼다. CD를 발매하여 널리 알려지지 않고서는 계속해서 독주회를 열기가 매우 어렵다고들 했다. 나는 그러나 망설이는 마음이었다. "세상에 아무 흔적을 남기지 마라"고 하시던 아버지 말씀, 그리고 홍콩에서 탔던 비행기 옆 좌석의 미국 여교수가 들려준 노자에 관한 전설을 새삼 머리에 다시 떠올리며 나는 홀로 슬며시 웃음 지었다. 노자는 무엇이든 글로 남기는 일을 평생 거절하며 살다가 끝내 쓰지 않고는 안 될 상황이 되어서야 한 편의 작품을 남기고 나서 세상에서 영원히 사라져 버렸다고 한다. 나의 망설임을 어찌 노자의 이야기에 빗대어 말할 수 있으랴마는, 그래도 두 상황을 대조하여 얘기하는 일에 나는 즐거움을 느꼈다. 그러므로 나는 「골드베르크 변주곡」을 녹음하리라, 녹음이 끝난 다음엔 나 또한 사라질 수 있으리라, 내 삶의 핵심이 되어준 「골드베르크 변주곡」만은 이 세상에 흔적을 남겨야겠다고 마음먹었다.

녹음은 더할 나위 없이 잘 진행되었다. 그런데 녹음된 앨범이 시장으로 나오기 불과 며칠을 앞두고 갑자기 음반 회사로부터 연락이 오기를, 회사가 어려워졌다는 것이었다. 다만 제작 비용을 내가 부담한다면, 즉 자비 제작은 가능하다고 덧붙이면서 5만 프랑이 든다고 했다. 내 마음에 쏙 든 음반의 완성을 바로 문 앞에서 포기해야 하다니, 너무도 터무니없는 일 같았다. 나는 친구들과 상의하여 필요한 금액을 빌리기로 결정했다. 어떻게 해서든지 나의 첫 음반을 청중에게 선보여야 할 일이 급선무였다. 이윽고 나는 음반 회사에 5만 프랑을 지불했다. 그런데 지불하고 나서도 아무 소식이 없었다. 알아보았더니 회사가 파산하고 말았다는 것이 아닌가!

천만다행으로 음악가들의 수호천사로 알려진 앙투안 체호프가 공포에 휩싸인 채 어쩔 줄 몰라 하던 나에게 도움의 손길을 뻗어주었다. 그는 변호사이자 열렬한 음악 애호가로 내가 피아니스트라고 한마디만 하면 상담료를 받지 않고도 일을 맡아서 처리해주는 사람이었다. 이 점에서 미국과 프랑스의 차이는 엄청난 것이었다. 여러 번 경험했던 일이지만 미국 사람들은 내가 피아니스트라고 하면 "So what(그래서 어쩌라고)?"라는 대꾸뿐이었다.

앙트안은 문제의 해결책을 아주 명확하게 일러주었다. 이미 지불한 돈을 되돌릴 희망은 거의 없는 상황이니까, 최선의 방법은 만들어 놓은 음반을 집에 우선 갖다놓으라는 것이었다. 그리하여 5만 프랑의 빚은 달마다 조금씩 상환하여 갚아나가기로 결정되었다. 결과적으로 부채 상환금에다 스타인웨이 피아노 할부금, 그리고 지하철 통행권을 지불하고 나면 나의 한 달 생활비는 거의 바닥이 날 지경이었지만, 그래도 내 손엔 300장이나 되는 음반이 들어왔다.

다행히 나의 첫 음반 「골드베르크 변주곡」은 음반시장에 극히 제한된 매수로 나오긴 했으나 아주 좋은 평가를 받았다. 앙트안은 나의 참다운 친구들 가운데 한 사람이 되었을 뿐 아니라 나의 공연기획 일도 스스로 나서서 맡아주었다. 그는 이제 나의 두 번째 독주회를 준비하게 되었다. 파리의 대형 공연장에서의 연주회를 기대하기에는 아직 때가 이르다고 생각하여 장소는 프랑스 '음악저작권 협회(SACEM)'의 공연장으로 결정했다.

만약 나의 친구 에스텔이 〈르몽드〉 일간지의 음악평론가를 설득해 공연장에 와서 나의 연주를 들어보게 하지 못했더라면 이 두 번째 독주회도 전처럼 가까이 지내는 이들 사이의 일로 남을 뻔했다. 그런데 또 하나의 기적이 일어났다. 아무런 기대도 하지 않았는데 연주회에 왔던 음악 비평가가 다음 날 신문에다 "주샤오메이, 내부로부터의 힘"이란 제목으로 나에 대한 기사를 쓴 것이었다. 나는 기사를 읽고 또 읽었다. 나는 프랑스어의 미묘한 뉘앙스를 잘 이해할 수 없었기에 한마디 한마디 읽어나갈 때마다 혹시 나에 대하여 나쁘게 말해 놓은 것이나 아닐까 하는 안절부절 때문에 마음이 기뻐지기보다는 오히려 걱정이 태산 같았다. 분명히 나를 아르투르 슈나벨이나 클라라 하스킬 같은 내가 우러러보는 피아니스트와 비교한 데까지는 짐작이 갔지만, 어떤 의미로 비교한 것인지는 도무지 제대로 파악할 수가 없었다. 하지만 프랑스 친구들이 그 기사는 나에 대한 호평이라고 말해주어 안심했다.

나는 첫 앨범을 냈고 피아노 독주회도 두 번이나 열었다. 그리고 알랭 뫼니에 덕분에 파리 음악원에서 학생들을 가르치게 되었다. 이제는 중국에 돌아가 아버지 어머니 앞에 부끄럽지 않은 나의 모습을 보여드릴 수 있게 되었다.

부모님과 친구들이 과연 나를 알아볼 수나 있으려는지, 나를 어떻게 맞이할 것인지 마음속에 자못 의구심이 가시지 않았다. 헤어진 지가 어언 12년인데! 어머니 앞에 미리 연락하지 않고 갑자기 나타나 깜짝 쇼를 벌인다는 것은 너무 위험한 짓이었다. 그렇다고 해서 나의 도착 날짜를 너무 일찌감치 앞당겨서 알려드리면 어머니는 기다리는 데 지쳐서 몸져누울 것이 뻔했다. 궁리 끝에 나는 도착 날짜가 어머니에게 일주일 전까지만 통지되도록 편지쓰기를 늦추었다. 어머니가 일주일 정도는 참을성 있게 기다릴 수 있으리라고 짐작했다.

귀향 선물에 대해 생각해야 할 때가 왔다. 내 형편으로는 가족과 친구들 모두에게 선물을 사들고 갈 수가 없었다. 그래도 어머니에게만큼은 파리의 향기가 담긴 작은 병을 디오르 제품으로 준비했다. 옛날 상하이에서 행복한 나날의 추억을 간직했으나 어머니 눈앞에서 산산조각이 나버리고 말았던 그 작은 향수병을 대신해 줄 물건이었다. 그밖에 자오 화백을 아주 좋아하는 중국 친구들을 위하여 그에 관한 책 한 권을 샀다.

크리스마스 휴가철이 다가왔다. 고향으로 떠날 시간이었다.

다양성을 알게 되면
통일성에 이르리라.

- 타고르

25
'마마 정' 할아버지의 나무

파리를 떠난 비행기가 베이징 공항에 착륙했다. 지난 십수년 내 내 얼마나 기다리고 기다리던 순간이던가! 그런데 막상 비행기에서 내리고 보니 나는 마치 낯선 사람처럼 머뭇거렸다. 눈앞에 가족들이 줄줄이 서 있었다. 아버지, 두 언니 부부, 두 동생 부부 그리고 처음 보는 조카들, 어머니만 빼고 모두가 마중 나왔다. 어머니는 역시 내가 걱정했던 대로 내가 온다는 소식을 듣자마자 그만 몸져누웠다고 했다.

아버지는 놀랄 정도로 모습이 변하셨다. 몸 전체가 줄어든 것처럼 보였다. 키도 얼굴도 눈동자도 전보다 작아보였다. 아버지 몸에 손을 대기는커녕 "아버지"하고 불러볼 엄두도 나지 않았다. 모두 복받쳐 오르는 감정으로 가슴이 터질 것 같은 데다가, 나에게 묻고 싶은 것이 너무나 많아 마음이 부글부글 끓고들 있었으나 우리 중국 사람들은 전해 내려오는 관습대로 그저 일상의 평범한 말 몇 마디 주고받을 뿐이었다. 모두 내 목소리가 옛날보다 낮아졌다고 했다. 그들은 행여 나를 놓칠세라 두 시간 전부터 공항에서 기다렸다고 했다. 그래도 서둘러 집으로 가자고 했다. 성대한 저녁 식사가 우리를 기다리고 있으니 모두 함께 둘러앉아 회포를 풀어야 하지 않겠는가.

내가 중국을 떠난 후에 부모님은 살림집을 옮겼다. 지금은 승강기 없는 건물의 5층에 25평방미터 크기의 아파트에 살고 계셨다. 집으로 오르는 비좁은 계단에는 이웃집에서 나온 쓰레기통들이 지저분하게 널려 있었다. 창밖으로는 어두운 마당이 보였고 집 안엔 욕실이 없었다. 아버지 어머니의 늙은 두 몸을 누일 집이 이토록 구차한 환경일 줄이야! 어릴 적 일곱 식구가 옹색하게 살았던 그 집의 절반밖에 되지 않는 크기인 데다가, 내가 상상했던 것에 비하면 백배나 더 형편없는 곳이었다. 그러나 집 자체는 티끌 하나 보이지 않을 정도로 깨끗하고 말끔히 정돈되어 있었다. 나를 맞이할 집이 조금이라도 그럴듯하게 보이도록 두 분이 함께 아주 오랜 시간에 걸쳐 쓸고 닦고 치우며 일하셨다는 증거가 아니고 무엇이랴. 아마도 어머니 아버지는 내가 파리에서 호사스럽게 살고 있으리라고 상상하셨기에, 이렇게 비좁은 데선 하루도 못 살겠다고 할까 봐 지레 걱정하셨던 것이었을까?

나는 죄책감에 사로잡혀 가슴이 미어질 것 같았다. 딸인 나는 12년이나 외국에 나가 살았음에도 불구하고 어머니 아버지가 좀 더 나은 주거환경에서 사시도록 해드릴 능력조차 없다니! 그럼에도 불구하고 그 오랜 세월 내내 비좁은 집 안에 얼마 안 되는 공간을 따로 만들어서 내 피아노를 이날 이때까지 고이 간직해주신 부모님이셨다.

어머니는 어머니대로 애써 나를 맞이하느라 힘이 드셨다. 그런데 조금 오래 눈을 뜨고 계시면 곧장 어지럼증이 일어난다고 하셨다. 내 얼굴을 보기만 하면 어머니는 곧장 드러누워야 했다. 나는 왜 그러시는지 알지도 못하고, 어리석게도 프랑스의 향기를 맡으면 진정이 되리라 짐작하고는 선물로 사갖고 온 향수병을 드렸다. 하지만 나의 선물은 정반대의 결과를 불러일으켰다. 향수병이 풍기는 냄새며 작은 병이 떠올리는 그 옛날의 생각들 모두가 어머니를 메슥메슥하게 만들 뿐이었다.

아파트에 하나뿐인 밥상 위에 성대한 식사가 차려져 있었다. 어머니가 입을 열었다.

"생각나니? 네가 홍콩으로 떠난 그날이 바로 음력 설 전날이었는데, 너는 식구들이랑 같이 설을 쇠지 못하고 떠나야 했지. 자, 그날의 설음식을 모두 함께 앉게 된 오늘 이 자리에 차렸단다."

나는 어머니가 정성을 다하여 만든 음식 하나하나를 눈여겨보았다. 갖가지 종류의 만두에다 내가 제일 좋아하는 '당이타(糖耳朵)'도 있었다. 저녁 식사가 무르익어가면서 서로들 먹고 얘

---

31 베이징의 전통 간식거리. 밀가루, 맥아당, 꿀 등을 넣어 기름에 튀겨 만들며 모양이 귀를 닮아서 '달콤한 귀'라는 뜻으로 탕얼둬라고 불린다.

기하고 웃고 떠드는 사이에 어머니도 차츰차츰 얼굴에 생기가 돌아오고 있었다.

밤늦게 모두 제집으로 돌아가고 난 뒤, 나는 마루 한구석에 잠자리를 펴고 잠이 들었다. 이부자리를 깔 수 있는 자리가 마루밖에 없었다. 아침 6시쯤 눈이 뜨였다. 세 개의 조그만 촛불에서 흘러나오는 빛이 보였다. 어머니가 상에 앉아 그림을 그리고 있었다. 나는 방해가 되지 않으려고 그대로 자는 척하며 가만히 움직이지 않고서 반쯤 뜬 눈으로 어머니를 계속 지켜보고 있었다.

날이 밝아오자 어머니는 초와 그림 도구를 치워 넣고는 내가 일어나기를 기다리셨다.

아침 밥상에서 아버지가 어머니의 소식을 들려주셨다.

"너 모르지? 네 엄만 이제 스타란다. 요 얼마 전에 TV에도 나왔어. 엄마가 40년 전에 작곡한 노래 「학교로 가자」가 중국 아동들 사이에서 인기가 굉장해졌거든. 기자들 모두가 도대체 이 노래를 작곡한 분이 누군지 알아야겠다고 야단들이었지."

"그런 말은 뭐하러 해? 아이들이 내 노래를 좋아하면 됐지, 그게 무슨 대단한 일이라고."

어머니는 달라지지 않고 옛 모습 그대로이셨다. 아버지는 차분한 모습이 전보다 덜해진 반면에 한결 더 부드러워지신 것 같았다. 미국에 있던 나에게 소중한 편지를 써 보내주셨던 그런 아버지의 모습은 더 이상 보이지 않았다. 이제 아버지는 어떤 사진 복사점의 경영을 맡아 일하고 계셨다. 젊은이 둘이 공동으로 소유한 조그만 가게였으나 생각보다는 괜찮은 일인 것 같았다. 당시는 복사기가 중국에 들어온 지 얼마 되지 않은 시점이었기에 누구의 어떤 사상이든 신속하게, 그리고 사람들의 눈에 띄지 않게 전파하기 위해서는 사진 복사 기술이 아주 효과적으로 쓰이고 있었다.

어머니는 매일 미술 수업을 받으러 다니고 있었고 최근에는 몇몇 화가와 함께 상하이에서 전시회를 하게 되어 어느 정도 성공을 거두었다는 사실도 아버지가 얘기해 주셨다. 어머니가 외출할 수 있을 정도로 몸이 좋아진 어느 날, 나는 미술학교에 어머니와 같이 가겠다고 따라나섰다. 일흔다섯의 나이에도 무엇인가 꾸준히 배우려고 하는 어머니가 나는 감탄스러웠다. 감탄과 동시에 이해도 할 수 있었다. '문화대혁명'이라는 길고 긴 암흑의 세월을 어머니가 버티어낼 수 있었던 것은 다름 아닌 그림 그리기 덕분이었다. 내가 음악으로 구원받았듯 어머니는 미술의 힘으로 구원을 받은 것이었다. 미술학교에서 돌아와 둘이 함께 저녁 식사 준비를 하는 동안 어머니는 내가 도착할 날짜에 앞서 피아노를 조율해 놓았다고 내 귀에다 살짝 들려주셨다. 늘 그러시듯 입으로는 아무것도 해달라고 청하지 않으면서도 내가 피아노 치는 걸 얼마나 듣고 싶어 하시는지는 얼마든지 짐작할 수 있었다. 하지만 나는 선뜻 그 자리에서 피아노 앞으로 갈 수가 없었다. 아직 때가 너무 이른 느낌이었다. 내 머릿속에서는 아직도 새로 구입한 스타인웨이의 소리가 울리고 있었기 때문이었다.

∫

그림 그리는 일에 몰두하고 계신 어머니는 오늘날의 중국에선 예외적인 분이라고 할 만했다. 중국 사람들이 언제부터 이리도 물질주의자들이 되어버린 것인지 날이 갈수록 나는 놀라고 또 놀랄 따름이었다. 가슴속에 야망이라도 품고 있다면 더 넓은 아파트에서 텔레비전, 냉장고, 등등을 갖고 사는 삶이 고작이니만큼, 더 이상 바랄 것도 없었다. 이렇듯 달라진 내 나라는 예전의 모습을 알아보기가 힘들었다. 하지만 그런 한편으로 이해할 수도 있는 일이었다.

　나는 미국 여권 소지자라는 신분으로 외국인 전용 특별상점에서 가전제품을 살 수 있었다. 덕분에 부모님과 친구들에게 편리한 생활용품 몇 가지를 마련해 드리게 되었다. 그리하여 며칠 동안 물건 사러 다니는 일에 온종일을 보내어야 했다. 이처럼 많은 시간을 쇼핑하는 데에 보내면서도 내 마음은 늘 그렇듯이 이런저런 생각으로 착잡해졌다. 한편으로는 가족들이 좀 더 편하게 살게끔 도움을 주게 되어 정말 기쁘기 한이 없었다. 반면에 그토록 오랜 세월 만나지 못했던 친구들끼리 못다한 이야기, 그

동안 서로 나눌 수 없었던 경험담을 오손도손 얘기하며 시간을 보내는 대신 냉장고 하나 사겠다고 이렇게 오래 줄 서서 기다려야 하는 현실이 슬펐다. 그래도 모두에게 필요한 생활용품들을 사주고 나니 기분이 한결 홀가분해졌다. 홀가분해진 기분에 이젠 바야흐로 나의 제일 오랜 벗과 회포를 풀어야 할 순간이었다.

∫

피아노는 집에 있었다. 건반은 빛깔이 누렇게 바래 있었지만 우리 집에 처음 들어오던 그 모습과 조금도 다름이 없었다. 믿음직한 나의 벗, 말이 없고 겸손하고 너그러운 벗, 내가 몹쓸 말로 대자보를 씌우고 괴상하게 옷을 입혔던 피아노, 석탄 운송 차량의 짐칸에 실린 채 중국 대륙을 가로질러야 했던 피아노, 부서진 현을 철사로 갈아 끼워야 했던 피아노, 비행기 표를 사느라고 하마터면 팔아넘길 뻔했던 피아노, 스타인웨이로 바꾸어버렸으니 이젠 배반당한 벗. 그래도 너그럽고 또 늠름한 모습을 간직하고 있는 나의 벗은 이상적인 남편이 지녀야 할 세 가지 품성 가운데 둘을 이미 갖추고 있었다.

내 벗이 한숨짓는 소리가 들리는 듯했다.

"알다시피 난 이제 늙었어. 널 위해 내가 할 수 있는 기량은 하나도 남김없이 다 써버렸지. 지금은 몸이 피곤해. 한 번도 얘기하진 않았지만 내가 장자커우에서 얼마나 추워 떨었는지 알아? 날 그냥 가만히 내버려둬. 난 너한테 더 이상 쓸모가 없게 됐어. 네 수준에 맞추자니 내 몸이 더는 제대로 말을 안 들어. 네가 나를 저버린 것도 알고 있어. 파리에 살다 보니 더 좋은 피아노 유혹이 오죽하겠어? 그건 모르는 사람이 없지…."

내 벗은 훌륭한 남편이 지녀야 할 세 번째 품성인 유머 감각도 잃지 않았다. 벗에게 나는 대답했다. 그대의 생각과는 반대로 프랑스 사람들은 적어도 우정에 있어서만큼은 결코 쉬이 저버리는 법이 없다고.

나는 어머니에게 슈만의 「트로이메라이」를 쳐 드렸다. 내 나이 세 살 적에 어머니가 나에게 들려주셨던 그 곡, 내가 태어나 처음으로 들었던 음악을 이번엔 내 손으로 어머니를 위하여 연주해 드렸다.

∫

반 선생님을 다시 찾아뵈어야 할 때가 되었다. 선생님은 이제 중국에서 몇 손가락 안에 꼽힐 정도로 유명한 음악 교육자가 되셨다. 전화가 없는 탓에 내가 온다는 소식을 미리 알려드릴 수는 없었다. 게다가 선생님은 여태껏 중앙음악학교의 교원사택에 거주하고 계셨기 때문에 부모님이 사시는 아파트에서 그곳까지는 한 시간 넘게 걸리는 거리였다. 그래도 선생님은 먼 길 마다않고 다시 찾아뵈어야 할 분이셨다. 중앙음악학교에 나는 오후 5시쯤 도착했다. 학교 안 어디에나 음악 소리가 울려 퍼지고 있었다. 교실마다 학생들이 한창 연습하는 중이었다. 나는 한순간 발길을 멈추고 학생들로부터 울려 퍼지는 음악에 귀를 기울였다. 30년 전, 그때는 저들이 지금 연습하고 있는 작품 모두가 금지되었었다는 사실을 저 학생들은 지금 상상이나 할 수 있을까? 학생들은 "재교육"되어야 한다고 재교육 수용소로 떠나야 했고, 서양음악 악보는 모조리 불태워 없앴으며, 가르치던 교수들은 자살로 내몰렸던 기막힌 현실을!

나는 반 선생님 댁 초인종을 눌렀다.

"아이고! 이게 누구야, 믿을 수가 없네!"

선생님은 마주 선 채 얼굴 가득히 미소 지으시며 나를 쳐다보셨다.

"너, 달라지지 않았구나! 옛날 모습 그대로야." 선생님은 그러시더니 사모님을 불렀다. "어서 와서 여기 누가 왔는지 좀 보라고! 그리고 나가서 저녁 식사 준비할 걸 좀 사와야겠어."

선생님과 나는 그날 저녁나절을 함께 보내며 지난 12년 세월의 이야기를 나누었다. 선생님의 아드님도 음악가로서 '싱가포르 관현악단'에서 활약하고 있다 하시며, 지금 중국에는 피아노 공부에 몰두하고 있는 젊은이들이 헤아릴 수 없이 많아졌다고 하셨다. 선생님은 또한 서양의 이름난 피아니스트들에 관하여, 레코드로 들어 알거나 베이징에서의 연주회에 직접 가서 들었거나 하여 한 명도 빠짐없이 모두 잘 알고 계셨다. 그들 피아니스트 가운데 누가 제일 좋으시냐고 물었더니 머레이 페라이어라고 하셨다. 그리고는 이어서 다음과 같이 말씀하셨다.

"요즘은 유명한 외국 피아니스트들이 연주회나 마스터클래스를 하러 중국에 많이들 오고 있지. 난 그들의 연주를 레코드로도 많이 듣고 있어. 하지만 좀 이상하게 들릴지도 모르겠지만, 나로서는 유명 연주가들에게서 별다르게 배울 바가 없어. 숱한 세월이 지나가고 난 지금 생각해보니 나 또한 그 비슷한 결과에 이르게 된 것 같아. 그리고 또, 그들의 연주엔 그 무엇인가가 언제나 모자라는 듯, 빠져 있는 것 같은 느낌이 든단 말이야."

선생님의 말씀을 듣자 나는 저절로 입가에 넌지시 웃음이 떠오르지 않을 수 없었다. 중국 사람은 결코 베토벤을 이해할 수 없으리라고 생각하는 서양 사람들이 종종 있는 한편, 중국에서 가장 뛰어난 피아노 선생님께서 서양 사람들도 베토벤을 제대로는 이해하지 못하는 것 같다고 하시지 않나 말이다! 동양 사람, 서양 사람 할 것 없이 이쪽저쪽 모두에게 모자라는 구석은 있다. 음악 연주에서 가장 어려운 점은 무엇인가를 말해주어야 하는데 그치지 않고, 나아가 문화가 다른 이들을 향하여 무엇인가 말해주어야 하는 것이 아닌가 싶었다.

나는 선생님께 다양한 문화의 혼합 현상에 대해 얘기했다. 건축가 I.M 페이가 루브르 미술관에 세워놓은 '유리 피라미드' 에 대해, 또한 내가 미국에 살면서 자주 들어볼 수 있었던 보스턴 심포니 오케스트라, 단원들과 함께 마술적인 연주를 들려주던 지휘자 세이지 오자와에 대해서도 이야기해 드렸다. 마치 음악가 한 사람의 연주인 듯, 유일무이한 소리를 들려주던 보스턴 심포니 오케스트라는 그러나 인류의 모자이크라고 할 수 있을 정도로 독일 악파 출신의 현악기 연주자들과 프랑스 악파 출신의 목관악기 연주자들에다 지휘자는 일본인이었다. 이렇듯 다양한 문화, 다양한 학풍이 하나로 모인 결과는 가히 상상을 초월하는 것이었다. 보스턴 심포니 오케스트라는 각각의 학파 가운데서도 최상급으로 뽑힌 연주자들의 모임이었다. 다양한 악파들 사이에서도 서로서로 존경하고 애청하며 독특하고도 새로운 소리를 내기 위하여 저마다 마음을 모은 끝에 마침내 완성의 경지에 이른 음악인들이었다. 그들은 인도가 낳은 위대한 시인 타고르의 말 그대로, "다양성을 알아봄으로써 통일성에 이르게 된" 달인들이었다. 얘기를 들으시던 선생님이 말씀하셨다.

"네 얘기를 들으니 정말 그 동네에 가서 그들이 연주하는 걸 직접 들어보고 싶은 마음이 굴뚝같구나. 본바닥에 사는 너는 참 좋겠다."

다음으로 선생님은 베토벤의 「소나타, 작품 111번」에 대해 얘기하시며 나에게 이 곡을 연습해본 적이 있느냐고 물으셨다. 내가 아니라고 대답하자 선생님은 당장 지금부터 연습을 시작하라고 강력히 부추기셨다.

"요즘 나는 제2악장을 치면서 몇 시간이고 계속 피아노에 붙어 있는데, 치면 칠수록 느낌이 좋아지는 곡이야. 시간이 그 곡에 멈추어져서 음악이 영원토록 끝나지 않았으면 좋겠다는 생각이 들 정도야. 이 곡을 두고 로맹 롤랑이 뭐라고 했는지 알아? '부처님의 평온한 미소'라고 했지, 참으로 훌륭한 표현이 아니겠니?"

그날 저녁 늦게야 자리에서 일어나 집으로 가는 나에게 선생님은 현관문에 선 채 마음속 생각을 털어놓으셨다.

"베이징에서 너랑 만나기는 이번이 마지막이 될 것 같다. 나도 이젠 보통의 정상적인 생활환경에서 살고 싶어. 여긴 하루가 다르게 무슨 일이 벌어질지 걱정이 그칠 날이 없거든."

아닌 게 아니라 내가 중국에 다녀온 지 얼마 후에 반 선생님 부부는 중국을 떠나 아들이 살고 있는 싱가포르로 이주하셨다. 나는 그리하여 이따금씩 싱가포르에서 선생님을 다시 뵙곤 했다.

반 선생님 댁에서 나온 후에도 나는 한동안 중앙음악학교의 교정에 머물렀다. 학교 건물을 증축하느라고 곳곳이 죄다 공사장이었다. 밤이 되어 주위는 고요했다. 마음 속에서 지난 시절의 얼굴들이 떠올랐다. 억누를 길이 없었다. 삶이 깨져버린 이들,

희생자들, 죽은 이들의 모습이 눈앞에 아른거렸다.

나는 양호실 앞으로 가보았다. 그곳도 역시 증축을 위한 공사 현장이었다. '마마 정' 할아버지가 목을 맨 나무는 아무 데도 보이지 않았다. 기억해 줄 가족이 없는 분이었기에 장례식도 없이 가셨다. 할아버지를 기억해 줄 그 나무조차 이젠 흔적도 없이 사라져 버린 오늘의 현실이었다.

오늘 이 순간이야말로 내가 그분을 기억하여 그분께 경의를 표해야 할 때가 아닌가.

'마마 정' 할아버지, 할아버지께서는 참으로 훌륭한 분이셨어요. 어린 우리를 보살펴 주시기 위해 명예도 재산도 아랑곳하시지 않고 다 버리셨어요. 할아버진 인도네시아의 수카르노 대통령, 또 장제스 정권 시대에 장관을 지냈던 분과도 친척이셨다는 사실을 전 뒤늦게야 들었어요. 할아버지는 그런 높은 분들 곁에서 편안한 인생을 사실 수도 있었을텐데….

'마마 정' 할아버지, 아니죠. 할아버지는 본래 이름이 정화빈이셨어요. 이제 그 이름을 되찾으셔야 할 때가 되었어요. 할아버지 품에서 자라 난 우리가 그 이름을 돌려 드립니다.

중앙음악학교 학생들 모두의 이름으로, 학생 한 명 한 명을 대신하여 제가 오늘 할아버지께 감사의 뜻을 올립니다. 우리를 위하여 해주셨던 그 모든 수고에 대해 감사드리옵니다. 또한 그 시절 아무도 감히 입 밖에 내지 못했던 진실을 제가 이 자리에서 선포하옵니다. 할아버지는 아무 죄 없는 깨끗하신 분이셨습니다. 제가 쓰는 이 책은 할아버지를 위하여, 그리고 할아버지처럼 억울하게 희생된 그 모든 이들을 위하여 의미와 가치를 지니게 될 것입니다. 할아버지, 안녕히 계세요.

나는 열다섯에 학문에 힘쓰고,

서른에 뚜렷이 뜻을 세우고,

마흔에 흔들림이 없어지고,

쉰에 이르러 천명을 깨닫고,

예순이 되니 무슨 말을 들어도

귀에 거슬리지 않았고,

일흔에 이르니 마음 내키는 대로 행동해도 도리에 어긋나지 아니

하더라.

32
– 공자

32 『논어』 제2편 「위정」에 나오는 윗글은 이 책의 원문인 프랑스어 번역과 한문원본을 비교, 대조하여 우리말로 옮겼다.

26
인생은 마흔부터

중국 사람들이 흔히 하는 말로 인생은 마흔부터라고들 한다. 그 말이 떠오를 때마다 나는 기분 좋고 재미있는 느낌에 젖는데, 나야말로 마흔 살 때부터 피아니스트로서의 경력에 날개가 돋기 시작했다.

중국에 다녀온 이후로 콘서트 요청이 계속 늘었다. 프랑스 친구들의 꾸준한 도움과 보살핌은 이만저만한 것이 아니었다. 정말이지 놀라지 않을 수 없었다. 이렇듯 마흔에 이르러 처음으로 발돋움을 하게 된 피아니스트가 나 말고 또 있으랴 싶었다. 이와 동시에 잇달아 몰려드는 연주 스케줄이 감당하기 어려운 지경이 되었다. 연주 장소를 자주 바꾸어 가며 갖가지 다양한 작품을 수없이 많이 연주하는 데 나는 아직 익숙하지 않았다. 불안한 마음이 차츰 커졌다. 이렇게 바삐 돌아가는 '템포'는 나에게 알맞은 '템포'가 아니었다. 나는 이런 식으로 살고 싶지 않았다.

그러나 내겐 선택의 여지가 없었다. 들어오는 연주 요청을 거절했다간 얼마 안 가서 요청 자체가 끊어지고 마는 현실, 이는 피아니스트라는 직업에 붙어 다니는 잔인한 현실이었다.

친구들은 그런 걱정일랑 하지도 말라며 내 마음을 북돋아주기를 그치지 않았다. 그들은 서로 폭 넓은 유대관계를 통하여 나를 한껏 밀어주고 있었다. 덕분에 나는 파리 음악원의 이름난 음악학자 레미 스트리커와 만나게 되었다. 그는 아주 깊은 교양을 갖추었을 뿐 아니라 음악을, 그리고 음악인을 누구보다도 잘 이해하는 분이었다. 그분은 학생들을 슬하의 자식처럼 아껴주셨다. 나는 독주회가 열릴 때마다 그분 앞에서 미리 연주하여 들려드리곤 했다. 그분을 나는 전적으로 신임하게 되었다. 그러자 얼마 후 음악가 겸 아마추어 공연 기획자로 일하던 한 젊은이가 나를 둘러싼 지인들의 인맥에 합세하게 되었다. 당시 23세의 나이에다 생텍쥐베리의 '어린 왕자'를 닮은 듯 수려한 용모에 총명하고도 예민한 젊은이, 라모에서 라벨에 이르기까지 프랑스 음악가의 작품을 혼자만의 독특한 손놀림으로 빼어난 연주를 들려주고 있던 그는 젊은 나이에 성공의 조건을 빠짐없이 다 갖추고 있었다. 이름하여 알렉상드르 타로, 사실 그는 장래가 촉망되는 피아니스트의 길로 이미 들어선 참이었다.

타로는 빼어난 피아니스트일 뿐 아니라 남에게 인정도 베풀줄 아는 너그러운 마음의 소유자였다. 나의 「골드베르크 변주곡」이 녹음된 연주를 듣고 나서는 내겐 아무 말 없이 자기 돈으로 내 음반을 10장 넘게 구입하여 널리 공연 기획자들에게 나누어주면서 다음과 같은 메모를 끼워 넣었던 것이다.

"위대한 피아니스트는 제가 아니라 주 여사이십니다. 그분께 연주를 의뢰하셔야 할 것 같습니다."

이는 물론 사실이 아니지만 그렇듯 생각 깊은 배려는 내 마음에 깊이 와 닿았다. 우리 사이에는 곧 오래오래 변함없는 우정이 맺어졌으며, 그즈음부터 둘이서 피아노 연탄곡을 자주 연주하게 되었다.

파리에서 처음으로 이렇다 할 만한 공연장 연주회는 파리 시립극장에서였다. 나에게 그곳은 오늘 이날까지도 줄곧 애착이 가는 특별한 장소이다. 내가 그곳에서 연주회를 갖게 되었던 것은 당시에 시립극장의 음악 고문으로 계셨던 조르주 가라의 배려 덕분이었다. 나는 그분을 한 지인의 소개로 알게 되었는데, 만난 순간부터 끊임없이 나를 아낌없이 지지해 주시는 분이셨다. 그는 헝가리에서 망명해 오셨으며, 파리 시립극장의 음악 고문이 되기 전까지는 출판사의 편집자로 일하신 분이었다. 그분과 나는 고국을 떠나 타국에서 살고 있다는 한 가지 공통점만으로도 금세 친해졌다. 어느 날 이런저런 얘기를 나누던 가운데 그분이 내게 물었다.

"만약 우리 극장에서 독주회를 갖게 된다면 어떤 곡을 연주하고 싶은가요?"

"그야 망설일 것 없이 「골드베르크 변주곡」이죠."

며칠이 지나자 그분에게서 전화가 왔다.

"귀하를 우리 극장의 내년도 프로그램에 모시게 되었습니다. 축하드립니다."

때는 1994년, 바야흐로 진짜 파리 무대 '데뷔(début)'라는 시간의 총소리가 울렸다. 좌석은 빈자리 하나 없이 꽉 들어차 있었다. 그러나 분명히 성공적으로 끝낸 독주회였음에도 불구하고, 나는 이번 연주회 때문에 병이 날 지경으로 괴로웠다. 그것도 연주회 이전의 몇 달 동안, 또 이후의 몇 달 동안 계속된 괴로움이었다. 내가 꿈꾸어 오던 완벽한 연주, 그 완벽의 경지에 도저히 다가갈 수 없다는 느낌 때문에 나는 가슴앓이를 하고 있었다. 다른 많은 음악가처럼 나도 무력감 때문에 앓게 되었다. "나는 내가 싫다"라고 내뱉었던 말년의 리흐테르와도 같은 심정이었다. 하기야 완벽이란 애당초 있을 수 없음을 깨달아야 했었다. 중국 서예가나 자수 전문가들은 이를 잘 알고 있었기에 붓글씨를 쓰거나 수를 놓으면서 일부러 흠을 만들어 넣곤 하지 않았던가. 그렇듯 흠이 들어 있어서 작품이 더욱 아름답게 보인다고 생각했던 것이다. 이란 사람들도 완벽함이란 신의 경지일 수밖에 없다는 것을 입증하기 위하여 중국 사람들과 마찬가지 방식으로 페르시아 융단을 짜고 있지 않나 말이다.

그래, 완벽에 도달할 수 없다는 것을 시인해야지. 그것이 지혜로운 인간이 나아갈 길이겠지. 사모트라케의 승리의 여신, 그리도 아름답고 힘찬 모습이건만 머리가 잘려 나가버린 「승리의 여신」 조각을 본보기로 삼아야 했었다. 나는 그러나 그렇듯 지혜롭게 생각하기는커녕, 파리 시립극장 앞으로 지나갈 용기조차 나지 않았다. 집에서 가까운 거리에 있는 극장이건만. 그래도 어느 날 드디어 이 괴로움을 이겨낸 것 같은 생각이 들었기에 나는 발길을 옮겨 극장 앞으로 다가가 보았다. 극장 앞에는 손잡이를 돌려 소리를 내는 자동 오르간에서 음악이 울려 퍼지고 있었다. 고국을 떠나온 이가 고향이 그리워 시름에 젖게 하는 애잔한 멜로디였다. 나는 쏟아지는 눈물을 어찌할 수가 없었다. 그러자 어떤 행인이 다가와서 말을 걸었다.

"저, 실례지만, 지난번에 여기서 「골드베르크 변주곡」을 연주하신 분 아니세요?"

나는 울음을 꿀꺽 삼켰다.

"맞아요, 저예요."

"너무너무 훌륭한 연주였어요. 덕분에 저도 이제 바흐를 듣기 시작한걸요. 그런데 몸이 좀 불편하신 것 같군요. 그럼 더 이상 방해하지 않겠습니다. 고마워요, 아무튼."

파리 시립극장은 첫 독주회에 이어 다시 여러 차례 연주하게 된 공연장이다. 한 해가 지난 다음 나는 같은 장소에서 스카를라티, 모차르트, 그리고 소중한 추억이 담긴 「트로이메라이」가 제 7곡으로 들어 있는 슈만의 「어린이의 정경」을 연주했다. 이유는 알 수 없지만 「골드베르크 변주곡」을 연주한 피아니스트는 '진지하고 무게 있는' 피아니스트로 분류되었고 나 또한 예외가 아니었다. 그런데 1년 후의 연주 곡목은 이상하게도 어린애 같고 또 가벼운 곡들뿐이라는 인상을 주었다. 마치 어린 시절이란 철이 들고 무르익는 계절의 나이일 수 없다는 뜻이었을까.

그 다음은 하이든, 그리고 베토벤으로 이어졌다.

그러나 공연일을 불과 며칠 앞두고 나는 기분이 너무도 우울해졌다. 견디다 못하여 조르주에게 전화로 공연을 도저히 못 하겠다고 알렸다. 그는 당장 그날 저녁 나를 만나러 집에 찾아왔다.

"도대체 무슨 일이야?"

"내가 하는 일이 도무지 마음에 차지 않아요."

"그래서 공연을 취소하고 싶다면, 좋아, 취소하도록 하지. 대타를 구하진 않겠어. 하지만 취소하기 전에 한 가지 꼭 알아 두어야 할 사실이 있어, 샤오메이도 나도 그리스도교 신자는 아니지. 하지만 샤오메이의 연주는 공연장을 그 어떤 영적인 느낌, 영적 분위기로 가득 채워주는 통에 청중들은 연주가 끝나고도 자리를 뜨지 못하고 그냥 그대로 앉아 있다는 사실, 이것이야."

이렇게 얘기해주시는 분에게 무슨 대꾸를 할 수 있으랴? 그는 나를 설득할 줄 알았다. 연주가와 청중을 이어주는 연결의 끈을 꿰뚫어 마음에 와닿는 말을 할 줄 아는 사람이었다. 나는 공연을 취소하지 않았다.

얼마 전 베이징 여행에서 나는 텅원지를 다시 만나 그가 최근에 감독한 영화에 관하여 서로 얘기를 나누었다. 그런데 그는 얘기 도중에 이런 말을 들려주었다.

"난 영화 촬영 현장에 도착하면 일을 시작하기 전에 꼭 기도를 하지."

나는 그가 어떤 대답을 할지 예감이 들긴 했지만 그래도 왜 기도를 하느냐고 물었다.

"내가 하는 일이 신령을 어지럽히기 때문이지. 아무도 우리에게 와주십사 하고 초대하지도 않았는데 우린 시끄러운 소리를 내며 소란을 피워야 하거든. 그러니 그곳 신령들께 실례를 해야겠다고 여쭈어야 하지 않겠어?"

우리는 서로 미소를 나누었다. 이후부터 나는 그 말을 마음에 새기며 나도 그의 본을 따르게 되었다. 연주회장에 도착하면 나는 먼저 그곳을 향하여 머리를 숙였다. 연주회장은 언제나 신성한 곳이라는 생각으로 나는 관객들이 오기 훨씬 전에 그 거룩한 장소의 분위기가 내 몸 속으로 온통 스며들게 하고 싶었다. 아주 구석진 곳까지 살펴보면서 연주회장 전체를 둘러보곤 했다. 벽을 쓰다듬고 좌석 의자를 만지면 벽도 의자도 나에게 말을 건네주었다. 그리하여 나는 들려오는 이야기 모두를 하나하나들이마시곤 했다. 나는 극장이나 성당에 들어설 때면 뭔지 모를 어떤 느낌을 받았다. 그래서인지 몰라도 내가 아주 성공적으로 치른 연주회는 언제나 극장 아니면 성당에서였다.

'파리 시립극장'은 그곳에서의 첫 연주회 날, 무대에 들어가기 전에 극장의 꼭대기 층 사라 베르나르의 초상화 아래 있는 작은 피아노에 앉아 손가락을 데우기 위하여 연습해야 했었던 그날 저녁 이래로 줄곧 내가 가장 좋아하는 공연장이 되었다. 그곳에서 일하는 이들은 하나같이 나를 모르는 사람이 없었다. 전화를 하면 교환수가 대번에 내 목소리를 알아듣고서 "안녕하세요 샤오메이!" 하고 인사할 정도였다. '파리 시립극장'은 내 집처럼 마음이 편안해지는 곳이었다.

다음으로는 투르 근처에 있는 '성 세실리아 성당', 이름난 피아노 음악제 '라로크당테롱'의 여러 연주회장 가운데 하나인 루르마랭 성당, 프라하의 '마르티누 홀', 모차르트가 연주했으며 리흐테르가 너무도 좋아했던 만토바의 '테아트로 비비에나'를 들 수 있겠다. 그리고 부에노스아이레스의 '테아트로 콜론'을 빼놓을 수 없는 것이, 그곳은 나에게 특히 애착이 가는 극장일 뿐아니라 나는 그곳에서도 첫 독주회 날 공연 직전에 하마터면 연주를 취소할 뻔했던 일이 있었기 때문이다.

나는 아르헨티나에 막 도착한 참이었다. 그런데 호텔 바로 근처의 공사장에서 귀가 떨어져 나갈 듯 시끄러운 소리가 내 방으로 침범해 들어오고 있었다. 스페인어를 한마디도 할 줄 모르는 나로서는 호텔 접수계 직원들에게 조용한 방으로 옮기고 싶다는 말을 알아듣게 설명할 수도 없었다. 연주회 시간은 성큼성큼 다가오는데 나는 명상도 집중도 아무것도 할 수가 없었다.

이른 오후에 나는 공연 주최자에게 전화를 걸어 연주회를 취소하겠다고 말했다. 그는 이내 호텔로 달려왔다. 모든 준비가 완료되어 있는 지금에 와서 취소할 수는 없다고 거듭 말하며 물러서지 않았다. 그리고는 덧붙여 말했다.

"극장을 한 번 구경해보세요. 얘기는 그 다음에 하도록 하고, 자, 갑시다. 제가 모셔다 드리지요."

얼마 후에 나는 '테아트로 콜론'에 도착했다.

"극장 안 여기저기를 다 둘러보세요. 가고 싶은 데면 아무 데라도 가보세요. 얼마든지 기다리겠습니다."

나는 안으로 들어갔다. 아주 크고 넓은 공연장이긴 그런데 동시에 이상하리만큼 친밀감이 흐르면서 따뜻한 인상을 풍기는 곳이었다. 하나하나 색다른 분위기의 칸막이 좌석들, 커튼과 천정 장식, 여러 샹들리에를 둘러보며 나는 감탄을 거듭했다. 위대한 예술가들이 연주했던 이곳은 관객끼리도 서로 친밀한 사이임을 느낄 수 있었다. 나는 고요한 가운데 소리 없이 황금색으로 번득이는 연주회장을 뒤로 하고서 지하층으로 내려가 보았다. 그곳은 무대장식과 분장, 그리고 의상을 맡아 일하는 수백 명의 극장 직원들이 바쁘게 왔다갔다 하는 그야말로 한 작은 도시의 풍경 같았다. 나는 열심히 일하고 있는 사람들을 잠시 지켜보았다. 몸과 마음을 다하여 일하는 모습이 마치 그 일을 목숨을 걸고 하는 듯 강렬한 인상을 주기까지 했다. 여직원 몇이 나에게 미소를 던지더니, 일을 중단하고 얘기를 나누고자 말을 건네 왔다. 나는 스페인어를 모르기에 한두 마디 이상은 주고받을 수 없었지만 내 마음은 깊이 감동했다. 오늘 저녁 연주회엔 두말할 것도 없이 가야지, 가서 연주해야지 하고 마음을 정했다.

몇 시간 후 무대로 들어서며 나는 몸 상태가 가뿐하고 기분이 아주 좋아졌음을 피부로 느낄 수 있었다. 지하 작업장에서 부지런히 일하던 사람들의 모습이 바로 내 발아래에 위치해 있으리라 짐작되었고, 불과 몇 시간 전에 만났던 여직원들의 얼굴이 다시 머리에 떠올랐다. 나는 청중을 향하여 고개를 숙여 절했다. 「골드베르크 변주곡」의 악보를 무릎 위에 펴고 앉은 사람들이 많았다. 나의 예측이 어긋나지 않았구나 싶었다. 이곳은 과연 하고많은 공연장 가운데서도 정말 비길 데 없는 곳이었다.

연주가 끝나자 음악평론가 한 분이 나를 찾아왔다.

"저도 아마 중국 사람인가 봅니다. 오늘 연주하신 음악 전체에 제 마음이 완전히 녹아들었거든요."

그분의 말은 사실 좀 과장된 데가 없지 않았다. 하지만 중국 사람인 내가 유럽 작곡가의 음악을 연주함으로써 남미 사람의 마음에 감동을 일으켰다는 사실, 이보다 더 뚜렷이 음악의 보편성을 말해주는 증거가 또 어디에 있을까 싶었다.

　방문하고 감동했던 여러 공연장 가운데 뭐니 뭐니 해도 내 마음에 더할 나위 없는 감동을 일으킨 곳은 라이프치히의 '성 토마스 교회'였다. 바흐는 1723년부터 그가 삶을 마감한 1750년까지 이 교회의 음악감독으로 봉직하면서 불후의 작품들을 남겼다. 나는 오래 전부터 라이프치히에 가보고 싶은 꿈을 간직하고 있었다. 그러던 어느 날 마침 옛 동독 지역에서 연주회를 갖게 되었기에 나의 오랜 꿈이 실현될 기회가 찾아온 것이었다. 나의 독주회는 프랑스 문화원의 주재로 호이에르스베르다에서 열렸다. 이 도시는 10년 전 독일 극우파 젊은이들이 시민들의 묵인 아래 어떤 베트남 노동자에게 무자비한 폭력을 행사한 사건이 벌어진 현장이었다. 10년이 지난 지금까지도 "호이에르스베르다 신드롬"이란 말이 떠돌고 있을 정도였다. 그렇듯 증오 때문에 희생된 그 외국인 노동자를 기리는 뜻에서 나는 「골드베르크 변주곡」을 연주하기로 했다. 내가 무대로 들어섰을 때 장내는 이를 데 없이 차가운 분위기였다. 중국 사람이 감히 바흐의 음악을 본고장에서 연주하려 들다니! 차디찬 분위기 때문이었는지 나는 이 고장 사람들이 마구 때려눕힌 베트남 노동자의 처지에서 별로 멀지 않다는 느낌이 들 정도였다. 그러나 변주곡이 하나씩 둘씩 흐르는 가운데 마음과 마음도 함께 하나로 모여지기 시작했다. 연주가 끝나자 청중 모두가 몇 번이고 '앙코르'를 외치며 아무도 자리를 뜨려 하지 않았다. 마침내 나는 조용히 해줄 것을 요청한 다음 몇 마디 말을 했다. "바흐를 연주하고 난 다음엔, 다른 아무 곡도 칠 수가 없군요."

모두들 자리에서 일어나 우레와 같은 축복의 박수를 보냈다. 이렇듯 라이프치히에서 멀지 않은 곳에 와 연주하게 된 것은 생전 처음 있는 일이었다. 나는 다음 날 연주회를 주관했던 프랑스 문화원의 참사관이자 친구에게 오래 간직해온 내 꿈을 털어놓았다. 참사관은 교회 건물이 여러 차례 보수공사를 했으며 새로 지은 부분이 많기 때문에 원래의 참모습을 본다는 것은 보장할 수 없다고 미리 경고해 주었다. 나는 여기까지 왔는데 안 갈 수는 없다고 말했다. 그러자 참사관이 교회에다 전화로 방문 여부를 문의했더니 불행히도 보수공사 때문에 방문객을 받지 않는다는 대답이었다. 그래도 나는 괜찮다고 했다. 그저 라이프치히의 공기만 들이마셔도 좋으니 어떻든 가보고 싶다고 우겼다. 내 친구 마리옹이 함께 가주겠다고 나섰다. 그녀의 차가 작센 지역의 도로를 달리는 동안 나는 가슴이 벅차오르더니 이내 눈물이 고이기 시작했다. 다행히 마리옹은 운전하느라 나를 쳐다보지 않고 있었다. 별 대수롭지 않은 일에 눈물을 흘리는 내가 너무나 바보처럼 느껴졌다. 하지만 이 여행이 나에게 얼마나 큰 뜻을 지닌 것인지 내 어찌 말로 다 설명할 수가 있단 말인가? 자동차가 라이프치히에 다다르던 그 순간, 바흐는 실제로 이곳에 살았던 사람이라는 사실, 바흐는 과연 내가 만나볼 수도, 서로 알고 지냈을 수도, 연주하는 모습을 볼 수도 있었던 실재의 인물이었다는 사실이 어떤 깨달음처럼 갑자기 내 마음을 한없이 적시고 있는데, 이를 친구가 알아듣게끔 어찌 다 얘기할 수 있단 말인가?

나는 옛날 옛적에 했던 순례 여행을 생각했다. 그것은 마오쩌둥의 출생지 사오산에 찾아갔던 일이었다. 그러나 이번에야말로 나는 순례다운 순례를 한다고 생각했다. 비교도 되지 않을 두 장소를 감히 비교하다니, 바흐 선생님께서 나를 나무라시려나 싶은 마음에서 나는 정중히 사과의 뜻을 표했다. "스승님, 무례한 생각을 해서 죄송하옵니다. 하지만 이번엔 참된 순례자로서 스승님께 찾아왔음을 알아주소서. 온갖 산전수전을 다 겪고 난 지금에 와서 스승님께 뚜렷이 드릴 수 있는 말은 오직 스승님 덕분에 저는 다시 한 인간으로 되돌아올 수 있었다는 것입니다. 스승님 덕분에 저는 삶이 무엇인지 깨닫게 되었습니다. 그리고 제 자신에 대해서도 이해하게 되었습니다."

친구와 나는 '성 토마스 교회' 앞에 도착했다. 보수공사 중이라던 교회 문이 열려 있었다. 기적이다 싶었다. 바흐 선생님이 잠들어 계신 바로 그 곳에서 나를 보살펴주심이 아니고 무엇이랴! 나는 마리옹에게 잠시 혼자 방문하고 싶다고 양해를 구한 다음 교회 안으로 들어갔다. 바흐의 묘소가 그 곳, 바로 내 발밑에

있었다. 그런데 오직 이름 세 마디밖에 다른 아무 말도 새겨져
있지 않았다.

"JOHANN SEBASTIAN BACH"

참으로 놀라지 않을 수 없었다. 날짜도 없었고 칭호도 없었
다. 그의 음악처럼 본질만이 있을 뿐, 군더더기 음표는 하나도
없는 단순함 그 자체였다.

거룩한 묘소 곁에서 나는 한참 동안 말없이 머물러 있었다.
그러고 나서 바흐의 추억을 더듬어볼 수 있으리라는 마음에 교
회 구석구석을 살펴보기 시작했다. 돌벽을 만져 가면서, 주변 공
기를 가슴 깊이 들이마시며 교회의 종탑 꼭대기까지 올라갔다.
방문을 마치고 교회를 떠나면서 나는 마리옹에게 말했다.

"나 말이야, 이제 죽어도 여한이 없어."

그로부터 몇 년이 지난 후에 나는 베르나르 피보의 TV방송
프로그램에 초청되었다. 마지막 무렵에 이르러 내가 아주 좋아
하는 '프루스트의 질문서³³'를 본보기로 하여 그가 창안해 낸 질
문을 받게 되었다. "만약 신이 존재한다면 당신에게 어떤 말씀을
해주시면 좋을 것 같습니까?"

---

33 프루스트의 청소년 시절, 동급생들끼리 서로서로의 성격을 알아보려는 뜻에서 만든 여러 가지 문항의 질문
  서. 베르나르 피보는 프랑스의 TV방송 진행자로서 20세기 후반까지 문필가, 예술가, 지식층 인사들 사이에
  인기가 매우 높았다.

"넌 용기를 잃지 않고 열심히 살았지. 이리 와, 내 너에게 바흐를 소개해 주마."

진실로 사람을 쓸 줄 아는 자는
사람 아래로 숙이고 들어간다.

– 노자

27
아물지 않는 상처

나는 '문화대혁명' 때문에 몸과 마음이 부서졌다. 아침에 일어날 때마다 그 괴로웠던 시절이 되살아나는 통에 이대로 계속 살아갈 수 있을지, 어떻게 마음이 다시 편안해질 수 있을지 묻고 또 되묻곤 했다. '문화대혁명'으로 말미암아 나는 언제부터인가 심리적으로 자기 파괴적 지체부자유의 상태가 되어버렸다. 자기비판 및 고발 집회를 여러 해 동안 모두 함께 강제적으로 따라했던 결과 나는 언제 어디서나 비판의 대상이 될까 봐 두려웠을 뿐 아니라 그때부터 나 자신도 남들도 더 이상 아무도 믿을 수가 없어졌다. 겨우 열두 살 나이에—열두 살에 도대체 무슨 죄를 저지를 수 있단 말인가—자기비판을 하라고 강요당했다. 그런 정치체제 아래에서는 친구니 지인이니 하는 이들이 도무지 누군지 아무도 믿을 수 없이 되어버렸다. 내일 당장 나를 고발할지도 모를 사람, 내 쪽에서도 차례가 오면 언제라도 비판의 대상으로 삼으려고 드는 사람뿐, 친구란 있을 수 없는 세상이었다.

무대에 설 때에도 나는 한순간 왜 저 사람들이 내 연주를 듣겠다고 와 앉아 있는지 나 스스로 되묻고 있었다. 나는 그들에게 너무나 감사하면서도, 한편으로 나 같은 사람은 저들에게 당치도 않다는 생각이 들면서 입장료를 되돌려주고 싶은 충동을 느끼곤 했다. 그리고 나서는 의심이 들었다. 저들은 사실 자기비판 집회에서처럼 나를 비판하고 심판하러 온 사람들이라는 생각이 들 뿐이었다. 오직 음악에 대한 믿음만이 나를 끝까지 붙잡아줄 따름이었다.

중국 땅에서 나는 너무도 자주 사람들에게 이리저리 부림을 당했기 때문에 지금도 그런 식으로 조종당할까봐 두려워진다. 이 두려운 마음에 대해 찬찬히 생각해 보았다. '문화대혁명' 당시에 나는 사실 어린 아이였기에 어떠한 형태의 선전에도 민감하게 반응할 수밖에 없었다. 그래서인지 지금까지도 학생들의 시위운동에 대해서는 내 마음 밑바닥에서부터 혐오스러운 느낌을 버릴 수가 없다. 그러나 학생들뿐만이 아니었다. 우리보다 나이나 인생 경험이 훨씬 많은 수억의 중국 사람들이 사상과 이념으로 나뉘어 끼리끼리 모여 서로들 싸워대었다. 그렇다고 무엇이 달라졌단 말인가? 전체주의 체제 아래 짓밟히던 백성은 중국에서뿐 아니라 어느 나라에서든 마찬가지였다. 그래도 나는 이해하려고 애썼다. 공산주의처럼 넓은 도량에서 출발한 이론이 어찌하여 그토록 참혹한 재앙으로 치닫게 된 것인지, 어찌하여 그 오랜 세월 동안 내 눈엔 아무것도 보이지 않았고 나는 아무것도 믿으려 하지도 않았던 것인지를. 그러나 모두 헛일이었다. 나는 아무것도 이해하지 못하고 있었을 뿐이다.

'문화대혁명'은 나를 오염시켰다. 나를 죄인으로 만들었을 뿐 아니라, 나아가 마음속 도덕감각마저 말살해버린 적도 있었다. 나는 같은 동포를 비판하고 경멸했으며 그들이 막중한 죄를 저질렀다고 고발하기까지 했다. 수용소 동료의 행적을 까발렸을 뿐 아니라, 그로 하여금 모두가 지켜보는 가운데서 징벌을 받게 했던 일에도 적극적인 역할을 맡았던 장본인이었으니 말이다. 나의 그 더러운 과거를 어찌 씻을 수 있을 것인가?

5년 전 파리에서 나는 사오화를 다시 만나게 되었다. 재교육 수용소에서 나는 한때 그녀의 행동거지 하나하나를 살피던 감시인이었다. 어느 일요일에 그녀가 소속된 4중주단이 파리에서 연주회를 열게 되었다. 연주가 끝나자 나는 그녀에게 축하의 말을 해주기 위하여 무대 뒤로 달려갔다. 그녀의 얼굴만 보아도 마음이 놓이며 속이 후련해졌다.

"너한테 정말 못할 짓을 했어. 난 지금도 참을 수 없이 괴로워. 어떻게 하면 용서받을 수 있을까? 뭐라도 좋으니 내가 널 위해 해줄 수 있는 일이 없겠니?"

사오화는 부드럽게 미소 지으며 말했다.

"넌 이미 수백 번 넘게 용서받은 걸. 너나 나나 그땐 너무 어린 애들이었지. 우린 모두 '문화대혁명'의 희생자야."

둘이서 이런저런 얘기를 나누었다. 그녀는 파리의 옷가게를 둘러보며 '아이 쇼핑'하던 중에 참 맘에 드는 외투가 눈에 띄더라고 했다. 나는 가게 이름을 새겨듣고서 다음 날 아침이 되자마자 그 옷가게로 달려갔다. 그러나 가게는 쉬는 날이라 문이 닫혀 있었다. 결국 샤오후이는 바로 다음 날 외투 없이 중국으로 떠났다. 그렇게 끝나버린 것이 어쩌면 더 낫지 않나 싶기도 했다. 옷 한 벌 사주는 것으로 상처가 아물겠거니, 잘못이 지워지고 죄책감이 사라지려니 하고 생각한 내가 얼마나 순진하고도 어리석은 사람이었던가!

나는 외할머니를 생각할 때마다 이렇듯 속죄되지 않는 나의 과거사와 쓰라린 죄책감으로 더욱 마음이 아팠다. 사오화가 다녀간 얼마 후, 우리 가족은 외할머니에게 의젓한 무덤과 비석을 세워 드리기로 결정하고서 모두 조금씩 각출하여 비용을 지불했다. 나는 말할 수 없는 감격에 몸이 부르르 떨릴 정도였다. 나를 위해 온갖 수고를 아끼지 않으신 할머니, 내 삶의 이상이자 본보기였던 할머니를 되찾는다는 느낌, 아니 그보다는 할머니께 마땅히 바쳤어야 했던 공경과 효도를 이제 드릴 수 있게 된다고 생각했다. 그러나 이 또한 헛된 망상일 따름이었다. 할머니에게 편지 한 장 쓰는 것보다 혁명 열사로서의 일이 더 중요하다고 생각한 지난날의 그 불효막심을 어찌 돈으로 속죄할 수 있단 말인가?

친구들의 권유로 나는 한나 아렌트의 책을 읽게 되었다. 전체주의 체제의 기능을 통제하는 주요한 원칙에 관하여 그녀가 훌륭히 서술해 놓은 대목에 나는 눈이 끌렸다. 민중을 싸잡아 통틀어 지배의 손아귀를 뻗어 나가는 첫 단계는 「무고한 희생자를 아무렇게나 골라잡는 것」이라고 설명한 데 이어 다음과 같이 덧붙였다.

다음 단계는 결정적으로 살아있는 송장을 만드는 행위인데, 사람들 마음에서 도덕적 인성을 죽여 없애는 것이다. [……] 양심이 더 이상 아무런 도움이 되지 않는 상태, 선행을 베푸는 일이 근본적으로 불가능해진 상태를 만들어 놓았기 때문에, 전제주의 체제의 온갖 범죄를 통하여 만인 사이에 의식적으로 조직된 공범 의식은 수많은 희생자들에게로 퍼져나가면서 참으로, 글자 그대로 전체적인 성격을 띠게 된다. 이런 글을 읽으니 내가 몸소 겪었던 지난 일들이 생생하게 되살아났다. 그렇다. 나는 열세 살 나이에 나로선 알 길이 없는 손아귀에 의하여 무작위로 골라 잡힌 '무고한 희생자'였다. 나는 출신 성분이 나쁜 사람으로 지목되었다. 그다음 단계로 '문화대혁명'은 나를 무고한 희생자의 상태에서 적극적인 공범자가 되게끔 몰아붙였다.

이렇듯 과거의 기억은 머릿속을 떠나지 않고 끊임없이 나를 괴롭혔다. 어떻게 생각하면 나는 감옥에서 풀려나긴 했지만, 그날로 곧장 나 자신의 포로가 된 셈이었다.

마오쩌둥으로 인하여 내가 받았던 숱한 상처를 생각하며 나는 종종 그를 미워해야 할 것인지 혼자 되묻곤 했다. 중국 인민에 대한 그의 분석이 우선 듣기에 틀린 말은 아니었다. 사실인즉 중국 인민은 해방되어야 했다. 어린 시절 학교에서 모두 함께 보았던 기록 영화의 한 장면—와이탄 공원의 입구에 영국 사람들이 "중국인과 개는 출입 금지"라고 써 놓은 간판[34]—을 나는 지금껏 잊지 않았다. 또한 너무도 혹독하게 착취당했던 농민들과, '억고사첨(憶苦思甛)[35]' 모임 첫날 저녁에 만났던 그 불쌍한 할머니의 쪼글쪼글 주름진 얼굴도 잊지 않았다. 그렇듯 중국 인민의 가슴 속에 희망을 심어주긴 했어도 그래도 마오는 죄를 저지른 사람이었다. 그는 실제로 수천만의 목숨을 앗아갔을 뿐 아니라 수억의 인구를 정신적으로 죽인 사람이었다. 그러므로 나는 이제 마오를 증오한다. 자기 자신이 저지른 잘못을 인정할 만한 참다운 용기가 없었기에 그냥 하던 짓을 앞으로, 앞으로 계속 밀어붙임으로써 파렴치하게도 자기 한 몸만 사리기를 꾀했던 자, 그처럼 비겁한 인간에 대한 나의 증오심은 날이 갈수록 더욱 깊어만 갔다. 노자는 "진실로 사람을 쓸 줄 아는 자는 사람 아래로 숙이고 들어간다"라고 말씀하셨다. 마오는 뭇사람 위에 있었고, 얼마든지 사람

---

34 간판에 적혀 있었다는 위 문구는 사실 중국정부가 원래의 간판 내용을 조금 다르게 바꾸어 놓은 것이다. 이 공원의 현재 명칭은 '황푸(黃浦)'공원이다.

35 이에 관해서는 제5장의 내용 참조.

을 죽여서라도 계속 윗자리를 지키려고 했다. 이는 내가 두려움에 떨면서도 언젠가는 마음의 안식을 찾으려 절망하는 가운데 살아온 30년 세월, 지난 30년에 걸쳐 깨닫게 된 사실이었다.

중국에서는 '문화대혁명'이 끝나고 나서도 '사인방'의 재판을 제외하면 이렇다 할 대대적인 소송은 일어나지 않았다. 적어도 1945년 이후에 서양 사회에서 조직적으로 진행된 전범재판과 비교할 만한 것은 전혀 없었다. 아마도 마오 시대에 대하여 제대로 자료가 갖추어진 역사적 연구가 없었던 관계로 진실이 모두 명명백백하게 드러나지 못한 탓이리라. '문화대혁명'으로 인하여, 또한 그 전에 있었던 '대약진 운동' 때문에 실제로 얼마나 많은 사람이 죽었는지 아무도 모른다. 그처럼 엄청난 재앙의 규모도 이유도 알려진 것이 없다. 당시에 일어났던 사건 모두를 객관적으로 바라볼 수 있는 조건이 아직 제대로 갖추어지지 않았다.

캄캄한 어둠 속에 묻힌 지난 일은 역사의 저편으로 보내고 이제는 정상적으로 살고 싶어 하는 마음은 이해할 수 있다. 하지만 중국 사람들의 이러한 태도는 그 밑바닥에 흐르는 중국인 특유의 인생관에서 비롯한 것이 아닐까 생각된다. 중국 고전 가운데서도 으뜸으로 꼽히는 책 『역경』, 그 제목이 뜻하는 "변화에 관한 경전"이라는 말 자체가 중국인의 인생관을 여실히 보여주고 있다. 인생이란 어차피 끊임없이 변화하는 것이니만큼, 과거로 돌아가기보다는 이처럼 바뀌고 또 바뀌는 흐름에 더욱 마음을 써야 하지 않을까. 범죄는 잊히지 않을 것이다. 그러나 시간의 흐름만이 베풀어줄 수 있는 자연의 정의가 인간이 만든 법의 정의를 대치할 날이 오리라. 중국의 사상가들은 이를 '부득료(不得了)'라는 말로 표현하고 있다. 이는 곧 지나간 일에 매달려 끊임없이 앙갚음하려고 애쓸 것이 아니라, 과거는 과거로 끝낼 줄 알아야 한다는 뜻이다.

한편, 다른 각도에서 생각해 보면 법의 심판이 없었다는 현실은 중국 사회 깊숙이 존재하는 엄청난 흠을 드러내 보여주는 것이다. 전후에 있었던 여러 차례의 심판은 서양 사회에 큰 저항력을 키워주었다. "이런 일은 결코 다시는 없을 것"이라는 글귀를 토론의 첫머리로 내세움으로써 서양 사회는 조금도 경계심을 늦추지 않았을 뿐 아니라, 예로부터의 도덕적 규범에 이어 새로운 도덕적 규범을 더욱 견고히 다졌다. 그 모든 노력을 통하여 서양 사회는 유사한 괴물이 또다시 나타날지도 모를 상황에 대비하여 언제나 그리고 아직도 경계의 눈초리를 곤두세우고 있다.

큰 음은 소리가 거의 없다.
[……]

도는 숨어 있기에 이름이 없으나
아낌없이 베풀어 만물이 이루어지게 됨은
오직 도만이 하는 일이다.

– 노자

28
음악, 물, 삶

2003년, 나는 '퀴리 연구소'의 교수이신 의학박사 크리슈나 클루의 진찰실에 앉아 있었다. 검사 결과가 양성이었으므로 선생님의 진단은 의심의 여지가 없는 것이었다. 나는 화학요법을 거부했던 어머니가 생각났다. 어머니처럼 나도 화학요법이 두려웠다. 아픔을 못 참아서라기보다는 내 몸에서 힘이란 힘은 모조리 다 빠져 없어질 것 같은 두려움 때문이었다. 혹시 아무런 치료를 받지 않고 이대로 지낸다면 앞으로 얼마나 더 살 수 있을지 물어보았다. 선생님은 조금 머뭇거리시더니 기껏해야 3년이라고 했다. 처음으로 나는 세상 사람 모두가 밖으로 드러내려고 하진 않지만 저절로 드러나는 사실, 즉 언젠가는 세상을 떠나야 한다는 자명한 사실을 실감하게 되었다. 그런 생각이 드는 한편으로 나는 이상하게도 절망의 구렁으로 떨어질 것 같은 느낌이 아니라 오히려 불안감에서 벗어난 기분이었다. 3년이라면 그래도 짧지 않은 시간이 아닌가. 지금껏 나의 삶은 너무도 변화무쌍했고 너무도 풍요로웠다.

사실 나는 행복감과 평온함을 제외하면 온갖 산전수전을 다 겪어 온 셈인데, 이제 와서 내 마음이 행복해지고 평온해진다는 것이 가능할지 적이 의심스러울 따름이었다. 아직 진찰실에 앉아있는 동안 나는 마음속에 한 가지 간절한 소망이 있다는 것을 깨닫게 되었다. 피아노 음악 모두를 연주하고 싶었다. 될 수 있는 한 최대로 많이 녹음하고 싶었다. 특히 베토벤과 슈베르트의 마지막 '소나타' 두 작품을 녹음하고 싶었다. 음악 세계의 두 거장이 이미 그들에게 죽음이 다가오고 있음을 느끼면서 음악 속에 담고자 했던 바가 무엇이었는지 나는 알고 싶었다. 그리고 재교육 수용소 시절부터 줄곧 나의 "일용할 양식"이 된 「평균율 클라비어곡집」, 오래 전부터 듣는 것보다는 치는 것이 더 쉽다고 생각했던 작품, 하지만 이제는 내가 치는 음악이 듣는 이의 음악이 되도록, 청중에게로 전달해줄 수 있는 가능성을 보여준 작품이다. 나는 그런 걸작을 꼭 녹음해 놓고 싶었다. 그러지 않고서는 이 세상을 미련 없이 떠날 수가 없었다. 그 모든 계획을 이루어 놓기 위해서는 3년이란 시간이 너무 짧지 않을까도 싶었지만 그래도 3년이면 되겠지 하는 마음이었다.

그러나 집에 들어오자마자 나는 털썩 쓰러지고 말았다. 몸과 마음이 다 함께 와르르 무너져 내렸다. 성공으로 향한 걸음마 단계에서 일이 이렇게 어그러져 버리다니, 다시금 세상만사가 헛되다는 생각뿐이었다. 나를 둘러싼 친구들 모두가 클루 선생님 말씀대로 치료를 받아야 한다고 강력히 설득하기 시작했다. 그 가운데서도 조제트는 그 예리하고 자상한 의사를 소개해 주었을 뿐 아니라 당시의 나에게 정말 딱 필요한 말을 들려준 친구였다.

"생각을 해봐. 널 둘러싼 친구들 모두가 네 가족인데 그 가족 생각을 해야지. 네 병은 초기에 진단이 됐잖아. 이러고 시간을 허비하지 말고 어서 빨리 치료를 시작해."

중국으로 돌아가 산 속에 은거하여 홀로 자연과 침묵에 둘러싸여 지나면 건강이 회복될 것 같은 생각도 들었다. 하지만 산 속에 살면 피아노 연주도 녹음도 불가능할 수밖에 없었다. 그런저런 생각 끝에 나는 친구들의 조언을 따르기로 결심했다.

쏟아져 들어오는 갖가지 우정의 선물에 나는 이루 말로 다 할 수 없을 정도로 감격했다. 아직 병원에 누워있는데도 연주회 요청이 여러 차례 들어 왔다. 몇 달 동안 어렵고 힘겨운 치료 기간이 흘러갔다. 그런 연후에 드디어 집에 돌아오게 된 어느 날, 나의 피아노 스타인웨이와 다시 만났을 때 내가 가슴을 울린 그 감격은 그 옛날 야오잔바오의 수용소 마당에 버려졌던 낡은 아코디언을 보았던 순간, 아니면 장자커우 역에서 내 피아노를 다시 찾았던 순간에 느꼈던 감격보다 조금도 덜하지 않았다. 나는 다시금 「골드베르크 변주곡」을 연주했다. 그리하여 다시 살아나고 있었다. 또다시 나는 음악 덕분에 구원을 받게 되었다.

나는 아주 어린 시절부터 빈털터리가 되어버린 집에서 자랐지만 음악에 힘입어 살아나갈 수 있었다. 중앙음악학교 시절에는 혹독한 이념의 손아귀에 사로잡히어 『마오주석어록』한 권이면 충분하므로 나머지 책이며 악보는 모조리 불태워야 한다고 믿었다. 재교육 수용소에 도착했던 당시에 나는 머리가 온통 세뇌된 멍텅구리에 지나지 않았다. 처음 한 해 동안은 어떤 감정이나 생각도 품어본 적이 없었다. 함께 갔던 동무들과 마찬가지로 내 머릿속은 텅 비어 있었다. 우리 모두는 꼭두각시가 되어 위에서 내려오는 명령 하나하나에 맹목적으로 뒤따르는 인간기계가 되어 있었다. 음악은 그저 하나의 부속물이 되어버렸고, 혁명 열사로서의 활동이 훨씬 더 중요하다고 생각했었다.

마오는 오래 전부터 예술의 힘, 특히 음악이 민중에게 미치는 영향력에 대해 잘 알고 있었다. 예술가들이란 현실 세계에 대하여 끊임없이 의문을 품는 이들, 언제나 더욱 자유를 외치는 이들이므로 따라서 위험한 인물들이라는 것을 그는 모르지 않았다. 그래서 그는 공격의 화살을 예술가들에게로 겨냥했을 뿐만 아니라 자기 아내로 하여금 '양판희[36]'를 통하여 중국인민에게 적합한 예술을 만들어내도록 했다. 사실인즉 마오는 지식 자체를 통틀어 위험한 것이라고 생각했다. 조직화되고 체계적이며 극단

---

36 앞 제5장의 마지막 부분 및 옮긴이註 참조

적으로 과격했던 그의 반계몽주의가 이를 뚜렷이 입증해주었다.

그러나 음악의 힘이란 참 얼마나 놀라운 것이었던가! 내 입으로 설명할 수 있는 테두리 너머에서 음악은 나의 삶 한가운데로 마구 용솟음쳐 오르지 않았던가! '억만 땀방울'이란 별명의 수용소 소장이 단순하고 무른 성격의 소유자였다는 사실도 내가 음악과 그렇듯 다시 만나게 된 기적에 한몫을 해주었다. '억만 땀방울'은 마오보다 지능이 훨씬 모자란 사람이었기에 우리에게 음악 연주를 허락해 줌으로써 그 후로 어떠한 상황이 줄줄이 이어질 것인지에 대해서 도저히 짐작하지 못했다. 우리와 같은 지역에 예술인들의 수용소는 여럿이었지만, '억만 땀방울' 같은 소장은 한 군데에도 없었고 따라서 아무도 어떠한 악기도 연주할 수 없는 상황이었다.

아마 나와 수용소 친구들은 같은 생각이었던 듯하다. 정치 체제라는 광란의 소용돌이에 의하여 우리는 급기야 비인간화의 극한점으로 휘몰리어 더는 나아갈 수 없는 상황에 이르렀던 것이다. '문화대혁명'이 우리에게서 인간성을 모조리 박탈하려는 그 순간, 모두가 이럴 수는 없다는 느낌을 받았다. 짐승으로 탈바꿈되기 일보 직전에 이건 안 된다는 반사적 느낌이 우리를 뒤흔들었다. 우리들 누구나 마음 깊숙이 인간성의 빛이 희미하게나마 남아 있었다. 인간의 가능성을 과소평가하는 전체주의 체제가 언제나 잊어버리기 마련인 인간성의 빛, 음악이 찾아와 그

빛을 다시 활활 살아나게 해준 것이었다.

　우리는 음악으로, 음악을 포함한 예술 모두의 힘으로 다시 살아나게 되었다. 이렇듯 다시 태어남으로써 나와 수용소 친구들의 삶은 송두리째 바뀌었다. 우리는 음악으로 우리의 인간 됨됨이를 되찾게 되었다. 음악을 통하여 우리는 늘 저 멀리 어딘가에서 영적 가능성을 다시 한 번 알아볼 수 있었다. 음악은 우리에게 사랑이라는 말의 제1차적 의미를 두루 포괄하는 그것이 무엇인지를 새로이 가르쳐주었다. 그리하여 장자커우 수용소에서는 남녀 다섯 쌍이 미래에 가정을 이루게 되었다. 그곳에서 나는 음악의 힘에 대해, 그리고 음악인으로서 살고 있는 나의 행운에 대해 참된 깨달음을 얻은 것이었다.

　음악에는 정치나 종교와 전혀 다른 방식으로 사람을 모이게 하는 힘이 있다. 음악은 우리 마음속에 인간에 대한 사랑을, 가장 오래도록 견디어 내는 사랑을 심어준다. 덕분에 우리는 어떠한 고난의 가시밭길도 헤쳐 나올 수 있는 것이다.

　'문화대혁명' 동안 겪었던 경험으로부터 나는 음악의 힘을 이용하여 청중에게 무엇이든 강요하려 들지 말아야 한다는 교훈을 얻었다. 이는 내가 오늘날에 와서야 비로소 이해할 수 있게 된 바이다. 너무 오랫동안 속박의 멍에 아래에서 옥죄인 생활을 했던 탓에, 이제는 무엇이든 남에게 억지로 강요하기보다는 스스럼없이 말로 표현하고자 하는 마음이 되었다. 아마도 나의 이런 점이 어느 정도는 청중의 마음에 가닿은 것이었을까도 싶었다. 나는 로스앤젤레스로 가 던 비행기 안, 바로 옆 좌석에 앉았던 미국 여성을 자주 머릿속에 떠올리며 그 분이 읽어주셨던 노자의 말씀을 마음에 되새기곤 했다.

최상의 선은 흐르는 물과 같다.
물은 만물을 이롭게 하면서도 아무하고도 다투지 아니한다.
사람들이 꺼리는 낮은 자리로 흐르면서도
물은 도와 가장 가까이 있다.

이제 나는 이 구절을 더욱 깊이 이해하게 되었다. 물은 유익한 것, 우리의 삶에 도움을 주는 것이다. 물은 내려올 뿐, 위로 오르지 않는다. 물은 아무도 원하지 않는 우묵하게 패인 곳에 자리 잡을 뿐, 천하 지배를 꿈꾸는 이들 모두가 올라가고 싶어 하는 높은 자리를 찾지 않는다. 물은 그 누구와도 힘을 겨누려하지 않는다. 그러나 물은 세상에서 가장 단단한 바위보다 더 오래 버티는 것이다. 만약에 물이 없다면 우리의 삶도 있을 수 없으리라.

내가 프랑스에 자리 잡은 이후로 교도소, 양로원, 병원처럼 괴로움이 가득한 장소 곳곳을 찾아다니며 음악을 들려주고자 노력하게 된 여러 가지 이유 가운데는 위에 언급한 내용이 한몫을 차지한다.

아르헨티나 출신의 피아니스트 미구엘 앙헬 에스트레아가 만든 "음악과 희망"이라는 협회의 주관 아래 나는 베르주라크의 교도소에서 피아노 연주회를 하게 되었다. 정해진 날짜에 앞서 나는 연주곡목을 놓고서 오래오래 고심했다. 쉽고 가벼운 곡들과 본격적인 음악 작품 사이를 몇 번씩이나 왔다 갔다 하며 고르기를 계속한 끝에 마침내 또다시 「골드베르크 변주곡」으로 마음을 정했다. 그런데, 몇몇 친구에게 내 결정을 얘기하자 모두가 입을 모아 「골드베르크 변주곡」은 그곳 청중의 수준에 비해 너무 긴 작품이라며 의아해들 했다. 생각을 바꾸라고 다그치는 친구들의 종용에 못 이겨 나는 결국 전체 변주곡 가운데 몇몇 곡만 연주하기로 마음먹었다. 나의 피아노 연주를 듣고자 연주회장에 와 앉은 백 명 남짓한 죄수들을 향하여 나는 연주에 앞서 한 마디 인사말을 했다.

"여러분이 어떻게 해서 이곳에 오게 되었는지 저는 그 이유를 알지 못합니다. 하지만 저 역시 여러 해 동안 재교육 수용소에 갇혀 산 적이 있습니다. 왜냐하면 그때 중국에서는 오늘 제가 여러분에게 들려 드리고자 하는 음악, 그런 음악을 좋아하는 사람들은 모조리 "재교육"되어야 한다고 믿었기 때문이었지요. 오늘 저는 여러분에게 바흐의 음악 가운데서 「골드베르크 변주곡」이라 불리는 작품을 들려 드리고자 합니다. 아주 긴 시간이 소요되는 곡이기에, 오늘 여기서는 전체 30개 변주곡 가운데서 10개만 골라 연주해 드릴까 합니다."

한 시간이 지나자, 이대로 짧게 그치지 말고 변주곡 모두를 들려 달라는 죄수들의 요청을 받아들여 결국 「골드베르크 변주곡」 전체를 연주하게 되었다. 교도소의 피아노는 볼품없이 작은데다 전혀 조율이 되어있지 않았다. 하지만 그 형편없는 악기에 나는 내 모든 정성을 남김없이 쏟아부었다. 연주가 끝나자 나이가 지긋해 보이는 어떤 죄수가 입을 열었다.

"베토벤을 좀 들려주실 수 있으려는지요?"

나는 그 무렵에 자주 연습하던 「발트슈타인 소나타」를 치기 시작했다. 연주회가 모두 끝나자 그분이 나를 찾아왔다.

"선생님의 연주회 실황 방송을 제가 '라디오 프랑스'에서 들은 적이 있습니다. 그때 연주곡목도 「발트슈타인 소나타」였어요. 그날의 연주를 제 카세트에 녹음해 두었지요. 전 그걸 날마다 듣고 지낸답니다."

나는 교도소를 떠나면서 간수에게 그분이 무슨 죄를 저질렀는지 물어보았다. '치정에 얽힌 사건'이었다고 했다.

∫

내가 살아온 삶의 경험에서 비롯되어, 나는 지성적으로 음악에 다가가지는 않았다. 피아노 연주를 함으로써 나는 사람들에게 무엇인가 말해주고 싶고, 음악의 아름다움을 빠짐없이 모두 보여주며 그들의 마음에 가닿고 싶어 한다. 그러므로 청중은 나에게 없어서는 안 될 기본 요소이다. 청중보다는 자기 자신을 위하여 연주하는 것이라고 뚜렷하게 말하는 동료 연주자들이 없지는 않다. 하지만 그와 반대로 나의 연주 목표는 다름이 아니라 청중과의 나눔이다. 음악의 진리는 사람과 사람 사이에 있다. 중요한 것은 어디까지나 사람이다. 저기 앉아있는 저 분은 음악인이 아닌 여느 한 사람이지만 어쩌면 오늘 저녁 연주로 내가 마음을 움직이게 해줄 수도 있는 분이다. 그분의 사람됨, 우리의 사람됨 가운데 지금까지 모르고 있었던 한 부분을 내가 성공리에 들여다보게끔 해줄 수도 있는 사람이다. 그리하여 어느 날 본질적인 것이 위협받고 있음을 깨닫게 될 때, 분연히 일어나 아니라고 말할 수도 있을 사람이리라.

스스로를 이겨내는 자는 정신력이 굳센 사람이다.

- 노자

29
슬기로움과 무(無)

요즘에 와서 베이징중앙음악학교의 동창들과 다시 만나게 되면 그들은 쉬지 않고 같은 얘기를 되풀이한다.

"샤오메이, 너, 이대론 노후보장도 없잖아. 늙고 병들면 누가 돌봐주니?"

숨김없이 말하자면 너는 아직 물질적으로 안락한 생활을 보장받지 못하고 있으니만큼 진짜 성공했다고 볼 수는 없다는 뜻이었다. 그래도 정말 참된 친구들답게 다시 한 마디 덧붙이는 것이었다.

"걱정 마, 너 늙으면 우리가 돌봐 줄게."

동기생들 가운데 예술가의 길을 포기해버린 이들도 많았다. '문화대혁명'의 결과가 돌이킬 수 없는 것이 되어 다시 시작하기에는 너무 늦어버렸다고 생각했던 것이다. 부동산 중개업자라든가 침술사가 된 이들도 있고 피아노 수출입업자가 되기도 했다. 음악인으로서 살 수 있게 된 이들조차 금융투자를 했다. 거의 모두가 그런대로 잘 살고 있었다. '문화대혁명'은 그들 마음속에서 절대적 가치를 추구하려는 의욕을 모조리 부수었다. 결과적으로 '문화대혁명'은 그들을 공산주의자가 아니라 자본주의자로 만들어 놓았으니 이 어찌 역사의 잔인한 '아이러니'가 아니랴!

　동창들이 하는 얘기는 물론 틀린 말이 아니었다. 병원 치료가 끝난 이후로 나는 나의 불안정한 상황에 대하여 많은 생각을 하게 되었다. 만약에 병이 재발하여 음악 활동을 못 하게 될 경우 어떻게 하면 생활을 이어나갈 수 있을지도 이리저리 생각해 보았다. 그래도 물질적인 성공이란 내가 탐구하고 추구하는 바, 완성의 경지에 이르고자 하는 나의 성취감과는 정반대편에 있을 따름이었다. 나는 그러한 성취감에 가까이 다가가고 있는 것 같은 생각이 들었다. 해를 거듭하여 연습하고 또 연습한 끝에 드디어 작품을 청중 앞에 선보일 태세가 되었음을 느낀 순간마다 나의 시간이 왔다는 것을 알 수 있었다. 이런 느낌을 나는 「골드베르크 변주곡」을 파리에서 연주하게 되었을 때 처음으로 받았다. 좋지 못한 일은 하나도 일어나지 않으리라는 확신, 그때까지 늘 의구심 속에서 살아왔던 나 자신이었는데 이제 내가 해 나갈 일에 대하여 어김없는 확신이 들던 순간이었다.

　그렇다. 평생 꿈꾸어 오다시피 했던 그런 순간, 그처럼 뚜렷이 드러나는 확실성의 순간은 또한 축복의 순간이었다. 하지만 그와 같은 순간은 드물기도 하거니와 잠깐뿐이었다. 행복을 뜻하는 중국어 어휘 '콰이러(快樂)'가 말해주는 바, 이는 글자 그대로 풀이하면 "빠른 행복"이라는 뜻이다. 중국 사람들은 하루 중에, 살아가는 중에 분명히 행복한 순간을 느끼지만 행복이란 결코 오래 지속되지 않는 것이다. 또한 오랜 꿈이 실현된 듯해도 흔히 때가 이미 너무 늦어버렸음을 깨달아야 할 것 같았다. 나는 그와 같은 경험을 한 적이 한두 번이 아니었다.

2001년에 드디어 프랑스 국적을 취득하게 되자 나는 부모님에게 파리 구경도 하고 딸도 볼 겸 오시지 않겠느냐고 물어보았다. 아버지는 오지 않겠다고 답하셨다. 하기야 아버지의 거절은 전혀 놀랄 일이 아니었다. 아버지는 세속에 달관한 중국인답게 해외여행이란 피상적이고 쓸데없는 것이라고 생각하셨다.

"무슨 소용이 있겠냐? 어찌 며칠 사이에 한 나라를 볼 수 있단 말이냐? 그렇다고 날 원망하진 말아라. 내 생각엔 그저 여행한다는 것이 쓸데없는 것 같다."

반대로 어머니는 나의 초청을 기쁘게 받아들였다. 아주 어린 시절부터 프랑스 여행을 꿈꾸어 왔던 어머니는 내 동생 부부와 함께 오겠다고 하셨다. 공항에 도착하여 바퀴 의자에 앉은 채 나오시는 어머니를 본 순간 몇 년 전부터 앓고 계시는 치매 증세가 상당히 많이 진행되었음을 금세 알아차릴 수 있었다. 세관을 통과하기가 얼마나 힘들었는지 모른다고 동생이 얘기하면서 어머니가 자기 이름조차 기억하지 못하더라는 것이었다.

나는 어머니를 모시고 '오르세 미술관'이며 '피카소 미술관', '근대 미술관'으로 다니며 파리의 관광명소 이곳저곳을 안내했다. 어머니가 꿈에 그리던 '루브르 미술관'에는 거의 매일 가다시피 했다. 어머니의 바퀴 의자를 밀고 수많은 회화가 걸려 있는 회랑을 차례차례 거치며 돌아다녔다. 어머니는 작품 하나하나를 자세히 관람하셨다. 어머니가 갖고 계신 여러 권의 도록 여기저기에서 보았기에 이미 알고 계신 작품, 그 가운데 손수 따라 그렸던 그림들도 적지 않았다. 어머니가 행복해 하시는 것이 뚜렷이 보였다. 그러나 밖으로 나오자마자 어머니는 우리가 그날 오후를 '루브르 미술관'에서 보냈다는 사실 자체를 까맣게 잊어버리고 말았다.

나의 친구 하나가 우리 가족을 자동차에 태우고 파리 구경을 시켜주었다. 파리 시립극장 앞을 지나면서 친구가 어머니께 말했다.

"샤오메이가 피아노 연주를 하는 극장이 바로 저기에요."

그러자 어머니가 친구를 쳐다보며 대뜸 하신 말은 어처구니가 없을 뿐이었다.

"그런데 샤오메이는 무얼 해서 벌어먹고 산다니?"

어머니가 간직해왔던 평생소원은 내가 커다란 공연장에서

연주하는 모습을 보는 것이었다. 그 공연장이 꿈에 그리던 파리, 바로 그 파리에 있는 극장이라는 것은 감히 상상도 못 하시던 어머니! 어머니의 평생 소원이 이루어진 지금, 자기 딸이 어머니가 꿈꾸어 오던 대로 "성공"하게 된 이 마당인데, 이제 어머니에겐 그 성공이란 것이 아무런 뜻도 없는 말이 되어버린 것이었다. 성공이란 아무것도 아닐 뿐, 목표에 다다르고 나면 가장 힘든 고비가 남아 있다. 그것은 다름이 아니라 자기 자신을, 스스로를 이겨내는 일이다. 종교에 의지하여 이를 성취하는 이들도 있고 내 어머니처럼 종교가 필요 없는 이들도 있다. 어머니 같은 사람들은 저절로 솟아나는 자연의 힘으로 살아가는 듯하다. 마음속 깊은 곳으로부터의 힘이랄까, 운명이랄까, 그저 단순히 생명의 힘이랄까. 아무튼 자발적이고 무의식적인 그 어떤 것이 아닐까 싶다. 그런 분들이 나는 정녕 감탄스럽다. 자발성과 무의식은 그분들이 생명력을 지니게 해주는 원천이다. 하지만 세상 사람들은 이를 제대로 이해하지 못하는 것 같다.

그와 같은 진리는 『장자』에 나오는 「외발 짐승과 지네 이야기」에 잘 묘사되어 있다. 외발 짐승이 지네에게 묻기를, "나는 발 하나만으로 뜀박질해서 어디든지 가거든. 그런데 자네는 발이 수천 개나 되니, 도대체 어떻게 하면 그 많은 발을 요리조리 놀릴 수가 있는지 알고 싶은데?" 그러자 지네는 "나는 내 몸 생긴 대로 발 가는 대로 움직일 뿐이야. 왜 그런지, 또 어떻게 해서

그런지는 묻지도 않아"라고 대답했다는 이야기이다.[37]

아기는 아무리 목청 높이 울어도 목이 쉬지 않는다. 술주정 꾼도 몽유병자처럼 흔들거리면서도 몸을 다치는 일이 좀처럼 드물다.

피아노를 연주할 때에도 너무 생각하기를 피하는 대신 그렇듯 스스로에게서 솟아나는 자발적이고 무의식적인 힘을 되찾고자 노력해야 할 것이다. 남에게, 청중에게, 세상의 생명이 약동하는 정신력에 가닿기 위한 갖가지 필요조건이 모두 모여 영감이 사람들의 마음을 움직이게 할 수 있는 순간은 바로 그런 순간이기 때문이다. 참다운 지혜는 먼 곳이 아니라 바로 자기 자신 속에 있는 것 같다. 그러나 이를 깨닫기 위해서는 때로 뼈아픈 노력과 단련이 필요하다. 지금까지 살아오는 동안 나는 언제나 외부 세력에 의하여 조종되었으며 남들이 나를 두고 하는 말이나 의견, 남들이 나에게 행사한 갖가지 압력에 짓눌린 자의식만 가졌었다. 지금도 잊어버리기가 힘들어 여전히 생각 속에 떠오르곤 하는 자기비판과 고발 집회 때문에 나는 오랫동안 참다운 나 자신을 되찾지 못했다.

하지만 지금은 어렴풋이나마 깨닫게 되었다. 참된 슬기로움의 소유자에게 외부에서 일어나는 일들은 기실 아무것도 아니다. 진정한 힘은 그의 내부에 있다. 옥에 갇힌 죄수라 해도, 버림

---

37 중국전설에 나오는 '외발짐승'은 용(龍)의 얼굴에다 발이 하나밖에 없는 요괴(妖怪)라고 한다.

받고 중상모략 당한다 해도, 참으로 슬기로운 자는 자기 자신 속에 있는 참된 자유를 깨달은 사람이다.

이를 가장 훌륭히 표현해주는 음악 작품은 베토벤의 마지막 「피아노 소나타, 작품 111번」이라고 생각한다. 이는 또한 나의 스승님 두 분—한 분은 동양에, 다른 한 분은 서양에 계신—께서 가장 좋아하시는 작품이기도 하다. 그 가운데서도 변주곡 형식으로 짜여 나아가는 제2악장, 이 역시 표현할 수 없는 바를 표현하기 위해서는 그러한 '변모'의 과정을 거쳐야 한다고 말해 주는 음악 형식이자 변주곡의 신비가 아닐까 싶다. 또한 이렇듯 변하고 변하는 세상에 대한 인식이야말로 중국 철학의 본질이기도 하다.

제2악장 '아리에타'는 단순하고 꾸밈없는 주제, 「골드베르크 변주곡」의 '아리아'와 본질적으로 너무도 비슷한 주제로 시작된다. 감미로운 손길로 우리를 이끌어주는 「골드베르크 변주곡」의 '아리아'와 조금도 다르지 않다. 첫 변주곡, 그리고 두 번째 변주곡이 차례차례 '푸가'풍으로 이어지며 긴장감을 올려 준다. 이어지는 세 번째 변주곡은 수많은 피아니스트들이 뛰어난 기교로 맹위를 떨치며 '재즈'곡인 양 연주들을 하지만, 내 생각으로 말한다면 이 세 번째 변주곡엔 무엇보다도 고결한 기품이 속속 스며있는 것 같다. 이어서 자기 자신에 대한 포기가 다가온다. 네 번째 변주곡은 우리로 하여금 딴 세상으로 들어가게 해준다. 우리는 '피아니시모'의 선율을 타고 속세를 떠나 위로 오른다. 땅을 층층이 감싸고 있는 구름을 꿰뚫고서 눈부시게 아름다운 색깔의 하늘에 이르러 우리는 전혀 다른 세상으로 들어간다. 다섯 번째 변주곡은 극히 낮은 음과 극히 높은 음을 함께 노래하고 있는데, 이는 내가 피아노를 막 치기 시작했던 어린 시절에 듣기 좋아하던 가락이었다. 이는 또한 베토벤에 의하여 피아노 작품 속에 들어오게 된, '음'과 '양', 즉 '음양'이 함께 어우러져 이루고 있는 온누리의 세상인 것이다. 그러고는 세상의 영광을 기리는 찬미가가 울려 퍼지는 듯, 처음의 주제가 다시 나타난다. 마지막으로 모든 소리가 흩어지면서 일종의 허무 속으로 가라앉는 바, 이 또한 영원을 향하여 솟아오르기 위한, 지상으로부터의 초월이 아닐까 싶다.

최상의 지혜가 바로 거기에 있는 것이다. 중국의 여러 위대한 사상가 가운데 내가 가장 친밀감을 느끼는 현자는 노자라는 사실을 이제 독자들은 짐작했으리라고 생각한다. 유학자와 불교도와 도학자, 즉 노장 사상가들 사이의 차이를 설명해 주는 예시로서 중국 사람들은 즐겨 유리잔에 든 물을 보기로 들곤 한다. 유학자는 "이 물 한 잔은 서로 나누어야 한다. 먼저 부모님께 드리도록 하라"고 말한다. 유가 사상에서 제일로 받드는 덕은 사회적 질서, 세상을 질서 있게 다스려야 함이다. 불교도는 "이 물을 마셔야 할 것인가?"하고 묻는다. 불교에서는 자신의 감정이나

욕망을 다스리는 일이 그 무엇보다도 중요하다. 끝으로 도학자
는 물잔을 보며 "물은 없는 것"이라고 말한다.

사나운 비바람이 휘몰아쳐도
나는 힘을 잃지 않았네.

— 슈베르트, 「겨울 나그네」

30
고향에 돌아와

2006년 1월 27일, 오늘은 모차르트의 탄생일이다. 위대한 예술가, 음악가, 문필가, 화가 가운데 그 누구의 탄생을 이런 식으로 축하하랴? 레오나르도 다빈치, 셰익스피어, 단테의 탄생인들 이렇게 바로 그날에 맞추어 축하하려고 하지는 않는다. 생일 축하는 어린아이들에게 해주는 축복이 아닌가? 사실 모차르트야말로 다름이 아니라 어린아이이다. 하지만 세상의 모든 것을 다 겪은 아이, 나이 든 현인의 슬기와 깊이를 지닌 신동, 말하자면 영원한 아이이기 때문이다. "덕이 가득한 사람은 갓 태어난 아기와 같다"라고 하신 노자의 말씀은 아득한 옛날에 모차르트를 미리 짐작하고 하신 말씀이 아니었을까?

나는 옛날 재교육 수용소에서 함께 고생했던 친구들과 얼굴을 대할 용기를 되찾게 되었다. 20년이 넘도록 나는 그들을 멀리 하고 살았다. 지난날의 친구들을 만나면 또다시 깊은 구렁 속으로 빠져들 것만 같았기 때문이었다.

일본 도쿄에서 여러 번 열린 독주회를 계기로 나는 옛 친구 춘즈를 찾아보기로 했다. 1966년에 일어났던 끔찍한 사건, 바순 주자이던 그가 중앙음악학교의 학생 모두가 모인 앞에서 발길로 차이고 혁대로 내려침을 맞은 그 여름밤의 일은 지금도 잊으려 야 잊히지 않는 악몽으로 내 머릿속을 맴돌고 있다. 그는 음악인 으로 살기를 포기하고 일본으로 이주하여 중국 식당을 경영하고 있다는 소식이었다. 머리가 하얀 남자 한 분이 내 앞에 나타났 다. 30년 넘게 만나지 못한 친구 춘즈였다. 우리는 둘 다 눈물을 보이지 않으려 애썼지만 감동으로 가슴이 꽉 죄어들었다. 그는 매년 여러 차례 자신의 조그마한 식당을 음악 살롱으로 탈바꿈 시켜 예술가들을 초청하기도 하고 때때로 자기도 직접 연주하고 있으며, 지금까지 200회 넘게 이런저런 음악회가 그곳에서 열렸 다는 이야기를 들려주었다.

우리는 함께 1966년 여름을 돌이켜보았다. 재판도 없이 마 구잡이로 처형된 사람들이며 중앙음악학교의 별관에 쌓여 있던 시체 무더기가 화제에 올랐다.

"난 그래도 운이 좋았지"라는 한마디뿐, 그는 더 이상 왈가왈 부하지 않았다.

훌륭한 음악가가 될 소질을 빠짐없이 갖추었던 학생이었는 데, 그토록 기막힌 운명에 대하여 그는 묵묵히 입을 다물었다.

서로 헤어져야 할 시간이 다가왔다. 나는 그에게 응당 해주어야 할 말 몇 마디를 애써 해보았다.

"우리 학교의 참다운 영웅은 바로 너였어. 퇴학 처분에다 공포와 폭력, 그리고 외로움까지 그 모진 괴로움을 모두 다 겪고 나서도, 옛날 모습 그대로 이상주의자의 의연함을 잃지 않고 충실히 살고 있으니 말이야."

황안륜하고도 소식이 닿았다. 우리처럼 그 역시 중국을 떠나 미국의 예일 대학에서 공부한 후 캐나다로 갔다는 것을 알고 있었다. 이제 그는 유명 현대음악 작곡가로 우뚝 섰으며 그리스도교 신자가 되어 있었다. 자신의 작품을 중국에서 공연하기 위하여 그는 최근에 중국에 돌아갔으나, 연주회 날 직전에 당국으로부터 공연금지 조치를 받고 말았다. 그리스도교의 영향이 풍기는 음악은 교회 안에서만 연주가 허락되기 때문이었다. 그 소식을 듣자 나는 충격을 받았으나 스스로 의문을 제기하며 깊이 생각해 보았다. 황안륜의 작품에 내려진 금지 조치는 중국에 표현의 자유가 제한되어 있다는 사실만 말해주는 것인가? 혹은 그리스도교의 열성적인 선교 활동을 일종의 침공 행위로 여기며 이를 막으려는 중국 쪽의 반응이라고 볼 수는 없을까? 게다가 선교라는 말부터가 중국어로는 쉬이 옮겨지지 않는 어휘이다. 선교 활동이 종교뿐만이 아니라 더욱 넓은 차원에서 볼 때 문화적 선전은 아닐까? 서양은 여러 다른 문화를 오직 자기의 색안경을 통해서만 보고 있는 것이 아닌지?

한편으로 그리스도교는 내 마음에 와닿는 점이 참 많다고 종종 생각하고 있긴 하지만, 타민족을 자기네 종교로 끌어들이고 영향력을 넓히려 하는 선교 행위만큼은 그리스도교가 지닌 결점이 아닐까 싶다. 선교라는 개념 자체가 중국 사람들에겐 낯설고 이상하게 들릴 뿐이다. 중국 사람들은 불교든 도교든 유교든 종교라기보다는 철학으로, 삶의 지혜로 생각하며 그들이 믿는 바를 생활 속에서 실천하고 있다. 그래서 중국의 역사는 종교 전쟁이라는 것을 모른다. 또한 하나의 종교가, 그 종교만이 진리를 품고 있다는 생각은 중국 사람들의 머리로는 도저히 납득할 수 없는 것이다.

2006년에 나는 다시금 고향에 돌아갔다. 어머니는 내 어린 시절에 즐겨 치던 『피아노 명곡집』의 곡들을 다시 들려달라고 하셨다. 보스턴에서 구입했던 인형이 피아노 옆에서 우리 모녀를 지켜보고 있었다. 인형이 나를 대신하여 늘 어머니 곁에 함께 있어주었다. 어머니는 "피아노 명곡집"에 있는 곡 하나 하나를 빠짐없이 기억하시며 나와 함께 멜로디를 흥얼거리셨다. 그러더니 어느 날 내게 물어 오셨다.

"나한테 피아노 치는 걸 좀 가르쳐줄 수 있겠니?"

나는 어머니를 부축해서 피아노 건반 앞에 앉게 해드렸다. 그러나 이젠 한 손가락도 건반을 제대로 짚을 수 없으셨다. 나는 다시 어머니께 슈만의 「트로이메라이」를 들려 드렸다. 이번엔 내 얼굴을 쳐다보며 대뜸 물으시는 것이었다.

"너는 도대체 어찌하여 피아노를 그리도 잘 치는 것이냐?"

∫

평소에 말이라곤 거의 없으시던 아버지가 나에게 청이 하나 있다고 하셨다. 평생의 벗 라오쉬에의 묘소를 방문하고 싶은데 함께 가주겠느냐고 하셨다. 그분은 아버지가 오랫동안 근무하셨던 대학의 학장이셨다. 내가 재교육 수용소에서 돌아왔던 그 해에도 그분 덕분에 간신히 일자리를 얻었다. 아버지는 라오 학장을 그 누구보다도 경애하셨던 만큼, 그분께서 돌아가시려던 무렵에는 매일 찾아보곤 하셨다.

아버지와 나는 그분 아드님께 전화를 걸어 묘소의 정확한 위치에 대해 알아보았다. 묘지는 베이징에서 멀리 떨어진 들판, '만리장성'에서 가까운 언저리의 외딴 곳에 있었다. 그분의 무덤은 근처에 가서도 찾기가 쉽지 않았는데, 커다란 소나무 덕택에 겨우 눈에 띄게 되었다.

아버지는 벗을 향하여 얘기하기 시작하셨다.

"학장님, 이 몸이 왔소이다." 하시더니 나를 돌아보고는, "이를 어쩌지? 술을 갖고 와야 했는데 잊어버렸으니…"라고 하셨다. 내가 일어나 물을 조금 마련해 왔다.

"됐다. 술이 없어도 괜찮아. 노자는 술보다 물을 더 좋아했지."

아버지와 나는 제각기 한 모금씩 마셨다. 그런 다음 아버지는 중국의 관습에 따라 나머지 물을 무덤에다 부었다.

아버지는 두 시간 동안 묘소에 머무르며 친구와 대화를 나누셨다. 나는 조금 비켜 나와 멀찍이서 아버지를 지켜보았다. 어릴 적에 '쉬에 아저씨'라고 불렀던 라오 학장님께 나도 나름대로 감사의 말 몇 마디를 올렸다.

떠나야 할 시간이 되었다. 베이징을 향해 달리는 자동차 안에서 아버지는 깊이 생각 속에 빠져드셨는지 묵묵히 아무 말도 하지 않으셨다. 그러던 어느 순간 갑자기 나를 보며 말했다.

"나도 죽으면 학장님 곁에 묻히고 싶다"라고 하시더니 잠깐 있다가 한마디 덧붙이셨다. "'문화대혁명'의 와중에서 나를 믿어준 사람은 세상에 라오 학장님 한 분뿐이었어."

아버지의 말씀은 내 등에 얼음장같이 차디찬 물을 끼얹는 듯했지만, 아닌 게 아니라 사실이 그랬다. 아버지가 지독히도 고생하시던 그 시절 내내 우리 가족은 아버지에게 힘이 되어드리지 못했다. 어린 시절엔 딸 다섯 모두가 아버지는 엄격한 분이라고만 생각했었다. 나이가 들면서는 나라의 정치 체제가 나서서 아버지를 믿지 못할 사람, 좋아할 수 없는 사람으로 못 박게 했다.

베이징에 거의 다다랐을 때 아버지는 그동안 마음속에만 간직했던 한 가지 이야기를 나에게 털어놓으셨다. 내가 파리에서 살기 시작한 이후부터 아버지는 매일 오후 다섯 시 반에 나오는 프랑스에 관한 라디오 방송을 하루도 빠짐없이 꼭꼭 듣고 계시다는 것이었다. 만약 그 시간에 친구들과 만날 일이 있어서 집을 나서게 되면 아버지는 반드시 트랜지스터 라디오를 들고 나간다고, 그리하여 그 매일 매일의 만남을 절대로 놓치지 않고 있다는 얘기였다. "난 하루하루를 너랑 함께 살았지" 하시며 얘기를 마치셨다.

내게는 마무리해야 할 숙제가 하나 더 남아 있었다. 중앙음악학교에서 자기비판 집회를 당했던 다음 날, 아무것도 먹지 못하여 기진맥진하다시피 된 나에게 먹을 것을 챙겨서 내 책상 위에 놓아주었던 친구 아이전을 나는 꼭 다시 만나보고 싶었다. 서로 보지 못하고 지낸 지가 32년이나 되었다. 그러던 어느 날 밤 그녀가 내 꿈에 나타났다. 나는 소스라쳐 잠이 깨었고, 그녀에게 충분히 감사의 뜻을 보이지 못한 채 세월만 흘려보냈다는 생각에 마음이 그지없이 쓰라려 도저히 다시 잠을 이룰 수 없었다. 나는 일어나 앉아 종이와 연필을 집어 들고서 편지를 쓰지 않고는 배길 수가 없었다. 그러나 어찌 된 일인지 답이 없었다. 하지만 나는 그래도 머릿속에서 그녀에 대한 생각을 펼칠 수가 없었다.

우리는 둘 다 너무나 달라진 모습이었다.

"음악인의 길을 중단해 버린 내가 부끄러워"하고 그녀가 말했다. 사실 아이전은 아주 훌륭한 음악선생이었다. '문화대혁명'이 끝난 후 그녀가 임용 받은 도시는 다롄이었다. 그곳은 학문과 예술 분야에선 아직 황무지나 다름이 없는 도시였다. 음악에 관심도 없는 학생들을 상대로 피아노를 가르치는 일에 아이전은 몸과 마음을 온통 쏟아부었다. 그러다가 한 대학교수와 결혼하여 첫딸을 낳은 그 해에 남편이 그만 후두암으로 눕게 되었다고 했다.

"그런 일을 겪고 보니 이젠 무슨 일이 닥쳐도 견뎌낼 수 있을 것 같아"라고 그녀는 결론지었다.

남편은 바로 곁에 앉아 있었다. 내 편지를 받은 바로 그때 남편이 다시 앓아누웠기 때문에 나에게 답장을 쓸 겨를이 없었던 것이었다. 나는 그 남편에게 말했다.

"선생님은 행운아이신 걸 아셔야 해요. 훌륭한 사람을 아내로 맞이하셨으니."

남편은 미소 지었다. 이런저런 이야기를 나누던 중에 그녀의 부모님 둘 다 오랜 옛적부터 그리스도교 신자라는 사실을 들려주었다. 그런 부모 밑에서 자란 아이였기에 모두가 나를 피하기만 하던 그때에 그녀 혼자 따뜻한 도움의 손길을 내밀어 주었던 것일까?

그녀와 작별하던 순간 나는 돌연히 가슴 깊이 후련해지는 느낌을 받았다. 나는 드디어 어려웠던 시절의 친구에게 내 고마운 마음을 전할 수 있었다.

장자커우를 다시 찾아볼 때가 왔다. 베이징에 사는 한 친구가 함께 가 줄 터이니 꼭 가보자고 나를 설득했다. 우리는 역에 도착했고 마중 나와 주신 분의 자동차에 올랐다. 다위로 운전해 주시는 그분과 얘기를 나누며 그곳에 아직도 정치범들이 갇혀 있는지 물어보았다. 그분은 "물론"이라는 간단한 말 한마디뿐이었다. 내 친구가 아는 사람이 많은 덕분에 우리는 교도소 소장과 직접 만나서 얘기하게끔 면담이 성사되었다. 다위는 높고 기다란 외벽만이 옛 모습을 말해주고 있을 뿐, 내부는 완전히 달라져 있었다. 더럽고 축축했던 옛 건물은 모두 허물어 없애버렸고 그 자리에 새 건물들을 짓고 있었다. 소장은 우리를 친절히 맞이했다. 나는 신분을 밝혔고, 소장은 교도소 전체를 안내해 주었다. 그러나 내 기억 속에 남아 있던 그 옛날의 모습은 사라지고 없었다. 소장에게 작별 인사를 하면서 나는 아까와 같은 질문을 다시 했다. 이곳에서 아직도 정치범들을 수용하느냐고 소장은 입가에 웃음을 띠며 아니라고, 정치범들은 여기가 아니라 다른 데로 간다고 했다. 소장의 말은 믿을 만한 것 같았다.

우리는 밖으로 나와 시내를 한 바퀴 돌아보았다. 시가지 역시 옛 모습은 온데간데없이 완전히 새 도시가 되어 있었다. 감옥 주위로 마치 쑥쑥 자라난 버섯처럼 높다란 2층 집들이 깨끗이 정돈된 거리 양편에 우뚝우뚝 열을 지어 늘어서 있었다. 참으로 놀라운 물질적 진보가 아니랴! 옛날 그 시절의 모습은 더 이상 아무것도 보이지 않는 가운데 휘몰아치는 바람 소리만이 옛날을 떠올리게 해줄 뿐이었다.

친구가 내 팔을 잡고는 최근 새로 지은 성당이 여럿 있으니 가보자고 했다. 제일 가까이 위치한 성당은 노란색과 흰색이 섞인 엄청나게 큰 건물이었다. 뾰족한 종탑이 이슬람교 사원의 첨탑과 비슷해 보이는 통에 성당이 아니라 혹시 이슬람 사원이 아닌가 하는 의심이 들기도 했지만, 틀림없이 성당이었다. 바로 이 시각에 '미사'가 진행되고 있으니 분명히 그리스도교를 믿는 이들이 모인 곳이었다. 친구와 나는 살그머니 안으로 들어가 신도들 틈에 끼었다. 수백 명의 신도들, 대부분 농사일을 하는 사람들이 기도하며 찬미가를 부르고 있었다. 나는 성당 내부의 장식을 훑어보았다. 성공적이라고 할 만한 작품은 아니었다. 세 번째 수용소로 쓰였던 장소 취챠좡, 굶주리며 살던 농민들에게 우리 몫이라고 속이면서 여분의 음식을 타 내어 배고픔을 덜어주었던 그곳에서도 같은 성당, 같은 광경을 보았다.

35년 전 우리가 갇혀 살았던 바로 그곳이 지금은 사람들이 기도하는 장소가 되었다니, 이런 생각을 하다가도 나는 또한 중국 북부의 이 외진 변방에 놀랍도록 융성해진 그리스도교에 대하여 다시금 의문이 들지 않을 수 없었다. 분명히 이 지역 성직

자들이 열심히 일하여 일구어낸 성과라고 말할 수 있으리라. 그런 한편 중국의 전통사상이 고독과 은둔, 그리고 속세와 거리를 두는 삶을 고고히 권장하는 동안에, 그리스도교는 신자들 사이사이에 공동체를 형성함으로써 사람들 마음속에 소속감을 심어줄 수 있었던 것이 아닐까? 이유야 어찌 되었든 지난 시절에 비참하게 살던 사람들, 앞날이 없던 가련한 중국 사람들이 이제 희망을 갖게 되었다는 사실은 어엿한 현실이 아닐 수 없었다.

나는 그래도 중국의 전통사상이 내게 알맞은 믿음인 것 같다. 나는 공동체에 소속되어 있기보다는 홀로 고요한 가운데 나 자신을 마주 보고 싶기도 하고, 나에게 종교는 타인과 나누어 갖기엔 너무 개인적인 세계가 아닐까 생각하기 때문이다. 한편으로는 나의 삶이 위대한 그리스도교인이었던 바흐의 작품과 긴밀하게 맺어져 있다는 것, 내게 주어진 시간을 밤낮없이 바흐의 음악에 쏟아부으며 살았다는 것을 나는 모르지 않는다. 하지만 바흐는 속세를 떠난 은자의 삶을 살지 않았다. 그는 언제나 사람들에게 둘러싸여 많은 이들로부터 이런저런 청원을 받으며, 사람들이 음악을 통하여 참된 삶의 의미에 다가갈 수 있게끔 노력을 아끼지 않았다. 그리스도교 신자들은 이처럼 남에게 도움의 손길을 뻗으려는 마음가짐이 되어 있다. "눈 있는 자"라면, 진리를 알아볼 수 있는 눈이 있는 자라면 누구나 진리의 한 몫, 자기 나름의 몫을 지니고 있는 것이리라.

마지막으로 방문한 성당을 떠나던 순간, 문득 오랫동안 마음 속에 간직해 왔던 계획이 다시금 머리에 떠올랐다. 다름이 아니라 중국에 음악학교를 세우고자 하는 계획이었다. 20여 년 전, 중국을 떠나면서 언젠가 내 나라에 돌아와 살겠다는 생각을 지금껏 결코 버리지 않았음을 불현듯 깨닫게 되었다. 비록 남들 눈에는 고국에 다시 돌아가지 않을 것처럼 비쳤지만 속마음은 그렇지가 않았다.

　　지금까지 중국에서의 순회공연은 나에게 별다른 의미를 느끼게 해주지 못했다. 내가 속한 세대는 잃어버린 세대였던 만큼 무엇보다도 물질적 안락에 정신을 쏟고 있었다. 이를 나는 충분히 이해할 수 있었다. 우리 세대는 너무나 오랫동안 예술교육이 차단되어 버렸던 세대가 아니었던가! 하지만 이제 젊은 세대에게만큼은 우리가 배운 바를 조금이나마 전수해 주도록 힘써야 하지 않을까?

　　나는 마음속에 꿈을 그려본다. 중앙음악학교 동창들, 그리고 다른 학교 출신의 몇몇 친구들과 함께 음악학교를 세워 모두 그곳에 모여 앉았다. 이 학교에서는 예술이 최고의 가치로 숭앙받을 것이다. 우리는 학생들과 생활을 같이하며 함께 얘기하고 생각하는 삶을 살아 나간다. 학비는 무료이다. 우리가 이리저리 번 돈은 학생들의 장학금으로 쓰인다. 오늘날의 중국은 베이징 음악학교나 상하이 음악학교 같은 데서 음악 공부를 하려면 돈이 아주 많은 집 자식이 아니고는 꿈도 꾸지 못하는 실정이 되어버렸기에.

내 꿈을 펼쳐 나가련다. 내가 피아니스트로서 생활함으로써 깨달은 몇 가지 진리를 조금이나마 학생들과 나누어 가질 수 있도록 최선을 다하련다. 나의 학생들이 오직 음악을 받들어 모시는 자세로 살아가도록, 물질주의엔 귀머거리가 되도록, 겸손한 동시에 열정이 넘치는 마음을 갖도록 내 모든 힘을 기울이련다.

친구들과 함께 나는 우리가 배우고 느낀 바를 조금이나마 우리 학생들에게 전하려 노력할 뿐 아니라, 우리 세대에게 닥쳤던 교육의 부재에 대해 보상해 주고자 한다. 자유를 빼앗기고 비참한 환경에서 살아야 했던 그 갖가지 불행 가운데서도 우리에게 가장 견디기 힘들었던 괴로움, 그것은 배움 자체를 거부당한 현실이었다. 책도, 악보도, 사전도 없는 세상을 산다는 것은 오랜 세월에 걸쳐 견뎌야 했던 신체적 괴로움보다도 더한 생지옥이었다. 앞날의 희망이라곤 없어져 버린 텅 빈 세상, 차라리 죽느니만 못했던 그 시절이 아니었던가. 저마다 한 인간으로서 성장해 나가게끔 해주는 앞날에 대한 희망, 장래의 전망 없이 캄캄한 무지와, 무지가 낳는 복종만 뒤따르는 삶, 그런 삶이라면 산들 도대체 무슨 소용이란 말인가? 그렇다. 우리는 모두 한 목소리가 되어 전 세계에다 대고 외친다. '문화대혁명'이 깨우쳐준 교훈이 무엇인지 깊이 생각해야 한다고. 세상의 평화와 밝은 미래를 약속하기 위하여 절대적으로 그 무엇보다 먼저 해야 할 일은 바로 교육이라고.

　나의 꿈에 옛날 우리 모두 갇혀 살았던 다위 수용소가 우리들의 음악학교로 탈바꿈하고 있었다.

마침 '아리아'

나는 지금 장자커우의 거리를 홀로 거닐고 있다.

살아오는 동안 자주 그랬듯이 지난날을 되돌아보고 싶었다. 장자커우에 다시 오면 앞날을 향해 나아갈 힘이 솟아나리라는 생각에서였다. 삶은 물론 나에게 많은 것을 가져다주었다. 또한 삶이 나를 으깨고 부순 시절도 있었다. 삶은 내가 자기 자신을 미워하며 세상 모든 것을 병적으로 의심하는 쪽으로만 끌고 갔다.

시간의 흐름과 함께 바흐와 노자 두 스승께서 내 곁에 머물며 나를 지켜 주고 계심을 날이 갈수록 더욱 뚜렷이 느끼게 되었다. 두 스승님 덕분에 나는 지난날의 고난을 이겨 낼 수 있었다. 그리고 다가올 시련 역시 슬기로이 헤쳐 나가게끔 살펴 주시리라 믿고 있다. 가장 어려운 시련이란 마침내 참된 마음의 자유를 얻는 것일 터인즉, 이는 아직 내 앞에서 나를 기다리고 있는 것 같다. 나는 여태 나의 삶으로 아무것도 해 놓은 일이 없는 것 같고, 삶에 의미를 가져다 줄 힘도 더 이상 남지 않은 듯하다.

바람이 일어 장자커우의 거리를 확 휩쓸며 지나간다. 오후가 끝나가려 한다. 눈을 들어 하늘을 보았다. 외할머니가 즐겨 얘기하시던 하늘, 나의 삶이 찬란한 빛깔로 가득하리라는 예감을 품으시게 해주었던 그날 저녁의 붉디붉은 노을과는 전혀 다른 하늘색이다. 어둡고 푸르스름한 회색 하늘, 구름 낀 봄날의 하늘이긴 하지만 저 하늘도 역시 같은 하늘이다. 동시에 여러 다양한 빛깔이 넘치는, 푸 화백이 바로 이곳 장자커우에서 내게 들려주었던 바와 같이 갖가지 '뉘앙스'로 어우러진 하늘이다. 그렇다. 오늘 나는 그 갖가지 '뉘앙스'가 눈에 뚜렷이 들어온다. 이런저런 감정의 기복에 따라 눈에 보이는 색깔도 달라진다. 저녁이면 나는 의심에 사로잡히곤 한다. 남들도 나 자신도 두렵기만 하고, 완벽의 경지에 이르지 못하는 내가, 나의 무능함이 죽도록 괴롭다. 그러나 아침이 오면 나는 알고 있다. 나의 피아노가 바로 옆방에서 나를 기다리고 있다는 것을. 행복의 약속, 결코 저버린 적이 없는 약속의 피아노, 나의 피아노.

장자커우의 하늘을 바라보며 생각에 잠긴다. 외할머니께서 들려주시던 얘기 소리가 다시금 귓전에 울려온다.

"네가 세상에 나오던 날 저녁이었지…."

마오에서 바흐까지

강과 그 비밀

1판 1쇄 2024년 10월 30일
ISBN   979-11-92667-64-5 (03670)

저자   주샤오메이
번역   배성옥
편집   김효진
교정   이수정
제작   재영 P&B
디자인 우주상자
펴낸곳 마르코폴로
등록   제2021-000005호
주소   세종시 다솜1로9
이메일 laissez@gmail.com
페이스북 www.facebook.com/marco.polo.livre

책 값은 뒤표지에 있습니다. 잘못된 책은 교환하여 드립니다.